2025年版

Deru-jun Gyouseishoshi

出る順行政書士

当たる！直前予想模試

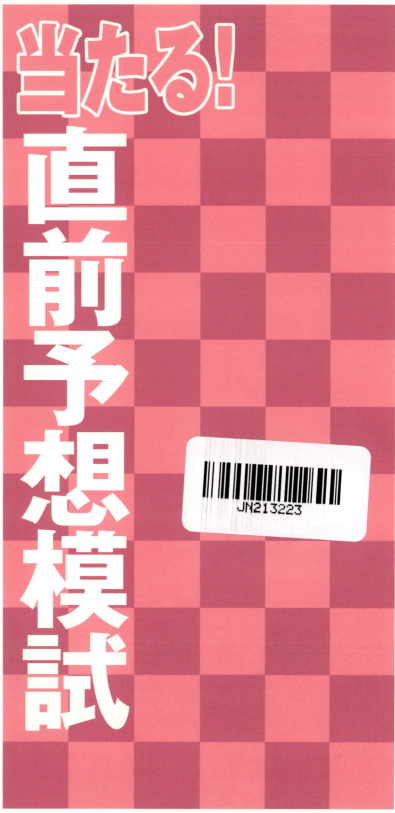

合格の れっく LEC

はしがき

2024年11月10日（日）に2024年度の行政書士試験が実施され、2025年１月29日(水)に合格発表がありました。合格者数は6,165人で、合格率は12.90%でした。

行政書士試験は、近年、あいまいな知識だけでは通用しないレベルの試験となっています。出題される科目は、「憲法」「民法」「行政法」「商法・会社法」などの法令科目から「行政書士業務と密接に関連する諸法令」「政治・経済・社会」「情報通信・個人情報保護」などの基礎知識科目までと幅広く、それぞれの科目について体系的な理解が必要不可欠となります。

しかも、それらの知識を「得点」という成果に結び付ける「実戦力」がなければ、合格を勝ち取ることはできません。

「実戦力」を身につけるための方法――それは「問題演習」以外にありません。実際に数多くの問題を解くことが、なによりも重要なのです。

本書は、過去のＬＥＣ行政書士講座（2024年度の「科目別答練」「到達度確認模試」「全日本行政書士公開模試」「ファイナル模試」「厳選！直前ヤマ当て模試」）において使用した問題を主な素材として、2025年度行政書士試験向けの模擬試験（３回分）を編集したものです。さらに、付録として2024年度試験（１回分）も掲載しています。問題冊子・答案用紙を１回分ずつ取り外すことができ、本試験の臨場感を体感しながら「実戦力」を身につけることができます。

本書を利用して、現時点での実力を客観的に把握してください。そこで浮かびあがった弱点を克服することで、実力アップをはかることができます。

本書を利用された方が、ひとりでも多く2025年度行政書士試験に合格されることを願ってやみません。

なお、本書の内容は、2025年４月１日に施行されている法令に基づいています。

2025年３月吉日

株式会社　東京リーガルマインド
LEC総合研究所　行政書士試験部

CONTENTS

問題冊子

解答・解説

本書の利用法

1. まず、本試験と同様に3時間で1回分(60問)を解いてみよう！

本書は、３回分の模擬試験として編集されています。さらに、付録として2024年度試験（１回分）も掲載しています。問題冊子を１回分ずつ取り外して、本試験と同様に３時間で60問を解いてください。答案用紙（マークシート）といっしょに利用することで、本試験の臨場感を体感することができます。

2. 次に、自己採点をしてから、「解説」を読んで復習しよう！

問題を解き終わったら、「解答一覧」を確認して、自己採点をしてください。法令科目122点以上、一般知識科目24点以上という「基準点」を満たした上で、300点中180点を取れば「合格点」です。

復習にあたっては、「解説」をよく読みましょう。間違えた問題については、どこを間違えたかを確認し、しっかり復習することが重要です。また、正解した問題についても、すべての選択肢の正誤を判断することができたのかを確認してください。

なお、「解説」には、問題ごとの「重要度」と、過去のＬＥＣ行政書士講座（2024年度の「科目別答練」「到達度確認模試」「全日本行政書士公開模試」「ファイナル模試」「厳選！直前ヤマ当て模試」）における実際の受講生の解答データなどをもとに予想した「予想正答率」を記載しています。

問題	テーマ（分野）	正解	重要度	正答率
5	国会（憲法）	3	A	55%

（類題）ウォーク問過去問題集①法令編　問 35

1　**妥当でない**　**基礎**　合格基本書 p. 79
国会の常会は、毎年１回召集するものとされている（52 条）。

2　**妥当でない**　**基礎**　合格基本書 p. 81
衆議院で可決した法律案について、参議院でこれと異なった議決をした場合には、衆議院

たとえば、重要度が「Ａ」となっている問題のなかで、特に予想正答率の高いものは、合格するために必ずおさえておきたい問題です。それらの問題から順に確認していくことで、効率的かつメリハリのある復習が可能となります。

「解説」には、『2025年版 出る順行政書士 合格基本書』の該当ページおよび『2025年版 出る順行政書士 ウォーク問 過去問題集』における類題（類似した過去問）の問題番号も記載しています。これらの書籍をあわせて利用することで、さらに「実戦力」を磨くことができます。

行政書士試験ガイド

（※）以下の情報は、2024年度の試験概要にもとづくものです。
　　2025年度の試験概要は、下記の問合せ先までお問合せください。

【試 験 日】
毎年11月の第2日曜日

【試験時間】
午後1時〜4時（3時間）

【受験資格】
年齢・学歴・国籍等に関係なく、どなたでも受験できます。

【受験手続】
受験願書の配布・受付　8月
願書の提出先　一般財団法人行政書士試験研究センター

【合格発表】
毎年翌年1月第5週に属する日（各人に合否の結果を郵送）

【問合せ先】
一般財団法人行政書士試験研究センター
〒102−0082 東京都千代田区一番町25番地 全国町村議員会館3階
電話番号（試験専用）：03−3263−7700
ホームページ　https://gyosei-shiken.or.jp

【試験科目】
① 法令等〔択一式（5肢択一式／多肢選択式）・記述式〕46問
- 憲法
- 民法
- 行政法（行政法の一般的法理論、行政手続法、行政不服審査法、行政事件訴訟法、国家賠償法、地方自治法を中心とする。）
- 商法（会社法）
- 基礎法学

② 基礎知識〔択一式（5肢択一式）〕14問
- 行政書士法等行政書士業務と密接に関連する諸法令
- 一般知識（政治・経済・社会）
- 情報通信・個人情報保護
- 文章理解

【配点および合格基準】

① 配点

試験科目	出題形式		出題数	満点
法令等	択一式	５肢択一式	40問	160点
		多肢選択式	3問	24点
	記述式		3問	60点
	計		46問	244点
基礎知識	択一式	５肢択一式	14問	56点
合計			60問	300点

（備考）問題別配点　▽択一式　５肢択一式　１問につき４点
多肢選択式　１問につき８点　空欄（ア～エ）各２点
▽記述式　１問につき20点

② 合格基準点 ……（１）法令等科目の得点が、122点以上
（２）基礎知識科目の得点が、24点以上
（３）試験全体の得点が、180点以上

【出題基準日】

試験実施年度の４月１日現在施行されている法令に関して出題されます。

【受験者数と合格率の推移】

	受験者数	合格者数	合格率
2015(平成27)年度	44,366	5,820	13.12%
2016(平成28)年度	41,053	4,084	9.95%
2017(平成29)年度	40,449	6,360	15.72%
2018(平成30)年度	39,105	4,968	12.70%
2019(令和元)年度	39,821	4,571	11.48%
2020(令和２)年度	41,681	4,470	10.72%
2021(令和３)年度	47,870	5,353	11.18%
2022(令和４)年度	47,850	5,802	12.13%
2023(令和５)年度	46,991	6,571	13.98%
2024(令和６)年度	**47,785**	**6,165**	**12.90%**

各科目のポイント

憲　法

人権については、条文だけでなく最高裁判所の判例に関する知識も必要となります。特に重要な判例については、その結論に至った理由も確認しておきましょう。

統治については、条文を正確に覚えることに集中してください。過去の問題をみても、条文知識があれば正解を導くことができるものが多いからです。

民　法

民法については、改正のポイントを確認しておきましょう。次ページからの「巻頭特集」をご参照ください。

行政法

行政法総論については、特許と許可、取消しと撤回などの基本的概念を正確におさえておきましょう。

行政手続法、行政不服審査法については、条文からの出題が中心です。

行政事件訴訟法については、処分性や原告適格などの訴訟要件に関する重要判例を必ずおさえておきましょう。

国家賠償法については、１条と２条からの出題が中心ですが、３条以下の規定も一通り確認しておきましょう。

地方自治法については、条文の数が膨大ですが、おさえるべきポイントは限られています。過去問で問われた知識から整理しておきましょう。

商法・会社法

商法については、商人概念、商行為概念、商事売買などの基本的な論点を確認しておきましょう。

会社法については、設立、株式、各機関の権限、取締役の責任を中心に知識を整理しておきましょう。

基礎知識科目

2024年度から「行政書士法等行政書士業務と密接に関連する諸法令」の分野が出題の対象であることが明記されました。「巻頭特集」をご参照ください。

政治・経済・社会については、センター試験等で問われる基礎的知識から時事問題まで広く出題されます。日頃から新聞等に目を通しておくことも有用です。

情報通信・個人情報保護については、個人情報保護法・情報公開法などの条文を確認しましょう。

文章理解の問題は、知識がなくても解ける「現場思考型問題」の典型です。落ち着いて確実に解いていきましょう。

巻頭特集

2025年度の行政書士試験に向けて

確認しておきたいポイントはこれだ！

行政書士試験は、例年「4月1日現在施行されている法令」に関して出題されています。そのため、本年度（2025年度）の試験では2025年4月1日までに施行される内容が出題されることになります。

「民法」に関しては、2024年度から「嫡出推定制度の見直し」などの親子法制の改正が出題の対象になっています。

さらに、「行政書士試験の施行に関する定め」の一部改正により、2024年度から「行政書士法等行政書士業務と密接に関連する諸法令」の分野が出題の対象であることが明記されました。2024年度の試験では「行政書士法」「住民基本台帳法」の問題が1問ずつ出題されました。

そこで、本年度（2025年度）の試験に向けて確認しておきたいポイントをまとめてみました。本年度の学習にあたってのご参考になりましたら幸いです。

テーマ 1　民法改正
テーマ 2　行政書士業務と密接に関連する諸法令

テーマ1 民法改正

ポイント

2024年度から「嫡出推定制度の見直し」などの親子法制の改正が出題の対象になっています。

所有者不明土地関係の改正

2021年４月28日に公布された「民法等の一部を改正する法律」（令和３年法律第24号）により、所有者不明土地の利用の円滑化を図る方策がなされました（2023年４月１日施行）。

1 相隣関係の見直し（隣地等の利用・管理の円滑化）

境界標の調査のための**隣地使用権**に関する規定等を整備するとともに、電気等の継続的給付を受けるための設備設置権（**ライフライン**の設備設置権）に関する規定等を創設しました。

隣地使用権	土地の所有者は、所定の目的（①障壁、建物**その他の工作物の**築造、**収去**、修繕、②**境界標の調査・境界に関する測量**、③**越境した枝の切取り**）のために必要な範囲内で、隣地を使用する権利を有する旨を明確化。【209条１項】 隣地使用の**日時・場所・方法**は、隣地所有者及び隣地使用者のために**損害が最も少ないもの**を選ばなければならない。【209条２項】 隣地使用に際しての**通知に関するルール**を整備。【209条３項】
ライフラインの設備の設置・使用権	他の土地に設備を設置しなければ電気、ガス又は水道水の供給その他これらに類する継続的給付を受けることができない土地の所有者は、必要な範囲内で、**他の土地に設備を設置する権利**を有することを明文化。【213条の２第１項】 他人が所有する設備を使用しなければ電気、ガス又は水道水の供給その他これらに類する継続的給付を引き込むことができない土地の所有者は、必要な範囲内で、**他人の所有する設備を使用する権利**を有することを明文化。【213条の２第１項】 設備の設置・使用の場所・方法は、他の土地及び他人の設備のために**損害が最も少ないもの**に限定。【213条の２第２項】 他の土地に設備を設置し又は他人の設備を使用する土地の所有者は、**あらかじめ**、その目的、場所及び方法を**他の土地・設備の所有者に通知**しなければならない。【213条の２第３項】 **償金**・費用負担に関するルールを整備。【213条の２第４項～第７項、209条４項】

越境した竹木の枝の切取り	**越境された土地の所有者**は、竹木の所有者に枝を切除させる必要があるという原則を維持しつつ、一定の場合（①竹木の所有者に越境した枝を切除するよう**催告したが、竹木の所有者が相当の期間内に切除しない**とき、②竹木の所有者を**知ることができず、又はその所在を知ることができない**とき、③**急迫の事情がある**とき）には、**枝を自ら切り取ることができる**こととする。【233条３項】 竹木が共有物である場合には、**各共有者が越境している枝を切り取ることができる**。【233条２項】

2 共有制度の見直し（不明共有者がいる場合への対応）

所在等が不明な共有者がいる場合の共有物の変更又は管理に関する決定方法の特則、共有物の管理者に関する規定及び**所在等が不明な共有者**の不動産の共有持分の他の共有者による取得に関する特則等を創設しました。

<table>
<tr><td>共有物の「管理」の範囲の拡大・明確化</td><td>共有物に変更を加える行為であっても、形状又は効用の著しい変更を伴わないもの（軽微変更）については、持分の過半数で決定することができる。【251条１項、252条１項】
<table>
<tr><th colspan="2">管理（最広義）の種類</th><th>同意要件</th></tr>
<tr><td colspan="2">変更（軽微以外）</td><td>共有者全員（251条１項）</td></tr>
<tr><td rowspan="2">管理（広義）</td><td>変更（軽微）</td><td rowspan="2">持分の価格の過半数（252条１項）</td></tr>
<tr><td>管理（狭義）</td></tr>
<tr><td colspan="2">保存</td><td>共有者単独（252条５項）</td></tr>
</table>
所定の期間を超えない短期の賃借権等（①樹木の植栽又は伐採を目的とする山林の賃借権等は10年、②それ以外の土地の賃借権等は５年、③建物の賃借権等は３年、④動産の賃借権等は６か月）の設定は、持分の過半数で決定することができる。【252条４項】</td></tr>
<tr><td>共有物を使用する共有者がいる場合のルール</td><td>共有物を使用する共有者がある場合でも、持分の過半数で管理に関する事項を決定することができる。【252条１項後段】
管理に関する事項の決定が、共有者間の決定に基づいて共有物を使用する共有者に特別の影響を及ぼすべきときは、その共有者の承諾を得なければならない。【252条３項】
共有物を使用する共有者は、他の共有者に対し、自己の持分を超える使用の対価を償還する義務を負う。ただし、共有者間で無償とするなどの別段の合意がある場合には、その合意に従う。【249条２項】
共有者は、善良な管理者の注意をもって、共有物の使用をしなければならない。【249条３項】</td></tr>
</table>

賛否を明らかにしない共有者がいる場合の管理	賛否を明らかにしない共有者がいる場合には、**裁判所の決定**を得て、**その共有者以外の共有者の持分の過半数**により、管理に関する事項を決定することができる。【252条２項２号】 事前の催告 ▶ 申立て・証拠提出 ▶ 1か月以上の賛否明示期間・通知 ▶ 他の共有者の同意で管理をすることができる旨の決定 ▶ 共有者間での決定 （例）ＡＢＣＤＥ共有（持分各５分の１）の砂利道につき、ＡＢがアスファルト舗装をすること（**軽微変更＝管理**）について他の共有者に事前催告をしたが、DEは賛否を明らかにせず、Cは反対した場合には、裁判所の決定を得た上で、ＡＢは、アスファルト舗装をすることができる（ＡＢＣの**持分の過半数**である３分の２の決定）。
所在等不明共有者がいる場合の変更・管理	所在等不明共有者がいる場合には、**裁判所の決定**を得て、①**所在等不明共有者以外の共有者全員の同意**により、共有物に**変更**を加えることができる。②**所在等不明共有者以外の共有者の持分の過半数**により、**管理**に関する事項を決定することができる。【251条２項、252条２項１号】 申立て・証拠提出 ▶ 1か月以上の異議届出期間・公告の実施 ▶ 他の共有者の同意で変更・管理をすることができる旨の決定 ▶ 共有者間での意思決定 （例①）ＡＢＣＤＥ共有の土地につき、必要な調査を尽くしてもＣＤＥの所在が不明である場合には、裁判所の決定を得た上で、ＡＢは、第三者に対し、建物所有目的で土地を賃貸すること（**変更**）ができる（ＡＢの**全員**同意）。 （例②）ＡＢＣＤＥ共有（持分各５分の１）の建物につき、必要な調査を尽くしてもＤＥの所在が不明である場合には、裁判所の決定を得た上で、ＡＢは、第三者に対し、賃借期間３年以下の定期建物賃貸借をすること（**管理**）ができる（ＡＢＣの**持分の過半数**である３分の２の決定）。
共有物の管理者	共有物の管理者の**選任・解任**は、共有物の管理のルールに従い、**共有者の持分の過半数**で決定。共有者以外を管理者とすることも可能。共有者以外を管理者とすることも可能。【252条１項】 共有物の管理者は、**管理**に関する行為（軽微変更を含む）をすることができる。軽微でない変更を加えるには、共有者全員の同意を得なければならない。【252条の２第１項】 共有物の管理者は、**共有者が共有物の管理に関する事項を決定**した場合には、これに従ってその職務を行わなければならない。【252条の２第３項】
共有の規定と遺産共有持分	遺産共有状態にある共有物に共有に関する規定を適用するときは、**法定相続分（相続分の指定があるケースは、指定相続分）**により算定した持分を**基準**とすることを明記。【898条２項】 （例）遺産として土地があり、ＡＢＣが相続人（法定相続分各３分の１）であるケースでは、土地の管理に関する事項は、**具体的相続分の割合に関係なく**、ＡＢの同意により決定することが可能。

裁判による共有物分割	裁判による共有物分割の方法として、賠償分割（「共有者に債務を負担させて、他の共有者の持分の全部又は一部を取得させる方法」）が可能であることを明文化。【258条2項】 ①現物分割・賠償分割のいずれもできない場合、又は②分割によって共有物の価格を著しく減少させるおそれがある場合に、競売分割を行うこととして、検討順序を明確化。【258条3項】 裁判所は、共有物の分割の裁判において、当事者に対して、金銭の支払、物の引渡し、登記義務の履行その他の給付を命ずることができることを明文化。【258条4項】
所在等不明共有者の不動産の持分の取得	共有者は、裁判所の決定を得て、所在等不明共有者（氏名等不特定を含む）の不動産の持分を取得することができる。【262条の2】 申立て・証拠提出 ▶ 異議届出期間等の公告・登記簿上の共有者への通知 ▶ ３か月以上の異議届出期間等の経過 ▶ 時価相当額の金銭の供託 ▶ 取得の裁判
所在等不明共有者の不動産の持分の譲渡	裁判所の決定によって、申立てをした共有者に、所在等不明共有者の不動産の持分を譲渡する権限を付与する制度を創設。【262条の3】 （例）土地の共有者ＡＢＣのうちＣが所在等不明である場合に、Ａの申立てにより土地全体を第三者に売却する。 Aによる申立て・証拠提出 ▶ 3か月以上の異議届出期間・公告の実施 ▶ 時価相当額を持分に応じて按分した額の供託 ▶ C持分の譲渡権限をAに付与する裁判 ▶ A・B→第三者土地全体を売却

3 財産管理制度の見直し（土地・建物の管理制度の創設）

所有者の所在等を知ることができない土地若しくは建物又はその共有持分及び所有者による管理が不適当である土地又は建物について裁判所が管理人による管理を命ずる規定等を創設するとともに、相続財産の保存のための統一的な相続財産管理制度を創設しました。

所有者不明土地・建物管理制度	特定の土地・建物のみに特化して管理を行う所有者不明土地管理制度及び所有者不明建物管理制度を創設。【264条の2～264条の8】 所有者不明土地・建物の管理について利害関係を有する利害関係人が申立権を有する。 管理命令の効力は、所有者不明土地（建物）のほか、土地（建物）にある所有者の動産、管理人が得た金銭等の財産（売却代金等）、建物の場合はその敷地利用権（借地権等）にも及ぶが、その他の財産には及ばない。 申立て・証拠提出 ▶ 異議届出期間の公告 ▶ 管理命令の発令・管理人の選任 ▶ 管理人による管理 ▶ 職務の終了（管理命令の取消）

<table>
<tr><td>管理不全
土地・建物管理制度</td><td>管理不全土地・建物について、裁判所が、利害関係人の請求により、管理人による管理を命ずる処分を可能とする管理不全土地・建物管理制度を創設。【264条の9～264条の14】
管理不全土地・建物の管理についての利害関係を有する利害関係人が申立権を有する。
管理命令の効力は、管理不全土地（建物）のほか、土地（建物）にある所有者の動産、管理人が得た金銭等の財産（売却代金等）、建物の場合はその敷地利用権（借地権等）にも及ぶが、その他の財産には及ばない。
申立て・証拠提出 ▶ 所有者の陳述の聴取 ▶ 管理命令の発令・管理人の選任 ▶ 管理人による管理 ▶ 職務の終了（管理命令の取消）</td></tr>
<tr><td>相続人不存在の
相続財産の清算手続の
見直し</td><td>選任の公告と相続人捜索の公告を統合して一つの公告で同時に行うとともに、これと並行して、相続債権者等に対する請求の申出をすべき旨の公告を行うことを可能にする。【952条2項、957条1項】
権利関係の確定に最低必要な期間を合計6か月へと短縮。
その職務の内容に照らして、相続人のあることが明らかでない場合における「相続財産の管理人」の名称を「相続財産の清算人」に改正。
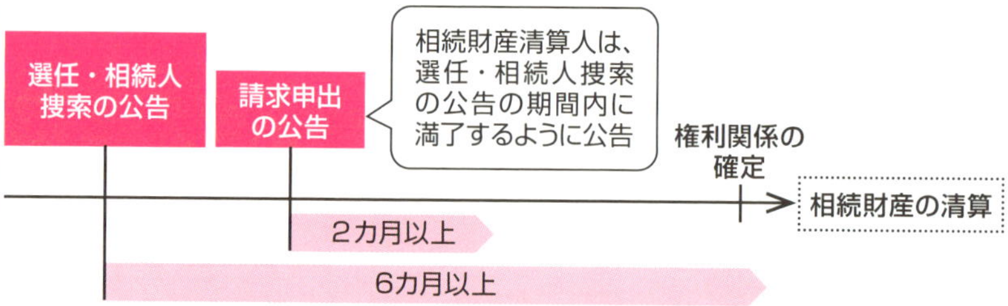
</td></tr>
<tr><td>相続財産の保存のための相続財産管理制度の見直し</td><td>相続が開始すれば、相続の段階にかかわらず、いつでも、家庭裁判所は、相続財産の管理人の選任その他の相続財産の保存に必要な処分をすることができるとの包括的な制度に改正。【897条の2】</td></tr>
<tr><td>相続の放棄をした者の
管理義務の明確化</td><td>相続の放棄の時に現に占有している相続財産につき、相続人（法定相続人全員が放棄した場合は、相続財産の清算人）に対して当該財産を引き渡すまでの間、その財産を保存しなければならないことを明記。【940条1項】</td></tr>
</table>

4 相続制度の見直し（遺産分割長期未了状態への対応）

具体的相続分による遺産分割を求めることができる期間の制限の規定等を整備しました。

<table>
<tr><td>具体的相続分による
遺産分割の時的限界</td><td>相続開始（被相続人の死亡）時から10年を経過した後にする遺産分割は、原則として、具体的相続分ではなく、法定相続分（又は指定相続分）による。【904条の3】
【例外】（引き続き具体的相続分により分割）
① 10年経過前に、相続人が家庭裁判所に遺産分割請求をしたとき
② 10年の期間満了前6か月以内に、遺産分割請求をすることができないやむを得ない事由が相続人にあった場合において、当該事由消滅時から6か月経過前に、当該相続人が家庭裁判所に遺産分割請求をしたとき</td></tr>
</table>

遺産共有と通常共有が併存している場合の特則	遺産共有と通常共有が併存する場合において、**相続開始時から10年を経過**したときは、**遺産共有関係の解消**も地方裁判所等の**共有物分割訴訟において実施することを可能とする**。【258条の2第2項、第3項】

・「所有者不明土地の解消に向けた民事基本法制の見直し（民法・不動産登記法等一部改正法・相続土地国庫帰属法）」（法務省民事局）（https://www.moj.go.jp/MINJI/minji05_00343.html）を加工して作成しました。

親子法制の改正

2022年12月16日に公布された「民法等の一部を改正する法律」（令和４年法律第102号）により、嫡出推定制度の見直しなどの親子法制に関する改正がなされました。

1 嫡出推定制度の見直し・女性の再婚禁止期間の廃止（2024年４月１日施行）

従来、前夫以外の者との間の子を出産した女性が、嫡出の推定の制度により、その子が前夫の子と扱われることを避けるために出生届をしないことが、無戸籍者の生ずる一因であると指摘されてきました。そこで、嫡出推定制度の見直しが行われました。

嫡出推定制度の見直し	離婚等の日から300日以内に生まれた子であっても、その間に母が再婚をしたときは、**再婚後の夫の子と推定**する。【772条１項後段】 女性が子を懐胎した時から子の出生までの間に複数の婚姻をしていたときは、その子を、その出生の**直近の婚姻における夫の子と推定**する。【772条３項】
女性の再婚禁止期間の廃止	嫡出推定規定の見直しにより、父性推定の重複がなくなるため、**女性の再婚禁止期間を廃止**する。

2 嫡出否認制度の見直し（2024年４月１日施行）

従来、子・母は嫡出否認の訴えを提起できなかったことから、無戸籍者の生ずる一因であると指摘されてきました。また、嫡出否認の訴えの出訴期間は１年間であったことから、訴えを提起するための期間として不十分であると指摘されてきました。そこで、嫡出否認制度の見直しが行われました。

否認権者の拡大	夫に加えて、**子又は母**は、嫡出否認の訴えを提起することができる。【774条１項３項】 再婚後の夫の子と推定される子に関し、**前夫**は、嫡出否認の訴えを提起することができる。【774条４項】
出訴期間の伸長	嫡出否認の訴えの**出訴期間**を、原則として**３年間に伸長**する。【777条】 子は、**一定の要件を充たす場合**には、例外的に、**21歳に達するまで**、嫡出否認の訴えを提起することができる。【778条の２第２項】

3 認知の無効の訴えの規律の見直し（2024年４月１日施行）

従来、利害関係を有する者は、だれでも認知の無効を主張することができると定められていて、認知の無効を主張する期間の制限もなかったことから、嫡出子に比べて、嫡出でない子の地位が著しく不安定であると指摘されてきました。そこで、認知の無効の訴えの規律の見直しが行われました。

提訴権者の制限	認知の無効の訴えの**提訴権者**を、**子、認知をした者（父）及び母**に限定する。【786条1項】
出訴期間の制限	認知の無効の訴えの出訴期間を、所定の時期から原則として**7年間**に限定する。【786条1項】 子は、**一定の要件を充たす場合**には、例外的に、**21歳に達するまで**認知の無効の訴えを提起することができる。【786条2項】

4 懲戒権に関する規定等の見直し（2022年12月16日施行）

従来、親権を行う者は「監護及び教育」（820条）に必要な範囲内でその子を懲戒できると定められていましたが、児童虐待を正当化する口実になっていると指摘されてきました。そこで、懲戒権に関する規定等の見直しが行われました。

懲戒権に関する規定の削除	**懲戒権に関する規定を削除**する。なお、社会的に許容される正当なしつけは、820条の「監護及び教育」として行うことができる。
監護及び教育の場面で遵守されるべき総則的な規律	親権を行う者は、監護及び教育をするに当たっては、**子の人格を尊重**するとともに、その**年齢及び発達の程度に配慮**しなければならず、かつ、**体罰**その他の子の心身の健全な発達に有害な影響を及ぼす言動をしてはならない。【821条】

・「民法等の一部を改正する法律について」（法務省民事局）（https://www.moj.go.jp/MINJI/minji07_00315.html）を加工して作成しました。

テーマ2 行政書士業務と密接に関連する諸法令

ポイント

「行政書士試験の施行に関する定め」（平成11年自治省告示第250号）の一部改正（総務省告示第335号）により、2024年度から「行政書士法等行政書士業務と密接に関連する諸法令」の分野が出題の対象であり、この分野から一題以上出題されることが明記されました。

【行政書士試験の施行に関する定め】

第2．試験科目

一　行政書士の業務に関し必要な法令等（憲法、行政法（行政法の一般的な法理論、行政手続法、行政不服審査法、行政事件訴訟法、国家賠償法及び地方自治法を中心とする。）、民法、商法及び基礎法学の中からそれぞれ出題することとし、法令については、試験を実施する日の属する年度の4月1日現在施行されている法令に関して出題するものとする。）

二　行政書士の業務に関し必要な基礎知識（一般知識、行政書士法等行政書士業務と密接に関連する諸法令、情報通信・個人情報保護及び文章理解の中からそれぞれ出題することとし、法令については、試験を実施する日の属する年度の4月1日現在施行されている法令に関して出題するものとする。）

第3．試験の方法

一　試験は、筆記試験によって行うこととする。

二　試験問題については、行政書士の業務に関し必要な法令等から46題、行政書士の業務に関し必要な基礎知識から14題を出題する。

三　出題の形式については、行政書士の業務に関し必要な法令等は択一式及び記述式とし、行政書士の業務に関し必要な基礎知識は択一式とする。

2024年度の試験では「行政書士法」「住民基本台帳法」の問題が1問ずつ出題されましたが、そのほかに「戸籍法」などの出題も予想されます。

行政書士法

行政書士法は、「行政書士の制度を定め、その業務の適正を図ることにより、行政に関する手続の円滑な実施に寄与するとともに国民の利便に資し、もつて国民の権利利益の実現に資すること」を目的としています。【1条】

⇒2024年度の試験では、問題52が「行政書士法」の問題でした。

1 行政書士の業務

行政書士は、他人の依頼を受け報酬を得て、以下に掲げる事務を業とすることとされています。ただし、その業務を行うことが他の法律において制限されているものについては、業務を行うことができません。【1条の2、1条の3】

独占業務	①**官公署に提出する書類**（電磁的記録を含む。以下同じ。）その他②**権利義務**又は③**事実証明**に関する**書類を作成する**こと ※　行政書士又は行政書士法人でない者は、他の法律に別段の定めがある場合等を除き、**業**として行うことはできません。【19条1項】
非独占業務	(1)　官公署に提出する書類について、その提出の手続及び当該官公署に提出する許認可等に関して行われる**聴聞**又は**弁明の機会の付与**の手続その他の意見陳述のための手続において当該官公署に対してする行為（弁護士法72条に規定する法律事件に関する法律事務に該当するものを除く）について**代理する**こと
	(2)　行政書士が作成した官公署に提出する書類に係る許認可等に関する行政庁に対する不服申立ての手続について代理し、及びその手続について官公署に提出する書類を作成すること ※　日本行政書士会連合会がその会則で定めるところにより実施する研修の課程を修了した行政書士（**特定行政書士**）に限り、行うことができます。 **⇒2024年度の試験で出題されました。**
	(3)　契約その他に関する書類を代理人として作成すること
	(4)　行政書士が作成することができる書類の作成について相談に応ずること

2 行政書士登録

行政書士となるには、行政書士試験に合格するなど、一定の資格を得た上で、各都道府県の行政書士会を経由して、日本行政書士会連合会の登録を受けることが必要です。【6条、6条の2】

【行政書士となる資格を有する者（2条)】

①　**行政書士試験**に合格した者
②　**弁護士**となる資格を有する者
③　**弁理士**となる資格を有する者
④　**公認会計士**となる資格を有する者
⑤　**税理士**となる資格を有する者
⑥　国又は地方公共団体の**公務員**として行政事務を担当した期間及び行政執行法人又は特定地方独立行政法人の役員又は職員として行政事務に相当する事務を担当した期間が通算して**20年以上**（学校教育法による高等学校を卒業した者などにあっては**17年以上**）になる者 **⇒2024年度の試験で出題されました。**

※　登録を受けた行政書士が共同して行政書士法人を設立した場合も、各都道府県の行政書士会を経由して、日本行政書士会連合会に届け出る必要があります。【13条の10】

【欠格事由（2条の2）】

①　未成年者
②　破産手続開始の決定を受けて復権を得ない者 ⇒ 2024年度の試験で出題されました。
③　禁錮以上の刑に処せられ、その執行を終わり、又は執行を受けることがなくなってから3年を経過しない者
④　公務員（行政執行法人又は特定地方独立行政法人の役員又は職員を含む。）で懲戒免職の処分を受け、当該処分の日から3年を経過しない者 ⇒ 2024年度の試験で出題されました。
⑤　6条の5第1項の規定により登録の取消しの処分を受け、当該処分の日から3年を経過しない者
⑥　14条の規定により業務の禁止の処分を受け、当該処分の日から3年を経過しない者
⑦　懲戒処分により、弁護士会から除名され、公認会計士の登録の抹消の処分を受け、弁理士、税理士、司法書士若しくは土地家屋調査士の業務を禁止され、又は社会保険労務士の失格処分を受けた者で、これらの処分を受けた日から3年を経過しないもの
⑧　税理士法48条1項の規定により同法44条3号に掲げる処分を受けるべきであったことについて決定を受けた者で、当該決定を受けた日から3年を経過しないもの

3 行政書士の義務

事務所	行政書士（使用人である行政書士等を除く。）は、その業務を行うための事務所を設けなければならない。【8条1項】
帳簿の備付及び保存	行政書士（使用人である行政書士等を除く。）は、その業務に関する帳簿を備え、これに事件の名称、年月日、受けた報酬の額、依頼者の住所氏名その他都道府県知事の定める事項を記載しなければならない。【9条1項】 行政書士（使用人である行政書士等を除く。）は、帳簿をその関係書類とともに、帳簿閉鎖の時から2年間保存しなければならない。【9条2項】
行政書士の責務	行政書士は、誠実にその業務を行なうとともに、行政書士の信用又は品位を害するような行為をしてはならない。【10条】
報酬の額の掲示	行政書士（使用人である行政書士等を除く。）は、その事務所の見やすい場所に、その業務に関し受ける報酬の額を掲示しなければならない。【10条の2第1項】 ⇒2024年度の試験で出題されました。
依頼に応ずる義務	行政書士（使用人である行政書士等を除く。）は、正当な事由がある場合でなければ、依頼を拒むことができない。【11条】
秘密を守る義務	行政書士は、正当な理由がなく、その業務上取り扱った事項について知り得た秘密を漏らしてはならない。【12条】
会則の遵守義務	行政書士は、その所属する行政書士会及び日本行政書士会連合会の会則を守らなければならない。【13条】
研修	行政書士は、その所属する行政書士会及び日本行政書士会連合会が実施する研修を受け、その資質の向上を図るように努めなければならない。【13条の2】

4 行政書士法人

行政書士は、行政書士法人を設立することができます。【13条の3】

行政書士法人の社員は、行政書士でなければなりません。【13条の5第1項】

行政書士法人を設立するには、その社員となろうとする行政書士が、定款を定めなければなりません。定款には、少なくとも①～⑤の事項を記載しなければなりません。【13条の8第1項、第3項】

①　目的
②　名称
③　主たる事務所及び従たる事務所の所在地
④　社員の氏名、住所及び特定業務を行うことを目的とする行政書士法人にあっては、当該特定業務を行うことができる行政書士である社員（特定社員）であるか否かの別
⑤　社員の出資に関する事項

行政書士法人は、その主たる事務所の所在地において設立の登記をすることによって成立します。【13条の9】

行政書士法人の社員は、定款で別段の定めがある場合を除き、すべて業務を執行する権利を有し、義務を負います。【13条の12第1項】

5 監督

都道府県知事は、必要があると認めるときは、日没から日出までの時間を除き、当該職員に行政書士又は行政書士法人の事務所に立ち入り、その業務に関する帳簿及び関係書類を検査させることができます。【13条の22第1項】

行政書士が、行政書士法若しくはこれに基づく命令、規則その他都道府県知事の処分に違反したとき又は行政書士たるにふさわしくない重大な非行があったときは、都道府県知事は、当該行政書士に対し、①「戒告」、②「2年以内の業務の停止」、③「業務の禁止」の処分をすることができます。【14条】

行政書士法人が、行政書士法又は行政書士法に基づく命令、規則その他都道府県知事の処分に違反したとき又は運営が著しく不当と認められるときは、その主たる事務所の所在地を管轄する都道府県知事は、当該行政書士法人に対し、①「戒告」、②「2年以内の業務の全部又は一部の停止」、③「解散」の処分をすることができます。【14条の2第1項】

6 行政書士会及び日本行政書士会連合会

行政書士は、都道府県の区域ごとに、会則を定めて、1個の行政書士会を設立しなければなりません。行政書士会は、「会員の品位を保持し、その業務の改善進歩を図るため、会員の指導及び連絡に関する事務を行うこと」を目的とします。【15条1項2項】

全国の行政書士会は、会則を定めて、日本行政書士会連合会を設立しなければなりません。日本行政書士会連合会は、「行政書士会の会員の品位を保持し、その業務の改善進歩を図るため、行政書士会及びその会員の指導及び連絡に関する事務を行い、並びに行政書士の登録に関する事務を行うこと」を目的とします。【18条1項2項】

① 都道府県知事は行政書士会につき、② 総務大臣は日本行政書士会連合会につき、必要があると認めるときは、報告を求め、又はその行なう業務について勧告することができます。【18条の6】

戸籍法

戸籍制度は、日本国民の国籍とその親族的身分関係（夫婦、親子、兄弟姉妹等）を戸籍簿に登録し、これを公証する制度です。
戸籍に関する事務は、戸籍法に別段の定めがあるものを除き、**市町村長**がこれを管掌します。【1条1項】

1 戸籍簿

戸籍は、市町村の区域内に**本籍**を定める一の夫婦及びこれと氏を同じくする子ごとに、これを編製します。【6条本文】

戸籍は、これをつづって帳簿（**戸籍簿**）とします。【7条】

戸籍は、**正本**と**副本**を設けます。①**正本**は、これを市役所又は町村役場に備え、②**副本**は、管轄法務局若しくは地方法務局又はその支局がこれを保存します。【8条】

戸籍は、その筆頭に記載した者の氏名及び**本籍**でこれを表示します。【9条前段】

戸籍に記載されている者又はその配偶者、直系尊属若しくは直系卑属は、その戸籍の謄本若しくは抄本又は戸籍に記載した事項に関する証明書（**戸籍謄本等**）の交付の請求をすることができます。【10条1項】

2 戸籍の記載

戸籍には、本籍のほか、戸籍内の各人について、①～⑧の事項を記載しなければなりません。【13条】

①	氏名
②	出生の年月日
③	戸籍に入った原因及び年月日
④	実父母の氏名及び実父母との続柄
⑤	養子であるときは、養親の氏名及び養親との続柄
⑥	夫婦については、夫又は妻である旨
⑦	他の戸籍から入った者については、その戸籍の表示
⑧	その他法務省令で定める事項

氏名を記載するには、第一「夫婦が、夫の氏を称するときは**夫**、妻の氏を称するときは**妻**」、第二「**配偶者**」、第三「**子**」の順序によります。子の間では、出生の前後によります。【14条1項2項】

戸籍の記載は、①**届出**、②報告、③申請、④請求若しくは⑤嘱託、⑥証書若しくは⑦航海日誌の謄本又は⑧裁判によってこれをします。【15条】

3 届出

出生届	出生の届出は、14日以内（国外で出生があったときは、3箇月以内）にこれをしなければならない。【49条1項】 嫡出子出生の届出は、父又は母がこれをし、子の出生前に父母が離婚をした場合には、母がこれをしなければならない。【52条1項】
認知届	父が認知をする場合には、母の氏名及び本籍を届書に記載して、その旨を届け出なければならない。【60条1号】
養子縁組	養子縁組をしようとする者は、その旨を届け出なければならない。【66条】
養子離縁	養子離縁をしようとする者は、その旨を届け出なければならない。【70条】
婚姻届	婚姻をしようとする者は、①「夫婦が称する氏」、②「その他法務省令で定める事項」を届書に記載して、その旨を届け出なければならない。【74条】
離婚届	離婚をしようとする者は、①「親権者と定められる当事者の氏名及びその親権に服する子の氏名」、②「その他法務省令で定める事項」を届書に記載して、その旨を届け出なければならない。【76条】
死亡届	死亡の届出は、届出義務者が、死亡の事実を知った日から7日以内（国外で死亡があったときは、その事実を知った日から3箇月以内）に、これをしなければならない。【86条1項】 第一「同居の親族」、第二「その他の同居者」、第三「家主、地主又は家屋若しくは土地の管理人」は、その順序に従って、死亡の届出をしなければならない。【87条1項本文】

届出は、書面又は口頭でこれをすることができます。【27条】

住民基本台帳法

住民基本台帳法は、「市町村（特別区を含む。以下同じ。）において、住民の居住関係の公証、選挙人名簿の登録その他の住民に関する事務の処理の基礎とするとともに住民の住所に関する届出等の簡素化を図り、あわせて住民に関する記録の適正な管理を図るため、住民に関する記録を正確かつ統一的に行う住民基本台帳の制度を定め、もつて住民の利便を増進するとともに、国及び地方公共団体の行政の合理化に資すること」を目的とします。【1条】

⇒2024年度の試験では、問題53が「住民基本台帳法」の問題でした。

1 住民基本台帳

市町村は、住民基本台帳を備え、その住民につき、記載をすべきものとされる事項を記録するものとします。【5条】

市町村長は、個人を単位とする住民票を世帯ごとに編成して、住民基本台帳を作成しなければなりません。もっとも、市町村長は、適当であると認めるときは、住民票の全部又は一部につき世帯を単位とすることができます。【6条1項2項】

住民票には、次に掲げる事項について記載（磁気ディスクをもって調製する住民票にあっては、記録。）をします。【7条】

1	氏名
2	出生の年月日
3	男女の別
4	世帯主についてはその旨、世帯主でない者については世帯主の氏名及び世帯主との続柄 ⇒2024年度の試験で出題されました。
5	戸籍の表示。ただし、本籍のない者及び本籍の明らかでない者については、その旨
6	住民となった年月日
7	住所及び一の市町村の区域内において新たに住所を変更した者については、その住所を定めた年月日
8	新たに市町村の区域内に住所を定めた者については、その住所を定めた旨の届出の年月日（職権で住民票の記載をした者については、その年月日）及び従前の住所
8の2	個人番号
9	選挙人名簿に登録された者については、その旨
10	国民健康保険の被保険者である者については、その資格に関する事項で政令で定めるもの
10の2	後期高齢者医療の被保険者である者については、その資格に関する事項で政令で定めるもの
10の3	介護保険の被保険者である者については、その資格に関する事項で政令で定めるもの
11	国民年金の被保険者である者については、その資格に関する事項で政令で定めるもの
11の2	児童手当の支給を受けている者については、その受給資格に関する事項で政令で定めるもの
12	米穀の配給を受ける者については、その米穀の配給に関する事項で政令で定めるもの
13	住民票コード
14	そのほか、政令で定める事項

住民票の記載、消除又は記載の修正は、届出に基づき、又は職権で行うものとします。【8条】

2 届出

転入届	転入（新たに市町村の区域内に住所を定めることをいい、出生による場合を除く。）をした者は、転入をした日から14日以内に、「氏名」「住所」「転入をした年月日」「従前の住所」などの事項を市町村長に届け出なければならない。【22条1項】
転居届	転居（一の市町村の区域内において住所を変更することをいう。）をした者は、転居をした日から14日以内に、「氏名」「住所」「転居をした年月日」「従前の住所」などの事項を市町村長に届け出なければならない。【23条】
転出届	転出をする者は、あらかじめ、その氏名、転出先及び転出の予定年月日を市町村長に届け出なければならない。【24条】
世帯変更届	その属する世帯又はその世帯主に変更があった者（政令で定める者を除く。）は、その変更があった日から14日以内に、その氏名、変更があった事項及び変更があった年月日を市町村長に届け出なければならない。【25条】

届出は、書面でしなければなりません。【27条1項】

これで万全！　本試験当日の心得

1. 持ち物リスト

☑	持ち物	備考
□	受験票	受験番号等が記載されたハガキです。 念のため、「試験案内」も持参しましょう。
□	筆記用具	鉛筆は３本以上、鉛筆削りや消しゴムは２個以上持参しましょう。 シャープペンシルを使用する方は、替え芯も忘れないでください。
□	腕時計＊	日頃、携帯電話で時間を確認している方は特に注意してください。 試験中、携帯電話は電源を切って袋に入れなければなりません。

＊2024年度の試験案内には、「置時計等は不可（懐中時計を机上に置いて使用する場合は、使用を認めます。）」との記載がありました。試験当日の持ち物に関しては、2025年度の試験案内等で事前に確認しておきましょう。

2. 服装

試験会場の室温は当日にならないとわからないので、体温調節が容易な服装にしましょう。

3. 出発時間

急なトラブルで電車が遅れることも考えられますので、必ず余裕をもって自宅を出発しましょう（試験開始後30分を過ぎると受験できなくなります）。

会場に到着してからも、入室やトイレに時間がとられることがあります。試験の１時間前までには会場に到着しておくのがよいでしょう。

行政書士試験　答案用紙

第1回

氏名 ＿＿＿＿＿＿＿＿＿＿＿＿＿＿＿＿

1. 記入は必ずHB又はB以上の鉛筆を使用し、各欄へのマークは○内を濃く塗り潰してください。

2. 記入マーク例
良い例 ●
悪い例 ⊘ ◓ ◎ ⊖

3. 訂正は、消し跡が残らないようにプラスチック製の消しゴムで完全に消してからマークし直してください。

受験番号

	0	1	2	3	4	5	6	7	8	9
	○	○	○	○	○	○	○	○	○	○
	○	○	○	○	○	○	○	○	○	○
	○	○	○	○	○	○	○	○	○	○
	○	○	○	○	○	○	○	○	○	○
	○	○	○	○	○	○	○	○	○	○
	○	○	○	○	○	○	○	○	○	○
	○	○	○	○	○	○	○	○	○	○

生年月日

	大正○　昭和○　平成○									
	0	1	2	3	4	5	6	7	8	9
年	○	○	○	○	○	○	○	○	○	○
	○	○	○	○	○	○	○	○	○	○
月	○	○	○	○	○	○	○	○	○	○
	○	○	○	○	○	○	○	○	○	○
日	○	○	○	○	○	○	○	○	○	○
	○	○	○	○	○	○	○	○	○	○

法令等（5肢択一式）

	1 2 3 4 5		1 2 3 4 5		1 2 3 4 5		1 2 3 4 5
問題 1	○○○○○	問題 11	○○○○○	問題 21	○○○○○	問題 31	○○○○○
問題 2	○○○○○	問題 12	○○○○○	問題 22	○○○○○	問題 32	○○○○○
問題 3	○○○○○	問題 13	○○○○○	問題 23	○○○○○	問題 33	○○○○○
問題 4	○○○○○	問題 14	○○○○○	問題 24	○○○○○	問題 34	○○○○○
問題 5	○○○○○	問題 15	○○○○○	問題 25	○○○○○	問題 35	○○○○○
問題 6	○○○○○	問題 16	○○○○○	問題 26	○○○○○	問題 36	○○○○○
問題 7	○○○○○	問題 17	○○○○○	問題 27	○○○○○	問題 37	○○○○○
問題 8	○○○○○	問題 18	○○○○○	問題 28	○○○○○	問題 38	○○○○○
問題 9	○○○○○	問題 19	○○○○○	問題 29	○○○○○	問題 39	○○○○○
問題 10	○○○○○	問題 20	○○○○○	問題 30	○○○○○	問題 40	○○○○○

✂キリトリ

法令等（多肢選択式）

		1	2	3	4	5	6	7	8	9	10	11	12	13	14	15	16	17	18	19	20
問題41	ア	○	○	○	○	○	○	○	○	○	○	○	○	○	○	○	○	○	○	○	○
	イ	○	○	○	○	○	○	○	○	○	○	○	○	○	○	○	○	○	○	○	○
	ウ	○	○	○	○	○	○	○	○	○	○	○	○	○	○	○	○	○	○	○	○
	エ	○	○	○	○	○	○	○	○	○	○	○	○	○	○	○	○	○	○	○	○
問題42	ア	○	○	○	○	○	○	○	○	○	○	○	○	○	○	○	○	○	○	○	○
	イ	○	○	○	○	○	○	○	○	○	○	○	○	○	○	○	○	○	○	○	○
	ウ	○	○	○	○	○	○	○	○	○	○	○	○	○	○	○	○	○	○	○	○
	エ	○	○	○	○	○	○	○	○	○	○	○	○	○	○	○	○	○	○	○	○
問題43	ア	○	○	○	○	○	○	○	○	○	○	○	○	○	○	○	○	○	○	○	○
	イ	○	○	○	○	○	○	○	○	○	○	○	○	○	○	○	○	○	○	○	○
	ウ	○	○	○	○	○	○	○	○	○	○	○	○	○	○	○	○	○	○	○	○
	エ	○	○	○	○	○	○	○	○	○	○	○	○	○	○	○	○	○	○	○	○

基礎知識（5肢択一式）

	1 2 3 4 5		1 2 3 4 5		1 2 3 4 5
問題 47	○○○○○	問題 52	○○○○○	問題 57	○○○○○
問題 48	○○○○○	問題 53	○○○○○	問題 58	○○○○○
問題 49	○○○○○	問題 54	○○○○○	問題 59	○○○○○
問題 50	○○○○○	問題 55	○○○○○	問題 60	○○○○○
問題 51	○○○○○	問題 56	○○○○○		

●本答案用紙は、実際の行政書士試験で使用される答案用紙と大きさや仕様は異なります。
●採点は、本書の解答・解説でご確認いただき、自己採点をしてください。

LEC東京リーガルマインド

法令等（記述式）

問題44										10					15

問題45										10					15

問題46										10					15

キリトリ

行政書士試験　答案用紙

第2回

氏名＿＿＿＿＿＿＿＿＿＿＿＿＿＿

1. 記入は必ずHB又はB以上の鉛筆を使用し、各欄へのマークは◯内を濃く塗り潰してください。
2. 記入マーク例
   良い例 ⬬
   悪い例 ⊘ ◒ ◎ ⊖
3. 訂正は、消し跡が残らないようにプラスチック製の消しゴムで完全に消してからマークし直してください。

受験番号

	0	1	2	3	4	5	6	7	8	9
	◯	◯	◯	◯	◯	◯	◯	◯	◯	◯
	◯	◯	◯	◯	◯	◯	◯	◯	◯	◯
	◯	◯	◯	◯	◯	◯	◯	◯	◯	◯
	◯	◯	◯	◯	◯	◯	◯	◯	◯	◯
	◯	◯	◯	◯	◯	◯	◯	◯	◯	◯
	◯	◯	◯	◯	◯	◯	◯	◯	◯	◯
	◯	◯	◯	◯	◯	◯	◯	◯	◯	◯

生年月日

	大正◯			昭和◯			平成◯			
	0	1	2	3	4	5	6	7	8	9
年	◯	◯	◯	◯	◯	◯	◯	◯	◯	◯
	◯	◯	◯	◯	◯	◯	◯	◯	◯	◯
月	◯	◯	◯	◯	◯	◯	◯	◯	◯	◯
	◯	◯	◯	◯	◯	◯	◯	◯	◯	◯
日	◯	◯	◯	◯	◯	◯	◯	◯	◯	◯
	◯	◯	◯	◯	◯	◯	◯	◯	◯	◯

法令等（5肢択一式）

	1	2	3	4	5		1	2	3	4	5		1	2	3	4	5		1	2	3	4	5
問題 1	◯	◯	◯	◯	◯	問題 11	◯	◯	◯	◯	◯	問題 21	◯	◯	◯	◯	◯	問題 31	◯	◯	◯	◯	◯
問題 2	◯	◯	◯	◯	◯	問題 12	◯	◯	◯	◯	◯	問題 22	◯	◯	◯	◯	◯	問題 32	◯	◯	◯	◯	◯
問題 3	◯	◯	◯	◯	◯	問題 13	◯	◯	◯	◯	◯	問題 23	◯	◯	◯	◯	◯	問題 33	◯	◯	◯	◯	◯
問題 4	◯	◯	◯	◯	◯	問題 14	◯	◯	◯	◯	◯	問題 24	◯	◯	◯	◯	◯	問題 34	◯	◯	◯	◯	◯
問題 5	◯	◯	◯	◯	◯	問題 15	◯	◯	◯	◯	◯	問題 25	◯	◯	◯	◯	◯	問題 35	◯	◯	◯	◯	◯
問題 6	◯	◯	◯	◯	◯	問題 16	◯	◯	◯	◯	◯	問題 26	◯	◯	◯	◯	◯	問題 36	◯	◯	◯	◯	◯
問題 7	◯	◯	◯	◯	◯	問題 17	◯	◯	◯	◯	◯	問題 27	◯	◯	◯	◯	◯	問題 37	◯	◯	◯	◯	◯
問題 8	◯	◯	◯	◯	◯	問題 18	◯	◯	◯	◯	◯	問題 28	◯	◯	◯	◯	◯	問題 38	◯	◯	◯	◯	◯
問題 9	◯	◯	◯	◯	◯	問題 19	◯	◯	◯	◯	◯	問題 29	◯	◯	◯	◯	◯	問題 39	◯	◯	◯	◯	◯
問題 10	◯	◯	◯	◯	◯	問題 20	◯	◯	◯	◯	◯	問題 30	◯	◯	◯	◯	◯	問題 40	◯	◯	◯	◯	◯

✂キリトリ

法令等（多肢選択式）

		1	2	3	4	5	6	7	8	9	10	11	12	13	14	15	16	17	18	19	20
問題41	ア	◯	◯	◯	◯	◯	◯	◯	◯	◯	◯	◯	◯	◯	◯	◯	◯	◯	◯	◯	◯
	イ	◯	◯	◯	◯	◯	◯	◯	◯	◯	◯	◯	◯	◯	◯	◯	◯	◯	◯	◯	◯
	ウ	◯	◯	◯	◯	◯	◯	◯	◯	◯	◯	◯	◯	◯	◯	◯	◯	◯	◯	◯	◯
	エ	◯	◯	◯	◯	◯	◯	◯	◯	◯	◯	◯	◯	◯	◯	◯	◯	◯	◯	◯	◯
問題42	ア	◯	◯	◯	◯	◯	◯	◯	◯	◯	◯	◯	◯	◯	◯	◯	◯	◯	◯	◯	◯
	イ	◯	◯	◯	◯	◯	◯	◯	◯	◯	◯	◯	◯	◯	◯	◯	◯	◯	◯	◯	◯
	ウ	◯	◯	◯	◯	◯	◯	◯	◯	◯	◯	◯	◯	◯	◯	◯	◯	◯	◯	◯	◯
	エ	◯	◯	◯	◯	◯	◯	◯	◯	◯	◯	◯	◯	◯	◯	◯	◯	◯	◯	◯	◯
問題43	ア	◯	◯	◯	◯	◯	◯	◯	◯	◯	◯	◯	◯	◯	◯	◯	◯	◯	◯	◯	◯
	イ	◯	◯	◯	◯	◯	◯	◯	◯	◯	◯	◯	◯	◯	◯	◯	◯	◯	◯	◯	◯
	ウ	◯	◯	◯	◯	◯	◯	◯	◯	◯	◯	◯	◯	◯	◯	◯	◯	◯	◯	◯	◯
	エ	◯	◯	◯	◯	◯	◯	◯	◯	◯	◯	◯	◯	◯	◯	◯	◯	◯	◯	◯	◯

基礎知識（5肢択一式）

	1	2	3	4	5		1	2	3	4	5		1	2	3	4	5
問題 47	◯	◯	◯	◯	◯	問題 52	◯	◯	◯	◯	◯	問題 57	◯	◯	◯	◯	◯
問題 48	◯	◯	◯	◯	◯	問題 53	◯	◯	◯	◯	◯	問題 58	◯	◯	◯	◯	◯
問題 49	◯	◯	◯	◯	◯	問題 54	◯	◯	◯	◯	◯	問題 59	◯	◯	◯	◯	◯
問題 50	◯	◯	◯	◯	◯	問題 55	◯	◯	◯	◯	◯	問題 60	◯	◯	◯	◯	◯
問題 51	◯	◯	◯	◯	◯	問題 56	◯	◯	◯	◯	◯						

●本答案用紙は、実際の行政書士試験で使用される答案用紙と大きさや仕様は異なります。
●採点は、本書の解答・解説でご確認いただき、自己採点をしてください。

LEC東京リーガルマインド

法令等（記述式）

										10					15
問題44															

										10					15
問題45															

										10					15
問題46															

✂キリトリ

行政書士試験　答案用紙

第3回

氏名 ＿＿＿＿＿＿＿＿＿＿＿＿＿＿

受験番号

	0	1	2	3	4	5	6	7	8	9
	○	○	○	○	○	○	○	○	○	○
	○	○	○	○	○	○	○	○	○	○
	○	○	○	○	○	○	○	○	○	○
	○	○	○	○	○	○	○	○	○	○
	○	○	○	○	○	○	○	○	○	○
	○	○	○	○	○	○	○	○	○	○
	○	○	○	○	○	○	○	○	○	○

生年月日

	大正○　昭和○　平成○									
	0	1	2	3	4	5	6	7	8	9
年	○	○	○	○	○	○	○	○	○	○
	○	○	○	○	○	○	○	○	○	○
月	○	○	○	○	○	○	○	○	○	○
	○	○	○	○	○	○	○	○	○	○
日	○	○	○	○	○	○	○	○	○	○
	○	○	○	○	○	○	○	○	○	○

1. 記入は必ずHB又はB以上の鉛筆を使用し、各欄へのマークは○内を濃く塗り潰してください。
2. 記入マーク例
   良い例 ●
   悪い例 ⊘◓◎⊖
3. 訂正は、消し跡が残らないようにプラスチック製の消しゴムで完全に消してからマークし直してください。

法令等（5肢択一式）

	1 2 3 4 5		1 2 3 4 5		1 2 3 4 5		1 2 3 4 5
問題 1	○○○○○	問題 11	○○○○○	問題 21	○○○○○	問題 31	○○○○○
問題 2	○○○○○	問題 12	○○○○○	問題 22	○○○○○	問題 32	○○○○○
問題 3	○○○○○	問題 13	○○○○○	問題 23	○○○○○	問題 33	○○○○○
問題 4	○○○○○	問題 14	○○○○○	問題 24	○○○○○	問題 34	○○○○○
問題 5	○○○○○	問題 15	○○○○○	問題 25	○○○○○	問題 35	○○○○○
問題 6	○○○○○	問題 16	○○○○○	問題 26	○○○○○	問題 36	○○○○○
問題 7	○○○○○	問題 17	○○○○○	問題 27	○○○○○	問題 37	○○○○○
問題 8	○○○○○	問題 18	○○○○○	問題 28	○○○○○	問題 38	○○○○○
問題 9	○○○○○	問題 19	○○○○○	問題 29	○○○○○	問題 39	○○○○○
問題 10	○○○○○	問題 20	○○○○○	問題 30	○○○○○	問題 40	○○○○○

✂キリトリ

法令等（多肢選択式）

		1	2	3	4	5	6	7	8	9	10	11	12	13	14	15	16	17	18	19	20
問題41	ア	○	○	○	○	○	○	○	○	○	○	○	○	○	○	○	○	○	○	○	○
	イ	○	○	○	○	○	○	○	○	○	○	○	○	○	○	○	○	○	○	○	○
	ウ	○	○	○	○	○	○	○	○	○	○	○	○	○	○	○	○	○	○	○	○
	エ	○	○	○	○	○	○	○	○	○	○	○	○	○	○	○	○	○	○	○	○
問題42	ア	○	○	○	○	○	○	○	○	○	○	○	○	○	○	○	○	○	○	○	○
	イ	○	○	○	○	○	○	○	○	○	○	○	○	○	○	○	○	○	○	○	○
	ウ	○	○	○	○	○	○	○	○	○	○	○	○	○	○	○	○	○	○	○	○
	エ	○	○	○	○	○	○	○	○	○	○	○	○	○	○	○	○	○	○	○	○
問題43	ア	○	○	○	○	○	○	○	○	○	○	○	○	○	○	○	○	○	○	○	○
	イ	○	○	○	○	○	○	○	○	○	○	○	○	○	○	○	○	○	○	○	○
	ウ	○	○	○	○	○	○	○	○	○	○	○	○	○	○	○	○	○	○	○	○
	エ	○	○	○	○	○	○	○	○	○	○	○	○	○	○	○	○	○	○	○	○

基礎知識（5肢択一式）

	1 2 3 4 5		1 2 3 4 5		1 2 3 4 5
問題 47	○○○○○	問題 52	○○○○○	問題 57	○○○○○
問題 48	○○○○○	問題 53	○○○○○	問題 58	○○○○○
問題 49	○○○○○	問題 54	○○○○○	問題 59	○○○○○
問題 50	○○○○○	問題 55	○○○○○	問題 60	○○○○○
問題 51	○○○○○	問題 56	○○○○○		

法令等（記述式）

										10					15
問題44															

										10					15
問題45															

										10					15
問題46															

✂キリトリ

行政書士試験　答案用紙

氏名 ＿＿＿＿＿＿＿＿＿＿＿＿

1. 記入は必ずHB又はB以上の鉛筆を使用し、各欄へのマークは○内を濃く塗り潰してください。

2. 記入マーク例
良い例 ●
悪い例 ⊘◓◎⊖

3. 訂正は、消し跡が残らないようにプラスチック製の消しゴムで完全に消してからマークし直してください。

受験番号

	0	1	2	3	4	5	6	7	8	9
	○	○	○	○	○	○	○	○	○	○
	○	○	○	○	○	○	○	○	○	○
	○	○	○	○	○	○	○	○	○	○
	○	○	○	○	○	○	○	○	○	○
	○	○	○	○	○	○	○	○	○	○
	○	○	○	○	○	○	○	○	○	○
	○	○	○	○	○	○	○	○	○	○

生年月日

大正○　昭和○　平成○

	0	1	2	3	4	5	6	7	8	9
年	○	○	○	○	○	○	○	○	○	○
	○	○	○	○	○	○	○	○	○	○
月	○	○	○	○	○	○	○	○	○	○
	○	○	○	○	○	○	○	○	○	○
日	○	○	○	○	○	○	○	○	○	○
	○	○	○	○	○	○	○	○	○	○

法令等（5肢択一式）

	1 2 3 4 5		1 2 3 4 5		1 2 3 4 5		1 2 3 4 5
問題 1	○○○○○	問題 11	○○○○○	問題 21	○○○○○	問題 31	○○○○○
問題 2	○○○○○	問題 12	○○○○○	問題 22	○○○○○	問題 32	○○○○○
問題 3	○○○○○	問題 13	○○○○○	問題 23	○○○○○	問題 33	○○○○○
問題 4	○○○○○	問題 14	○○○○○	問題 24	○○○○○	問題 34	○○○○○
問題 5	○○○○○	問題 15	○○○○○	問題 25	○○○○○	問題 35	○○○○○
問題 6	○○○○○	問題 16	○○○○○	問題 26	○○○○○	問題 36	○○○○○
問題 7	○○○○○	問題 17	○○○○○	問題 27	○○○○○	問題 37	○○○○○
問題 8	○○○○○	問題 18	○○○○○	問題 28	○○○○○	問題 38	○○○○○
問題 9	○○○○○	問題 19	○○○○○	問題 29	○○○○○	問題 39	○○○○○
問題 10	○○○○○	問題 20	○○○○○	問題 30	○○○○○	問題 40	○○○○○

✂キリトリ

法令等（多肢選択式）

		1	2	3	4	5	6	7	8	9	10	11	12	13	14	15	16	17	18	19	20
問題41	ア	○	○	○	○	○	○	○	○	○	○	○	○	○	○	○	○	○	○	○	○
	イ	○	○	○	○	○	○	○	○	○	○	○	○	○	○	○	○	○	○	○	○
	ウ	○	○	○	○	○	○	○	○	○	○	○	○	○	○	○	○	○	○	○	○
	エ	○	○	○	○	○	○	○	○	○	○	○	○	○	○	○	○	○	○	○	○
問題42	ア	○	○	○	○	○	○	○	○	○	○	○	○	○	○	○	○	○	○	○	○
	イ	○	○	○	○	○	○	○	○	○	○	○	○	○	○	○	○	○	○	○	○
	ウ	○	○	○	○	○	○	○	○	○	○	○	○	○	○	○	○	○	○	○	○
	エ	○	○	○	○	○	○	○	○	○	○	○	○	○	○	○	○	○	○	○	○
問題43	ア	○	○	○	○	○	○	○	○	○	○	○	○	○	○	○	○	○	○	○	○
	イ	○	○	○	○	○	○	○	○	○	○	○	○	○	○	○	○	○	○	○	○
	ウ	○	○	○	○	○	○	○	○	○	○	○	○	○	○	○	○	○	○	○	○
	エ	○	○	○	○	○	○	○	○	○	○	○	○	○	○	○	○	○	○	○	○

基礎知識（5肢択一式）

	1 2 3 4 5		1 2 3 4 5		1 2 3 4 5
問題 47	○○○○○	問題 52	○○○○○	問題 57	○○○○○
問題 48	○○○○○	問題 53	○○○○○	問題 58	○○○○○
問題 49	○○○○○	問題 54	○○○○○	問題 59	○○○○○
問題 50	○○○○○	問題 55	○○○○○	問題 60	○○○○○
問題 51	○○○○○	問題 56	○○○○○		

●本答案用紙は、実際の行政書士試験で使用される答案用紙と大きさや仕様は異なります。
●採点は、本書の解答・解説でご確認いただき、自己採点をしてください。

LEC東京リーガルマインド

法令等（記述式）

問題44

問題45

問題46

キリトリ

2025年版出る順行政書士 当たる！直前予想模試

第1回　問題

【使用方法】

1　この表紙（色紙）を残したまま問題冊子を取り外してください。

2　答案用紙（マークシート）は第１回問題冊子の前にとじてあります。
切り取ってご使用ください。

「問題冊子」の取り外し方

①この色紙を残し、「問題冊子」だけをつかんでください。
②「問題冊子」をしっかりとつかんだまま手前に引っ張って、
取り外してください。

※色紙と「問題冊子」は、のりで接着されていますので、丁寧に取り外してください。なお、取り外しの際の破損等による返品・交換には応じられませんのでご注意ください。

LEC東京リーガルマインド

第1回
問　題

試験開始まで開いてはいけません。

（注意事項）

1　問題は60問あり、時間は3時間です。

2　解答は、別紙の答案用紙に記入してください。

3　答案用紙への記入およびマークは、次のようにしてください。

ア　択一式（5肢択一式）問題は、1から5までの答えのうち正しいと思われるものを一つ選び、マークしてください。二つ以上の解答をしたもの、判読が困難なものは誤りとなります。

イ　択一式（多肢選択式）問題は、枠内（1～20）の選択肢から空欄 ア ～ エ に当てはまる語句を選び、マークしてください。二つ以上の解答をしたもの、判読が困難なものは誤りとなります。

ウ　記述式問題は、答案用紙裏面の解答欄（マス目）に記述してください。

法令等［問題１～問題40は択一式（５肢択一式）］

問題１　法の分類に関する次の記述のうち、妥当なものはどれか。

1　実体法は、権利義務を実現させる手続を定める法のことであり、民事訴訟法や刑事訴訟法は実体法に含まれる。
2　不文法とは、文章化されていないが、慣習や伝統により法としての効力をもつものをいうから、国際法の法源となる不文法は存在しない。
3　公法は、国家のしくみや国家と個人との関係について定めた法のことであり、日本国憲法や内閣法は公法に含まれ、私法は、私人相互の関係を定めた法のことであり、民法や商法は私法に含まれる。
4　実定法とは、自然法に対して人間の行為によって作り出された法をいうから、実定法には成文法や不文法のうち判例法は含まれるが、慣習法は含まれない。
5　社会法は、経済的に弱い立場の人々を保護するための法のことであり、生活保護法や刑法は社会法に含まれる。

問題２　本文中の空欄「ア」～「オ」に入る語句の組合せとして、妥当なものはどれか。

日本の裁判制度において、当事者は、三審制において原則として３回まで審理を受けることができるという審級の利益を有している。上級審の裁判所の裁判における判断は、その「ア」について下級審の裁判所を拘束する。

①　民事訴訟において、第一審の地方裁判所の判決に不服のある当事者は、高等裁判所に「イ」することができる。第二審の高等裁判所の判決に不服のある当事者は、最高裁判所に上告することができる。

第一審の簡易裁判所の判決に不服のある当事者は、地方裁判所に「イ」することができる。第二審の地方裁判所の判決に不服のある当事者は、高等裁判所に上告することができる。第三審の高等裁判所の判決に不服のある当事者は、例外的に、憲法問題がある場合に、最高裁判所に「ウ」をすることができる。

当事者は、第一審の裁判所の判決の法律問題についてのみ不服がある場合には、相手方の同意を得て、最高裁判所に「エ」をすることができる。

②　刑事訴訟において、第一審の判決に不服のある当事者は、高等裁判所に「イ」することができる。高等裁判所の判決に不服のある当事者は、最高裁判所に上告することができる。第一審の地方裁判所・簡易裁判所の判決に不服のある当事者は、例外的に、憲法問題等がある場合に、最高裁判所に「オ」をすることができる。

	ア	イ	ウ	エ	オ
1	事件	抗告	特別上告	飛躍上告	跳躍上告
2	法律	控訴	跳躍上告	特別上告	飛躍上告
3	事件	控訴	特別上告	飛躍上告	跳躍上告
4	法律	抗告	飛躍上告	跳躍上告	特別上告
5	事件	控訴	跳躍上告	特別上告	飛躍上告

問題３　報道の自由および取材の自由に関する次の記述のうち、最高裁判所の判例に照らし、妥当でないものはどれか。

1　犯行当時少年であった者の経歴等を実名と類似する仮名を用いて報道する場合、その記事等により、不特定多数の一般人がその者を当該事件の本人であると推知することができるときは、少年法の禁止する推知報道に該当する。

2　報道機関が専ら報道目的で撮影したビデオテープを、裁判所の提出命令に基づいて提出させる場合よりも、裁判官が発付した令状に基づいて検察事務官が差し押さえる場合の方が、取材の自由に対する制約の許否に関して、より慎重な審査が必要となる。

3　取材源の秘密は、取材の自由を確保するために必要なものとして、重要な社会的価値を有するので、民事事件において証人となった報道関係者が民事訴訟上の職業の秘密に該当することを理由に取材源に係る証言を拒絶することができる場合がある。

4　報道のための取材の自由も憲法 21 条の精神に照らし十分尊重に値するが、取材の自由といっても、何らの制約を受けないものではなく、公正な裁判の実現という憲法上の要請があるときには、ある程度の制約を受けることがある。

5　報道機関の取材の手段・方法が、刑罰法令に触れる行為を伴わなくても、取材対象者の人格の尊厳を著しく蹂躙する等、法秩序全体の精神に照らして社会観念上是認することができない態様のものであるときには、国家公務員法との関係で違法性を帯びる。

問題４　地方公共団体において、日本国民である職員に限って管理職に昇任することができる措置を執ることが憲法に違反しないかが争われた事件の最高裁判所判決（最大判平成 17 年 1 月 26 日民集 59 巻 1 号 128 頁）について、次のア～オの記述のうち、法廷意見（多数意見）の見解として、正しいものをすべて挙げた組合せはどれか。

ア　国民主権の原理に基づき、国および普通地方公共団体による統治の在り方については日本国の統治者としての国民が最終的な責任を負うべきものであることに照らし、原則として日本の国籍を有する者が公権力行使等地方公務員に就任することが想定されているとみるべきである。

イ　普通地方公共団体は、職員に採用した在留外国人について、国籍を理由として、給与、勤務時間その他の勤務条件につき差別的取扱いをしてはならないが、合理的な理由に基づいて日本国民とは異なる取扱いをすることまで許されないとするものではない。

ウ　普通地方公共団体が、公権力行使等地方公務員の職とこれに昇任するために経るべき職とを包含する一体的な管理職の任用制度を構築した上で、日本国民である職員に限って管理職に昇任できる措置を執ることは、憲法 14 条 1 項に違反しない。

エ　日本国との平和条約に基づき日本国籍を離脱した者等の出入国管理に関する特例法に定める特別永住者は、居住する地方公共団体の自治の担い手であり、地方公共団体の管理職への昇任を制限するには、一般の在留外国人とは異なる理由が必要である。

オ　特別永住者の法的地位、職業選択の自由の人格権的側面、特別永住者の住民としての権利等を考慮すれば、自治事務を適正に処理・執行するという目的のために、特別永住者が自己統治の過程に密接に関係する職員以外の職員となることを制限する場合には、その制限に厳格な合理性が要求されるというべきである。

1　ア・イ
2　ア・イ・ウ
3　ア・イ・エ
4　ア・ウ・エ
5　イ・エ・オ

問題５　人身の自由に関する次のア～オの記述のうち、憲法の規定に照らし、正しいものはいくつあるか。

ア　何人も、犯罪による処罰の場合を除いては、奴隷的拘束を受けない。
イ　何人も、法律の定める手続によらなければ、その生命もしくは自由を奪われ、またはその他の刑罰を科せられない。
ウ　何人も、現行犯として逮捕される場合を除いては、権限を有する司法官憲が発し、かつ理由となっている犯罪が明示されている令状によらなければ、逮捕されない。
エ　何人も、逮捕された場合には、正当な理由に基づいて発せられ、かつ捜索する場所および押収する物を明示する令状がなければ、その住居、書類および所持品について侵入、捜索および押収を受けない。
オ　何人も、実行の時に適法であった行為または既に無罪とされた行為については、刑事上の責任を問われない。また、同一の犯罪について、重ねて刑事上の責任を問われない。

1　一つ
2　二つ
3　三つ
4　四つ
5　五つ

問題６　内閣に関する次のア～オの記述のうち、妥当なものの組合せはどれか。

ア　いずれかの議院の総議員の４分の１以上の要求があれば、内閣は、国会の特別会の召集を決定しなければならない。
イ　内閣は、行政権の行使について、国会に対し連帯して責任を負うが、個々の国務大臣がその所管事項について単独で責任を負うことが否定されているわけではない。
ウ　閣議の決定は、慣例上、全員一致でなければならないとされているから、一部の大臣が閣議の決定に参加せず、あくまでもその決定に反対であったときは、内閣は総辞職をしなければならない。
エ　内閣は、衆議院で内閣信任決議案が否決されても、10 日以内に衆議院が解散された場合には、総辞職をする必要はないが、衆議院議員総選挙の後に初めて国会の召集があったときは、総辞職をしなければならない。
オ　内閣総理大臣が欠けたときは、内閣は総辞職をしなければならないが、ここにいう「欠けた」とは、死亡や病気、一時的な生死不明などを指し、国会議員たる資格の喪失を含まない。

1　ア・エ
2　ア・オ
3　イ・ウ
4　イ・エ
5　ウ・オ

問題７　次の文章は、日本国憲法の前文である。これに関する記述として、誤っているものはどれか。

日本国民は、正当に選挙された国会における代表者を通じて行動し、われらとわれらの子孫のために、諸国民との協和による成果と、わが国全土にわたつて自由のもたらす恵沢を確保し、政府の行為によつて再び戦争の惨禍が起ることのないやうにすることを決意し、ここに主権が国民に存することを宣言し、この憲法を確定する。そもそも国政は、国民の厳粛な信託によるものであつて、その権威は国民に由来し、その権力は国民の代表者がこれを行使し、その福利は国民がこれを享受する。これは人類普遍の原理であり、この憲法は、かかる原理に基くものである。われらは、これに反する一切の憲法、法令及び詔勅を排除する。

日本国民は、恒久の平和を念願し、人間相互の関係を支配する崇高な理想を深く自覚するのであつて、平和を愛する諸国民の公正と信義に信頼して、われらの安全と生存を保持しようと決意した。われらは、平和を維持し、専制と隷従、圧迫と偏狭を地上から永遠に除去しようと努めてゐる国際社会において、名誉ある地位を占めたいと思ふ。われらは、全世界の国民が、ひとしく恐怖と欠乏から免かれ、平和のうちに生存する権利を有することを確認する。

われらは、いづれの国家も、自国のことのみに専念して他国を無視してはならないのであつて、政治道徳の法則は、普遍的なものであり、この法則に従ふことは、自国の主権を維持し、他国と対等関係に立たうとする各国の責務であると信ずる。

日本国民は、国家の名誉にかけ、全力をあげてこの崇高な理想と目的を達成することを誓ふ。

1　日本国憲法は、代表民主制を基調としているが、このことは前文からも読み取ることができる。

2　前文２段は、「平和のうちに生存する権利」を謳っているが、最高裁判所はその裁判規範性を認めていない。

3　主権の意味は多義的であるが、前文３段における「主権」の意味は、国家権力の最高独立性という意味である。

4　憲法は、98 条２項において「日本国が締結した条約及び確立された国際法規は、これを誠実に遵守することを必要とする」としているが、この規定がなかったとしても、前文から国際協調主義を読み取ることができる。

5　前文が「日本国憲法」という法典の一部として、本文と同じく法規範性を有すると解したとしても、前文を改正するには、憲法 96 条の定める手続を経る必要はない。

問題８　行政機関に関する次の記述のうち、妥当なものはどれか。

1　電波法に基づく総務大臣の電波の配分に関する処分についての審査請求に参与する電波監理審議会は、参与機関に分類され、その議決は総務大臣を法的に拘束しない。
2　法制審議会や中央教育審議会は、諮問機関に分類され、その意見は法務大臣や文部科学大臣を法的に拘束する。
3　租税の賦課徴収の業務に従事する徴税職員は、日常的な事務を遂行する補助機関に分類される。
4　各省の事務次官は、行政目的を実現するための実力行使を行う執行機関に分類される。
5　国の収入支出の決算などを検査する会計検査院や、普通地方公共団体の財務に関する事務の執行などを監査する監査委員は、監査機関に分類される。

問題９　公物に関する次の記述のうち、妥当なものはどれか。

1　公物とは、行政主体により、直接、公の目的に供用される個々の有体物をいう。もっとも、国有の未開墾地のように、実際に公の用に供されていなくても、公物に当たる場合がある。
2　行政主体が公の用に供していても、私人が所有している物は、公物には当たらない。
3　公物のうち、官公庁の建物のように、直接、国または公共団体の使用に供されるものを、公共用物という。
4　公物のうち、道路や公園のように、行政主体が加工して公の用に供することにより公物として成立するものを、人工公物という。
5　公物たる公共用財産が、長年の間、事実上公の目的に供されることなく放置され、その物の上に平穏かつ公然の占有が継続していたとしても、明示的な公用廃止の意思表示がなければ、公用を廃止したものとされることはない。

問題 10　行政行為の効力に関する次のア～オの記述のうち、妥当なものの組合せはどれか。

ア　特定の公務員の任免のような行政庁の処分は、特別の規定がない限り、公の通知により意思表示が発せられた時から、その効力を有する。
イ　取消訴訟の出訴期間を経過した後の行政行為については不可争力が認められるから、国民の側からは当該行政行為の効力を争うことができなくなる。もっとも、その後であっても、行政庁の側からは職権で当該行政行為を取り消すことができる。
ウ　国民に義務を課す行政行為については自力執行力が認められるから、国民が当該行政行為によって課された義務を履行しないときは、行政庁は、自力執行を根拠づける法律がなくても、義務の履行を強制することができる。
エ　審査請求に対する裁決のような争訟裁断作用を有する行政行為については不可変更力が認められるから、裁決庁は、みずからのした裁決を取り消すことはできない。
オ　行政行為については公定力が認められるから、たとえ重大かつ明白な違法があっても、権限を有する機関が当該行政行為の無効を確認するまでは、完全にその効力を有する。

1　ア・ウ
2　ア・エ
3　イ・エ
4　イ・オ
5　ウ・オ

問題11　行政手続法における用語の定義に関する次のア～オの記述のうち、妥当なものはいくつあるか。

ア　「申請」とは、行政庁に対し一定の事項の通知をする行為であって、法令により直接に当該通知が義務付けられているものをいう。
イ　「処分」とは、行政庁の処分その他公権力の行使に当たる行為をいう。
ウ　「不利益処分」とは、行政庁が、法令に基づき、特定または不特定の者を名あて人として、直接に、これに義務を課し、またはその権利を制限する処分をいう。
エ　「行政指導」とは、行政機関がその任務または所掌事務の範囲内において一定の行政目的を実現するため特定の者に一定の作為または不作為を求める指導、勧告、助言その他の行為であって処分に該当しないものをいう。
オ　「審査基準」とは、不利益処分をするかどうか、またはどのような不利益処分とするかについてその法令の定めに従って判断するために必要とされる基準をいう。

1　一つ
2　二つ
3　三つ
4　四つ
5　五つ

問題 12　行政手続法における弁明の機会の付与に関する次の記述のうち、妥当なものはどれか。

1　行政庁は、弁明の機会の付与の通知を、公示送達によって行うことはできない。
2　行政庁は、口頭による弁明の機会の付与を行う場合には、弁明の機会の付与の通知を、口頭で行うことができる。
3　弁明は、行政庁が口頭ですることを認めたときを除き、弁明を記載した書面を提出してするものとする。
4　弁明の当事者は、証拠書類または証拠物を提出することはできない。
5　弁明の当事者は、代理人を選任することはできない。

問題 13　行政手続法の定める意見公募手続に関する次の記述のうち、妥当なものはどれか。

1　意見公募手続において、公示された命令等の案の内容について利害関係を有しない者は、意見を提出することはできない。
2　命令等制定機関は、委員会等の議を経て命令等を定めようとする場合には、その委員会等がどのような手続を実施したかにかかわらず、みずから意見公募手続を実施する必要はない。
3　命令等制定機関は、意見公募手続において命令等の案について意見が提出された場合に、命令等を定めたときは、提出意見の全部または一部を公示する必要があり、公示によって第三者の利益を害するおそれがあることを理由として提出意見の全部または一部を公示しないものとすることはできない。
4　命令等制定機関は、意見公募手続を実施したにもかかわらず命令等を定めないこととした場合には、命令等を定めないこととした旨を公示すれば足り、当該命令等の題名を公示する必要はない。
5　命令等制定機関は、意見公募手続において、意見提出期間内に命令等の案について意見が提出されなかった場合には、提出意見がなかった旨などを公示すれば足り、再度の意見公募手続を実施する必要はない。

問題 14　行政不服審査法の定める不服申立てに関する次の記述のうち、妥当なものはどれか。

1　処分についての審査請求は、処分庁に上級行政庁があるときは、原則として、処分庁の直近上級行政庁に対してするものとする。
2　処分についての審査請求は、処分庁が主任の大臣であるときは、原則として、内閣総理大臣に対してするものとする。
3　再調査の請求は、処分について法律に再調査の請求をすることができる旨の定めがある場合に、その法律の定める行政庁に対してするものとする。
4　再審査請求は、処分について法律に再審査請求をすることができる旨の定めがある場合に、処分庁に対してするものとする。
5　不作為についての審査請求は、不作為庁に上級行政庁がないときは、原則として、不作為庁に対してするものとする。

問題 15　行政不服審査法の定める審理員の指名に関する次のア～オの記述のうち、妥当でないものの組合せはどれか。

ア　審査庁は、審査庁に所属する職員のうちから審理員を指名することはできない。
イ　審査庁となるべき行政庁は、審理員となるべき者の名簿を作成するよう努めなければならない。
ウ　審査庁は、審査請求人の代理人または代理人であった者のうちから審理員を指名することはできない。
エ　審査庁は、審査請求書の不備により審理手続を経ないで審査請求を却下するときも、審理員を指名する必要がある。
オ　審査庁と処分庁等とが異なる場合に、審査庁が審理員を指名したときは、その旨を審査請求人および処分庁等に通知する必要がある。

1　ア・ウ
2　ア・エ
3　イ・エ
4　イ・オ
5　ウ・オ

問題 16　行政不服審査法の定める執行停止に関する次の記述のうち、妥当なものはどれか。

1　処分庁の上級行政庁である審査庁は、必要があると認める場合には、審査請求人の申立てによりまたは職権で、執行停止をすることができるが、処分の効力の停止、処分の執行の停止または手続の続行の停止以外の措置をとることはできない。
2　処分庁の上級行政庁または処分庁のいずれでもない審査庁は、必要があると認める場合には、審査請求人の申立てによりまたは職権で、執行停止をすることができる。
3　審査請求人から執行停止の申立てがあった場合において、重大な損害を避けるために緊急の必要があると認めるときは、審査庁は、本案について理由がないとみえるときでも、執行停止をしなければならない。
4　審理員から執行停止をすべき旨の意見書が提出されたときは、審査庁は、速やかに、執行停止をしなければならない。
5　執行停止をした後に、執行停止が公共の福祉に重大な影響を及ぼすことが明らかとなったときは、審査庁は、その執行停止を取り消すことができる。

問題 17　行政事件訴訟法の定める抗告訴訟の対象となる行政処分に関する次の記述のうち、最高裁判所の判例に照らし、妥当なものはどれか。

1　道路交通法による反則金の納付の通告は、その通告を受けた者に反則金を納付すべき義務を生じさせるものではないが、その者が自由意思により反則金を納付したときは、抗告訴訟の対象となる行政処分に当たる。
2　医療法による病院開設中止の勧告は、その勧告を受けた者が任意に従うことを期待してされる行政指導として定められているものであるから、抗告訴訟の対象となる行政処分には当たらない。
3　建築基準法の定める特定行政庁による２項道路の指定は、それが一括指定の方法でされた場合には、個別の土地についてその本来的な効果として具体的な私権制限を発生させるものではなく、個人の権利義務に対して直接影響を与えるものではないから、抗告訴訟の対象となる行政処分には当たらない。
4　都市再開発法の定める第二種市街地再開発事業計画の決定は、施行地区内の土地の所有者などの法的地位に直接的な影響を及ぼすものではないから、抗告訴訟の対象となる行政処分には当たらない。
5　上級行政機関の下級行政機関に対する認可は、監督手段としての承認の性質を有するものであり、行政行為として外部に対する効力を有するものではなく、また、これによって直接国民の権利義務を形成し、またはその範囲を確定する効果を伴うものではないから、抗告訴訟の対象となる行政処分には当たらない。

問題 18　行政事件訴訟法の定める取消訴訟の審理手続に関する次の記述のうち､妥当なものはどれか。

1　処分の取消しの訴えとその処分についての審査請求を棄却した裁決の取消しの訴えとを提起することができる場合には、裁決の取消しの訴えにおいても処分の違法を理由として取消しを求めることができる。
2　裁判所は、原告の申立てにより、被告である国もしくは公共団体に所属する行政庁または被告である行政庁に対し、その行政庁が保有する資料の全部または一部の提出を求めることができる。
3　裁判所は、必要があると認めるときは、職権で証拠調べをすることができるが、その証拠調べの前に当事者の意見をきいておく必要がある。
4　裁判所は、処分の取消しの訴えを、当該処分にかかる事務の帰属する国または公共団体に対する損害賠償の請求の訴えに変更することが相当であると認めるときは、請求の基礎に変更がない限り、口頭弁論の終結に至るまで、原告の申立てにより、決定をもって、訴えの変更を許すことができる。
5　裁判所は、当事者または行政庁からの申立てがなければ、処分または裁決をした行政庁以外の行政庁を訴訟に参加させることはできない。

問題 19　行政事件訴訟法の定める不作為の違法確認の訴えに関する次のア～オの記述のうち、妥当なものの組合せはどれか。

ア　不作為の違法確認の訴えは、処分または裁決についての申請をした者に限り、提起することができる。
イ　法令に基づく申請に対し、行政手続法に基づく標準処理期間を経過しても処分または裁決がないときは、直ちに不作為の違法確認の訴えに関する「相当の期間」を経過したことになる。
ウ　不作為の違法確認の訴えは、その不作為についての審査請求をすることができるときは、提起することができない。
エ　不作為の違法確認の訴えは、申請に対する処分または裁決があるまでは、いつでも提起できるが、その訴えの係属中に、申請に対する処分または裁決があったときでも、訴えの利益は失われない。
オ　不作為の違法を確認する判決が確定したときは、行政庁は、申請に対し、何らかの処分または裁決をしなければならない。

1　ア・エ
2　ア・オ
3　イ・ウ
4　イ・オ
5　ウ・エ

問題 20 次の文章は、宅地建物取引業法（以下、「法」という。）の免許制度に関する最高裁判所判決の一節である。この判決の内容と明らかに矛盾するものはどれか。

「法がかかる免許制度を設けた趣旨は、直接的には、宅地建物取引の安全を害するおそれのある宅建業者の関与を未然に排除することにより取引の公正を確保し、宅地建物の円滑な流通を図るところにあり、監督処分権限も、この免許制度及び法が定める各種規制の実効を確保する趣旨に出たものにほかならない。もっとも、法は、その目的の一つとして購入者等の利益の保護を掲げ（一条）、宅建業者が業務に関し取引関係者に損害を与え又は与えるおそれが大であるときに必要な指示をする権限を知事等に付与し（六五条一項一号）、営業保証金の供託を義務づける（二五条、二六条）など、取引関係者の利益の保護を顧慮した規定を置いており、免許制度も、究極的には取引関係者の利益の保護に資するものではあるが、前記のような趣旨のものであることを超え、免許を付与した宅建業者の人格・資質等を一般的に保証し、ひいては当該業者の不正な行為により個々の取引関係者が被る具体的な損害の防止、救済を制度の直接的な目的とするものとはにわかに解し難く、かかる損害の救済は一般の不法行為規範等に委ねられているというべきであるから、知事等による免許の付与ないし更新それ自体は、法所定の免許基準に適合しない場合であっても、当該業者との個々の取引関係者に対する関係において直ちに国家賠償法一条一項にいう違法な行為に当たるものではないというべきである。……（中略）……当該業者の不正な行為により個々の取引関係者が損害を被った場合であっても、具体的事情の下において、知事等に監督処分権限が付与された趣旨・目的に照らし、その不行使が著しく不合理と認められるときでない限り、右権限の不行使は、当該取引関係者に対する関係で国家賠償法一条一項の適用上違法の評価を受けるものではないといわなければならない。」

（最二小判平成元年 11 月 24 日民集 43 巻 10 号 1169 頁）

1 法が免許制度を設けた直接的な目的は、宅地建物取引の安全を害するおそれのある宅地建物取引業者の関与を未然に排除することにより取引の公正を確保し、宅地建物の円滑な流通を図ることにある。

2 法が免許制度を設けた究極的な目的の一つとして、例えば、購入者の利益の保護が法１条に掲げられているように、取引関係者の利益の保護に資することが挙げられる。

3 宅地建物取引業者の不正な行為による個々の取引関係者が被る具体的な損害の救済は、一般の不法行為規範等に委ねられている。

4 知事等による免許の付与ないし更新が、法所定の免許基準に適合しない場合であっても、そのような宅地建物取引業者との個々の取引関係者が、国家賠償法１条１項により救済されることはない。

5 宅地建物取引業者の不正な行為により個々の取引関係者が損害を被った場合、知事等の監督処分権限の不行使が、法の趣旨・目的に照らし著しく不合理と認められるときでない限り、権限の不行使が国家賠償法１条１項の適用上違法とは評価されない。

問題 21　損失補償に関する次のア～エの記述のうち、最高裁判所の判例に照らし、妥当なものの組合せはどれか。

ア　火災の際の消防活動により損害を受けた者がその損失の補償を請求しうるためには、その処分が、火災が発生しようとし、もしくは発生し、または延焼のおそれがある消防対象物およびこれらのもののある土地以外の消防対象物および立地に対しなされたものであり、かつ、消火もしくは延焼の防止または人命の救助のために緊急の必要のあるときになされたものであることを要する。
イ　道路工事の施行の結果、警察法規違反の状態を生じ、危険物保有者が工作物の移転等を余儀なくされたことによって損失を被ったときは、そのような損失は、道路法の定める補償の対象に属する。
ウ　公共施設および建物の近傍において鉱物を掘採する場合には管理庁または管理人の承諾を得ることが必要であることを定めた鉱業法の規定によって、鉱業権者が損失を被ったとしても、憲法を根拠にして補償請求をすることはできない。
エ　私有財産の収用が正当な補償のもとに行なわれた場合に、その後に収用目的が消滅したときは、法律上当然に、これを被収用者に返還しなければならない。

1　ア・イ
2　ア・ウ
3　ア・エ
4　イ・ウ
5　イ・エ

問題 22　地方自治法の定める普通地方公共団体の議会に関する次の記述のうち、妥当なものはどれか。

1　議会の議決すべき事件は、条例によって追加することはできない。
2　議会は、予算について、増額して議決することはできない。
3　議会は、常任委員会、議会運営委員会および特別委員会を置かなければならない。
4　議会の議員は、予算について、議会に議案を提出することができる。
5　議会は、条例で定めるところにより、定例会および臨時会とせず、通年の会期とすることができる。

問題 23　地方自治法の定める普通地方公共団体における公の施設に関する次の記述のうち、妥当なものはどれか。

1　普通地方公共団体は、必要があると認めるときは、指定管理者に公の施設の管理を行わせることができるが、指定管理者の指定の手続は、普通地方公共団体の長の制定する規則によって定めるものとする。
2　普通地方公共団体（指定管理者を含む。）は、どのような理由があっても住民が公の施設を利用することを拒むことはできず、住民が公の施設を利用することについて不当な差別的取扱いをしてはならない。
3　指定管理者は、その管理する公の施設の利用料金を定めるときは、あらかじめ当該利用料金について当該普通地方公共団体に通知しなければならないが、その承認を受ける必要はない。
4　普通地方公共団体の長は、公の施設を利用する権利に関する処分についての審査請求がされた場合には、当該審査請求が不適法であり、却下するときを除き、監査委員に諮問したうえで、当該審査請求に対する裁決をしなければならない。
5　普通地方公共団体は、その区域外においても、また、関係普通地方公共団体との協議により、公の施設を設けることができるが、その協議については、関係普通地方公共団体の議会の議決を経なければならない。

問題24　普通地方公共団体に対する国または都道府県の関与等に関する次の記述のうち、妥当でないものはどれか。

1　国は、普通地方公共団体が、その事務の処理に関し、国または都道府県の関与を受け、または要することとする場合には、その目的を達成するために必要な最小限度のものとするとともに、普通地方公共団体の自主性および自立性に配慮しなければならない。

2　普通地方公共団体は、その事務の処理に関し、国の法律または都道府県の条例に根拠があれば、国または都道府県の関与を受け、または要することとされる。

3　各大臣は、その担任する事務に関し、都道府県の自治事務の処理が法令の規定に違反していると認めるとき、または著しく適正を欠き、かつ、明らかに公益を害していると認めるときは、当該都道府県に対し、是正の要求をすることができる。

4　各大臣は、その所管する法律またはこれに基づく政令に係る都道府県の法定受託事務の処理が法令の規定に違反していると認めるとき、または著しく適正を欠き、かつ、明らかに公益を害していると認めるときは、当該都道府県に対し、是正の指示をすることができる。

5　是正の要求または指示を行った各大臣は、普通地方公共団体の長その他の執行機関が当該是正の要求または指示に関して国地方係争処理委員会に対する審査の申出をせず、かつ、当該是正の要求に応じた措置または指示に係る措置を講じないときは、高等裁判所に対し、訴えをもって当該普通地方公共団体の不作為の違法の確認を求めることができる。

問題25　国家公務員に関する次の記述のうち、誤っているものはどれか。

1　一般職の国家公務員が、その官職に必要な適格性を欠く場合には、その意に反して、これを免職することができる。

2　一般職の国家公務員が、刑事事件に関し起訴された場合には、その意に反して、これを休職することができる。

3　一般職の国家公務員に、国民全体の奉仕者たるにふさわしくない非行のあった場合には、これに対し懲戒処分として、免職の処分をすることができる。

4　一般職の国家公務員に対して懲戒処分を行うにあたっては、行政手続法の定める聴聞を行う必要がある。

5　懲戒処分を受けた一般職の国家公務員は、同一または関連の事件に関し、重ねて刑事上の訴追を受けることもありうる。

問題 26　次の文章は、補助金等に係る予算の執行の適正化に関する法律 22 条に基づくものとしてされた財産の処分の承認が同法７条３項による条件に基づいてされたものとして適法であるとして、いわゆる違法行為の転換を認めた最高裁判所判決の補足意見の一部である。空欄［ア］～［オ］に当てはまる語句の組合せとして、正しいものはどれか。

［ア］を空洞化させないために、違法行為の転換が認められる場合は厳格に限定する必要がある。法廷意見が述べるように、本件においては、① 転換前の行政行為（法 22 条に基づく承認）と転換後の行政行為（法７条３項による本件交付決定条件に基づく承認）は、その［イ］を共通にすること、② 転換後の行政行為の法効果が転換前の行政行為の法効果より、関係人に不利益に働くことになっていないこと、③ 転換前の行政行為の瑕疵を知った場合に、その代わりに転換後の行政行為を行わなかったであろうと考えられる場合ではないこと……といった事情を勘案して、違法行為の転換が認められている。違法行為の転換を認めた当審の判例……も、上記①～③の要件を全て満たす場合であったといえる。他方、違法行為の転換を認めなかった当審の判例……は、上記①～③の要件のいずれかを満たさない事案であったといえる。このように、法廷意見は、従前の当審の判例と整合するものであり、違法行為の転換が認められる場合を［ウ］するものでは全くない。

なお、上記①～③の要件は違法行為の転換が認められるための［エ］であるが、それが［オ］であるわけでは必ずしもないと思われる。例えば、いわゆる行政審判手続において審理されなかった事実を訴訟手続において援用して違法行為を転換することは、行政審判手続を採用した趣旨に反し、かかる場合に訴訟手続において違法行為の転換を認めることの可否は慎重に検討すべきではないかと思われる。また、処分の相手方のみならず、第三者にも効果が及ぶいわゆる二重効果的行政処分の場合、違法行為の転換を認めることにより、第三者の権利利益を侵害することにならないかを検討する必要があるであろう。このように、あらゆる場合に、上記①～③の要件を満たせば、必ず違法行為の転換が認められるとはいえないが、本件においては、違法行為の転換を否定すべき特段の事情の存在は認められず、その点について論ずる必要はない。法廷意見も、また、過去に違法行為の転換を認めた当審判例も、そのような特段の事情が存在しない事案であったため、あえて上記①～③以外の要件について言及しなかったものと考えられる。

（最三小判令和３年３月２日民集 75 巻３号 317 頁・宇賀克也裁判官補足意見）

	ア	イ	ウ	エ	オ
1	適正手続の原則	目的	拡大	必要条件	必要十分条件
2	適正手続の原則	内容	縮小	十分条件	必要条件
3	法律による行政の原理	内容	縮小	必要条件	必要十分条件
4	法律による行政の原理	目的	拡大	必要条件	必要十分条件
5	法律による行政の原理	目的	縮小	十分条件	必要条件

問題 27　成年被後見人に関する次のア～オの記述のうち、民法の規定に照らし、妥当なものの組合せはどれか。

ア　成年被後見人となるべき者は、みずから家庭裁判所に対して後見開始の審判を請求することができる。
イ　成年被後見人がみずから日用品を購入するために行った法律行為は、取り消すことができる。
ウ　家庭裁判所は、法人を成年後見人として選任することはできない。
エ　成年被後見人があらかじめ成年後見人の同意を得て行った法律行為は、取り消すことができない。
オ　家庭裁判所は、複数の者を成年後見人として選任することができる。

1　ア・エ
2　ア・オ
3　イ・ウ
4　イ・オ
5　ウ・エ

問題 28　物に関する次の記述のうち、民法の規定および判例に照らし、妥当でないものはどれか。

1　土地およびその定着物は不動産とし、不動産以外の物はすべて動産とする。
2　物の所有者が、その物の常用に供するため、自己の所有に属する他の物をこれに附属させたときは、その附属させた物を従物とする。
3　従物は、主物の処分に従うが、借地権のような従たる権利は、主物の処分に従わない。
4　物の用法に従い収取する産出物を天然果実とし、その元物から分離する時に、これを収取する権利を有する者に帰属する。
5　物の使用の対価として受けるべき金銭その他の物を法定果実とし、これを収取する権利の存続期間に応じて、日割計算によりこれを取得する。

問題 29　所有権の取得に関する次のア～オの記述のうち、民法の規定に照らし、妥当なものの組合せはどれか。

ア　所有者のない不動産は、所有の意思をもって占有することによって、その所有権を取得する。
イ　他人の所有する物の中から発見された埋蔵物については、これを発見した者およびその他人が等しい割合でその所有権を取得する。
ウ　不動産に従として付合した物については、不動産の所有者がその所有権を取得し、権原によってその物を附属させた他人の権利は消滅する。
エ　所有者を異にする数個の動産が、付合により、分離するのに過分の費用を要するようになったときは、その合成物の所有権は、主たる動産の所有者に帰属する。
オ　他人の動産に工作を加えた者は、工作によって生じた価格が材料の価格を超えないときでも、その加工物の所有権を取得する。

1　ア・ウ
2　ア・エ
3　イ・エ
4　イ・オ
5　ウ・オ

問題 30　法定地上権に関する次の記述のうち、民法の規定および判例に照らし、妥当なものはどれか。

1　Ａの所有する甲土地上にＢの所有する乙建物が建てられていたところ、Ａが甲土地にＣのための抵当権を設定した後に、ＡがＢから乙建物の所有権を譲り受けたときは、抵当権が実行されると法定地上権が成立する。
2　Ａの所有する甲土地にＡがＢのための抵当権を設定した後に、甲土地上にＡの所有する乙建物が建てられた場合でも、Ｂが甲建物の築造をあらかじめ承認していたときは、抵当権が実行されると法定地上権が成立する。
3　ＡとＢの共有する甲土地上にＡの所有する乙建物が建てられていたところ、Ａが甲土地に対する自己の共有持分にＣのための抵当権を設定したときは、抵当権が実行されると法定地上権が成立する。
4　Ａの所有する甲土地上にＡの所有する乙建物が建てられていたところ、Ａが甲土地と乙建物にＢのために共同抵当権を設定した後に、乙建物が取り壊されて、甲土地上にＡの所有する丙建物が建てられたが、丙建物には抵当権が設定されていないときは、甲土地の抵当権が実行されると法定地上権が成立する。
5　Ａの所有する甲土地上にＢの所有する乙建物が建てられていたところ、Ｂが乙建物にＣのための１番抵当権を設定した後に、ＢがＡから甲土地の所有権を譲り受けて、さらにＢが乙建物にＤのための２番抵当権を設定したときは、１番抵当権が実行されると法定地上権が成立する。

問題 31　Ａは、Ａの債権者Ｂを害することを知りながら、自己の有する宝石をＣに贈与したが、ＣはＡからの贈与がＢを害することを知っていた。その後、Ｃは、Ｄに宝石を売却したが、ＤもＡＣ間の贈与がＢを害することを知っていた。この場合に関する次の記述のうち、妥当なものはどれか。

1　Ｂは、Ｃに対する詐害行為取消請求に係る訴えを提起するときは、ＡおよびＣを被告としなければならず、Ｄに対する詐害行為取消請求に係る訴えを提起するときは、ＣおよびＤを被告としなければならない。
2　Ｂは、Ｃに対する詐害行為取消請求において、ＡＣ間の贈与の取消しとともに、宝石の返還を請求することができるが、Ｃが宝石の返還をすることが困難であるときでも、その価額の償還を請求することはできない。
3　Ｂは、Ｄに対する詐害行為取消請求において、ＣＤ間の売買の取消しとともに、宝石の返還を請求することができるが、Ｄが宝石の返還をすることが困難であるときは、その価額の償還を請求することができる。
4　ＢのＤに対する詐害行為取消請求を認容する判決が確定したときは、Ｃに対してもその効力を有するから、Ｄは、Ｃに対して宝石の売買代金の返還を請求することができる。
5　Ｂの詐害行為取消請求に係る訴えは、ＡがＢを害することを知って宝石をＣに贈与したことをＢが知った時から２年を経過したときは、提起することができない。贈与の時から 10 年を経過したときも、同様とする。

問題 32　契約の解除に関する次のア～オの記述のうち、民法の規定および判例に照らし、妥当でないものの組合せはどれか。

ア　債務者がその債務を履行しない場合に、債権者が相当の期間を定めて履行の催告をし、その期間内に履行がないときでも、その期間を経過した時における債務の不履行がその契約および取引上の社会通念に照らして軽微であるときは、債権者は、契約の解除をすることはできない。

イ　債務者がその債務を履行しない場合に、債権者が期間を定めないで履行の催告をし、その催告の時から相当の期間を経過してなお履行がないときは、債権者は、契約の解除をすることができる。

ウ　債務者がその債務の全部の履行を拒絶する意思を明確に表示したときであっても、債権者は、履行の催告をしなければ、契約の解除をすることはできない。

エ　債務の一部の履行が不能であるときは、債権者は、履行の催告をすることなく、直ちに契約の一部の解除をすることができる。

オ　解除権の行使について期間の定めがない場合に、債務者が、解除権を有する債権者に対し、相当の期間を定めて解除をするかどうかを確答すべき旨の催告をし、その期間内に解除の通知を受けないときは、債権者は、契約の解除をしたものとみなされる。

1　ア・イ
2　ア・エ
3　イ・オ
4　ウ・エ
5　ウ・オ

問題 33　売買に関する次のア〜オの記述のうち、民法の規定に照らし、妥当でないものの組合せはどれか。

ア　売主が契約の履行に着手する前に買主が解約手付を放棄して契約の解除をしたことによって売主に損害が生じたときは、売主は、買主に対して損害賠償の請求をすることができる。
イ　売主は、買主に対し、登記、登録その他の売買の目的である権利の移転についての対抗要件を備えさせる義務を負う。
ウ　売買の目的物の引渡しについて期限があるときは、代金の支払についても同一の期限を付したものと推定される。
エ　権利の一部が他人に属する場合に、その権利の一部を売買の目的としたときは、売主は、それを取得して買主に移転する義務を負う。
オ　まだ引き渡されていない売買の目的物が果実を生じたときは、その果実は、買主に帰属する。

1　ア・ウ
2　ア・オ
3　イ・エ
4　イ・オ
5　ウ・エ

問題 34　不当利得に関する次のア～オの記述のうち、民法の規定に照らし、妥当なものの組合せはどれか。

ア　不法な原因のために給付をした者は、その不法な原因が相手方についてのみ存したときでも、その給付したものの返還を請求することはできない。
イ　法律上の原因のないことを知りながら他人の財産または労務によって利益を受け、そのために他人に損失を及ぼした者は、その受けた利益に利息を付して返還しなければならず、なお損害があるときは、その賠償の責任を負う。
ウ　債務者が錯誤によって弁済期にない債務の弁済として給付をしたときは、債権者は、これによって得た利益を返還する必要はない。
エ　債務の弁済として給付をした者は、その時において債務の存在しないことを知っていたときは、その給付したものの返還を請求することができない。
オ　債務者でない者が錯誤によって債務の弁済をした場合に、債権者が時効によってその債権を失ったときは、その弁済をした者は、債務者に対して求償することはできない。

1　ア・ウ
2　ア・オ
3　イ・エ
4　イ・オ
5　ウ・エ

問題 35　嫡出の推定に関する次のア～オの記述のうち、民法の規定に照らし、妥当でないものの組合せはどれか。

ア　婚姻の成立の日から 200 日を経過した後に生まれた子は、婚姻中に懐胎したものとして、当該婚姻における夫の子と推定される。
イ　女が婚姻前に懐胎した子であって、婚姻が成立した後に生まれたものは、当該婚姻における夫の子と推定される。
ウ　女が子を懐胎した時から子の出生の時までの間に複数の婚姻をしていたときは、その子は、そのうちの最初の婚姻における夫の子と推定される。
エ　嫡出推定の規定により子の父が定められる場合において、母は、嫡出否認の訴えを提起することができるが、子は、嫡出否認の訴えを提起することはできない。
オ　父または母は、子の出生後において、その嫡出であることを承認したときは、それぞれその否認権を失う。

1　ア・ウ
2　ア・オ
3　イ・エ
4　イ・オ
5　ウ・エ

問題 36　商行為に関する次の記述のうち、商法の規定に照らし、妥当なものはどれか。

1　数人の者がその１人のために商行為となる行為によって債務を負担したときは、その債務は、各自が連帯して負担するものとはならない。
2　商人がその営業の範囲内において他人のために行為をしたときでも、報酬についての合意がなければ、報酬を請求することはできない。
3　商人間において金銭の消費貸借をしたときは、貸主は、法定利息を請求することができる。
4　商行為によって生じた債権を担保するために設定した質権について、弁済期前の契約において、質権者に弁済として質物の所有権を取得させることを約することはできない。
5　保証人がある場合において、債務が主たる債務者の商行為によって生じたときでも、主たる債務者および保証人が各別の行為によって負担したときは、その債務は、各自が連帯して負担するものとはならない。

問題 37　株式会社の設立に関する次のア～オの記述のうち、会社法の規定に照らし、妥当なものの組合せはどれか。

ア　発起人は、株式会社の設立についてその任務を怠ったときは、当該株式会社に対し、これによって生じた損害を賠償する責任を負う。この責任は、総株主の同意によっても免除することができない。
イ　発起人のうち出資の履行をしていないものがあるときは、他の発起人から当該発起人に対して履行の期日の通知をするまでもなく、当該発起人は設立時発行株式の株主となる権利を失う。
ウ　発起人も、発起人以外の株式引受人も、株式会社の成立の時に、出資の履行をした設立時発行株式の株主となる。
エ　設立時発行株式の総数は、設立しようとする株式会社が会社法上の公開会社でないときは、発行可能株式総数の４分の１を下ることができない。
オ　株式会社が成立しなかったときは、発起人は、連帯して、株式会社の設立に関してした行為についてその責任を負い、株式会社の設立に関して支出した費用を負担する。

1　ア・イ
2　ア・エ
3　イ・オ
4　ウ・エ
5　ウ・オ

問題 38　自己株式に関する次の記述のうち、会社法の規定に照らし、妥当なものはどれか。

1　株式会社は、自己株式を取得した場合には、相当の期間内に、その自己株式を消却しなければならない。
2　取締役会設置会社が自己株式を消却するときは、株主総会の特別決議によって、消却する自己株式の数を定めなければならない。
3　株券発行会社である株式会社においては、自己株式の処分による株式の譲渡は、その自己株式に係る株券を交付しなければ、その効力を生じない。
4　株式会社が自己株式を有するときに、株式の分割をすると、その有する自己株式の数も分割の割合に応じて増加する。
5　株式会社が株主との合意により自己株式を無償で取得するには、あらかじめ、株主総会の普通決議によって決定しなければならない。

問題 39　違法行為の差止めに関する次の記述のうち、会社法の規定に照らし、妥当なものはどれか。

1　監査役会設置会社では、監査役は、監査役会の承認を受けた場合でなければ、取締役に対して違法行為の差止めを請求することができない。
2　会社法上の公開会社でない株式会社では、株主は、６カ月前から引き続き株式を有する場合でなければ、取締役の違法行為の差止めを請求することができない。
3　監査役設置会社では、株主は、その会社に回復することができない損害が生ずるおそれがある場合でなければ、取締役に対して違法行為の差止めを請求することができない。
4　指名委員会等設置会社では、監査委員は、その会社に回復することができない損害が生ずるおそれがある場合でなければ、取締役に対して違法行為の差止めを請求することができない。
5　監査等委員会設置会社では、監査等委員は、監査等委員会の承認を受けた場合でなければ、取締役に対して違法行為の差止めを請求することができない。

問題 40　取締役会設置会社（指名委員会等設置会社および監査等委員会設置会社を除く。）の取締役会に関する次のア～オの記述のうち、会社法の規定に照らし、妥当なものの組合せはどれか。

ア　監査役設置会社では、株主は、取締役会議事録の閲覧・謄写の請求をするにあたって、裁判所の許可を得る必要はない。
イ　監査役設置会社では、取締役および監査役の全員の同意があっても、招集の手続を経ることなく取締役会を開催することはできない。
ウ　取締役会は、すべての取締役で組織され、その中から代表取締役が選定される。
エ　取締役会は、支配人の選任および解任の決定を取締役に委任することができる。
オ　取締役の数が６人以上であり、そのうち１人以上が社外取締役である場合には、特別取締役による取締役会の決議の制度を利用することができる。

1　ア・イ
2　ア・エ
3　イ・ウ
4　ウ・オ
5　エ・オ

［問題 41〜問題 43 は択一式（多肢選択式）］

問題 41 次の文章は、利用者の求めに応じてインターネット上のウェブサイトを検索し、ウェブサイトを識別するための符号であるＵＲＬを検索結果として当該利用者に提供することを業として行う者（以下、「検索事業者」という。）に対し、ＵＲＬ等を検索結果から削除することを求めることができる場合に関する最高裁判所決定の一節である。空欄［ア］〜［エ］に当てはまる語句を、枠内の選択肢（１〜20）から選びなさい。

「検索事業者は、インターネット上のウェブサイトに掲載されている情報を網羅的に収集してその複製を保存し、同複製を基にした索引を作成するなどして情報を整理し、利用者から示された一定の条件に対応する情報を同索引に基づいて検索結果として提供するものであるが、この情報の収集、整理及び提供はプログラムにより自動的に行われるものの、同プログラムは検索結果の提供に関する検索事業者の方針に沿った結果を得ることができるように作成されたものであるから、検索結果の提供は検索事業者自身による［ア］という側面を有する。また、検索事業者による検索結果の提供は、……現代社会においてインターネット上の情報流通の基盤として大きな役割を果たしている。そして、検索事業者による特定の検索結果の提供行為が違法とされ、その削除を余儀なくされるということは、上記方針に沿った一貫性を有する［ア］の制約であることはもとより、検索結果の提供を通じて果たされている上記役割に対する制約でもあるといえる。

以上のような検索事業者による検索結果の提供行為の性質等を踏まえると、検索事業者が、ある者に関する条件による検索の求めに応じ、その者の［イ］に属する事実を含む記事等が掲載されたウェブサイトのＵＲＬ等情報を検索結果の一部として提供する行為が違法となるか否かは、当該事実の性質及び内容、当該ＵＲＬ等情報が提供されることによってその者の［イ］に属する事実が伝達される範囲とその者が被る具体的被害の程度、その者の社会的地位や影響力、上記記事等の目的や意義、上記記事等が掲載された時の社会的状況とその後の変化、上記記事等において当該事実を記載する必要性など、当該事実を［ウ］されない法的利益と当該ＵＲＬ等情報を検索結果として提供する理由に関する諸事情を［エ］して判断すべきもので、その結果、当該事実を［ウ］されない法的利益が優越することが明らかな場合には、検索事業者に対し、当該ＵＲＬ等情報を検索結果から削除することを求めることができるものと解するのが相当である。」

（最三小決平成 29 年１月 31 日民集 71 巻１号 63 頁）

1	職業の自由	2	信仰	3	除外	4	推知
5	表現行為	6	間接適用	7	政治的言論	8	取得
9	補足	10	公表	11	比較衡量	12	秘匿
13	思想良心	14	限定解釈	15	知る権利	16	自己実現
17	制圧	18	忘れられる権利	19	営業行為	20	プライバシー

問題 42　次の文章の空欄 ア ～ エ に当てはまる語句を、枠内の選択肢（1～20）から選びなさい。

行政代執行法による代執行は、ア 義務が履行されない場合において、他の手段によってその履行を確保することが困難であり、かつその不履行を放置することが著しく公益に反すると認められるときに、行政庁が、みずから義務者のなすべき行為をなし、または第三者をしてこれをなさしめ、その費用を義務者から徴収するものである。

代執行をなすには、相当の履行期限を定め、その期限までに履行がなされないときは、代執行をなすべき旨を、あらかじめ文書で イ しなければならない。義務者が、この イ を受けて、指定の期限までにその義務を履行しないときは、当該行政庁は、代執行令書をもって、代執行をなすべき時期、ウ の氏名および代執行に要する費用の概算による見積額を義務者に通知する。もっとも、非常の場合または危険切迫の場合において、当該行為の急速な実施について緊急の必要があり、イ や通知の手続をとる暇がないときは、その手続を経ないで代執行をすることができる。

ウ は、その者が ウ たる本人であることを示すべき証票を携帯し、要求があるときは、何時でもこれを呈示しなければならない。

代執行に要した費用は、エ の例により、これを徴収することができる。

1	使用者	2	届出	3	訓告	4	執行責任者
5	懲戒	6	申請	7	告示	8	納税
9	国税滞納処分	10	不作為	11	非代替的作為	12	代替的作為
13	催告	14	民事訴訟	15	監督義務者	16	代理監督者
17	民事保全	18	戒告	19	民事執行	20	通告処分

問題 43 次の文章の空欄［ア］～［エ］に当てはまる語句を、枠内の選択肢（１～20）から選びなさい。

「外国法人である親会社から日本法人である子会社の従業員等に付与されたストックオプションに係る課税上の取扱いに関しては、現在に至るまで法令上特別の定めは置かれていないところ、課税庁においては、上記ストックオプションの権利行使益の所得税法上の所得区分に関して、かつてはこれを一時所得として取り扱い、課税庁の職員が監修等をした公刊物でもその旨の見解が述べられていたが、平成 10 年分の所得税の確定申告の時期以降、その取扱いを変更し、給与所得として統一的に取り扱うようになったものである。この所得区分に関する所得税法の［ア］問題については、一時所得とする見解にも相応の論拠があり、最高裁平成 16 年（行ヒ）第 141 号同 17 年１月 25 日第三小法廷判決・民集 59 巻１号 64 頁によってこれを給与所得とする当審の判断が示されるまでは、下級審の裁判例においてその判断が分かれていたのである。このような問題について、課税庁が従来の取扱いを変更しようとする場合には、法令の［イ］によることが望ましく、仮に法令の［イ］によらないとしても、［ウ］を発するなどして変更後の取扱いを納税者に周知させ、これが定着するよう必要な措置を講ずべきものである。ところが、前記事実関係等によれば、課税庁は、上記のとおり課税上の取扱いを変更したにもかかわらず、その変更をした時点では［ウ］によりこれを明示することなく、平成 14 年６月の所得税基本［ウ］の［イ］によって初めて変更後の取扱いを［ウ］に明記したというのである。そうであるとすれば、少なくともそれまでの間は、納税者において、外国法人である親会社から日本法人である子会社の従業員等に付与されたストックオプションの権利行使益が一時所得に当たるものと解し、その見解に従って上記権利行使益を一時所得として申告したとしても、それには無理からぬ面があり、それをもって納税者の主観的な事情に基づく単なる法律［ア］の誤りにすぎないものということはできない。

以上のような事情の下においては、上告人が平成 11 年分の所得税の確定申告をする前に同８年分ないし同 10 年分の所得税についてストックオプションの権利行使益が給与所得に当たるとして増額更正を受けていたことを考慮しても、上記確定申告において、上告人が本件権利行使益を一時所得として申告し、本件権利行使益が給与所得に当たるものとしては税額の計算の基礎とされていなかったことについて、真に上告人の責めに帰することのできない客観的な事情があり、過少申告加算税の趣旨に照らしてもなお上告人に過少申告加算税を賦課することは不当又は酷になるというのが相当であるから、国税通則法 65 条４項にいう『［エ］』があるものというべきである。」

（最三小判平成 18 年 10 月 24 日民集 60 巻８号 3128 頁）

1 勧告	2 解釈	3 権限の濫用	4 指導要綱
5 下命	6 戒告	7 正当な理由	8 施行
9 訓令	10 考慮不尽	11 適用	12 撤回
13 通達	14 授権	15 遡及	16 改正
17 認可	18 督促	19 他事考慮	20 瑕疵の治癒

［問題 44〜問題 46 は記述式］（**解答は、必ず答案用紙裏面の解答欄（マス目）に記述すること。なお、字数には、句読点も含む。**）

問題 44　Ａは、指定都市であるＸ市内において飲食店の出店を計画して、保健所長Ｂに対して食品衛生法に基づく営業許可の申請をした。しかし、Ａの申請から相当な期間を経過したにもかかわらず、Ｂは何らの応答もしなかった。そこで、Ａは、Ｂの最上級行政庁であるＸ市の市長Ｃに対して、行政不服審査法に基づく審査請求をした。Ｃは、Ｂが応答をしないことについて違法があり、Ａの申請に対して許可処分をすべきものと認めるときは、Ａの審査請求に対する認容裁決において、どのようなことを宣言するとともに、だれに対し、どのようなことをすることになるか。40 字程度で記述しなさい。

（下書用）

									10					15

問題 45　Aの所有する甲土地には、乙土地が隣接している。民法の規定によれば、乙土地の木の根が境界線を越えてきたときは、Aはみずから根を切り取ることができるが、枝が境界線を越えてきたときは、Aはみずから枝を切り取ることはできないのが原則である。もっとも、それに対する例外として、Aが竹木の所有者を知ることができず、またはその所在を知ることができない場合や、急迫の事情がある場合のほかに、一定の場合には、Aはみずから枝を切り取ることができる。それは、Aが竹木の所有者であるBにどのようなことをしたにもかかわらず、どのようなことがなされない場合か。「Aが」に続けて、40 字程度で記述しなさい。

（下書用）

Aが　10　15

問題 46　Aは、兄B・配偶者C・娘Dを遺して死亡した。B・C・Dは、Aが死亡の時点でめぼしい財産を有していなかったことを疑問に思って調べてみたところ、死亡の５年前にAが自己の所有する唯一の財産であった甲土地を知人Eに贈与していたことを知った。民法では、相続人について、その生活保障を図るなどの観点から、被相続人による自由な処分に対して制限を加える制度を設けている。その制度によれば、本件では、どのような場合に、だれが、だれに、どのようなことを請求できるか。「を請求できる。」で終わるように、40 字程度で記述しなさい。

（下書用）　　10　　15

を請求できる。

基 礎 知 識 ［問題 47～問題 60 は択一式（５肢択一式）］

問題 47　第二次世界大戦後の日本の政治に関する次の記述のうち、妥当なものはどれか。

1　岸信介内閣は、「所得倍増計画」を閣議決定し、10 年間で実質国民所得をほぼ２倍にすることを目指した。
2　佐藤栄作内閣は、沖縄の施政権返還に積極的に取り組んだが、1970 年の日米安全保障条約の改定に対する国民的規模の反対運動を受けて、返還交渉の合意に至ることなく、その翌年に退陣した。
3　田中角栄内閣は、「日本列島改造論」を掲げて組織され、工業の地方分散、新幹線と高速道路による高速交通ネットワークの整備など列島改造政策を打ち出し、公共投資を拡大した。
4　大平正芳内閣において懸案となっていた大型間接税は、宮沢喜一内閣のもとで消費税として実現し、1989 年４月から実施された。
5　小泉純一郎内閣は、世界的な新自由主義（新保守主義）の風潮の中で、行財政改革を推進し、いわゆる三公社（電電公社・専売公社・国鉄）の民営化を実現した。

問題 48　国際連合に関する次の記述のうち、妥当なものはどれか。

1　国際連合の通常総会は、毎年９月に開催される。特別総会は、安全保障理事会からの要請がある場合にのみ、開催される。
2　国際連合の安全保障理事会は、常任理事国５カ国と、総会が２年の任期で選ぶ非常任理事国 10 カ国で構成される。安全保障理事会の議決は、手続事項についても実質事項についても５つの常任理事国を含む９カ国以上の賛成で決定するため、常任理事国の反対投票は「拒否権」と呼ばれる。
3　常任理事国の全会一致の合意が得られないために安全保障理事会が行動をとることができない場合には、「平和のための結集」決議に基づく緊急特別総会が開催されることがあるが、2022 年２月のロシアのウクライナへの侵攻に対しては、安全保障理事会において理事国９カ国以上の賛成が得られなかったため、緊急特別総会も開催されなかった。
4　国際連合の主要な司法機関である国際司法裁判所は、紛争の当事国の双方の合意を得て裁判を行う。当事国の一方が国際司法裁判所の判決に基づく義務を履行しないときは、他方の当事国は、安全保障理事会に訴えることができる。
5　国際連合の事務総長は、総会の招集や各機関の運営などの政治的権能を有しているため、安全保障理事会の常任理事国または非常任理事国から選出されるのが通例である。

問題 49　国債に関する次のア～オの記述のうち、妥当なものの組合せはどれか。

ア　国のプライマリー・バランス（基礎的財政収支）は、国債費を含む歳出と、国債発行収入を含む歳入との財政収支の差であり、これが赤字である場合には、将来の国民が負担を負うことになる。

イ　建設国債および赤字国債のいずれも一般会計において発行され、その発行収入金は一般会計の歳入の一部となる。

ウ　建設国債は、各年度における特例法に基づいて、国の資産を形成するものとして公共事業費、出資金および貸付金の財源に充てるために発行される国債である。

エ　赤字国債は、建設国債を発行してもなお歳入が不足すると見込まれる場合に、政府が歳出に充てる資金を調達することを目的として発行される国債である。

オ　財投機関債は、特別会計に関する法律に基づいて、財政融資資金において運用の財源に充てるために発行される国債である。

1　ア・ウ
2　ア・エ
3　イ・エ
4　イ・オ
5　ウ・オ

問題 50　介護保険制度に関する次のア～オの記述のうち、妥当なものの組合せはどれか。

ア　介護保険は、被保険者の要介護状態または要支援状態に関し、国または都道府県が保険者として必要な保険給付を行うものである。
イ　第１号被保険者の保険料は、介護保険の保険者が、原則として年金からの天引きによって徴収する。
ウ　第２号被保険者は、原因を問わずに要介護認定または要支援認定を受けたときに介護保険サービスを受けることができる。
エ　介護保険サービスを利用した者は、一定以上の所得のある場合を除き、原則として費用の１割を負担する。
オ　介護保険サービスの費用のうち、利用者が負担しない部分は、税金 75％および保険料 25％でまかなわれている。

1　ア・エ
2　ア・オ
3　イ・ウ
4　イ・エ
5　ウ・オ

問題 51　公害および環境問題に関する次のア～オの記述のうち、妥当なものの組合せはどれか。

ア　公害対策基本法および自然環境保全法に代わって環境基本法が制定されたのと同時に、環境庁を改組して環境省が発足した。

イ　環境基本法において「公害」とは、大気の汚染、水質の汚濁、土壌の汚染、振動、地盤の沈下によって人の健康または生活環境に係る被害が生ずる場合に限定されており、騒音や悪臭による場合は含まれていない。

ウ　環境基準は、人の健康を保護し、生活環境を保全する上で維持されることが望ましい基準を定めるもので、大気の汚染、水質の汚濁、土壌の汚染および騒音に係る環境上の条件について設定される。

エ　政府は、環境の保全に関する施策の総合的かつ計画的な推進を図るため、環境の保全に関する基本的な計画（環境基本計画）を定めなければならない。

オ　すべての都道府県では、環境基本計画を基本として、当該都道府県において公害の防止に関する施策を総合的に講ずるために、公害防止計画を作成しなければならない。

1　ア・ウ
2　ア・オ
3　イ・エ
4　イ・オ
5　ウ・エ

問題 52　行政書士会および日本行政書士会連合会に関する次のア～オの記述のうち、行政書士法の規定に照らし、妥当なものの組合せはどれか。

ア　都道府県知事は行政書士会につき、総務大臣は行政書士会および日本行政書士会連合会につき、必要があると認めるときは、その行なう業務について勧告することができる。
イ　行政書士は、行政書士の登録を受けた時に、当然、その事務所の所在地の属する都道府県の区域に設立されている行政書士会の会員となる。
ウ　日本行政書士会連合会は、行政書士の登録を受けた者が引き続き２年以上行政書士の業務を行わないときは、その登録を抹消しなければならない。
エ　行政書士会は、毎年１回、会員に関し総務省令で定める事項を総務大臣に報告しなければならない。
オ　行政書士は、その所属する行政書士会および日本行政書士会連合会が実施する研修を受け、その資質の向上を図るように努めなければならない。

1　ア・ウ
2　ア・オ
3　イ・エ
4　イ・オ
5　ウ・エ

問題 53　戸籍の訂正に関する次の記述のうち、戸籍法の規定に照らし、妥当でないものはどれか。

1　戸籍の記載が法律上許されないものであることを発見した場合には、利害関係人は、家庭裁判所の許可を得て、戸籍の訂正を申請することができる。

2　確定判決によって戸籍の訂正をすべきときは、訴えを提起した者は、判決が確定した日から１カ月以内に、判決の謄本を添附して、戸籍の訂正を申請しなければならない。

3　戸籍の記載に錯誤があることを発見した場合には、市町村長は、遅滞なく届出人または届出事件の本人にその旨を通知しなければならない。ただし、戸籍の記載、届書の記載その他の書類から市町村長において訂正の内容および事由が明らかであると認めるときは、この限りでない。

4　戸籍の記載から市町村長において訂正の内容および事由が明らかであると認める場合においては、市町村長は、家庭裁判所の許可を得て、戸籍の訂正をすることができる。もっとも、戸籍の訂正の内容が軽微なものであって、かつ、戸籍に記載されている者の身分関係についての記載に影響を及ぼさないものについては、その許可を要しない。

5　裁判所その他の官庁、検察官または吏員がその職務上、戸籍の記載に遺漏があることを知ったときは、遅滞なく届出事件の本人の本籍地の市町村長にその旨を通知しなければならない。

問題 54　住民基本台帳に関する次のア～オの記述のうち、住民基本台帳法の規定に照らし、妥当なものの組合せはどれか。

ア　国は、住民としての地位の変更に関する届出が全て一の行為により行われ、かつ、住民に関する事務の処理が全て住民基本台帳に基づいて行われるように、法制上その他必要な措置を講ずるよう努めるものとする。
イ　都道府県は、住民基本台帳を備え、その住民につき、住民基本台帳法の定める日本人住民および外国人住民に係る住民票の記載事項を記録するものとする。
ウ　日本人住民に係る住民票には、戸籍の表示（本籍のない者および本籍の明らかでない者については、その旨）を記載・記録する。
エ　外国人住民に係る住民票には、国籍等について記載・記録をする。
オ　住民は、常に、住民としての地位の変更に関する届出を正確に行わなければならない。

1　ア・イ
2　ア・エ
3　イ・オ
4　ウ・エ
5　ウ・オ

問題 55　個人情報保護法* に関する次のア～オの記述のうち、妥当でないものの組合せはどれか。なお、個人の権利利益を不当に侵害するおそれがある場合については、考慮しないものとする。

ア　個人情報取扱事業者は、学術研究機関等に個人データを提供する場合であって、当該学術研究機関等が当該個人データを学術研究目的で取り扱う必要がある場合には、あらかじめ本人の同意を得ることなく、特定された利用目的の達成に必要な範囲を超えて個人情報を取り扱うことができる。

イ　学術研究機関等は、合併その他の事由により他の個人情報取扱事業者から事業を承継することに伴って個人情報を取得した場合であっても、当該個人情報を学術研究目的で取り扱う必要があるときでも、あらかじめ本人の同意を得なければ、承継前における当該個人情報の利用目的の達成に必要な範囲を超えて当該個人情報を取り扱うことはできない。

ウ　個人情報取扱事業者は、学術研究機関等が当該個人データを学術研究目的で取り扱う必要があるときは、あらかじめ本人の同意を得ることなく、当該個人データを当該学術研究機関等に提供することができる。

エ　学術研究機関等は、みずからと共同して学術研究を行う第三者に個人データを学術研究目的で提供する必要がある場合であっても、当該第三者が学術研究機関等ではないときは、あらかじめ本人の同意を得なければ、当該個人データを当該第三者に提供することはできない。

オ　学術研究機関等は、要配慮個人情報を学術研究目的で取り扱う必要がある場合には、当該要配慮個人情報を取り扱う目的の一部が学術研究目的であるにすぎないときでも、あらかじめ本人の同意を得ることなく、当該要配慮個人情報を取得することができる。

（注）＊　個人情報の保護に関する法律

1　ア・ウ
2　ア・エ
3　イ・エ
4　イ・オ
5　ウ・オ

問題 56　不正アクセス禁止法* に関する次のア～オの記述のうち、妥当でないものの組合せはどれか。

ア　不正アクセス禁止法は、「何人も、不正アクセス行為をしてはならない」と定めている。
イ　不正アクセス行為を助長する行為は、不正アクセス行為の用に供する目的で行われたものに限り、不正アクセス禁止法による禁止の対象になりうる。
ウ　他人の識別符号を不正に保管する行為は、不正アクセス行為の用に供する目的で行われたものに限り、不正アクセス禁止法による禁止の対象になりうる。
エ　識別符号の入力を不正に要求する行為は、不正アクセス行為の用に供する目的で行われたものでなくても、不正アクセス禁止法による禁止の対象になりうる。
オ　他人の識別符号を不正に取得する行為は、不正アクセス行為の用に供する目的で行われたものでなくても、不正アクセス禁止法による禁止の対象になりうる。

1　ア・エ
2　ア・オ
3　イ・ウ
4　イ・オ
5　ウ・エ

（注）＊　不正アクセス行為の禁止等に関する法律

問題 57　情報・通信用語に関する次のア～オの記述のうち、妥当なものの組合せはどれか。

ア　ビッグデータ
　誰もがインターネット等を通じて容易に利用（加工、編集、再配布等）できるように公開されたデータのこと。
イ　ディープフェイク
　ＡＩ（人工知能）を用いて、実際には存在しないリアルで高精細な人物の映像・動画を制作する行為や、その映像・動画のこと。
ウ　マイニング
　スマートフォンを無線ＬＡＮのアクセスポイントとして利用し、携帯電話事業者のネットワーク等を使って、無線ＬＡＮ対応のパソコンやゲーム機器等をインターネットに接続させること。
エ　メタバース
　インターネットに接続した機器などを活用して現実空間の情報を取得し、サイバー空間内に現実空間の環境を再現すること。
オ　リスキリング
　デジタル化と同時に生まれる新しい職業や、仕事の進め方が大幅に変わるであろう職業に就くためのスキル習得のこと。

1　ア・ウ
2　ア・エ
3　イ・エ
4　イ・オ
5　ウ・オ

問題58　本文中の空欄 ア ～ ウ に入る語句の組合せとして、妥当なものはどれか。

自分の記憶をたどってみてもわかるが、子どもが成長していくというのは、 ア だらけの大仕事だ。大人から見るとたいした問題ではないことが、子どもにはしばしば高くそそり立つ壁のようで、挑戦する気力を持ちつづけるのは容易ではない。先に光の見えない毎日にほとほとうんざりしてくれば、人生に終止符を打つという選択も、けっこう悪くないように思えるかもしれない。子どもにはいろんな可能性の詰まった未来があるのだが、子ども自身にはそれは見えておらず、たったいま失って惜しいものがあるかというと、そんなものはないと感じている子どもも少なくないからだ。

そんな子どもたちの身辺に、いま、「この世界は恐ろしいところだ」「人間なんて信用できない」「未来はまっ暗だ」と言わんばかりの物語があふれている。たしかに、いま、私たちの世界はお先まっ暗で、真実を語ろうとすればどうしても イ になりがちだ。おまけに、正攻法の表現が出尽くしてしまうと、独創性を求めれば暗くて醜くて屈折したものになりがちで、大人のための芸術では、明るくてまっすぐなものでは評価されない傾向さえある。娯楽においても、ホラーなどのグロテスクなもの、暴力的なものが人気を集め、それも以前と同程度の刺激では喜ばれないとあって、どんどん刺激をエスカレートさせつつある。

だが、そんなものを押しつけられたら、子どもたちは、日々の困難を乗り越えて成長していく気力を失って当然ではないだろうか。お先まっ暗なこの世界に、もう子どもなんかいたって仕方がない、とあきらめてしまうのならともかく、少しでも未来に希望を持ちつづけるのなら、私たちは、昔々の大人たちが炉端で昔話や思い出話を語ったように、子どもたちが生きていくための助けになるような物語を、ちゃんと選んで手渡す配慮を怠ってはなるまい。

だが、お先まっ暗ないまの時代に、本当に助けになる物語を書くとなると、これはけっしてたやすいことではない。物語を貫く世界観、人間観が、どんなに明るくて前向きなものであろうと、全体が薄っぺらで真実味に欠けていては、子どもたちの心をしっかりと支えることはできない。それどころか、中身のないきれいごとを偽善と見抜くだけの目を持った子どもは、大人の言葉すべてを疑ってかかるようになり、露悪的な言葉にしか耳を貸さなくなるだろう。そもそも、「 ウ 」物語がうさんくさいと見なされるようになったのは、物語としては粗雑きわまりないものに、決まり文句のような教訓をはめこんだ作品が量産されてきたからだ。

（出典　脇明子「魔法ファンタジーの世界」から）

	ア	イ	ウ
1	無駄	楽観的	ためになる
2	寄り道	享楽的	意味のない
3	障害物	悲観的	ためになる
4	寄り道	悲観的	ためにならない
5	障害物	楽観的	意味のない

問題 59　次の文中の空欄 ア ・ イ に入るものの組合せとして最も妥当なものはどれか。

観る立場の発展は観らるるものにおいてその中味を獲得する。あくまでも明るい、見えぬもののない、そうして規則正しいギリシアの自然が、ここでは見る立場の中味になる。自然はすべてを露出している、そうしてそこには一定の秩序がある、この考えは自然哲学者を支配していたとともにまた芸術家を動かす力でもあった。ギリシア彫刻の最も著しい特徴は、その表面が、内に何物かを包める面としてでなく、内なるものをことごとく露わにせるものとして、作られていることである。従って面は横に広がったものではなくして看者の方へ縦に凹凸をなすものと言うことができる。面のどの部分どの点も内なる生命の露出の尖端として活発に看者に向かって来る。だから我々は、ただ表面を見るだけであるにかかわらず単に表面だけを見たとは感じない。我々は外面において内面を見つくすのである。彫刻家はそれを微妙な鑿(のみ)の触れ方によって成し遂げている。たとえばパルテノンのフリーズの浮き彫りにおいては、衣文を刻んだ鑿のあとはまだまざまざと残っている。それは彫り凹めた跡であって決して滑らかな面を作ろうとした跡ではない。しかもそれによって柔らかい毛織物の感触は実に鮮やかに現れている。肉体の肌にはそれほど荒い鑿のあとは残されていないが、しかし肌のおのおのの点は鑿がそこまで彫り凹めたという感じをなお鮮やかに保っている。それは決して横にすべる面ではない。そうして毛織物の感触とは全然異なった生ける肌の感じを実に鋭く現わしている。このような微妙な面の感じはローマ時代の模作にはほとんど見ることができない。そこには横にすべる面のみが作られている。従って外面と内部とが離れてしまう。しかも様式そのものは外面によってそれの他者たる内的精神を表現するという立場に達していない。だからこれらの模作の与える印象ははなはだ空虚なのである。しかしこのような空虚な模作によってもなお伝えることのできる一つの顕著な特性がある。それは人体における規則正しい「比例」である。ギリシアの彫刻はすでにフィディアス以前からピタゴラス学派の数の論と密接な関係を持っていた。比例は彫刻家の重大な関心事の一つである。すなわち自然の秩序正しさは芸術家の観る立場の中で発展した。ここにギリシアの芸術の合理性がある。そうしてかく技術において把捉せられた合理性からして数学的学問が発展し出でたのである。だからギリシアにおいては、［　ア　］のではなく、［　イ　］のであった。

（出典　和辻哲郎「風土」から）

1　ア　幾何学的な比例は彫刻家によって偶発的に発見された
　　イ　人体への飽くなき探求が必然的に幾何学的な比例を発見した
2　ア　幾何学は自然哲学者のみによって占有されていた
　　イ　芸術家と自然哲学者が一体となって規則の発見を目指していた
3　ア　ローマ時代のように横に広がる面だけで芸術が成り立っていた
　　イ　芸術作品のあらゆる部分から露出する生命が人間に語りかけてきた
4　ア　観る立場が芸術家の精緻な表現能力を刺激した
　　イ　規則正しい自然が芸術家の立体的な表現を生み出した
5　ア　幾何学の知識が芸術を幾何学的な規則正しさに導いた
　　イ　幾何学が成立する以前にすでに芸術家が幾何学的な比例を見出していた

問題 60　次のＡ～Ｇの文は、一つの文章をバラバラにしたものである。正しい順序に並べたものはどれか。

Ａ　そんな不吉なものに思いを馳せる必要が、いったいどこにあるだろう。われわれが元気に生きてゆけるのは、せいぜい数日先のことしか頭にないからである。
Ｂ　否である。ひとは、せいぜい数日から一週間先のことしか頭に思いうかべず、未来のことなど知っちゃいないからである。
Ｃ　不安の過去形は後悔、現在形は怠惰や逃避、未来形は自堕落と、心に巣くう原不安は、時間を超えた心理的重圧となってのしかかってくる。
Ｄ　ひとは、明るい未来や将来のビジョンがなければ生きてゆけないものなのであろうか。
Ｅ　フロイトは、不安について「それが解消されると、すべてが好転すると思える――大きな謎である」とのべ、ハイデガーは「不安の正体は無である」といった。ひとは、少なくともおとなは希望にむかってではなく、不安から逃れるために生きている、といってさしつかえない。
Ｆ　未来には、希望ではなく、死や老い、絶望などにたいする不安しかない。
Ｇ　したがって「未来のことなど知っちゃいない」と開き直っておくか、希望は、せいぜい数週間先のことにとどめておくのが賢明なのである。

（出典　新野哲也「頭がよくなる思想入門」から）

1　Ａ － Ｆ － Ｃ － Ｇ － Ｅ － Ｂ － Ｄ
2　Ｂ － Ｆ － Ｇ － Ａ － Ｅ － Ｃ － Ｄ
3　Ｃ － Ｄ － Ａ － Ｇ － Ｂ － Ｆ － Ｅ
4　Ｄ － Ｂ － Ｆ － Ａ － Ｅ － Ｃ － Ｇ
5　Ｅ － Ｃ － Ｇ － Ａ － Ｂ － Ｆ － Ｄ

2025年版出る順行政書士 当たる！直前予想模試

第2回　問 題

【使用方法】

1　この表紙（色紙）を残したまま問題冊子を取り外してください。

2　答案用紙（マークシート）は第1回問題冊子の前にとじてあります。
　切り取ってご使用ください。

「問題冊子」の取り外し方

①この色紙を残し、「問題冊子」だけをつかんでください。

②「問題冊子」をしっかりとつかんだまま手前に引っ張って、
　取り外してください。

※色紙と「問題冊子」は、のりで接着されていますので、丁寧に取り外してください。なお、取り外しの際の破損等による返品・交換には応じられませんのでご注意ください。

LEC東京リーガルマインド

第２回
問　題

試験開始まで開いてはいけません。

（注意事項）

1　問題は60問あり、時間は３時間です。

2　解答は、別紙の答案用紙に記入してください。

3　答案用紙への記入およびマークは、次のようにしてください。

ア　択一式（５肢択一式）問題は、１から５までの答えのうち正しいと思われるものを一つ選び、マークしてください。二つ以上の解答をしたもの、判読が困難なものは誤りとなります。

イ　択一式（多肢選択式）問題は、枠内（１～20）の選択肢から空欄［ア］～［エ］に当てはまる語句を選び、マークしてください。二つ以上の解答をしたもの、判読が困難なものは誤りとなります。

ウ　記述式問題は、答案用紙裏面の解答欄（マス目）に記述してください。

法令等 ［問題１～問題40は択一式（５肢択一式）］

問題１　次の１～５のうち、現代における法規範についての記述として妥当でないものはどれか。

１　法を制定して、それを適用して執行するための組織を定めるものがある。
２　一定の行為を命令して、その命令に違反した者に対して一定の制裁を科すものがある。
３　一定の行為を禁止して、その禁止に違反した者に対して一定の制裁を科すものがある。
４　公権力による強制を伴わず、良心の呵責によって実現されるものがある。
５　具体的な紛争を解決するための裁判に際しての基準となるものがある。

問題２　最高裁判所に関する次のア～オの記述のうち、妥当でないものの組合せはどれか。

ア　最高裁判所は、裁判権のほかに、規則制定権、下級裁判所裁判官の指名権、下級裁判所および裁判所職員に対する監督などの司法行政の監督権を有する。
イ　最高裁判所は、憲法その他の法令の解釈適用に関して、過去の大法廷の判例を変更するときは大法廷で、過去の小法廷の判例を変更するときは小法廷で、裁判をする必要がある。
ウ　最高裁判所の裁判書に表示される各裁判官の意見には、法廷意見とは異なる意見や、法廷意見を補足する意見も含まれる。
エ　最高裁判所の裁判における判断は、その事件について差戻しを受けた下級裁判所を拘束する。
オ　訴訟に関する手続、弁護士、裁判所の内部規律および司法事務処理に関する事項は、すべて最高裁判所規則で定めるべきであり、法律をもって定めることはできない。

１　ア・ウ
２　ア・エ
３　イ・エ
４　イ・オ
５　ウ・オ

問題３　私人間における人権保障に関する次のア～オの記述のうち、最高裁判所の判例に照らし、妥当でないものの組合せはどれか。

ア　憲法の自由権的基本権の保障規定は、もっぱら国または公共団体と個人との関係を規律するものであり、私人相互の関係を直接規律することを予定するものではない。
イ　学生の勉学専念を特に重視する私立大学が、学生の政治的活動はできるだけ制限するのが教育上適当であるとの見地から、学生の政治活動につき広範な規律を及ぼすことは、社会通念上、学生の自由に対する不合理な制限である。
ウ　私人間の関係において、相互の社会的力関係の相違から、一方が他方に優越し、事実上後者が前者の意思に服従せざるをえない場合には、私的自治に対する一般的制限規定である民法１条、90 条や不法行為に関する諸規定等の適切な運用によって適切な調整を図る方途も存する。
エ　男子の定年年齢よりも女子の定年年齢を５歳低く定める就業規則は、それがもっぱら女子であることのみを理由として差別するものであるときは、性別のみによる不合理な差別を定めたものとして民法 90 条の規定により無効である。
オ　国が私人と対等の立場に立って私人との間で個々的に締結する私法上の契約は、その成立の経緯および内容において実質的にみて公権力の発動たる行為となんら変わりがないといえるような事情があったときでも、憲法９条の直接適用を受けることはなく、私人間の利害関係の公平な調整を目的とする私法の適用を受けるにすぎない。

１　ア・ウ
２　ア・エ
３　イ・エ
４　イ・オ
５　ウ・オ

問題４　大阪市の住民が、大阪市ヘイトスピーチへの対処に関する条例２条、５条～10 条（以下、「本件各規定」という。）が憲法 21 条１項等に違反し、無効であるため、大阪市ヘイトスピーチ審査会の委員の報酬等に係る支出命令は法令上の根拠を欠き違法であるなどとして、市の執行機関を相手に、当時市長の職にあった者に対して損害賠償請求をすることを求めた住民訴訟に関する最高裁判所の判決（最三小判令和４年２月 15 日民集 76 巻２号 190 頁）の趣旨として、妥当なものの組合せはどれか。

ア　本件各規定による表現の自由に対する制限が公共の福祉による合理的で必要やむを得ない限度のものとして是認されるかどうかは、本件各規定の目的のために制限が必要とされる程度と、制限される自由の内容および性質、これに加えられる具体的な制限の態様および程度等を較量して決めるのが相当である。

イ　ヘイトスピーチに該当する表現活動のうち、特定の個人を対象とする表現活動のように民事上または刑事上の責任が発生し得るものについて、これを抑止する必要性が高いことはいうまでもないが、民族全体等の不特定かつ多数の人々を対象とする表現活動のように、直ちに民事上または刑事上の責任が発生するとはいえないものについては、これを抑止する必要性が高いとはいえない。

ウ　市内において、実際に過激で悪質性の高い差別的言動を伴う街宣活動等が頻繁に行われていたことがうかがわれること等を、本件各規定の目的の合理性を判断するための考慮要素とすることはできない。

エ　市長は、ヘイトスピーチに該当する表現の内容の拡散を防止するために必要な措置として、看板、掲示物等の撤去要請やインターネット上の表現についての削除要請等に応じないものに対して制裁を科すともに、当該表現活動を行ったものの氏名等を公表するに当たって、その氏名等を特定するために法的強制力を伴う手段をとることができる。

オ　本件各規定のうち、ヘイトスピーチの定義を規定した条項および市長が拡散防止措置等をとるための要件を規定した条項は、通常の判断能力を有する一般人の理解において、具体的場合に当該表現活動がその適用を受けるものかどうかの判断を可能とするような基準が読み取れるものであって、不明確なものということはできないし、過度に広汎な規制であるということもできない。

1　ア・ウ
2　ア・オ
3　イ・エ
4　イ・オ
5　ウ・エ

問題５　信教の自由に関する次のア～オの記述のうち、最高裁判所の判例に照らし、妥当なものの組合せはどれか。

ア　信教の自由の保障は、自己の信仰と相容れない信仰をもつ者の信仰に基づく行為に対して寛容であることを要請しているものではない。
イ　憲法の政教分離規定は、国家と宗教との完全な分離を理想とし、国家の非宗教性ないし宗教的中立性を確保することによって、信教の自由そのものを直接保障しようとするものである。
ウ　公金の支出等の対象にしてはならないとされる宗教上の組織もしくは団体とは、特定の宗教の信仰、礼拝または普及等の宗教的活動を行うことを本来の目的とする組織ないし団体を指すが、戦没者遺族の相互扶助・福祉向上と英霊の顕彰を主たる目的として設立され活動している団体は、それらに該当しない。
エ　公立学校において信仰上の真摯な理由から剣道実技に参加することができない学生に対し、代替措置として他の体育実技の履修等を求めたうえでその成果に応じた評価をすることは、その目的において宗教的意義を有し、特定の宗教を援助、助長、促進する効果を有し、他の宗教者または無宗教者に圧迫、干渉を加える効果があるから、憲法20条３項に違反する。
オ　国または地方公共団体が、国公有地上にある施設の敷地の使用料の免除をする場合に、当該免除が政教分離規定に違反するか否かを判断するに当たっては、当該施設の性格、当該免除をすることとした経緯、当該免除に伴う当該国公有地の無償提供の態様、これらに対する一般人の評価等、諸般の事情を考慮し、社会通念に照らして総合的に判断すべきである。

1　ア・イ
2　ア・オ
3　イ・エ
4　ウ・エ
5　ウ・オ

問題６　司法権に関する次のア～オの記述のうち、最高裁判所の判例に照らし、妥当なものはいくつあるか。

ア　国家試験における合格、不合格の判定も学問または技術上の知識、能力、意見等の優劣、当否の判断を内容とする行為であるから、その試験実施機関の最終判断に委せられるべきものであって、その判断の当否を審査し具体的に法令を適用して、その争いを解決調整できるものとはいえない。
イ　国公立の大学における授業科目の単位の授与という行為は、学生が当該授業科目を履修し試験に合格したことを確認する教育上の措置であるが、卒業の要件をなすものであり、当然に一般市民法秩序と直接の関係を有するものであるから、裁判所は、その適否を判断することができる。
ウ　政党が組織内の自律的運営として党員に対してした除名その他の処分については、一般市民法秩序と直接の関係を有するか否かにかかわらず、裁判所は、その適否を判断することはできない。
エ　衆議院の解散のような極めて政治性の高い国家統治の基本に関する行為については、一見極めて明白に違憲無効であると認められる場合に限り、裁判所は、その適否を判断することができる。
オ　法律が国会の両議院において議決を経たものとされて適法な手続によって公布されているときは、裁判所は、当該法律の制定の議事手続に関する事実を審理してその有効無効を判断することはできない。

1　一つ
2　二つ
3　三つ
4　四つ
5　五つ

問題７　条約に関する次の記述のうち、妥当なものはどれか。

1　条約の締結に必要な国会の承認については、先に衆議院に提出することが義務づけられている。
2　すべての条約は、それを日本国内に適用するための法律が施行されるまでは、国内法的効力を有しない。
3　日本国が締結した条約および確立された国際法規は、これを誠実に遵守することを必要とするが、ここにいう「日本国が締結した条約」とは、日本国と外国との間の文書による合意のことであり、日本国が外国の国有の土地を賃借する契約も含まれる。
4　条約の国内法的効力は、憲法に劣後するものではないから、条約については裁判所の司法審査の対象となる余地はないとするのが判例である。
5　天皇は、内閣の助言と承認により、条約を公布する。もっとも、この公布は、条約が成立するための要件ではない。

問題８　通達に関する次の記述のうち、最高裁判所の判例に照らし、妥当なものはどれか。

1　裁判所が通達に拘束されることのないことはもちろんであるが、行政庁が通達に基づいて行われた処分について裁判所が法令の解釈適用をするにあたっては、まず通達に示された法令の解釈に基づく解釈をする必要がある。
2　約10年にわたり非課税の取扱いが続いた物品について、法定の課税対象物品に当たる旨の通達が発せられた場合には、通達の内容が法律の正しい解釈に合致するとしても、その通達を機縁として行われた課税処分は、法の根拠に基づかないものといわざるをえない。
3　元来、通達は、原則として、法規の性質をもつものではなく、上級行政機関が関係下級行政機関および職員に対してその職務権限の行使を指揮し、職務に関して命令するために発するものであり、このような通達は当該機関および職員に対する行政組織内部における命令にすぎないから、これらのものがその通達に拘束されることはあっても、一般の国民は直接これに拘束されるものではない。
4　国の担当者が、原爆医療法および原爆特別措置法の解釈を誤り、被爆者が国外に居住地を移した場合に健康管理手当の受給権を失権の取扱いとなる旨を定めた通達を作成、発出し、これに従った取扱いを継続したことは、公務員の職務上通常尽くすべき注意義務に違反するとまではいえない。
5　各都道府県知事に宛てて発出された通知に基づく行政措置として一定の範囲の外国人に対して生活保護が事実上実施されてきたときは、生活保護法の改正を経るまでもなく、当該通知を根拠として外国人が同法に基づく保護の対象となり得るものと解される。

問題９　行政行為の分類に関する次の記述のうち、妥当なものはどれか。

1　「許可」とは、すでに法令によって課されている一般的禁止を特定の場合に解除する行為で、本来各人が有している自由を回復させるものをいい、自動車運転の免許や公有水面の埋立ての免許がこれに当たる。
2　「確認」とは、特定の事実または法律関係の存在を公に証明する行為であり、選挙人名簿への登録や戸籍への記載がこれに当たる。
3　「特許」とは、人が生まれながらには有していない新たな権利その他法律上の力ないし地位を特定人に付与する行為をいい、鉱業権の設定の許可や医師の免許がこれに当たる。
4　「公証」とは、特定の事実または法律関係の存否について公の権威をもって判断する行為であり、当選人の決定や恩給の裁定がこれに当たる。
5　「認可」とは、第三者の行為を補充して、その法律上の効果を完成させる行為をいい、農地の権利移転の許可や埋立地の売買の許可がこれに当たる。

問題 10　行政計画に関する次の記述のうち、妥当でないものはどれか。

1　行政計画に法律の根拠を要するかどうかは、策定しようとする行政計画が私人の権利義務に法的影響を与えるかどうかにより個別的に判断される。
2　行政計画を策定するにあたっては計画策定権者に広範な裁量が認められることが多いことから、行政計画の策定過程について法的手続を整備することが極めて重要であると解されるが、行政手続法では、行政計画の策定手続については定めていない。
3　土地区画整理事業の事業計画の決定は、施行地区内の宅地所有者等の法的地位に変動をもたらすものとはいえず、抗告訴訟の対象とするに足りる法的効果を有するものということができないから、抗告訴訟の対象となる処分にあたらない。
4　都市計画区域内において工業地域を指定する決定は、当該地区内の土地所有者等に建築基準法上新たな制約を課し、その限度で一定の法状態の変動を生ぜしめるものであるが、かかる効果は、当該地区内の不特定多数の者に対する一般的抽象的なものにすぎず、抗告訴訟の対象となる処分にあたらない。
5　裁判所が都市施設に関する都市計画の決定または変更の内容の適否を審査するにあたっては、当該決定または変更が裁量権の行使としてされたことを前提として、その内容が社会通念に照らし著しく妥当性を欠くものと認められる場合に限り、裁量権の範囲を逸脱しまたはこれを濫用したものとして違法となる。

問題 11　次のア～オのうち、行政手続法の規定に照らし、その不利益処分をしようとするときに、原則として聴聞の手続をとる必要があるものの組合せはどれか。

ア　物の製造について遵守すべき事項が法令において技術的な基準をもって明確にされている場合に、その基準に違反していることのみを理由としてその基準に従うべきことを命ずる不利益処分（その基準に違反していることが客観的な認定方法によって確認されたもの）
イ　名あて人の地位を直接にはく奪する不利益処分
ウ　名あて人の納付すべき金銭の額を確定する不利益処分
エ　法令の規定により名あて人が行う業務に従事する者の解任を命ずる不利益処分
オ　法令上必要とされる資格が失われたことが判明した場合に行うことを義務付けられている不利益処分（その資格が失われたことが客観的な資料により直接証明されたもの）

1　ア・ウ
2　ア・オ
3　イ・エ
4　イ・オ
5　ウ・エ

問題 12　次に掲げる行政手続法 36 条の 3 第 1 項の規定の空欄 ア ～ エ に当てはまる語句の組合せとして、正しいものはどれか。

何人も、法令に違反する事実がある場合において、その是正のためにされるべき処分又は行政指導（その根拠となる規定が ア に置かれているものに限る。）がされていないと思料するときは、当該処分をする権限を有する イ 又は当該行政指導をする権限を有する ウ に対し、その旨を エ 、当該処分又は行政指導をすることを求めることができる。

	ア	イ	ウ	エ
1	法律	行政機関	行政庁	申請して
2	法律	行政庁	行政機関	申し出て
3	法律	行政庁	行政機関	申請して
4	条例	行政機関	行政庁	申し出て
5	条例	行政庁	行政機関	申請して

問題 13　行政手続法の適用範囲に関する次の記述のうち、誤っているものはどれか。

1　裁判所の裁判によりされる処分には、行政手続法の「処分」に関する規定は適用されない。
2　刑事事件に関する法令に基づいて検察官がする処分には、行政手続法の「処分」に関する規定は適用されない。
3　法令の規定に基づいて、相反する利害を有する者の間の利害の調整を目的として、その一方のみを名あて人として行われる裁定には、行政手続法の「処分」に関する規定は適用されない。
4　外国人の出入国、難民の認定、補完的保護対象者の認定または帰化に関する処分には、行政手続法の「処分」に関する規定は適用されない。
5　行政不服審査法に基づく審査請求に対する行政庁の裁決には、行政手続法の「処分」に関する規定は適用されない。

問題 14　行政不服審査法の定める不服申立期間に関する次のア～オの記述のうち、妥当なものの組合せはどれか。

ア　処分についての審査請求は、原則として、処分があったことを知った日の翌日から起算して 60 日を経過したときは、することができない。
イ　処分についての審査請求書を郵便で提出した場合における審査請求期間の計算については、送付に要した日数を算入するものとする。
ウ　処分についての審査請求は、当該処分について再調査の請求をしたときは、原則として、当該再調査の請求についての決定があったことを知った日の翌日から起算して１カ月を経過したときは、することができない。
エ　再調査の請求は、原則として、処分があったことを知った日の翌日から起算して 60 日を経過したときは、することができない。
オ　再審査請求は、原則として、原裁決があったことを知った日の翌日から起算して１カ月を経過したときは、することができない。

1　ア・イ
2　ア・エ
3　イ・オ
4　ウ・エ
5　ウ・オ

問題 15　次のア～オのうち、行政不服審査法の定める審査請求の審理手続において、審理員の許可を得る必要のないものはいくつあるか。

ア　審査請求人が、証拠書類または証拠物を提出すること。
イ　参加人が、審査請求に係る事件に関する意見を記載した書面を提出すること。
ウ　処分庁が、処分の理由となる事実を証する書類その他の物件を提出すること。
エ　審査請求人の代理人が、審査請求人による特別の委任を受けて、審査請求を取り下げること。
オ　審査請求人または参加人が、提出書類等の閲覧を求めること。

1　一つ
2　二つ
3　三つ
4　四つ
5　五つ

問題 16　行政不服審査法における審査請求に関する規定の準用についての次の記述のうち、妥当なものはどれか。

1　審理員の指名に関する規定は、再調査の請求について準用されているが、再審査請求については準用されていない。
2　物件の提出要求に関する規定は、再調査の請求についても再審査請求についても準用されている。
3　提出書類等の閲覧に関する規定は、再調査の請求については準用されていないが、再審査請求について準用されている。
4　行政不服審査会への諮問に関する規定は、再調査の請求について準用されているが、再審査請求については準用されていない。
5　裁決の拘束力に関する規定は、再調査の請求についても再審査請求についても準用されていない。

問題 17　行政事件訴訟法の定める取消訴訟の原告適格に関する次の記述のうち、最高裁判所の判例に照らし、妥当なものはどれか。

1　市長が市の情報公開条例に基づいて国の建築物の建築工事に関する文書を公開する旨の決定をしたときは、国は、その決定の取消しを求める原告適格を有する。
2　建築基準法は、総合設計許可に係る建築物の倒壊、炎上等により直接的な被害を受けることが予想される範囲の地域に存する建築物の居住者の生命、身体の安全等を個々人の個別的利益としても保護すべきものとする趣旨を含むものであるが、それらの建築物を所有していても、現に居住していない者は、総合設計許可の取消しを求める原告適格を有しない。
3　自転車競技法施行規則による位置基準は、業務上の支障が具体的に生ずるおそれのある医療施設等の開設者において、健全で静穏な環境の下で円滑に業務を行うことのできる利益を、個々の開設者の個別的利益として保護する趣旨をも含むものであるから、場外車券販売施設の設置、運営に伴い著しい業務上の支障が生ずるおそれがあると位置的に認められる区域に医療施設等を開設する者は、位置基準を根拠として場外車券販売施設の設置許可の取消しを求める原告適格を有する。
4　森林法による保安林指定処分は、もっぱら一般的な公益の保護を目的とするものであるから、保安林の周辺に居住している者は、その保安林の指定が違法に解除されたことによって自己の利益を害されたとしても、その解除の取消しを求める原告適格を有しない。
5　文化財保護法は、県民あるいは国民が文化財の保存・活用から受ける利益を個々人の個別的利益として保護すべきものとする趣旨を明記していることから、学術研究者は、みずからの研究の対象としてきた遺跡についての史跡指定解除処分の取消しを求める原告適格を有する。

問題 18　行政事件訴訟法の定める取消訴訟に関する次のア～オの記述のうち、妥当でないものの組合せはどれか。

ア　処分をした行政庁が国に所属する場合には、当該処分の取消しの訴えは、国を被告として提起しなければならない。
イ　処分をした行政庁が国または公共団体に所属しない場合には、当該処分の取消しの訴えを提起することができない。
ウ　裁決をした行政庁が公共団体に所属する場合には、当該裁決の取消しの訴えは、当該公共団体を被告として提起しなければならない。
エ　裁決をした行政庁が国または公共団体に所属しない場合には、当該裁決の取消しの訴えは、当該裁決をした行政庁を被告として提起しなければならない。
オ　処分または裁決の取消しの訴えは、被告とすべき国もしくは公共団体または行政庁がない場合には、提起することができない。

1　ア・ウ
2　ア・エ
3　イ・エ
4　イ・オ
5　ウ・オ

問題 19　行政事件訴訟法の定める義務付けの訴えおよび差止めの訴えに関する次のア～オの記述のうち、妥当なものの組合せはどれか。

ア　非申請型の義務付けの訴えは、行政庁が一定の処分をすべきであるにかかわらずこれがされないと思料する者であれば、何人でも提起することができる。
イ　申請型の義務付けの訴えは、当該申請に対する処分がされないことにより重大な損害を生ずるおそれがあり、かつ、その損害を避けるために他に適当な方法がないときに限り、提起することができる。
ウ　申請型の義務付けの訴えのうち、法令に基づく申請または審査請求に対し相当の期間内に何らの処分または裁決がされない場合に提起するものについては、当該処分または裁決に係る不作為の違法確認の訴えを併合して提起しなければならない。
エ　差止めの訴えは、行政庁が一定の処分または裁決をしてはならない旨を命ずることを求めるにつき法律上の利益を有する者に限り、提起することができる。
オ　差止めの訴えは、一定の処分または裁決がされることにより重大な損害を生ずるおそれがあるときは、その損害を避けるため他に適当な方法があるか否かにかかわらず、提起することができる。

1　ア・イ
2　ア・オ
3　イ・エ
4　ウ・エ
5　ウ・オ

問題 20　国家賠償法１条１項は、「国又は公共団体の公権力の行使に当る公務員が、その職務を行うについて、故意又は過失によつて違法に他人に損害を加えたときは、国又は公共団体が、これを賠償する責に任ずる。」としている。この規定に関する次の記述のうち、妥当なものはどれか。

1　国家賠償法１条１項の「公権力の行使」には、国の立法作用および司法作用は含まれない。

2　国家賠償法１条１項の「公務員」には、国または公共団体から公権力の行使を委ねられた民間人は含まれない。

3　国家賠償法１条１項の「職務を行うについて」には、公務員がもっぱら自己の利益だけをはかる意図をもって職務執行の外形をそなえる行為をした場合は含まれない。

4　国家賠償法１条１項の「違法」な行政処分が行われたことを理由として国家賠償の請求をするについては、あらかじめ当該行政処分につき取消判決または無効確認判決を得なければならないものではない。

5　国家賠償法１条１項の「公共団体」は、公務員の選任および監督について相当の注意をしたことを立証することができれば、賠償責任を免れることができる。

問題 21　次の文章は、ある最高裁判所判決の一節である。文章中の空欄のどれにも当てはまらないものは、１～５のうちどれか。

「公の営造物の □ 又は □ に瑕疵があるため国又は公共団体が国家賠償法２条１項の規定によつて責任を負う場合につき、同法３条１項が、同法２条１項と相まつて、当該営造物の □ もしくは □ にあたる者とその □ もしくは □ の費用の □ 者とが異なるときは、その双方が損害賠償の責に任ずべきであるとしているのは、もしそのいずれかのみが損害賠償の責任を負うとしたとすれば、被害者たる国民が、そのいずれに賠償責任を求めるべきであるかを必らずしも明確にしえないため、賠償の責に任ずべき者の選択に困難をきたすことがありうるので、対外的には右双方に損害賠償の責任を負わせることによつて右のような困難を除去しようとすることにあるのみでなく、□ 責任の法理に基づく同法２条の責任につき、同一の法理に立つて、被害者の救済を全からしめようとするためでもあるから、同法３条１項所定の □ 費用の □ 者には、当該営造物の □ 費用につき法律上 □ 義務を負う者のほか、この者と同等もしくはこれに近い □ 費用を □ し、実質的にはこの者と当該営造物による事業を共同して執行していると認められる者であつて、当該営造物の瑕疵による □ を効果的に防止しうる者も含まれると解すべきであり、したがつて、公の営造物の □ 者に対してその費用を単に贈与したに過ぎない者は同項所定の □ 費用の □ 者に含まれるものではないが、法律の規定上当該営造物の □ をなしうることが認められている国が、自らこれを □ するにかえて、特定の地方公共団体に対しその □ を認めたうえ、右営造物の □ 費用につき当該地方公共団体の □ 額と同等もしくはこれに近い経済的な補助を供与する反面、右地方公共団体に対し法律上当該営造物につき □ 防止の措置を請求しうる立場にあるときには、国は、同項所定の □ 費用の □ 者に含まれるものというべきであり、右の補助が地方財政法 16 条所定の補助金の交付に該当するものであることは、直ちに右の理を左右するものではないと解すべきである。」

（最三小判昭和 50 年 11 月 28 日民集 29 巻 10 号 1754 頁）

1　危険
2　管理
3　設置
4　求償
5　負担

問題 22　地方自治法の定める指定都市に関する次の記述のうち、妥当なものはどれか。

1　指定都市は、中核市が処理することができる事務のうち、政令で定めるものを処理するものとする。
2　指定都市は、市長の権限に属する事務を分掌させるため、条例で、その区域を分けて区を設け、区の議会を置くものとする。
3　指定都市の区長は、当該指定都市の市長が当該指定都市の議会の同意を得てこれを選任する。
4　指定都市は、必要と認めるときに限り、条例で、区ごとに選挙管理委員会を置くことができる。
5　指定都市の市長は、その担任する事務のうち、財務に関する事務等の管理および執行が法令に適合し、かつ、適正に行われることを確保するための方針を定め、およびこれに基づき必要な体制を整備しなければならない。

問題 23　次に掲げる地方自治法の条文の空欄［ア］～［エ］に当てはまる語句の組合せとして、妥当なものはどれか。

第１条の２第１項　地方公共団体は、住民の［ア］の増進を図ることを基本として、地域における行政を［イ］的かつ総合的に実施する役割を広く担うものとする。
第２項　国は、前項の規定の趣旨を達成するため、国においては国際社会における国家としての存立にかかわる事務、全国的に統一して定めることが望ましい国民の諸活動若しくは地方自治に関する基本的な準則に関する事務又は全国的な規模で若しくは全国的な視点に立つて行わなければならない施策及び事業の実施その他の国が本来果たすべき役割を重点的に担い、住民に［ウ］な行政はできる限り地方公共団体にゆだねることを基本として、地方公共団体との間で適切に［エ］するとともに、地方公共団体に関する制度の策定及び施策の実施に当たつて、地方公共団体の［イ］性及び自立性が十分に発揮されるようにしなければならない。

	ア	イ	ウ	エ
1	福祉	一体	固有	事務を分掌
2	利便	自主	身近	権限を配分
3	福祉	自主	身近	役割を分担
4	利便	一体	固有	権限を配分
5	福祉	効率	密接	役割を分担

問題 24　地方自治法の定める普通地方公共団体における直接請求に関する次の記述のうち、妥当なものはどれか。

1　役員の解職請求は、普通地方公共団体の長に対し、副知事、副市町村長や会計管理者の解職の請求をすることができるものである。
2　条例制定改廃請求は、普通地方公共団体の長に対し、地方税の賦課徴収などに関する条例の制定または改廃の請求をすることができるものである。
3　議会解散請求は、議会の議長に対し、議会の解散の請求をすることができるものである。
4　事務監査請求は、普通地方公共団体の長に対し、当該普通地方公共団体の事務の執行に関する監査の請求をすることができるものである。
5　長の解職請求は、選挙管理委員会に対し、普通地方公共団体の長の解職の請求をすることができるものである。

問題 25　公物の利用に関する次のア～オの記述のうち、最高裁判所の判例に照らし、妥当なものの組合せはどれか。

ア　国有財産の管理権は各省各庁の長に属せしめられており、公共福祉用財産をいかなる態様および程度において国民に利用させるかは管理権者の自由裁量に属するものであるから、管理権の行使を誤ったからといって違法とされることはない。
イ　公水使用権は、公共用物たる公水の上に存する権利であることにかんがみ、河川の全水量を独占排他的に利用しうる絶対不可侵の権利ではなく、使用目的を充たすに必要な限度の流水を使用しうるにすぎない。
ウ　地方公共団体の開設している村道に対する村民各自の使用権は、公法関係に由来するものであり、当該使用権を妨害されたからといって民法上不法行為の問題を生ずるわけではない。
エ　道路法所定の公物たる道路として供用が開始された敷地について、その後、第三者が所有権を取得して対抗要件を具備するに至った場合には、当該敷地の所有権に加えられた道路法所定の制限は消滅する。
オ　郵便局の庁舎等における広告物等の掲示の許可は、許可を受けた者に対して当該場所を使用するなんらかの公法上または私法上の権利を付与するものではない。

1　ア・イ
2　ア・ウ
3　イ・オ
4　ウ・エ
5　エ・オ

問題 26　法規命令に関する次のア～オの記述のうち、誤っているものの組合せはどれか。

ア　合議体としての内閣は、内閣府に係る主任の行政事務について、法律もしくは政令を施行するため、または法律もしくは政令の特別の委任に基づいて、内閣府の命令として内閣府令を発することができる。
イ　内閣総理大臣は、内閣官房に係る主任の行政事務について、法律もしくは政令を施行するため、または法律もしくは政令の特別の委任に基づいて、内閣官房の命令として内閣官房令を発することができる。
ウ　各省大臣は、主任の行政事務について、法律もしくは政令を施行するため、または法律もしくは政令の特別の委任に基づいて、それぞれその機関の命令として省令を発することができる。
エ　省の外局として置かれる各委員会の長は、法律の定めるところにより、規則その他の特別の命令をみずから発することができる。
オ　内閣府の外局として置くことのできる各庁の長官は、法律の定めるところにより、規則その他の特別の命令をみずから発することができる。

1　ア・エ
2　ア・オ
3　イ・ウ
4　イ・エ
5　ウ・オ

問題 27　表見代理に関する次のア～オの記述のうち、民法の規定に照らし、妥当なものの組合せはどれか。

ア　Ｂに代理権を与えた旨をＣに対して表示したＡは、Ｂがその代理権の範囲内でＣとの間でした行為について、Ｂに代理権が与えられていないことを過失によって知らなかったＣに対しても責任を負う。
イ　Ａの代理人Ｂがその代理権の範囲外の行為をした場合には、Ｃがその行為についてＢに代理権があると信じたことについて過失がないときでも、Ａは、その行為についての責任を負わない。
ウ　Ｂに代理権を与えた旨をＣに対して表示したＡは、Ｂがその代理権の範囲内で行為をしたとすれば表見代理の責任を負うべき場合に、ＢがＣとの間でその代理権の範囲外の行為をしたときは、Ｃがその行為についてＢに代理権があると信ずべき正当な理由があるときに限り、その行為についての責任を負う。
エ　Ｂに代理権を与えたＡは、Ｂが代理権の消滅後にその代理権の範囲内でＣとの間でした行為について、代理権の消滅の事実を過失によって知らなかったＣに対しても責任を負う。
オ　Ｂに代理権を与えたＡは、Ｂが代理権の消滅後にその代理権の範囲内で行為をしたとすれば表見代理の責任を負うべき場合に、ＢがＣとの間でその代理権の範囲外の行為をしたときは、Ｃがその行為についてＢに代理権があると信ずべき正当な理由があるときに限り、その行為についての責任を負う。

1　ア・イ
2　ア・エ
3　イ・オ
4　ウ・エ
5　ウ・オ

問題28　時効の援用に関する次のア～オの記述のうち、民法の規定および判例に照らし、妥当なものの組合せはどれか。

ア　抵当権の設定された不動産の所有権を譲り受けた第三取得者は、抵当権の被担保債権の消滅時効を援用することができない。
イ　後順位抵当権者は、先順位抵当権の被担保債権の消滅時効を援用することができる。
ウ　主たる債務者のために保証債務を負担する通常の保証人は、主たる債務の消滅時効を援用することができる。
エ　主たる債務者と連帯して債務を負担する連帯保証人は、主たる債務の消滅時効を援用することができない。
オ　他人の債務のために自己の所有する不動産について抵当権を設定した物上保証人は、その他人の債務の消滅時効を援用することができる。

1　ア・イ
2　ア・エ
3　イ・オ
4　ウ・エ
5　ウ・オ

問題 29　共有に関する次の記述のうち、民法の規定に照らし、妥当なものはどれか。

1　各共有者は、共有物の全部を使用するときでも、他の共有者との間で別段の合意をしていなければ、他の共有者に対し、自己の持分を超える使用の対価を償還する義務を負わない。
2　共有物の変更のうち、その形状または効用の著しい変更を伴うものについては、各共有者の持分の価格に従い、その過半数で決する。
3　共有物である土地についての５年を超えない賃借権の設定は、各共有者が単独ですることができる。
4　共有物の分割について共有者間に協議が調わないとき、または協議をすることができないときは、その分割を裁判所に請求することができる。
5　裁判所は、共有物の現物を分割することができる場合には、その分割によって共有物の価格を著しく減少させるおそれがあるときでも、共有物の競売を命ずることはできない。

問題 30　Ａが、Ｂに対する債務の担保として、Ａの所有する宝石を質入れする場合に関する次のア～オの記述のうち、民法の規定に照らし、妥当なものの組合せはどれか。

ア　Ａが宝石を以後Ｂのために占有する意思を表示したときは、その意思表示によって質権設定の効力を生ずる。
イ　ＡがＢに宝石を質入れした後に、Ｃが宝石を盗んだときは、Ｂは、Ｃに対して、占有回収の訴えによってのみ、宝石の返還を請求することができる。
ウ　ＡがＢに宝石を質入れした後であれば、ＡのＢに対する債務の弁済期前であっても、Ａは、Ｂに弁済として宝石の所有権を取得させることを約することができる。
エ　ＡがＢに宝石を質入れした後に、Ｂが、Ｃに対する債務の担保として、この宝石をＣに対して質入れするためには、Ａの承諾を得なければならない。
オ　ＡがＢに宝石を質入れした後に、Ｂが宝石の占有を継続していたとしても、そのことによってＢのＡに対する債権の消滅時効の進行は妨げられない。

1　ア・ウ
2　ア・オ
3　イ・エ
4　イ・オ
5　ウ・エ

問題 31　履行遅滞に関する次のア～オの記述のうち、民法の規定および判例に照らし、妥当なものの組合せはどれか。

ア　確定期限の定めのある債務は、その期限の到来したことを知った時から履行遅滞となる。
イ　不確定期限の定めのある債務は、その期限の到来した後に履行の請求を受けた時またはその期限の到来したことを知った時のいずれか早い時から履行遅滞となる。
ウ　不法行為による損害賠償債務は、被害者またはその法定代理人が損害および加害者を知った時から履行遅滞となる。
エ　返還の時期の定めのない消費貸借における返還義務は、借主が貸主から返還の催告を受けて相当の期間を経過した時から履行遅滞となる。
オ　債務不履行による損害賠償債務は、損害が発生した時から履行遅滞となる。

1　ア・ウ
2　ア・エ
3　イ・エ
4　イ・オ
5　ウ・オ

問題 32　債権譲渡に関する次のア～オの記述のうち、民法の規定および判例に照らし、妥当でないものの組合せはどれか。

ア　債権譲渡は、その意思表示の時に債権が現に発生していなかったときでも、有効である。
イ　債権について譲渡制限の意思表示がされたことを譲受人が重大な過失によって知らなかった場合でも、その譲受人が債務者に対して相当の期間を定めて譲渡人への履行の催告をし、その期間内に履行がないときは、譲受人は、債務者に対して自己に対する債務の履行を請求することができる。
ウ　債権が二重に譲渡された場合において、譲受人相互の間の優劣は、譲渡人の債務者に対する通知または債務者の承諾に付された確定日付の先後によって定めるべきである。
エ　債務者は、債権譲渡の対抗要件具備時までに譲渡人に対して生じた事由をもって譲受人に対抗することができる。
オ　債務者は、債権譲渡の対抗要件具備時より後に、他人の譲渡人に対する債権を取得したときでも、その債権が対抗要件具備時より前の原因に基づいて生じたものであれば、その債権による相殺をもって譲受人に対抗することができる。

1　ア・イ
2　ア・ウ
3　イ・エ
4　ウ・オ
5　エ・オ

問題 33　贈与に関する次のア～オの記述のうち、民法の規定に照らし、妥当なものの組合せはどれか。

ア　贈与者は、特約のない限り、贈与の目的である物を、贈与の目的として特定した時の状態で引き渡せば足りる。
イ　書面によらない動産の贈与においては、履行の終わっていない部分についても、各当事者は契約の解除をすることができない。
ウ　定期の給付を目的とする贈与は、贈与者の死亡によっては、その効力を失わない。
エ　書面によらない不動産の贈与について、その不動産の所有権移転登記が経由されたときでも、その不動産の引渡しが終わるまでは、贈与者は契約の解除をすることができる。
オ　負担付贈与について、受贈者が、その負担である義務の履行を怠るときは、贈与者は解除をすることができる。

1　ア・ウ
2　ア・オ
3　イ・エ
4　イ・オ
5　ウ・エ

問題 34　委任に関する次のア～オの記述のうち、民法の規定に照らし、妥当でないものの組合せはどれか。

ア　受任者は、やむを得ない事由があるときは、委任者の許諾を得ないで復受任者を選任することができる。
イ　受任者は、委任者の請求があるときは、いつでも委任事務の処理の状況を報告し、委任が終了した後は、遅滞なくその経過および結果を報告しなければならない。
ウ　受任者は、委任が履行の中途で終了したときは、既にした履行の割合に応じて報酬を請求することはできない。
エ　受任者は、委任者にとって不利な時期に委任の解除をしたときは、やむを得ない事由があった場合を除き、委任者の損害を賠償しなければならない。
オ　委任は、委任者が後見開始の審判を受けたときは、それによって終了する。

1　ア・イ
2　ア・エ
3　イ・オ
4　ウ・エ
5　ウ・オ

問題35　相続の承認および放棄に関する次のア～オの記述のうち、民法の規定に照らし、妥当なものの組合せはどれか。

ア　相続人は、自己のために相続の開始があった時から３カ月の熟慮期間内に、相続について、単純もしくは限定の承認または放棄をしなければならない。
イ　相続人は、相続の承認または放棄をする前に、相続財産の調査をすることができる。
ウ　相続人が熟慮期間内に単純承認または限定承認をしなかったときは、相続の放棄をしたものとみなされる。
エ　限定承認は、相続人が数人あるときは、共同相続人の全員が共同してするものである。
オ　相続の放棄をした者は、善良な管理者の注意をもって、その財産の管理を継続しなければならない。

1　ア・ウ
2　ア・オ
3　イ・エ
4　イ・オ
5　ウ・エ

問題 36　商号に関する次のア～オの記述のうち、商法の規定に照らし、誤っているものの組合せはどれか。

ア　個人商人は、その氏、氏名その他の名称をもってその商号とすることができる。
イ　何人も、不正の目的をもって、他の商人であると誤認されるおそれのある名称または商号を使用してはならない。
ウ　個人商人が数種の独立した営業を行うときは、それぞれの営業について異なる商号を使用することができる。
エ　商号の譲渡については、譲受人は、その登記をしなくても、悪意の第三者に対抗することができる。
オ　自己の商号を使用して営業または事業を行うことを他人に許諾した商人は、当該他人が営業主体であることを知りつつ当該他人と取引をした者に対しても、当該他人と連帯して、当該取引によって生じた債務を弁済する責任を負う。

1　ア・イ
2　ア・エ
3　イ・ウ
4　ウ・オ
5　エ・オ

問題 37　株式会社の設立における定款の作成に関する次のア～オの記述のうち、会社法の規定に照らし、妥当なものの組合せはどれか。

ア　株式会社の本店および支店の所在地は、定款に記載し、または記録しなければならない。

イ　株式会社の設立に際して発行する株式の数は、定款に記載し、または記録しなければならない。

ウ　株式会社の発起人の氏名または名称および住所は、定款に記載し、または記録しなければならない。

エ　株式会社の成立により発起人が受ける報酬は、定款に記載し、または記録しなければ、その効力を生じない。

オ　株式会社の負担する定款の認証の手数料は、定款に記載し、または記録しなければ、その効力を生じない。

1　ア・イ
2　ア・オ
3　イ・エ
4　ウ・エ
5　ウ・オ

問題 38　株式の併合に関する次のア〜オの記述のうち、会社法の規定に照らし、妥当なものの組合せはどれか。

ア　取締役会設置会社は、取締役会の決議によって株式の併合をすることができる旨を定款で定めることができる。
イ　株式会社は、株式の併合をする場合には、効力を生ずる日の２週間前までに、株主および登録株式質権者に対し、株式の併合をするに当たり定めた事項を通知し、または公告をしなければならない。
ウ　会社法上の公開会社でない会社が株式の併合をしようとするときは、効力発生日における発行可能株式総数として、効力発生日における発行済株式の総数の４倍を超える数を定めることはできない。
エ　株式会社が株式の併合をすることにより株式の数に１株に満たない端数が生ずる場合には、反対株主は、株式会社に対して、自己の有する株式のうち１株に満たない端数となるものの全部を公正な価格で買い取ることを請求することができる。
オ　株式の併合が法令に違反する場合には、株主は、その株式の併合によって不利益を受けるおそれがあるか否かにかかわらず、株式会社に対して、その株式の併合をやめることを請求することができる。

1　ア・ウ
2　ア・エ
3　イ・エ
4　イ・オ
5　ウ・オ

問題 39　株主総会に関する次のア～オの記述のうち、会社法の規定に照らし、正しいものの組合せはどれか。

ア　取締役会設置会社における株主総会は、会社法に規定する事項および株式会社の組織、運営、管理その他株式会社に関する一切の事項について決議をすることができる。
イ　取締役会設置会社における株主総会の招集の通知は、書面でしなければならない。
ウ　株主総会は、株主の全員の同意があるときは、株主総会に出席しない株主が書面または電磁的方法によって議決権を行使することができる旨を定めた場合を除き、招集の手続を経ることなく開催することができる。
エ　株主総会において、株主は、代理人によってその議決権を行使することはできない。
オ　株式会社は、他人のために株式を有する株主がその有する議決権を統一しないで行使することを拒むことができる。

1　ア・ウ
2　ア・エ
3　イ・ウ
4　イ・オ
5　エ・オ

問題 40　資本金に関する次の記述のうち、会社法の規定に照らし、妥当なものはどれか。

1　株式会社の設立または株式の発行に際して株主となる者が払込みまたは給付をした財産の額は、その全額を資本金として計上しなければならない。
2　株式会社の定款には、資本金の額を記載し、または記録しなければならない。
3　株式会社が株式の発行と同時に資本金の額を減少する場合において、当該資本金の額の減少の効力が生ずる日後の資本金の額が当該日前の資本金の額を下回らないときは、株主総会の特別決議によって、減少する資本金の額などを定めなければならない。
4　株式会社が資本金の額を減少する場合には、株式会社の債権者は、株式会社に対して異議を述べることができる。
5　資本金の額の減少の無効の訴えに係る請求を認容する判決が確定したときは、当該資本金の額の減少は、さかのぼって効力を失う。

［問題 41～問題 43 は択一式（多肢選択式）］

問題 41　次の文章は、ある最高裁判所判決の一節である。空欄［ア］～［エ］に当てはまる語句を、枠内の選択肢（１～20）から選びなさい。

「憲法 84 条は、課税［ア］及び［イ］の賦課徴収の手続が法律で明確に定められるべきことを規定するものであり、直接的には、［イ］について法律による規律の在り方を定めるものであるが、同条は、国民に対して義務を課し又は権利を制限するには法律の根拠を要するという法原則を［イ］について厳格化した形で明文化したものというべきである。したがって、国、地方公共団体等が賦課徴収する［イ］以外の公課であっても、その性質に応じて、法律又は法律の範囲内で制定された条例によって適正な規律がされるべきものと解すべきであり、憲法 84 条に規定する［イ］ではないという理由だけから、そのすべてが当然に同条に現れた上記のような法原則のらち外にあると判断することは相当ではない。そして、［イ］以外の公課であっても、賦課徴収の［ウ］の度合い等の点において［イ］に類似する性質を有するものについては、憲法 84 条の［エ］が及ぶと解すべきであるが、その場合であっても、［イ］以外の公課は、［イ］とその性質が共通する点や異なる点があり、また、賦課徴収の目的に応じて多種多様であるから、賦課［ア］が法律又は条例にどの程度明確に定められるべきかなどその規律の在り方については、当該公課の性質、賦課徴収の目的、その［ウ］の度合い等を総合考慮して判断すべきものである。」

（最大判平成 18 年３月１日民集 60 巻２号 587 頁以下）

１　条件	２　要件	３　内容	４　反対給付
５　構造	６　方法	７　種類	８　不平等
９　公共料金	10　強制	11　住民税	12　年金
13　租税	14　文言	15　解釈	16　類推適用
17　意味	18　保険料	19　趣旨	20　手続

問題 42　次の文章の空欄 ア ～ エ に当てはまる語句を、枠内の選択肢（1～20）から選びなさい。

「航空機の騒音による障害の性質等を踏まえて、……航空機騒音障害の防止の観点からの定期航空運送事業に対する規制に関する法体系をみると、法* が、定期航空運送事業免許の審査において、航空機の騒音による障害の防止の観点から、申請に係る事業計画が法一〇一条一項三号にいう『経営上及び航空保安上適切なもの』であるかどうかを、当該事業計画による使用飛行場周辺における当該事業計画に基づく航空機の航行による騒音障害の有無及び程度を考慮に入れたうえで判断すべきものとしているのは、単に飛行場周辺の環境上の利益を ア として保護しようとするにとどまらず、飛行場周辺に居住する者が航空機の騒音によつて著しい障害を受けないという利益をこれら個々人の個別的利益としても保護すべきとする趣旨を含むものと解することができるのである。したがつて、新たに付与された定期航空運送事業免許に係る路線の使用飛行場の周辺に居住していて、当該免許に係る事業が行われる結果、当該飛行場を使用する各種航空機の騒音の程度、当該飛行場の一日の離着陸回数、離着陸の時間帯等からして、当該免許に係る路線を航行する航空機の騒音によつて社会通念上著しい障害を受けることとなる者は、当該免許の取消しを求めるにつき法律上の利益を有する者として、その取消訴訟における イ を有すると解するのが相当である。

……しかしながら、本件記録によれば、上告人が本件各免許の ウ 事由として具体的に主張するところは、要するに、（1）被上告人が告示された供用開始期日の前から本件空港の変更後の着陸帯乙及び滑走路乙を供用したのは ウ であり、このような状態において付与された本件各免許は法一〇一条一項三号の免許基準に適合しない、（2）本件空港の着陸帯甲及び乙は非計器用であるのに、被上告人はこれを ウ に計器用に供用しており、このような状態において付与された本件各免許は右免許基準に適合しない、（3）日本航空株式会社に対する本件免許は、当該路線の利用客の大部分が遊興目的の韓国ツアーの団体客である点において、同条同項一号の免許基準に適合せず、また、当該路線については、日韓航空協定に基づく相互乗入れが原則であることにより輸送力が著しく供給過剰となるので、同項二号の免許基準に適合しない、というものであるから、上告人の右 ウ 事由の主張がいずれも自己の法律上の利益に関係のない ウ をいうものであることは明らかである。そうすると、本件請求は、上告人が本件各免許の取消しを訴求する イ を有するとしても、行政事件訴訟法一〇条一項によりその主張自体失当として エ を免れないことになる……。」

（最二小判平成元年２月 17 日民集 43 巻２号 56 頁）

（注）＊　航空法

1	過失	2	却下	3	任意	4	適法
5	違法	6	損失	7	一般的公益	8	権限外
9	人格権	10	被告適格	11	管轄	12	認容
13	妥当	14	制度的保障	15	処分性	16	原告適格
17	錯誤	18	棄却	19	不当	20	故意

問題 43　次の文章は、ある最高裁判所判決の一節である。空欄［ア］～［エ］に当てはまる語句を、枠内の選択肢（１～20）から選びなさい。

「学校施設は、一般公衆の共同使用に供することを主たる目的とする道路や公民館等の施設とは異なり、本来学校教育の目的に使用すべきものとして設置され、それ以外の目的に使用することを基本的に制限されている（学校施設令１条、３条）ことからすれば、学校施設の目的外使用を［ア］するか否かは、原則として、管理者の裁量にゆだねられているものと解するのが相当である。すなわち、学校教育上［イ］があれば使用を［ア］することができないことは明らかであるが、そのような［イ］がないからといって当然に［ア］しなくてはならないものではなく、行政財産である学校施設の目的及び用途と目的外使用の目的、態様等との関係に配慮した合理的な裁量判断により使用［ア］をしないこともできるものである。学校教育上の［イ］とは、物理的［イ］に限らず、教育的配慮の観点から、児童、生徒に対し精神的悪影響を与え、学校の教育方針にもとることとなる場合も含まれ、現在の具体的な［イ］だけでなく、将来における教育上の［イ］が生ずるおそれが明白に認められる場合も含まれる。また、管理者の裁量判断は、［ア］申請に係る使用の日時、場所、目的及び態様、使用者の範囲、使用の必要性の程度、［ア］をするに当たっての［イ］又は［ア］をした場合の弊害若しくは影響の内容及び程度、代替施設確保の困難性など［ア］をしないことによる申請者側の不都合又は影響の内容及び程度等の諸般の事情を総合考慮してされるものであり、その裁量権の行使が逸脱濫用に当たるか否かの司法審査においては、その判断が裁量権の行使としてされたことを前提とした上で、その判断要素の選択や判断過程に合理性を欠くところがないかを検討し、その判断が、重要な事実の［ウ］を欠くか、又は社会通念に照らし著しく［エ］性を欠くものと認められる場合に限って、裁量権の逸脱又は濫用として違法となるとすべきものと解するのが相当である。」

（最三小判平成 18 年２月７日民集 60 巻２号 401 頁以下）

1	不当	2	命令	3	妥当	4	禁止
5	比較	6	支障	7	意図	8	委任
9	補充	10	合憲	11	利益	12	確認
13	基礎	14	代理	15	認可	16	専決
17	違法	18	損害	19	管轄	20	許可

［問題 44〜問題 46 は記述式］（解答は、必ず答案用紙裏面の解答欄（マス目）に記述すること。なお、字数には、句読点も含む。）

問題 44　外国人Ｘは、日本国内において飲食店を経営するとして「経営・管理」の在留資格をもって在留していたが、法務大臣に対して在留期間の更新の許可の申請をしたところ、法務大臣は、Ｘの在留状況に問題があるとして、これを許可しなかった。そこで、Ｘは、裁判所に対し、在留期間更新不許可処分の取消訴訟を提起するとともに、在留期間更新不許可処分の執行停止を申し立てた。これを受けて、裁判所が執行停止の決定をしたところ、内閣総理大臣は、在留期間更新不許可処分の効力を存続しなければ公共の福祉に重大な影響を及ぼすおそれがあるとして、行政事件訴訟法の定める「内閣総理大臣の異議」の制度を利用して、裁判所に対して異議を述べた。行政事件訴訟法の定めによれば、この場合において、裁判所は、どのような対応をすることを義務づけられるか。また、その後、内閣総理大臣は、どのような対応をすることを義務づけられるか。40 字程度で記述しなさい。

（下書用）

									10					15

問題 45　Ａの祖父であるＢは、ＡがＣに対して負担している 300 万円の借金について、弁済をする資力のないＡに代わって、Ｃに対して 300 万円の弁済の提供をした。しかし、Ｃは、Ａ以外の者からの弁済は受け取りたくないと主張して、Ｂの弁済について受領を拒絶した。民法の規定によれば、一定の例外を除き、Ｃの受領拒絶の意思が尊重されるのが原則である。では、その例外について、具体的に、どのような場合に、Ｂの弁済がどのように扱われるかを、「Ｂの弁済は、」に続けて、40 字程度で記述しなさい。

（下書用）

Ｂの弁済は、

10　15

問題 46　次の【設問】を読み、【答え】の中の〔　　　〕に適切な文章を 40 字程度で記述して、設問に対する答えを完成させなさい。

【設問】

Ａが自己の所有する甲カメラ（以下、単に「甲」という。）をＢに賃貸しているところ、ＡとＣとの間において甲の売買契約が成立しました。民法の規定によれば、Ａは、甲をＢに占有させたまま、Ｃへ引き渡すことができます。このような引渡しの方法を、何といい、どのようなことをした場合に、Ｃが甲の引渡しを受けたことになりますか。

【答え】

このような引渡しの方法を、〔　　　　　　〕場合に、Ｃが甲の引渡しを受けたことになります。

（下書用）

									10					15

基 礎 知 識 ［問題47〜問題60は択一式（５肢択一式）］

問題47　政党および圧力団体に関する次のア〜オの記述のうち、妥当なものの組合せはどれか。

ア　圧力団体とは、政府や各省庁に働きかけて政治的決定に影響力を及ぼそうとする団体のことであり、特定の政党に働きかけるだけでは圧力団体とはいえない。

イ　議会の過半数を得るに至らない程度の勢力を有する政党が複数存在する形態は、多党制と呼ばれ、国民の多様な意思を政治に反映することができるが、政権が不安定なものになりやすい。

ウ　政党および圧力団体は、いずれも国民的利益を目指すものであるが、圧力団体は、政党とは異なり、政権の獲得を目的とするものではないという特徴を有する。

エ　圧力団体がその影響力を行使する活動をロビイングといい、圧力団体の代表者または代理人としてロビイングを行う人物をロビイストというが、政策決定に影響を与えたときは、政党と同じように政治責任を問われることになる。

オ　日本の圧力団体の例には、日本経済団体連合会のような経済団体や、日本労働組合総連合会のような労働団体や、日本医師会のような職能団体のほかに、宗教団体も挙げられる。

1　ア・ウ
2　ア・エ
3　イ・エ
4　イ・オ
5　ウ・オ

問題 48　日本の選挙における投票制度に関する次のア～オの記述のうち、妥当でないものの組合せはどれか。

ア　選挙人のほかに、選挙人の同伴する幼児、児童、生徒その他の年齢満 18 年未満の者も、投票所に入ることができる。
イ　既存の投票区の投票所とは別に、市町村の区域内のいずれの投票区に属する選挙人も投票できる共通投票所を設置することが認められている。
ウ　期日前投票は、選挙期日前に、選挙期日と同じ方法で投票を行うことができる制度であるが、期日前投票を行った者が、選挙期日前に死亡によって選挙権を失ったときは、無効な投票をしたものと取り扱われる。
エ　都道府県の選挙管理委員会から不在者投票施設として指定を受けている病院に入院している者は、その病院内で不在者投票をすることができる。
オ　在外投票をするためには、出国前に国外への転出届を提出する際に市区町村の窓口で在外選挙人名簿への登録を申請しておかなければならない。

1　ア・イ
2　ア・エ
3　イ・オ
4　ウ・エ
5　ウ・オ

問題 49 国の予算に関する次のア～オの記述のうち、妥当なものの組合せはどれか。

ア 国の会計年度は、毎年１月１日に始まり、12 月 31 日に終わる。
イ 特別会計は、一般会計と区別して別個に経理する会計であり、国が特定の事業を行う場合などに限り、政令をもって設置することができる。
ウ 繰越明許費は、歳出予算の経費のうち、その性質上または予算成立後の事由に基づき年度内にその支出を終わらない見込みのあるものについて、あらかじめ国会の議決を経て使用することができる。
エ 継続費は、工事、製造その他の事業で、その完成に数年度を要するものについて、特に必要がある場合に、経費の総額および年割額を定め、あらかじめ国会の議決を経て支出することができる。
オ 暫定予算は、会計年度開始前に予算が成立しなかった場合に、必要な経費の支出のために作成されるものであり、本予算が成立した後も効力を有する。

1 ア・イ
2 ア・エ
3 イ・オ
4 ウ・エ
5 ウ・オ

問題 50　消費者保護に関する次の記述のうち、妥当なものはどれか。

1　消費者契約の条項のうち、事業者の債務不履行により消費者に生じた損害を賠償する責任の全部を免除するものは、消費者のみが取り消すことができるものとする。
2　霊感等による知見を用いた告知に係る勧誘に対する取消権の行使期間については、取引の安全確保や法律関係の早期の安定に対する要請から、消費者契約法における他の取消権の行使期間よりも短いものとする。
3　チラシやカタログで行う通信販売における申込書面や、インターネットを利用した通信販売における最終確認画面においては、商品の分量や販売価格などの事項を表示することが義務づけられる。
4　注文や契約をしていないにもかかわらず、金銭を得ようとして一方的に送付された商品についても、消費者は、その商品の送付があった日から８日間を経過するまでは、その商品を処分することはできない。
5　法人等による不当な勧誘により個人が困惑して金銭の給付を内容とする寄附を行ったときは、その個人の扶養義務等に係る定期金債権の債権者は、その定期金債権のうちの確定期限の到来している部分に限り、その寄附に関する取消権を代位行使することができる。

問題 51　地球環境問題に関する次のア～オの記述のうち、妥当なものの組合せはどれか。

ア　パリ協定は、開発途上国を含むすべての国が地球温暖化の原因となる温室効果ガスの削減に取り組むことを約束した枠組みとして採択された。

イ　バーゼル条約は、自然のかけがえのない一部をなす野生動植物の一定の種が過度に国際取引に利用されることのないようこれらの種を保護することを目的として採択された。

ウ　ラムサール条約は、有害廃棄物等の国境を越える移動によって引き起こされる人の健康被害と地球環境の破壊を防止することを目的として採択された。

エ　ワシントン条約は、特に水鳥の生息地として国際的に重要な湿地およびそこに生息または生育する動植物の保全を促し、湿地の適正な利用を進めることを目的として採択された。

オ　砂漠化対処条約は、特にアフリカ諸国を中心とした開発途上国において深刻化する砂漠化問題に対し、国際社会がその解決に向けて協力することを目的として採択された。

1　ア・ウ
2　ア・オ
3　イ・エ
4　イ・オ
5　ウ・エ

問題 52　行政書士に対する監督に関する次の記述のうち、行政書士法の規定に照らし、妥当なものはどれか。

1　都道府県知事は、裁判所の許可を得なければ、都道府県の職員に行政書士の事務所に立ち入ってその業務に関する帳簿および関係書類を検査させることはできない。

2　行政書士について、行政書士たるにふさわしくない重大な非行があったときは、都道府県知事は、２年以内の業務の停止の処分をすることができるが、業務の禁止の処分をすることはできない。

3　行政書士法人の運営が著しく不当と認められるときは、その主たる事務所の所在地を管轄する都道府県知事は、当該行政書士法人に対し、解散の処分をすることができる。

4　何人も、行政書士の業務につき利害関係を有するものと認められる場合でなければ、都道府県知事に対し、その行政書士について重大な非行があったことを通知して適当な措置をとることを求めることはできない。

5　都道府県知事は、行政書士に対し、２年以内の業務の停止の処分をしようとするときは、弁明の機会の付与の手続を行わなければならない。

問題 53　戸籍の届出に関する次のア～オの記述のうち、戸籍法の規定に照らし、妥当なものの組合せはどれか。

ア　やむを得ない事由によって氏を変更しようとするときは、戸籍の筆頭に記載した者およびその配偶者は、家庭裁判所の許可を得ないで、その旨を届け出ることができる。

イ　婚姻をしようとする者は、夫婦が称する氏などを届書に記載して、その旨を届け出なければならない。

ウ　嫡出子出生の届出は、父がこれをしなければならないが、子の出生前に父母が離婚をした場合には、母がこれをしなければならない。

エ　父が認知をする場合には、母の氏名および本籍を届書に記載して、その旨を届け出なければならない。

オ　死亡の届出は、同居の親族がいる場合には、それ以外の親族がこれをすることはできない。

1　ア・ウ
2　ア・オ
3　イ・エ
4　イ・オ
5　ウ・エ

問題 54　戸籍の附票に関する次の記述のうち、住民基本台帳法の規定に照らし、妥当でないものはどれか。

1　市町村長は、その市町村の区域内に本籍を有する者につき、その戸籍を単位として、戸籍の附票を作成しなければならない。
2　戸籍の附票には、男女の別についても記載・記録をする。
3　戸籍の附票の記載、消除または記載の修正は、職権で行うものとする。
4　住所地の市町村長は、住民票の記載等をした場合に、本籍地において戸籍の附票の記載の修正をすべきときは、遅滞なく、当該修正をすべき事項を本籍地の市町村長に通知しなければならない。
5　何人でも、市町村長に対し、戸籍の附票の閲覧を請求することができる。

問題 55　個人情報保護法* の定める行政機関等の義務等に関する次のア～オの記述のうち、妥当なものの組合せはどれか。

ア　行政機関等は、個人情報を保有するに当たっては、その利用目的をできる限り特定しなければならず、利用目的を変更する場合には、変更前の利用目的と相当の関連性を有すると合理的に認められる範囲を超えて行ってはならない。
イ　行政機関の長等は、保有個人情報の漏えい、滅失または毀損の防止その他の保有個人情報の安全管理のために必要かつ適切な措置を講ずるよう努めるものとする。
ウ　行政機関の長等は、すべての保有個人情報を過去または現在の事実と合致させなければならない。
エ　行政機関の長等は、偽りその他不正の手段により個人情報を取得してはならないが、要配慮個人情報を取得するに当たって、事前に本人の同意を得る必要はない。
オ　行政機関の長等は、保有個人情報の漏えいが生じた場合には、その漏えいが生じた旨を内閣総理大臣に報告しなければならない。

（注）＊　個人情報の保護に関する法律

1　ア・イ
2　ア・エ
3　イ・オ
4　ウ・エ
5　ウ・オ

問題 56　個人情報保護法* における「個人情報取扱事業者」に関する次の記述のうち、妥当なものはどれか。

1　個人情報データベース等を事業の用に供している者であっても、それを内部的な事務のためにのみ利用しているときは、「個人情報取扱事業者」には該当しない。
2　個人事業主は、個人情報データベース等を事業の用に供していても、「個人情報取扱事業者」には該当しない。
3　個人情報データベース等を事業の用に供している者であっても、その事業が営利を目的としていないときは、「個人情報取扱事業者」には該当しない。
4　裁判所は、個人情報データベース等を事業の用に供していても、「個人情報取扱事業者」には該当しない。
5　個人情報データベース等を事業の用に供している者であっても、その取り扱う個人情報によって識別される特定の個人の数が過去６カ月以内のいずれの日においても5000 を超えないときは、「個人情報取扱事業者」には該当しない。

（注）＊　個人情報の保護に関する法律

問題57　電子商取引に関する次のア～オの記述のうち、妥当なものの組合せはどれか。

ア　ネットオークションのように消費者間の電子商取引を「ＢtoＢ」といい、オンラインショッピングのように企業と消費者との間の電子商取引を「ＢtoＣ」という。
イ　電子消費者契約法＊１は、消費者が行う電子消費者契約の申込みまたはその承諾の意思表示について特定の錯誤があった場合に関して、民法の重大な過失による錯誤に関する規定に対する特例を定めている。
ウ　電子消費者契約法においては、隔地者間の契約において電子承諾通知を発する場合に関し、民法の隔地者間の契約の成立時期に関する規定に対する特例が定められている。
エ　特定電子メール送信適正化法＊２は、事前に受信拒否の通知をした者に対しての広告、宣伝または勧誘等を目的とした電子メールの再送信を禁止するオプトアウト方式を採用している。
オ　ｅ－文書通則法＊３は、法令の規定により民間事業者等が行う書面の保存、作成、縦覧、交付に関して、電磁的方法により行うことができるようにするための共通する事項を定めている。

（注）＊１　電子消費者契約に関する民法の特例に関する法律
＊２　特定電子メールの送信の適正化等に関する法律
＊３　民間事業者等が行う書面の保存等における情報通信の技術の利用に関する法律

1　ア・ウ
2　ア・オ
3　イ・エ
4　イ・オ
5　ウ・エ

問題 58　次の文中の空欄 ア 〜 エ に当てはまる語句の組合せとして妥当なものはどれか。

「芸術の ア 」も「芸術崇拝」も西欧の 18 世紀中葉の啓蒙主義が生みだした西欧独自の、世界史の中では例外的で特異な思想である。芸術が宗教や宮廷や社会的な諸要求から独立して、宗教価値、政治的要求、社会の倫理的・道徳的価値に規定されない、独自の自己の内面要求にのみ由来する価値をもち、それを自由に無拘束的に追求できるなどとは、西欧以外の文明圏では発想もされなければ、主張されることもありえなかったであろう。なぜなら、啓蒙主義を生み出し、それによってつくり変えられた西欧世界以外の文明圏において、人間の作為によってつくり出される工作物たる「芸術作品」が ア を持つなどという考えが出てくるはずはないからである。西欧以外のいわゆる伝統社会は、中国の儒教社会であれ、ギリシアのフィロゾフィ社会であれ、西欧中世のキリスト教社会であれ、すべての「価値」は イ 、「天命」とか「イデア」とか「神の摂理」という超越的な存在者によって規定されるものだからである。

人間が人間社会の価値を自ら創り出しうるというのは西欧啓蒙主義の世界史上類例を見ない「 ウ 」的な思想だったのである。この思想を創り出したのが、「 エ 」という観念である。啓蒙主義はこの エ の観念を科学、技術、芸術、道徳のみにとどまらず、人間活動の全領域にまで広めて適用させていくことで、人間社会全体の改良、改革、発展を可能にしうるという理論を開発していったのである。「芸術」も エ するものである。なぜならそれは神が創り出した「自然」という神の摂理の枠内で、それを模倣する自然模倣の活動ではなく、芸術家が自らの内に見出した内なる神の指示によって、これまで自然の中に存在しなかった新しい「美」、新しい価値を発見していく活動だからである。

このように社会がこれまで見出しえなかった「新しい価値」を発見し、また創り出していくのが芸術家であり、芸術家の「天才」であるというのが啓蒙主義が発見した芸術の「 エ 」思想である。芸術家が新しい価値の発見者であるということは、既存の価値の更新者であると同時に、既成の社会秩序の変革者、改革者でもありうるという思想をも創り出してくる。

（出典　松宮秀治「芸術と近代国民国家」から）

	ア	イ	ウ	エ
1	自律的価値	人間それぞれの思想により異なり	実験	改善
2	高度の芸術性	人間の努力によって創造できる	反逆	進歩
3	自律的価値	人間社会の人為的努力が届かない	革命	進歩
4	作為と不作為	人間の努力によって創造できる	革命	刷新
5	高度の芸術性	人間社会の人為的努力が届かない	実験	改善

問題59　本文中の空欄 Ⅰ ～ Ⅴ には、それぞれあとのア～オのいずれかの文が入る。その組合せとして妥当なものはどれか。

今日、われわれの社会は高度な科学技術知識を用いるようになった。ところが他方で、われわれ現代人は個人としては次第に無知になってきてもいる。「無知」を、有用な知識を理解できない度合いによって測るとすれば、有用な知識が急増しているがために、「相対的な」無知が増大していると言えよう。事実、われわれは毎日、現代技術の産物、多種多様の製品を使っているが、ほとんどその仕組みを知らない。 Ⅰ 。

しかしだからこそ、分野ごとにそこでの問題を熟知している専門家がいる。知的分業が行われ、それらがうまくつながって社会全体は首尾よく機能しているとみな考えている。 Ⅱ 。

しかし一方では、こうすることで、われわれの無知、無能化がさらに進んでいるのではないかということもある。なぜなら、今日の社会ではすでに、専門家達のやっていることは、相談を受けた問題に解決策を提供するという範囲を越えているからだ。そもそも何が問題なのかをよく知っているのは専門家である。その問題の解決策をよく知っているのも専門家である。この点では、医者と患者の関係がひとつの例になる。 Ⅲ 。

しかしこうした状況のもとでは、人々は自分にとっての必要（ニーズ）、問題が何であるかも自分では決められず、ましてその解決方法も知らず、しかも自分が適切に援助されたのかもよく判らない無能な者になりつつあるのではないか。 Ⅳ 。ここには、自己決定権（すなわち人権）をもった市民はいない。 Ⅴ 。

（出典　木原英逸「専門性と共同性」から）

ア　科学技術が複雑になるにしたがって、ますます専門家達がわれわれの知らない専門知識を用いて、われわれの知らない、気づいてない問題を指摘するようになっている。そしてそれは期待されていることでもある

イ　だから専門家に相談し、自分達の問題の管理を任せる。それが合理的であると

ウ　自分にとっての必要を自分で決め、その解決策もいくつかの中から自分で選択でき、その結果も自分で評価できる、そうした自立した市民のありかたは難しくなっている

エ　科学技術に多くを依存しながら、だがそれに心を閉ざして、人々は「都会的野蛮人」の生活を送っている。そう言われてきた

オ　専門家に任せることで、こうして三重に無能化され、ますます専門家に従属せざるをえなくなる

	Ⅰ	Ⅱ	Ⅲ	Ⅳ	Ⅴ
1	ア	オ	イ	エ	ウ
2	イ	ア	ウ	エ	オ
3	ウ	オ	ア	イ	エ
4	エ	ア	ウ	オ	イ
5	エ	イ	ア	オ	ウ

問題 60 本文中の空欄 [ ] に入る文章を、あとのア～オを並び替えて作る場合、その順序として妥当なものはどれか。

長い道のりだった文筆行脚を通して、文章を書くことがわたしの一部と思える様になり、そこでようやくわたしも、つくり手が文章を書くことの意味を考えられる、その土俵に乗ったと思える様になった。だが、たとえ土俵に乗れたとしても、「同じ思考の原点を分かち合う」、と本当に考えられるかどうかが問題になる。

そのことに言及する為に､槇文彦が注意深く次の様に語っていたことを見逃してはならない。「作家としてのイマジネーションは、時にラショナルな思考の骨格から逸脱してしまっているし、あるいは作品は文学に託された願望に及ばないことも往々にしてある」（同『記憶の形象』)、と。つまり「書くことも、つくることも、したがって同じ思考の原点を分かちあう」、と考えられるまでになったとしても、書くこととつくることに“隙間”が生まれてしまうことがあることも理解し、そこに目を向ける必要性があることに触れているのだ。

[ ]

（出典　矢萩喜従郎「多中心の思考」から）

ア　むしろ、この隙間があるからこそ、深度がある眼差しを期待できるのではないのだろうか、とさえ感じられる。

イ　つまり、人それぞれに固有の振幅があるからこそ、人それぞれが、そこに空気が流れることに依って起こる、運動の可能性を探ることができるからだ。

ウ　というのもその“隙間”には、重要な自分自身を紐解くヒントが含まれている、とわたしは考えているからだ。

エ　書くこととつくることの関係を考える上で、決してこの“隙間”が生まれることを否定的に捉える必要はない、とわたしは思っている。

オ　その為に、書くこととつくることに、どれ程の“隙間”があるかを測れば、人それぞれの固有の成り立ちを浮かび上がらせることになる、と思うのである。

1　イ → ア → エ → ウ → オ
2　イ → オ → ウ → エ → ア
3　エ → ア → ウ → イ → オ
4　エ → イ → ウ → ア → オ
5　エ → ウ → イ → オ → ア

2025年版出る順行政書士 当たる！直前予想模試

第3回　問題

【使用方法】

1　この表紙（色紙）を残したまま問題冊子を取り外してください。

2　答案用紙（マークシート）は第1回問題冊子の前にとじてあります。
　切り取ってご使用ください。

「問題冊子」の取り外し方

①この色紙を残し、「問題冊子」だけをつかんでください。
②「問題冊子」をしっかりとつかんだまま手前に引っ張って、取り外してください。

「問題冊子」

※色紙と「問題冊子」は、のりで接着されていますので、丁寧に取り外してください。なお、取り外しの際の破損等による返品・交換には応じられませんのでご注意ください。

LEC東京リーガルマインド

第3回
問 題

試験開始まで開いてはいけません。

（注意事項）

1　問題は60問あり、時間は3時間です。

2　解答は、別紙の答案用紙に記入してください。

3　答案用紙への記入およびマークは、次のようにしてください。

ア　択一式（5肢択一式）問題は、1から5までの答えのうち正しいと思われるものを一つ選び、マークしてください。二つ以上の解答をしたもの、判読が困難なものは誤りとなります。

イ　択一式（多肢選択式）問題は、枠内（1～20）の選択肢から空欄［ア］～［エ］に当てはまる語句を選び、マークしてください。二つ以上の解答をしたもの、判読が困難なものは誤りとなります。

ウ　記述式問題は、答案用紙裏面の解答欄（マス目）に記述してください。

法 令 等 ［問題１～問題 40 は択一式（５肢択一式）］

問題１　法律用語に関する次の記述のうち、妥当なものはどれか。

1　「直ちに」は、正当な、または合理的な理由による遅延は許されるものと解されている。「遅滞なく」は、一切の遅延が許されないものと解されている。

2　「みなす」「推定する」は、いずれもある事物と性質を異にする他の事物を、一定の場合に限り、その事物と同一視することである。このうち、「推定する」は、同一の事物でないという反証を許すものである。

3　「科する」は、制裁的意味合いはなく、国家が租税その他の負担を命ずる場合に用いる語句である。「課する」は、懲役、禁錮、罰金、科料などの刑罰や、秩序違反に対する制裁としての過料に処す場合に用いる語句である。

4　「権限」とは、ある行為をすることを正当なものとする法律上の原因をいう。「権原」とは、行政法上、国や地方公共団体の機関の行為が国または地方公共団体の行為として効力を生じる範囲をいい、私法上、ある者の行為が他人の行為として効力を生じる範囲をいう。

5　「適用」とは、ある事項について定める法令の規定を、これと似た別の事項に借用して当てはめることをいう。「準用」とは、法令をその対象としている事項に当てはめることをいう。

問題２　法テラス（日本司法支援センター）に関する次のア～オの記述のうち、妥当なものの組合せはどれか。

ア　法テラスの理事長および監事は、あらかじめ法務大臣の意見を聴いて、最高裁判所長官が任命する。

イ　法テラスは、認知機能が十分でない高齢者・障害者で、近隣に居住する親族がいない等の理由により弁護士のサービスの提供を自発的に求めることが期待できないものを援助するため、自立した日常生活・社会生活を営むに当たり必要な法律相談を実施する。

ウ　法テラスは、大規模災害が発生した日に民事上の法律関係に著しい混乱を生ずるおそれがある地区に住所を有していた者を援助するため、その災害が発生した日から最長で５年間、その生活の再建に当たり必要な法律相談を実施する。

エ　法テラスは、ストーカー行為、児童虐待または配偶者からの暴力を現に受けている疑いがあると認められる者を援助するため、それらの行為による被害の防止に関して必要な法律相談を実施する。

オ　法テラスが契約弁護士等に取り扱わせる事務については、法テラスがこれを取り扱うことができるものと解することができる。

1　ア・ウ
2　ア・オ
3　イ・エ
4　イ・オ
5　ウ・エ

問題３　外国人の人権享有主体性に関する次の記述のうち、最高裁判所の判例に照らし、妥当なものはどれか。

1　日本に在留する外国人は、憲法上、国の政治的意思決定に影響を及ぼすものも含めて、日本国民と同様に政治活動の自由を保障されている。

2　外国に移住する自由は、その権利の性質上、日本に在留する外国人に保障されるものではない。

3　日本に在留する外国人は、憲法上、外国へ一時旅行して、在留期間の満了前に日本に再入国する自由を保障されている。

4　日本に在留する外国人は、憲法上、地方公共団体の長、その議会の議員等の選挙の権利を保障されている。

5　社会保障上の施策において在留外国人をどのように処遇するかについては、国は、特別の条約の存しない限り、その政治的判断によりこれを決定することができるのであり、その限られた財源の下で福祉的給付を行うに当たり、自国民を在留外国人より優先的に扱うことも、許される。

問題４　原告であるＸが、ツイッター（当時）のウェブサイトに投稿された複数のツイート（以下、「本件各ツイート」という。）により、Ｘのプライバシーに属する事実をみだりに公表されない利益等が侵害されていると主張して、ツイッターを運営するＹに対し、人格権ないし人格的利益に基づき、本件各ツイートの削除を求めた事案に関する最高裁判所の判決（最二小判令和４年６月24日民集76巻５号1170頁）の趣旨として、妥当なものの組合せはどれか。

ア　個人のプライバシーに属する事実をみだりに公表されない利益は、法的保護の対象となるというべきであり、このような人格的価値を侵害された者は、人格権に基づき、加害者に対し、現に行われている侵害行為を排除し、または将来生ずべき侵害を予防するため、侵害行為の差止めを求めることができる。

イ　Ｘの氏名を条件としてツイートを検索すると検索結果として本件各ツイートが表示されるとしても、膨大な数に上るツイートの中で本件各ツイートが特に注目を集めているといった事情がうかがわれないのであれば、Ｘと面識のある者にプライバシーに属する事実が伝達される可能性は小さい。

ウ　Ｘのプライバシーに属する事実が、不特定多数の者が利用する場所において行われた軽微とはいえない犯罪事実に関するものであるときは、その事実は公共の利害に関するものであり、その後にＸが受けた刑の言渡しがその効力を失ったからといって、公共の利害との関わりの程度が小さくなるものとはいえない。

エ　ツイッターが、その利用者に対し、情報発信の場やツイートの中から必要な情報を入手する手段を提供するなどしていることを踏まえると、Ｘが、本件各ツイートによりＸのプライバシーが侵害されたとして、ツイッターを運営して本件各ツイートを一般の閲覧に供し続けるＹに対し、人格権に基づき、本件各ツイートの削除を求めることができるか否かは、Ｘのプライバシーに属する事実を公表されない法的利益と本件各ツイートを一般の閲覧に供し続ける理由に関する諸事情を比較衡量して判断すべきである。

オ　Ｙがツイッターの利用者に提供しているサービスの内容やツイッターの利用の実態等を考慮しても、ＸがＹに対して本件各ツイートの削除を求めることができるのは、Ｘのプライバシーに属する事実を公表されない法的利益が本件各ツイートを一般の閲覧に供し続ける理由に優越することが明らかな場合に限られる。

1　ア・エ
2　ア・オ
3　イ・ウ
4　イ・エ
5　ウ・オ

問題５　職業選択の自由に関する次のア～オの記述のうち、最高裁判所の判例に照らし、妥当なものの組合せはどれか。

ア　薬事法に基づく薬局開設の適正配置規制は、不良医薬品の供給や医薬品の乱用の危険を防止することを目的としているが、その目的はより緩やかな規制によっては達成することができないと認められるので、憲法 22 条 1 項に違反しない。

イ　小売商業調整特別措置法に基づく小売市場開設の許可規制は、小売市場の乱設に伴う小売商相互間の過当競争によって招来されるであろう小売商の共倒れから小売商を保護するために、国が社会経済の調和的発展を企図するという観点から中小企業保護政策の一方策としてとった措置ということができ、その目的において、一応の合理性が認められ、また、その規制の手段、態様においても、それが著しく不合理であることが明白であるとは認められないから、憲法 22 条 1 項に違反しない。

ウ　酒税法に基づく酒類販売免許制度は、制度導入当初は、酒税の適正かつ確実な賦課徴収を図るという重要な公共の利益のために採られた合理的措置であったが、その後の社会状況の変化と酒税の国税に占める割合等が相対的に低下したことにより、当該免許制度を存置しておくことの必要性および合理性が失われていると解されるから、憲法 22 条 1 項に違反する。

エ　法律に別段の定めがある場合を除き、司法書士および公共嘱託登記司法書士協会以外の者が、他人の嘱託を受けて、登記に関する手続について代理する業務および登記申請書類を作成する業務を行うことを禁止し、これに違反した者を処罰する司法書士法の規定は、公共の福祉に合致した合理的なものであって、憲法 22 条 1 項に違反しない。

オ　条例により、青少年が多く利用する施設または周辺の環境に特に配慮が必要とされる施設の敷地から一定の範囲内における風俗案内所の営業を禁止し、さらに刑罰を科すことは、公共の福祉に適合する目的達成のための手段として必要最小限度を超え、地方議会の合理的な裁量の範囲を超えるものであり、憲法 22 条 1 項に違反する。

1　ア・ウ
2　ア・オ
3　イ・エ
4　イ・オ
5　ウ・エ

問題６　次のア～オのうち、Ｘ市議会の議員であったＹが、Ｘ市議会から受けた 23 日間の出席停止の懲罰が違憲、違法であるとして、Ｘ市を相手に、その取消しを求めるとともに、議員報酬のうち当該懲罰による減額分の支払を求めた事案に関する最高裁判所の判決（最大判令和２年 11 月 25 日民集 74 巻８号 2229 頁）の趣旨として、妥当でないものの組合せはどれか。

ア　憲法は、地方公共団体の組織及び運営に関する基本原則として、その施策を住民の意思に基づいて行うべきものとするいわゆる住民自治の原則を採用しており、普通地方公共団体の議会は、憲法にその設置の根拠を有する議事機関として、住民の代表である議員により構成され、所定の重要事項について当該地方公共団体の意思を決定するなどの権能を有する。
イ　普通地方公共団体の議会の議員に対する出席停止の懲罰は、その性質や議員活動に対する制約の程度に照らすと、議員の権利行使の一時的制限にすぎないものであって、その適否は、専ら議会の自主的、自律的な解決に委ねられるべきである。
ウ　普通地方公共団体の議会の運営に関する事項については、議事機関としての自主的かつ円滑な運営を確保すべく、その性質上、議会の自律的な権能が尊重されるべきであるところ、議員に対する懲罰は、会議体としての議会内の秩序を保持し、もってその運営を円滑にすることを目的とするものであり、その権能は議会の自律的な権能の一内容を構成する。
エ　普通地方公共団体の議会の議員に対する出席停止の懲罰は、議会の自律的な権能に基づいてされたものとして、議会に一定の裁量が認められるべきであるから、裁判所は、必ずしも常にその適否を判断することができるものではない。
オ　普通地方公共団体の議会の議員は、住民の代表としてその意思を当該普通地方公共団体の意思決定に反映させるべく活動する責務を負うところ、出席停止の懲罰を受けた議員は、その期間、会議および委員会への出席が停止され、議事に参与して議決に加わるなどの議員としての中核的な活動をすることができず、住民の負託を受けた議員としての責務を十分に果たすことができなくなる。

1　ア・ウ
2　ア・エ
3　イ・エ
4　イ・オ
5　ウ・オ

問題７　憲法の改正および最高法規性に関する次の記述のうち、妥当なものはどれか。

１　憲法の改正は、各議院の出席議員の３分の２以上の賛成で、国会が、これを発議し、国民に提案してその承認を経なければならない。
２　憲法の改正についての国民の承認には、特別の国民投票または国会の定める選挙の際行われる投票において、その３分の２以上の賛成を必要とする。
３　憲法の改正について国民の承認を経たときは、内閣総理大臣は、直ちにこれを国民の名で公布しなければならない。
４　憲法は、国の最高法規であって、その条規に反する法律、命令、詔勅および国務に関するその他の行為の全部または一部は、その効力を有しない。
５　日本国憲法は、その明文をもって、国民に対し、憲法を尊重し擁護することを義務付けている。

問題８　委任命令の限界に関する次の記述のうち、最高裁判所の判例に照らし、妥当なものはどれか。

１　銃砲刀剣類所持等取締法にいう刀剣類には、文理上、外国刀剣が含まれることから、日本刀のみを登録の対象とした銃砲刀剣類登録規則の規定は、同法の委任の趣旨を逸脱するものとして無効である。
２　婚姻外懐胎児童を児童扶養手当の支給対象としながら、父から認知された婚姻外懐胎児童を除外した児童扶養手当法施行令の規定は、児童扶養手当法の委任の趣旨に反しない。
３　原則として被勾留者と幼年者との接見を許さないこととする一方で、限られた場合に監獄の長の裁量によりこれを許すこととした旧監獄法施行規則の規定は、事物を弁別する能力の未発達な幼年者の心情を害することがないようにという配慮の下に設けられたものであり、旧監獄法の委任の範囲を超えるものではない。
４　新薬事法の施行に伴って改正された薬事法施行規則のうち、店舗販売業者に対し、第一類医薬品および第二類医薬品について、当該店舗において対面で販売させまたは授与させなければならないものとし、当該店舗内の情報提供を行う場所において情報の提供を対面により行わせなければならないものとし、郵便等販売をしてはならないものとした規定は、新薬事法の委任の範囲を逸脱するものではない。
５　文部大臣（当時）が、学校教育法の規定に基づいて、教科書検定の審査の内容および基準ならびに検定の施行細則である検定の手続を、省令および告示により定めたことは、法律の委任を欠くとまではいえない。

問題９　行政調査に関する次の記述のうち、最高裁判所の判例に照らし、妥当なものはどれか。なお、個別の法令名等は、当時のものである。

1　警察官職務執行法に基づく職務質問に附随して行う所持品検査は、任意手段として許容されるものであるから、所持人の承諾がなければ許容されることはない。

2　警察官が、交通違反の多発する地域等の適当な場所において、交通違反の予防、検挙のための自動車検問を実施し、自動車に対して走行の外観上の不審な点の有無にかかわりなく短時分の停止を求めて、運転者などに対し必要な事項についての質問などをすることは、それが相手方の任意の協力を求める形で行われ、自動車の利用者の自由を不当に制約することにならない方法、態様で行われる限り、適法である。

3　所得税法に基づく収税官吏の検査は、刑事責任の追及を目的とする手続ではないが、裁判官の発する令状を必要とする。

4　収税官吏が犯則嫌疑者に対して犯則調査を行った場合に、課税庁が当該調査により収集された資料をその者の課税処分および青色申告承認の取消処分を行うために利用することは許されない。

5　法人税法に規定する質問または検査の権限の行使にあたって、取得収集される証拠資料が後に犯則事件の証拠として利用されることが想定できたときは、質問または検査の権限が犯則事件の調査あるいは捜査のための手段として行使されたことになる。

問題 10　行政上の強制手段に関する次のア～エの記述のうち、最高裁判所の判例に照らし、妥当なものの組合せはどれか。

ア　農業共済組合の農作物共済掛金、賦課金および拠出金の徴収について、農業災害補償法が行政上の強制徴収の手段を認めていることは、一般私法上の債権とひとしく、民事上の強制執行の手段をとることを排除する趣旨ではない。
イ　国または地方公共団体がもっぱら行政権の主体として国民に対して行政上の義務の履行を求める訴訟は、法律上の争訟として当然に裁判所の審判の対象となるものではなく、法律に特別の規定がある場合に限り、提起することが許される。
ウ　秩序罰としての過料と、刑罰としての罰金・拘留は、目的、要件および実現の手続を異にし、必ずしも二者択一の関係にあるものではなく、併科を妨げない。
エ　独占禁止法違反のカルテル行為について罰金刑が確定し、かつ、国から不当利得の返還を求める民事訴訟が提起されている場合において、当該カルテル行為を理由に課徴金の納付を命ずることは許されない。

1　ア・イ
2　ア・ウ
3　イ・ウ
4　イ・エ
5　ウ・エ

問題 11　行政手続法における申請拒否処分の取扱いに関する次の記述のうち、妥当なものはどれか。

1　行政庁は、法令に定められた申請の形式上の要件に適合しない申請については、申請拒否処分をしなければならない。
2　行政庁が申請拒否処分をする場合において、行政庁が相当と認めるときは、弁明の機会の付与の手続を執ることができる。
3　行政庁が申請拒否処分をする場合において、当該理由を示さないで処分をすべき差し迫った必要があるときは、処分後相当の期間内に、当該理由を示せば足りる。
4　行政庁が申請拒否処分を書面でするときは、当該処分の理由を書面で示さなければならない。
5　公にされた標準処理期間を徒過しても、行政庁が申請に対し何らの処分がなされない場合は、申請拒否処分がなされたとみなされる。

問題 12　行政手続法における聴聞の参加人に関する次のア～オの記述のうち、正しいものの組合せはどれか。

ア　聴聞の主宰者は、当事者以外の者であって当該不利益処分の根拠となる法令に照らし当該不利益処分につき利害関係を有するものと認められる者から求めがあったときは、当該聴聞に関する手続に参加することを許可しなければならない。
イ　聴聞の主宰者は、当事者以外の者であって当該不利益処分の根拠となる法令に照らし当該不利益処分につき利害関係を有するものと認められる者に対し、当該聴聞に関する手続に参加することを求めることができる。
ウ　聴聞の参加人が聴聞の期日への出頭に代えて主宰者に対し陳述書や証拠書類等を提出するには、主宰者の許可を得る必要がある。
エ　聴聞の参加人が聴聞の期日において行政庁の職員に対し質問を発するには、主宰者の許可を得る必要はない。
オ　聴聞の主宰者は、聴聞の期日において必要があると認めるときは、参加人に対し質問を発し、意見の陳述や証拠書類等の提出を促すことができる。

1　ア・ウ
2　ア・エ
3　イ・エ
4　イ・オ
5　ウ・オ

問題 13　行政手続法の目的に関する次の記述のうち、妥当なものはどれか。

1　行政手続法は、国民の権利利益の救済を図るとともに、行政の適正な運営を確保することを目的とする。
2　行政手続法は、行政機関等の事務および事業の適正かつ円滑な運営を図り、個人の権利利益を保護することを目的とする。
3　行政手続法は、国民に対し、公務の民主的かつ能率的な運営を保障することを目的とする。
4　行政手続法は、政府の諸活動について国民に説明する責務が全うされるようにすることを主たる目的とする。
5　行政手続法は、行政運営における公正の確保と透明性の向上を図り、もって国民の権利利益の保護に資することを目的とする。

問題 14　行政不服審査法の定める教示に関する次の記述のうち、妥当なものはどれか。

1　行政庁は、審査請求をすることができる処分を書面でするときは、審査請求書に記載すべき事項を書面で教示しなければならない。
2　行政庁は、審査請求をすることができる処分を口頭でするときは、口頭で教示をしなければならない。
3　行政庁は、利害関係人から書面による教示を求められたときでも、口頭で教示をすることができる。
4　審査請求をすることができる処分について、処分庁が審査請求をすることができる旨を教示しなかった場合には、当該処分について不服がある者は、当該処分庁に不服申立書を提出することができる。
5　審査請求をすることができる処分について、処分庁が誤って審査請求をすべき行政庁でない行政庁を審査請求をすべき行政庁として教示した場合において、その教示された行政庁に書面で審査請求がされたときは、当該行政庁は、速やかに、審査請求人に対して審査請求書を返戻しなければならない。

問題 15　行政不服審査法の定める処分についての審査請求の審理手続に関する次の記述のうち、妥当なものはどれか。

1　審査庁となるべき行政庁は、審査請求がその事務所に到達してから裁決をするまでに通常要すべき標準的な期間を定めなければならない。
2　処分についての審査請求書には、審査請求に係る処分（当該処分について再調査の請求についての決定を経たときは、当該決定）があったことを知った年月日を記載しなければならない。
3　共同審査請求人の総代は、各自、他の共同審査請求人のために、審査請求の取下げをすることができる。
4　審査請求人の代理人は、審理員の許可を得た場合に限り、審査請求人に代わって審査請求の取下げをすることができる。
5　審査庁は、審査請求が不適法であって補正できるものであるときでも、その補正を求めることなく、直ちに審査請求を却下する裁決をすることができる。

問題 16　行政不服審査法の定める審査請求の裁決に関する次の記述のうち、妥当でないものはどれか。

1　審理員は、審理手続を終結したときは、遅滞なく、審査庁がすべき裁決に関する意見書を作成し、速やかに、これを事件記録とともに、審査庁に提出しなければならない。
2　審査庁は、行政不服審査会への諮問をした場合に、その諮問に対する答申を受けたときは、遅滞なく、裁決をしなければならない。
3　処分（事実上の行為を除く。）についての審査請求に理由がある場合には、処分庁の上級行政庁または処分庁である審査庁は、裁決で、当該処分の全部もしくは一部を取り消し、またはこれを変更する。
4　法令に基づく申請を却下した処分についての審査請求に理由がある場合に、処分庁の上級行政庁または処分庁のいずれでもない審査庁は、当該申請に対して一定の処分をすべきものと認めるときは、裁決で、当該処分庁に対し、当該処分をすべき旨を命ずる。
5　不作為についての審査請求に理由がある場合に、不作為庁である審査庁は、当該申請に対して一定の処分をすべきものと認めるときは、裁決で、みずから当該処分をする。

問題 17　通知の処分性に関する次のア～エの記述のうち、最高裁判所の判例に照らし、妥当でないものの組合せはどれか。なお、個別法令については裁判時のものとする。

ア　食品等を輸入しようとする者が検疫所長から食品衛生法に違反する旨の通知を受けたときは、検疫所長から食品等輸入届出済証の交付を受けることができなくなるが、当該通知は、法令に根拠を置くものではなく、当該者の採るべき措置を事実上指導するものにすぎず、当該者は、科学的な検査結果等をもって同法違反がないことを証明し、輸入に関する検査または条件の具備についての税関長の確認を得ることができるのであるから、当該通知は、抗告訴訟の対象となる行政処分に当たらない。

イ　市営の老人福祉施設の民間事業への移管にあたり、その資産の譲渡先としてその運営を引き継ぐ事業者の選考のための公募において、提案書を提出してこれに応募した者が同市長から提案について決定に至らなかった旨の通知を受けた場合、同市長がした通知は、同市が、契約の相手方となる事業者を選考するための手法として法令の定めに基づかずに行った事業者の募集に応募した者に対し、その者を相手方として当該契約を締結しないこととした事実を告知するものにすぎないから、抗告訴訟の対象となる行政処分に当たらない。

ウ　土壌汚染対策法に基づく有害物質使用特定施設の使用が廃止された旨の通知は、通知を受けた土地の所有者等に調査および報告の義務を生じさせ、その法的地位に直接的な影響を及ぼすものであり、また、実効的な権利救済を図るという観点から見ても、当該通知がされた段階で、これを対象とする取消訴訟の提起が制限されるべき理由はなく、抗告訴訟の対象となる行政処分に当たる。

エ　外国から書籍を輸入しようとする者に対して、税関長が行うところの当該書籍が輸入禁制品に該当する旨の通知は、単なる事実の通知であるから、抗告訴訟の対象となる行政処分に当たらない。

1　ア・イ
2　ア・ウ
3　ア・エ
4　イ・ウ
5　イ・エ

問題 18　行政事件訴訟法の定める執行停止に関する次の記述のうち、妥当なものはどれか。

1　裁判所は、処分の取消しの訴えの提起があった場合に、重大な損害を避けるため緊急の必要があるときは、申立てによりまたは職権で、執行停止の決定をすることができる。
2　処分の執行または手続の続行の停止は、処分の効力の停止によって目的を達することができる場合には、することができない。
3　裁判所は、執行停止の申立てがあったときは、口頭弁論を経なければ、執行停止の決定をすることができない。
4　執行停止の申立てに対する決定に対しては、その決定の執行を停止する効力を有する即時抗告をすることができる。
5　裁判所は、執行停止の決定が確定した後に、その理由が消滅したときは、相手方の申立てにより、決定をもって、執行停止の決定を取り消すことができる。

問題 19　行政事件訴訟法の定める無効等確認の訴えに関する次のア～オの記述のうち、妥当でないものの組合せはどれか。

ア　無効等確認の訴えとは、処分もしくは裁決の存否またはその効力の有無の確認を求める訴訟をいう。
イ　無効等確認の訴えについては、取消訴訟における出訴期間の規定が準用されている。
ウ　納税者は、課税処分にかかる税金を納付していないために滞納処分を受けるおそれがあるときでも、課税処分の無効確認を求める訴えを提起することはできない。
エ　処分の無効確認を求める訴えを提起するための要件の１つである「現在の法律関係に関する訴えによって目的を達することができない」場合とは、処分の無効を前提とする当事者訴訟または民事訴訟との比較において、処分の無効確認を求める訴えの方がより直截的で適切な争訟形態であるとみるべき場合をも意味する。
オ　無効等確認の訴えについては、取消訴訟における執行停止の規定が準用されている。

1　ア・エ
2　ア・オ
3　イ・ウ
4　イ・オ
5　ウ・エ

問題 20　国家賠償法２条１項は、「道路、河川その他の公の営造物の設置又は管理に瑕疵があつたために他人に損害を生じたときは、国又は公共団体は、これを賠償する責に任ずる。」としている。この規定に関する次の記述のうち、妥当なものはどれか。

1　「公の営造物」の管理者とは、営造物について法律上の管理権ないしは所有権、賃借権などの権原を有している者のことであり、営造物について事実上の管理をしているにすぎない公共団体は含まれない。

2　「公の営造物」の設置または管理の瑕疵に基づく国および公共団体の賠償責任は、過失の存在を必要としないものであり、不可抗力によるときや回避可能性がなかったときでも免れることはできない。

3　「公の営造物」とは、国または公共団体によって公の目的に供用されている不動産のことであり、公用自動車などの動産は含まれない。

4　「公の営造物」の設置または管理の瑕疵があったとみられるかどうかは、その営造物の構造、用法、場所的環境および利用状況などの諸般の事情を総合考慮して具体的個別的に判断すべきである。

5　「公の営造物」の通常の用法に即しない行動によって事故が生じた場合に、その行動が設置管理者において通常予測できないものであるときでも、その事故は営造物の設置または管理の瑕疵によるものというべきである。

問題 21　次の文章は、ある最高裁判所判決の一節である。文中の空欄 ア ～ ウ に当てはまる語句の組合せはどれか。

「都道府県による３号* 措置に基づき社会福祉法人の設置運営する児童養護施設に入所した児童に対する当該施設の職員等による養育監護行為は、都道府県の ア の行使に当たる公務員の職務行為と解するのが相当である。……

国家賠償法１条１項は、国又は公共団体の ア の行使に当たる公務員が、その職務を行うについて、故意又は イ によって違法に他人に損害を与えた場合には、国又は公共団体がその被害者に対して賠償の責めに任ずることとし、公務員個人は民事上の損害賠償責任を負わないこととしたものと解される……。この趣旨からすれば、国又は公共団体以外の者の被用者が第三者に損害を加えた場合であっても、当該被用者の行為が国又は公共団体の ア の行使に当たるとして国又は公共団体が被害者に対して同項に基づく損害賠償責任を負う場合には、被用者個人が民法 709 条に基づく損害賠償責任を負わないのみならず、 ウ も同法 715 条に基づく損害賠償責任を負わないと解するのが相当である。

これを本件についてみるに、３号措置に基づき入所した児童に対するＡ学園の職員等による養育監護行為が被告県の ア の行使に当たり、本件職員の養育監護上の イ によって原告が被った損害につき被告県が国家賠償法１条１項に基づく損害賠償責任を負うことは前記判示のとおりであるから、本件職員の ウ である被告（社会福祉法人）は、原告に対し、民法 715 条に基づく損害賠償責任を負わないというべきである。」

（最一小判平成 19 年１月 25 日民集 61 巻１号１頁）

（注）＊　児童福祉法第 27 条第１項第３号のこと。

	ア	イ	ウ
1	公権力	重大な過失	使用者
2	有形力	重大な過失	雇用者
3	公権力	過失	使用者
4	有形力	過失	使用者
5	公権力	過失	雇用者

問題 22　地方自治法の定める普通地方公共団体の執行機関に関する次のア～オの記述のうち、妥当なものの組合せはどれか。

ア　普通地方公共団体にその執行機関として普通地方公共団体の長のほか、法律の定めるところにより、委員会または委員を置く。
イ　副知事については、条例で置かないとすることはできないのに対し、副市町村長については、条例で置かないとすることができる。
ウ　会計管理者は、普通地方公共団体の長が、議会の同意を得て選任する。
エ　議会が成立しないことから、普通地方公共団体の長が専決処分をしたときは、次の会議において議会に報告する必要があるが、議会の承認を求める必要はない。
オ　監査委員については、条例で議員のうちから選任しないとすることもできる。

1　ア・ウ
2　ア・オ
3　イ・エ
4　イ・オ
5　ウ・エ

問題 23　指定都市に設けられる総合区に関する次のア～オの記述のうち、地方自治法の規定に照らし、妥当でないものの組合せはどれか。

ア　総合区には、その事務所の長として総合区長が置かれる。総合区長は、住民による解職請求の対象となる。
イ　総合区長は、市長が議会の同意を得てこれを選任する。この議会の同意は、長による専決処分の対象となる。
ウ　総合区長の任期は、4年とする。市長は、任期中にこれを解職することはできない。
エ　総合区長は、歳入歳出予算のうち総合区長が執行する事務に係る部分に関し必要があると認めるときは、市長に対し意見を述べることができる。
オ　総合区長は、総合区の事務所の職員のうち、指定都市の規則で定める主要な職員を任免するときは、あらかじめ、市長の同意を得なければならない。

1　ア・エ
2　ア・オ
3　イ・ウ
4　イ・オ
5　ウ・エ

問題 24　地方自治法の定める地方公共団体の財務に関する次のア～オの記述のうち、正しいものの組合せはどれか。

ア　市町村長は、予算の送付を受けた場合において、再議その他の措置を講ずる必要がないと認めるときは、直ちにこれを都道府県知事に報告し、かつ、その要領を住民に公表しなければならない。
イ　歳入歳出予算に予備費が計上される場合には、その予備費は、議会の否決した費途にも充てることができる。
ウ　普通地方公共団体の長は、政令で定める基準に従って予算の執行に関する手続を定め、これに従って予算を執行しなければならない。
エ　普通地方公共団体に対する権利は、金銭の給付を目的とするものであっても、時効に関し地方自治法以外の法律に特別の定めがある場合を除くほか、時効により消滅することはない。
オ　金銭の給付を目的とする普通地方公共団体の権利の時効による消滅については、法律に特別の定めがある場合を除くほか、時効の援用を要せず、またその利益を放棄することができないものとする。

1　ア・イ
2　ア・エ
3　イ・ウ
4　ウ・オ
5　エ・オ

問題 25　国家行政組織法に関する次のア～オの記述のうち、妥当なものの組合せはどれか。

ア　行政組織のため置かれる国の行政機関は、省、委員会および庁とする。その設置および廃止は、別に法律の定めるところによる。
イ　省は、内閣の統轄の下に行政事務をつかさどる機関として置かれる。委員会および庁は、省の内部部局として置かれる。
ウ　各省の長は、大臣とする。委員会および庁の長は、長官とする。
エ　各省の大臣は、各省の事務を統括し、職員の服務について、これを統督する。
オ　省には、その所掌事務を遂行するため、官房および部が置かれる。官房または部には、特に必要がある場合には、局を置くことができる。

1　ア・エ
2　ア・オ
3　イ・ウ
4　イ・エ
5　ウ・オ

問題 26　行政手続に関する次のア～エの記述のうち、最高裁判所の判例に照らし、妥当でないものの組合せはどれか。

ア　運輸審議会の認定判断を左右するに足る意見および資料を追加提出し得る可能性があったとは認められない事情の下においては、運輸審議会の審理における不備は、結局において公聴会審理を要求する道路運送法の趣旨に反する重大な違法とするに足りず、その審理の結果に基づく運輸審議会の決定（答申）自体に瑕疵があるということはできない。

イ　旅券法が一般旅券発給拒否通知書に拒否の理由を付記すべきものとしているのは、拒否事由の有無についての外務大臣の判断の慎重と公正妥当を担保してその恣意を抑制するとともに、拒否の理由を申請者に知らせることによって、その不服申立てに便宜を与える趣旨に出たものというべきであるから、単に発給拒否の根拠規定を示すだけでは、それによって当該規定の適用の基礎となった事実関係をも当然知りうるような場合は別として、旅券法の要求する理由付記として十分でないといわなければならない。

ウ　逃亡犯罪人引渡法 14 条１項に基づく逃亡犯罪人の引渡命令は、東京高等裁判所において意見陳述の機会や証人尋問等の機会を与えて引渡しの可否に係る司法審査を経てなされる決定を受けて法務大臣が発するものであるが、その際に改めて弁明の機会を与えないことは、手続保障に欠けるものといわなければならない。

エ　建築士法による一級建築士に対する懲戒処分については、処分基準が定められているところ、当該処分の根拠である建築士法の法条およびその法条の要件に該当する具体的な事実関係を明らかにすることで、行政手続法 14 条１項本文が理由の提示を要求している趣旨を十分に達成できるというべきであり、更に進んで、処分基準の内容および適用関係についてまで明らかにすることを要するとはいえない。

1　ア・イ
2　ア・エ
3　イ・ウ
4　イ・エ
5　ウ・エ

問題 27　権利能力なき社団に関する次の記述のうち、判例に照らし、妥当でないものはどれか。

1　権利能力なき社団といいうるためには、団体としての組織をそなえ、そこには多数決の原則が行なわれ、構成員の変更にもかかわらず団体そのものが存続し、その組織によって代表の方法、総会の運営、財産の管理その他団体としての主要な点が確定しているものでなければならない。

2　権利能力なき社団の資産は、社団の構成員全員に総有的に帰属しているのであって、社団自身が私法上の権利義務の主体となることはない。

3　権利能力なき社団の代表者が社団の名においてした取引上の債務は、社団の構成員全員に、一個の義務として総有的に帰属するとともに、社団の総有財産だけがその責任財産となり、構成員各自は、取引の相手方に対し、直接には個人的債務ないし責任を負わない。

4　権利能力なき社団の構成員が社団から脱退したときは、社団において財産の処分に関する定めがなくても、その元構成員は、社団の財産に関して共有の持分権または分割請求権を有するものと解すべきである。

5　権利能力なき社団の資産たる不動産については、社団の代表者が、社団の構成員全員の受託者たる地位において、個人の名義で所有権の登記をすることができるが、社団の代表者である旨の肩書を付した代表者個人名義の登記をすることは許されない。

問題 28　代理に関する次のア～オの記述のうち、民法の規定に照らし、妥当なものの組合せはどれか。

ア　相手方が代理人に対してした意思表示の効力が意思表示を受けた者がある事情を知っていたことまたは知らなかったことにつき過失があったことによって影響を受けるべき場合には、その事実の有無は、本人について決するものとする。
イ　制限行為能力者が代理人としてした行為は、他の制限行為能力者の法定代理人としてした場合を除き、行為能力の制限によって取り消すことはできない。
ウ　同一の法律行為について、当事者双方の代理人としてした行為は、あらかじめ本人の許諾があったとしても、無権代理行為とみなされる。
エ　代理人が本人のためにすることを示さないでした意思表示は、それが本人のためにするものであることを相手方が知ることができたとしても、本人に対してその効力を生じない。
オ　代理人が自己または第三者の利益を図る目的で代理権の範囲内の行為をした場合において、相手方がその目的を知り、または知ることができたときは、その行為は、無権代理行為とみなされる。

1　ア・ウ
2　ア・エ
3　イ・エ
4　イ・オ
5　ウ・オ

問題 29　占有権に関する次の記述のうち、民法の規定および判例に照らし、妥当なものはどれか。

1　ＡがＢに甲動産を占有させていた場合において、Ｂが甲動産を自己のものであるとしてＣに売り渡してその所持を失ったとしても、Ａは、占有権を失わない。
2　ＡがＢから甲動産を詐取し、これをＣに売り渡した場合において、Ｃが詐取の事実を知っていたときは、Ｂは、Ｃに対して占有回収の訴えによって甲動産の返還を請求することができる。
3　ＡがＢから甲動産を借りている場合において、Ｃによってその占有を妨害されたときは、Ａは、占有保持の訴えにより、その妨害の停止を請求することができるが、損害の賠償を請求することはできない。
4　ＡがＢから甲動産を借りている場合において、Ｃによってその占有を妨害されるおそれがあるときは、Ａは、占有保全の訴えにより、その妨害の予防または損害賠償の担保のいずれかを請求することができる。
5　ＡがＢに甲動産を占有させていた場合において、ＡがＢに対し所有権に基づいて甲動産の引渡しを請求した。Ｂが自己の所有物であると主張してその引渡しを拒んだとしても、Ａは、占有権を失わない。

問題 30　地役権に関する次の記述のうち、民法の規定および判例に照らし、妥当なものはどれか。

1　地役権は、他人の土地（承役地）を自己の土地（要役地）の便益に供する権利であり、これを設定するときは、存続期間を定めなければならない。
2　地役権は、地代を要素とするものであり、無償の地役権を設定することはできない。
3　地役権は、要役地から分離して譲り渡し、または他の権利の目的とすることができる。
4　通行地役権の登記を備えないうちに承役地が譲渡されたときは、その譲渡の時に、承役地が要役地の所有者によって継続的に通路として使用されていることが客観的に明らかで、そのことを譲受人が認識できたとしても、要役地の所有者は、原則として登記がなければ譲受人に対して通行地役権を対抗することはできない。
5　通行地役権を時効により取得するためには、承役地となる土地の上に通路を開設することを要し、その開設は要役地の所有者によってなされることを要する。

問題31　債権の消滅に関する次の記述のうち、民法の規定に照らし、妥当なものはどれか。

1　債務者が債権者との間で、債務者の負担した給付に代えて他の給付をすることにより債務を消滅させる旨の契約をしたときは、従前の債務が消滅するとともに、新たな債務が発生する。
2　債権者が債務者に対して債務を免除する意思を表示したときでも、債務者の同意がなければ、その債権は消滅しない。
3　債務者が従前の債務に代えて、新たな債務であって従前の給付の内容について重要な変更をするものを発生させる意思を表示したときは、債権者との合意がなくても、従前の債務は消滅する。
4　弁済者が自己に過失なく債権者を確知することができないときは、債権者のために弁済の目的物を供託することができる。この場合においては、弁済者が供託をした時に、その債権は消滅する。
5　債権が第三者の権利の目的である場合でも、債権および債務が同一人に帰属したときは、その債権は消滅する。

問題 32　定型約款に関する次のア～オの記述のうち、民法の規定に照らし、妥当なものの組合せはどれか。

ア　ある特定の者が不特定多数の者を相手方として行う取引であって、その内容の全部または一部が画一的であることがその双方にとって合理的なものを定型取引といい、定型取引において契約の内容とすることを目的としてその特定の者により準備された条項の総体を定型約款という。

イ　定型取引を行うことの合意をした者は、定型約款を契約の内容とする旨の合意をしたときは、定型取引の特質に照らして信義則に反して相手方の利益を一方的に害すると認められる内容の条項についても、合意をしたものとみなされる。

ウ　定型約款を準備した者は、定型取引合意の後相当の期間内に相手方から請求があった場合には、すでに相手方に対して定型約款を記載した電磁的記録を提供していたときでも、遅滞なく、相当な方法でその定型約款の内容を示さなければならない。

エ　定型約款を準備した者が、定型取引合意の前において、相手方からの定型約款の内容の表示の請求を拒んだときは、一時的な通信障害が発生した場合その他正当な事由がある場合を除き、定型約款の個別の条項について合意をしたものとはみなされない。

オ　定型約款を準備した者は、定型約款の変更が相手方の一般の利益に適合するときでも、一方的に定型約款の変更をすることにより個別に相手方と合意をすることなく契約の内容を変更することはできない。

1　ア・ウ
2　ア・エ
3　イ・エ
4　イ・オ
5　ウ・オ

問題 33　ＡＢ間において、Ａの所有する土地の上にＢが建物を建築する旨の請負契約（以下、「本件契約」という。）が締結された場合に関する次の記述のうち、民法の規定に照らし、妥当なものはどれか。

1　建物が完成した後は、Ａは、その引渡しを受けていないことを理由としてＢに対して報酬の支払を拒むことはできない。
2　建物が完成する前に、本件契約が解除された場合には、Ｂが既にした仕事の結果によってＡが利益を受けるときでも、Ｂは、その利益の割合に応じて報酬を請求することはできない。
3　建物が完成する前に、ＡがＢに対して損害を賠償して本件契約を解除するためには、その理由を示す必要がある。
4　建物が完成する前に、ＡまたはＢが死亡したときは、本件契約は終了する。
5　Ｂが品質に関して契約の内容に適合しない建物をＡに引き渡した場合に、Ｂがその不適合を知らなかったことについて重大な過失がないときは、Ａは、その不適合を知った時から１年以内にＢに通知しなければ、その不適合を理由として履行の追完の請求をすることはできない。

問題 34　不法行為に関する次の記述のうち、民法の規定および判例に照らし、妥当なものはどれか。

1　土地の工作物の設置または保存に瑕疵があることによって他人に損害を生じたとしても、その工作物の占有者および所有者は、損害の発生を防止するのに必要な注意をしたときは、被害者に対してその損害を賠償する責任を負わない。
2　注文者は、その注文または指図について過失がなかったとしても、請負人がその仕事について第三者に加えた損害を賠償する責任を負う。
3　ある事業のために他人を使用する者は、被用者がその事業の執行について第三者に加えた損害を賠償する責任を負うが、被用者がその第三者に対してその損害を賠償したときは、被用者から使用者に対して求償（逆求償）をすることは認められない。
4　未成年者が自己の行為の責任を弁識するに足りる知能を備えていなかったときは、その未成年者を監督する法定の義務を負う者は、その義務を怠らなかったとしても、未成年者が第三者に加えた損害を賠償する責任を負う。
5　数人が共同の不法行為によって他人に損害を加えたときは、各自が連帯してその損害を賠償する責任を負う。共同行為者のうちいずれの者がその損害を加えたかを知ることができないときも、同様とする。

問題 35　遺留分侵害額請求に関する次のア～オの記述のうち、民法の規定に照らし、妥当なものの組合せはどれか。

ア　遺留分権利者は、遺産の分割の方法の指定として特定の財産を共同相続人の一人に承継させる旨の遺言により財産を承継した者に対しては、遺留分侵害額請求をすることができない。
イ　遺留分侵害額請求を受けた受贈者が複数ある場合においてその贈与が同時にされたものであるときは、遺言に別段の意思が表示されていた場合を除き、受贈者がその目的の価額の割合に応じて遺留分侵害額を負担する。
ウ　遺留分侵害額請求を受けた受贈者は、遺留分権利者の承継した被相続人の債務について弁済をしたときは、消滅した債務の額の限度において、遺留分権利者に対する意思表示によって、遺留分侵害額を負担する債務を消滅させることができる。
エ　遺留分侵害額請求を受けた受贈者が複数ある場合において、受贈者の１人の無資力によって生じた損失は、他の受贈者の負担に帰する。
オ　遺留分侵害額請求権は、遺留分を侵害する贈与または遺贈があった時から２年を経過したときは、消滅する。

1　ア・エ
2　ア・オ
3　イ・ウ
4　イ・エ
5　ウ・オ

問題 36　商法における商人に関する次の記述のうち、妥当なものはどれか。

1　商人とは、自己または他人の名をもって商行為をすることを業とする者をいう。
2　店舗によって物品を販売することを業とする者であっても、商行為を行うことを業としないときは、商人とはみなされない。
3　同種の業務を反復継続して行っている者であれば、営利の目的がなくても、商人となる。
4　会社法上の会社であっても、設立の登記をしただけでは、商人には当たらない。
5　未成年者がみずから商人として営業を行うときは、その旨の登記をしなければならない。

問題 37　創立総会に関する次のア～オの記述のうち、会社法の規定に照らし、妥当でないものの組合せはどれか。

ア　公証人の認証を受けた定款は、創立総会の決議によって変更することができる。
イ　設立時株主は、必要があると認めるときは、いつでも、創立総会を招集することができる。
ウ　設立時取締役の選任は、創立総会において議決権を行使することができる設立時株主の議決権の過半数であって、出席した当該設立時株主の議決権の過半数を要件とする創立総会の決議によって行わなければならない。
エ　創立総会において、現物出資に関する定款所定の事項を変更する決議をした場合には、当該創立総会においてその変更に反対した設立時株主は、当該決議後２週間以内に限り、その設立時発行株式の引受けに係る意思表示を取り消すことができる。
オ　設立時監査役の解任は、株式会社の成立の時までの間、創立総会の決議によって行うことができる。

1　ア・エ
2　ア・オ
3　イ・ウ
4　イ・エ
5　ウ・オ

問題 38　株式の譲渡に関する次の記述のうち、会社法の規定に照らし、妥当でないものはどれか。

1　出資の履行をすることにより募集株式の株主となる権利の譲渡は、株式会社に対抗することができない。
2　株券の発行前にした株式の譲渡は、株券発行会社に対し、その効力を生じない。
3　株式の譲渡は、その株式を取得した者の氏名または名称および住所を株主名簿に記載し、または記録しなければ、株式会社（株券発行会社においては、株式会社その他の第三者）に対抗することができない。
4　子会社は、他の会社の事業の全部を譲り受けるときは、当該他の会社の有する親会社株式を譲り受けることができるが、その場合でも、相当の時期に当該株式を処分しなければならない。
5　株式会社は、発行する全部の株式の内容として、譲渡による当該株式の取得について会社の承認を要する旨を定款に定めることができる。

問題 39　監査役設置会社における監査役に関する次のア～オの記述のうち、会社法の規定に照らし、妥当でないものの組合せはどれか。なお、監査役の監査の範囲を会計に関するものに限定する旨の定款の定めがある場合については考慮しないものとする。

ア　監査役会設置会社においては、監査役は３人以上で、かつ、その半数以上は、社外監査役でなければならない。
イ　監査役会は、監査役会を招集する取締役を定款または取締役会で定めた場合を除き、各監査役が招集する。
ウ　監査役は、いつでも、監査役設置会社の業務および財産の状況の調査をすることができる。
エ　監査役設置会社が取締役であった者に対して訴えを提起する場合には、その訴えについては、監査役が会社を代表する。
オ　監査役の報酬等は、定款にその額を定めていないときは、株主総会の特別決議によって定める。

1　ア・イ
2　ア・ウ
3　イ・オ
4　ウ・エ
5　エ・オ

問題 40 株式会社が剰余金の配当をする場合に関する次の記述のうち、会社法の規定に照らし、妥当なものはどれか。

1 株式会社は、株主総会の普通決議によって、株主に対して、当該株式会社の新株予約権を配当財産として剰余金の配当をすることができる。
2 株式会社が株主に対して金銭以外の財産を配当財産として剰余金の配当をする場合において、その株主に対して当該配当財産に代えて金銭を交付することを請求する権利を与えるときは、株主総会の特別決議によらなければならない。
3 株式会社が剰余金の配当により株主に対して交付した金銭等の帳簿価額の総額が分配可能額を超えるときは、その配当に係る議案を株主総会に提案した取締役は、当該株式会社に対して配当額に相当する金銭を支払う義務を負うが、善意の株主は、その義務を履行した取締役からの求償の請求に応ずる義務を負わない。
4 取締役会設置会社は、定款の定めがなくても、１事業年度の途中において１回に限り、取締役会の決議によって剰余金の配当（配当財産が金銭であるものに限る。）をすることができる。
5 会社法上の公開会社でない株式会社は、純資産額が 300 万円を下回る場合であっても、定款で定めることにより、剰余金の配当をすることができる。

［問題 41～問題 43 は択一式（多肢選択式）］

問題 41　次の文章の空欄 ア ～ エ に当てはまる語句を、枠内の選択肢（１～20）から選びなさい。

「憲法21条１項の保障する ア の自由は、民主主義社会における重要な基本的人権の一つとして特に尊重されなければならないものであるが、公共の福祉による必要かつ イ 的な制限を受けることがあるのはいうまでもない。そして、このような自由に対する制限が必要かつ イ 的なものとして是認されるかどうかは、制限が必要とされる程度と、制限される自由の内容及び性質、これに加えられる具体的制限の態様及び程度等を較量して決めるのが相当である……。

本件規定を含む本件規則は、金沢市長の庁舎管理権に基づき制定されているものであるところ、普通地方公共団体の庁舎（その建物の敷地を含む。以下同じ。）は、公務の用に供される過程において、住民等により利用される場面も想定され、そのことを踏まえた上で維持管理がされるべきものである。もっとも、普通地方公共団体の庁舎は、飽くまでも主に公務の用に供するための施設であって、その点において、主に一般公衆の共同使用に供するための施設である道路や公園等の施設とは異なる。

このような普通地方公共団体の庁舎の性格を踏まえ、上記……の観点から較量するに、公務の中核を担う庁舎等において、 ウ 的な対立がみられる論点について ア 等が開催され、威力又は気勢を他に示すなどして特定の政策等を訴える示威行為が行われると、金沢市長が庁舎等をそうした示威行為のための利用に供したという外形的な状況を通じて、あたかも被上告人が特定の立場の者を利しているかのような外観が生じ、これにより外見上の ウ 的中立性に疑義が生じて行政に対する住民の信頼が損なわれ、ひいては公務の円滑な遂行が確保されなくなるという支障が生じ得る。本件規定は、上記支障を生じさせないことを目的とするものであって、その目的は イ 的であり正当である。

また、上記支障は庁舎等において上記のような示威行為が行われるという状況それ自体により生じ得る以上、当該示威行為を前提とした何らかの条件の付加や被上告人による事後的な弁明等の手段により、上記支障が生じないようにすることは性質上困難である。他方で、本件規定により禁止されるのは、飽くまでも公務の用に供される庁舎等において所定の示威行為を行うことに エ されているのであって、他の場所、特に、 ア 等の用に供することが本来の目的に含まれている公の施設（地方自治法 244 条１項、２項参照）等を利用することまで妨げられるものではないから、本件規定による ア の自由に対する制限の程度は エ 的であるといえる。」（最三小判令和５年２月 21 日民集 77 巻２号 273 頁）

1	学問	2	生物	3	消極	4	政治
5	言論	6	信教	7	合理	8	討論
9	違憲	10	戸籍	11	合憲	12	拡大
13	限定	14	営業	15	感情	16	集会
17	積極	18	表現	19	報道	20	抽象

問題42 次の文章は、ある最高裁判所判決の一節である。空欄［ア］～［エ］に当てはまる語句を、枠内の選択肢（１～20）から選びなさい。

「本件改正条例は、旧高根町が営む簡易水道事業の水道料金を一般的に改定するものであって、そもそも限られた特定の者に対してのみ適用されるものではなく、本件改正条例の制定行為をもって行政庁が法の執行として行う処分と実質的に同視することはできないから、本件改正条例の制定行為は、［ア］の対象となる行政処分には当たらないというべきである。……（中略）……。

……普通地方公共団体が経営する簡易水道事業の施設は地方自治法 244 条１項所定の［イ］に該当するところ、同条３項は、普通地方公共団体は［ウ］が［イ］を利用することについて不当な［エ］をしてはならない旨規定している。ところで、普通地方公共団体が設置する［イ］を利用する者の中には、当該普通地方公共団体の［ウ］ではないが、その区域内に事務所、事業所、家屋敷、寮等を有し、その普通地方公共団体に対し地方税を納付する義務を負う者など［ウ］に準ずる地位にある者が存在することは当然に想定されるところである。そして、同項が憲法 14 条１項が保障する法の下の平等の原則を［イ］の利用関係につき具体的に規定したものであることを考えれば、上記のような［ウ］に準ずる地位にある者による［イ］の利用関係に地方自治法244条３項の規律が及ばないと解するのは相当でなく、これらの者が［イ］を利用することについて、当該［イ］の性質やこれらの者と当該普通地方公共団体との結び付きの程度等に照らし合理的な理由なく［エ］をすることは、同項に違反するものというべきである。」

（最二小判平成 18 年７月 14 日民集 60 巻６号 2369 頁以下）

1	権限不行使	2	当事者訴訟	3	高齢者	4	機関訴訟
5	児童	6	差別的取扱い	7	公の施設	8	国民
9	客観訴訟	10	福祉施設	11	関与	12	権限濫用
13	営造物	14	民衆訴訟	15	民事訴訟	16	抗告訴訟
17	公共	18	住民	19	行政指導	20	公共用物

問題 43　訴えの利益に関する２つの判例についての次の文章の空欄［ア］～［エ］に当てはまる語句を、枠内の選択肢（１～20）から選びなさい。

最高裁平成５年９月 10 日第二小法廷判決は、市街化区域において、「開発許可の存在は、違反是正命令を発する上において［ア］となるものではなく、また、たとえ開発許可が違法であるとして判決で取り消されたとしても、違反是正命令を発すべき法的拘束力を生ずるものでもないというべきである。そうすると、開発行為に関する工事が完了し、検査済証の交付もされた後においては、開発許可が有する前記のようなその［イ］は既に消滅しており、他にその取消しを求める法律上の利益を基礎付ける理由も存しないことになるから、開発許可の取消しを求める訴えは、その利益を欠くに至るものといわざるを得ない。」としている。

これに対し、最高裁平成 27 年 12 月 14 日第一小法廷判決は、「［ウ］区域においては、開発許可がされ、その効力を前提とする検査済証が交付されて工事完了公告がされることにより、予定建築物等の建築等が可能となるという法的効果が生ずるものということができる。したがって、［ウ］区域内にある土地を開発区域とする開発行為ひいては当該開発行為に係る予定建築物等の建築等が制限されるべきであるとして開発許可の取消しを求める者は、当該開発行為に関する工事が完了し、当該工事の検査済証が交付された後においても、当該開発許可の取消しによって、その効力を前提とする上記予定建築物等の建築等が可能となるという法的効果を排除することができる。以上によれば、［ウ］区域内にある土地を開発区域とする開発許可に関する工事が完了し、当該工事の検査済証が交付された後においても、当該開発許可の取消しを求める［エ］は失われない」としている。

1	事実上の利益	2	事実上の障害	3	将来の目的	4	将来の効果
5	緊急の必要性	6	法的障害	7	公園予定	8	本来の目的
9	当事者能力	10	公的障害	11	土砂災害警戒	12	市街化調整
13	自然の効果	14	造成宅地防災	15	訴えの利益	16	精神的障害
17	本来の効果	18	都市計画	19	原告適格	20	事実上の妨害

［問題 44～問題 46 は記述式］（解答は、必ず答案用紙裏面の解答欄（マス目）に記述すること。なお、字数には、句読点も含む。）

問題 44　以下に引用する道路法 32 条 1 項に基づく道路の占用の許可は、行政法学上、行政行為の 1 類型に当たるとされる。その類型は、どのような名称で呼ばれ、どのような内容のものと説明されているか。40 字程度で記述しなさい。

（参照条文）
道路法
第 32 条第 1 項
　道路に次の各号のいずれかに掲げる工作物、物件又は施設を設け、継続して道路を使用しようとする場合においては、道路管理者の許可を受けなければならない。
一　電柱、電線、変圧塔、郵便差出箱、公衆電話所、広告塔その他これらに類する工作物
二　水管、下水道管、ガス管その他これらに類する物件
三　鉄道、軌道、自動運行補助施設その他これらに類する施設
四　歩廊、雪よけその他これらに類する施設
五　地下街、地下室、通路、浄化槽その他これらに類する施設
六　露店、商品置場その他これらに類する施設
七　前各号に掲げるもののほか、道路の構造又は交通に支障を及ぼすおそれのある工作物、物件又は施設で政令で定めるもの

（下書用）

									10					15

問題 45　医師Ａは、足を骨折した患者Ｂに対する応急措置を担当したが、Ａのミスにより、Ｂの足の神経を損傷して後遺障害を残してしまった。この場合、Ａが医師としての契約上の義務を尽くさなかったことに基づくＢのＡに対する損害賠償請求権は、Ｂがいつの時点から何年間行使しないときに消滅するかについて、民法が規定する２つの場合を、「Ｂが損害賠償請求権について」に続けて、40 字程度で記述しなさい。

（下書用）

Ｂが損害賠償請求権について

									10					15

問題 46　特別養子縁組とは、実方の血族との親族関係が終了する養子縁組である。民法の規定によれば、養子となる者が 15 歳に達するまでに特別養子縁組の審判の申立て（以下、単に「申立て」という。）がなかったときは、特別養子縁組は成立しないのが原則である。もっとも、その養子となる者の同意があり、かつ、特別養子縁組の審判が確定した時点でその養子となる者が 18 歳未満であれば、特別養子縁組が成立する場合がある。それは、どのような事由がある場合か。「養子となる者が 15 歳に達する前から引き続き」に続けて、40 字程度で記述しなさい。

（下書用）

養子となる者が 15 歳に達する前から引き続き

									10					15

基礎知識 ［問題47～問題60は択一式（5肢択一式）］

問題 47 第二次世界大戦後の日本の外交に関する次の表の空欄 ア ～ オ に当てはまる語句の組合せはどれか。

1945（昭和20）年	「ポツダム宣言」の受諾
1951（昭和26）年	「 ア 平和条約」 「日米安全保障条約」
1954（昭和29）年	「日米相互防衛援助協定」
1956（昭和31）年	「 イ 共同宣言」による両国の国交回復 「国際連合」への加盟承認
1960（昭和35）年	「新日米安全保障条約」
1965（昭和40）年	「 ウ 基本条約」
1972（昭和47）年	「 エ 共同声明」による両国の国交正常化
1978（昭和53）年	「 オ 条約」

	ア	イ	ウ	エ	オ
1	サンフランシスコ	日中	日韓	日ソ	日ソ平和友好
2	ロンドン	日米	日英	日韓	日韓平和友好
3	サンフランシスコ	日米	日ソ	日韓	日韓平和友好
4	ロンドン	日ソ	日韓	日中	日中平和友好
5	サンフランシスコ	日ソ	日韓	日中	日中平和友好

問題 48　ノーベル平和賞に関する次のア～オの記述のうち、妥当なものの組合せはどれか。

ア　核兵器廃絶国際キャンペーン（ＩＣＡＮ）は、包括的核実験禁止条約（ＣＴＢＴ）の締結に向けての努力を評価されて、ノーベル平和賞を受賞した。

イ　国境なき医師団（ＭＳＦ）は、新型コロナウイルス感染症への対応を評価されて、ノーベル平和賞を受賞した。

ウ　国際原子力機関（ＩＡＥＡ）は、エルバラダイ事務局長とともに、原子力の平和的利用のための努力を評価されて、ノーベル平和賞を受賞した。

エ　気候変動に関する政府間パネル（ＩＰＣＣ）は、ビル・クリントン前アメリカ大統領（当時）とともに、人為的に起こる地球温暖化の認知を高めたことを評価されて、ノーベル平和賞を受賞した。

オ　国連世界食糧計画（ＷＦＰ）は、飢餓との闘いに尽力してきたことを評価されて、ノーベル平和賞を受賞した。

1　ア・イ
2　ア・エ
3　イ・オ
4　ウ・エ
5　ウ・オ

問題 49　地方財政に関する次のア～オの記述のうち、妥当なものの組合せはどれか。

ア　地方財政計画は、都道府県知事が作成する翌年度の地方公共団体の歳入歳出総額の見込額に関する書類である。
イ　地方譲与税は、本来は地方税に属すべき税源を、形式上いったん国税として徴収して、これを地方公共団体に対して譲与する税である。
ウ　地方交付税は、国税のうち、所得税、法人税、たばこ税および消費税のそれぞれ一定割合および地方法人税の全額を、国が地方公共団体に対して交付する税である。
エ　国庫支出金は、国と地方公共団体の経費負担区分に基づき、国が地方公共団体に対して支出する負担金、委託費、特定の施策の奨励または財政援助のための補助金等の総称である。
オ　地方債は、地方公共団体が特定事業の資金のために発行する公債であり、どのような経費にも使用できる一般財源に当たる。

1　ア・ウ
2　ア・エ
3　イ・エ
4　イ・オ
5　ウ・オ

問題 50　独占や寡占に関する次のア～オの記述のうち、妥当なものの組合せはどれか。

ア　コンツェルンとは､競争関係にある同種の企業が合併して新しい１つの企業となることをいう。
イ　カルテルとは、競争関係にある同種の企業が販売地域や価格などについて競争を回避するために協定を結ぶことをいう。
ウ　寡占市場においてプライス・リーダーが管理価格を設定した場合には、需要が減少すると価格が下がりやすくなるという傾向が認められる。
エ　公正取引委員会は､独占禁止法に違反する私的独占または不当な取引制限をした事業者に対し、当該行為を排除するために必要な措置を命ずることができる。
オ　持株会社とは、株式を所有することにより、国内の会社の事業活動を支配することを主たる事業とする会社をいい、これを設立することは禁止されている。

1　ア・ウ
2　ア・オ
3　イ・エ
4　イ・オ
5　ウ・エ

問題51　リサイクルに関する次のア～オの記述のうち、妥当でないものの組合せはどれか。

ア　食品リサイクル法＊[1]は、家庭から排出される食品廃棄物について、再生利用等を促進する仕組みを定めている。
イ　家電リサイクル法＊[2]は、家電４品目について、消費者が費用を支払い、小売業者が引き取り、製造業者が再商品化することを義務づけている。
ウ　容器包装リサイクル法＊[3]の関係省令は、小売業に属する事業を行う事業者が、商品の販売に際して、消費者がその商品の持ち運びに用いるためのプラスチック製買物袋を有料で提供することを義務づけている。
エ　プラスチック資源循環促進法＊[4]は、「プラスチック製容器包装」以外のプラスチック使用製品についても製品の設計から廃棄物の処理までのリサイクルを可能とする仕組みを定めている。
オ　小型家電リサイクル法＊[5]は、使用済み小型家電について、市町村が分別収集および再資源化を実施することを義務づけている。

（注）＊１　食品循環資源の再生利用等の促進に関する法律
＊２　特定家庭用機器再商品化法
＊３　容器包装に係る分別収集及び再商品化の促進等に関する法律
＊４　プラスチックに係る資源循環の促進等に関する法律
＊５　使用済小型電子機器等の再資源化の促進に関する法律

1　ア・イ
2　ア・オ
3　イ・エ
4　ウ・エ
5　ウ・オ

問題 52　行政書士法人に関する次の記述のうち、行政書士法の規定に照らし、妥当なものはどれか。

1　行政書士法人の社員は、行政書士でなくてもよいが、行政書士法人を設立するには、行政書士が定款を定めなければならない。

2　行政書士法人は、その設立にかかる事項を日本行政書士会連合会に届け出ることによって成立する。

3　行政書士法人は、社員の過半数の同意があれば、定款の変更をすることができる。

4　行政書士法人の社員は、定款において別段の定めがなければ、行政書士法人の業務を執行する権利を有しない。

5　行政書士法人の社員は、他の行政書士法人の社員となってはならない。

問題 53　戸籍に関する次の記述のうち、戸籍法の規定に照らし、妥当でないものはどれか。

1　戸籍に関する事務は、戸籍法に別段の定めがあるものを除き、市町村長がこれを管掌する。

2　戸籍は、正本と副本を設ける。 正本は、これを市役所または町村役場に備え、副本は、管轄法務局もしくは地方法務局またはその支局がこれを保存する。

3　戸籍に記載されている者またはその配偶者、直系尊属もしくは直系卑属は、その戸籍の謄本もしくは抄本または戸籍に記載した事項に関する証明書の交付の請求をすることができる。

4　戸籍は、その筆頭に記載した者の氏名および本籍でこれを表示する。もっとも、その者が戸籍から除かれた後は、この限りでない。

5　一戸籍内の全員をその戸籍から除いたときは、その戸籍は、これを戸籍簿から除いて別につづり、除籍簿として、これを保存する。

問題 54　住民としての地位の変更に関する届出についての次の記述のうち、住民基本台帳法の規定に照らし、妥当なものはどれか。

1　住民としての地位の変更に関する届出は、書面または口頭でこれをすることができる。
2　世帯員が住民としての地位の変更に関する届出をすることができるときは、世帯主が世帯員に代わってその届出をすることはできない。
3　新たに市町村の区域内に転入する者は、その転入をする日までに、転入をする年月日などを市町村長に届け出なければならない。
4　転居した者は、その転居をした日から 14 日以内に、転居をした年月日などを市町村長に届け出なければならない。
5　転入または転居によって、その属する世帯またはその世帯主に変更があった者は、その変更があった日から 14 日以内に、その変更があった事項などを市町村長に届け出なければならない。

問題 55　個人情報保護法* に関する次のア〜オの記述のうち、妥当なものの組合せはどれか。

ア　本人は、個人情報取扱事業者に対し、当該本人が識別される保有個人データの取扱いにより当該本人の権利または正当な利益が害されるおそれがあるという理由によっては、当該保有個人データの利用の停止または消去を請求することはできない。
イ　本人は、個人情報取扱事業者に対し、当該本人が識別される保有個人データの内容が事実でないという理由によって、当該保有個人データの内容の訂正、追加または削除を請求することができる。
ウ　本人は、個人情報取扱事業者に対し、当該本人が識別される保有個人データが外国にある第三者への提供の制限に違反して取り扱われているという理由によっては、当該保有個人データの第三者への提供の停止を請求することはできない。
エ　本人は、個人情報取扱事業者に対し、当該本人が識別される保有個人データが利用目的による制限に違反して取り扱われているという理由によって、当該保有個人データの利用の停止または消去を請求することができる。
オ　個人情報取扱事業者は、本人からの開示請求を受けて、当該本人が識別される保有個人データを開示するときでも、当該本人が請求した方法により開示する必要はない。

（注）＊　個人情報の保護に関する法律

1　ア・ウ
2　ア・エ
3　イ・エ
4　イ・オ
5　ウ・オ

問題 56　個人情報保護法* における「要配慮個人情報」に関する次の記述のうち、妥当でないものはどれか。

1　単純な国籍や、外国人という情報は、それだけでは要配慮個人情報にいう「人種」には含まれない。
2　宗教に関する書籍の購買や貸出しに関する情報は、要配慮個人情報にいう「信条」には該当しない。
3　職業的地位や、学歴は、要配慮個人情報にいう「社会的身分」に該当する。
4　要配慮個人情報にいう「病歴」とは、病気に罹患した経歴を意味するもので、特定の病歴を示した部分が該当する。
5　要配慮個人情報にいう「犯罪の経歴」とは、前科、すなわち有罪の判決を受けこれが確定した事実が該当する。

（注）＊　個人情報の保護に関する法律

問題 57　行政機関情報公開法* に関する次の記述のうち、妥当なものはどれか。

1　日本国籍を有しない者は、行政機関の長に対し、その行政機関の保有する行政文書の開示を請求することはできない。
2　行政機関の長は、開示請求に係る行政文書の一部に不開示情報が記録されている場合に、不開示情報に当たる部分を容易に区分して除くことができるときは、それを除いた部分に有意の情報が記録されていないと認めるときでも、それを除いた部分を開示しなければならない。
3　行政機関の長は、開示請求に係る行政文書に不開示情報が記録されている場合には、公益上特に必要があると認めるときでも、その行政文書を開示することはできない。
4　行政機関の長は、開示請求に係る行政文書が存在しているか否かを答えるだけで不開示情報を開示することとなるときは、その行政文書の存否を明らかにしないで開示請求を拒否することができる。
5　行政機関の長は、開示請求があった日から所定の期間内に、開示をする旨の決定または開示をしない旨の決定をしなければならず、事務処理上の困難があるからといってその期間を延長することはできない。

（注）＊　行政機関の保有する情報の公開に関する法律

問題 58　本文中の空欄 I ～ V には、それぞれア～オのいずれかの文章が入る。その組合せとして妥当なものはどれか。

理性的な人間は幾分冷静だ、分別がある。過ちを犯すことが少ない。そして礼儀を知っている。馬鹿なことはしない。けたをはずさない。

本能が弱いのではない。それをよく御しているのだ。

意馬心猿という言葉がある。人間はつい怒りとか、猜(そね)みとか、恨みとか、嫉妬とか、いろいろの激情にまきこまれやすい。理性はそういう時、その人を見守って過ちを犯させないようにする役目を果す為にある。

孔子が「君子は窮するか」と聞かれた時、「元より君子も窮する。小人は窮すれば濫す」と言った。

I
II
III
IV
V

そういう人は理性以下の人で、他人の制裁をうけてやっとどうにか悪いことをしない人間で、他人さえ気がつかなければいくらでも悪いことをして、すましていようという人間で、自分の生活、自分の生命を自分で導いてはいけない人々である。

こういう人はその時、その時の社会の大勢に支配されて、どうにかこうにか、あまり悪いこともせず生きてゆく人で、人間を進歩させたり、文明に導いたりする力のほとんどない人々である。

（出典　武者小路実篤「人生論・愛について」から）

ア　世間が怖いとか、悪口を言われるのがいやだとか、誤解を恐れるとか、他人の思惑を恐れて、したいことも出来ない人間は理性的な人物とは言えない。

イ　しかし君子はいくら窮しても自棄は起さず、理性を失わない。人間の尊厳を守ると言うのだ。

ウ　小人は理性が弱いから窮するとつい理性的でなくなり、自棄を起しやすい。

エ　むしろその活力を最も有効に生かす為に与えられているものだ。

オ　しかし理性は無意味に本能を窒息させるものではない。又生命の活力を弱めるものではない。

	I	II	III	IV	V
1	ウ	ア	エ	イ	オ
2	ウ	イ	オ	エ	ア
3	エ	ア	イ	オ	ウ
4	エ	イ	オ	ア	ウ
5	オ	ウ	イ	エ	ア

問題59　本文中の空欄［　　］に入る言葉として適当なものはどれか。

いまの社会を生きていると、いったいどういうものの見方が正しいのか分からなくなる。あなたはあなた、私は私でいいじゃないか、という相対主義の感覚が人々に受け入れられているから、お互いに迷惑をかけないかぎりは、どんな考え方をしていても、どんな価値観を持っていてもかまわないというのである。

たしかに、このような態度は、成熟した社会にふさわしいものであるだろうし、それぞれの人が自分の幸せを追求できるのだから、なにも悪いことはない。むしろ、「これこそが正しい考え方だ」と声高に押しつけてくる人々をこそ、警戒しなければならない。

しかしながら、問題はここからである。有史以来、人々は「本物の正しさ」を求めてきた。その気持ちは、今日でもまったく変わってないはずだ。

その証拠に、相対主義の考え方が蔓延したかのように見えるすべての先進国で、伝統宗教やカルト宗教がいまだ栄えているのは、彼らが「本物の正しさ」や「本物の真理」なるものを教えてくれるからだ。そして、それを求める気持ちが、多くの人々の心の中にあるからだ。

「いろんな考え方があるとはいっても、やはりどこかに本物の正しい考え方や、唯一の真理があるのではないか」という内なる声を、けっして甘く見てはいけない。そしてこの声こそが、哲学というものを立ち上げる巨大な原動力なのである。

今日における哲学の意義とは、［　　　　　　　　］というプロセスを素手で模索するところにのみあるのだと、私は考えている。

（出典　森岡正博「33個めの石」から）

1　成熟した社会では相対主義の感覚が人々に受け入れられており、真理を探究する哲学を有用と考える人は少なくなりつつあるから、相対主義を模索する
2　宗教は、相対主義の考え方が浸透している成熟社会において、人々に唯一の真理を示してくれるのであるから、宗教を唯一、本物の真理として追求する
3　唯一の真理を押しつけてくる宗教からは徹底的に距離を取りつつも、「唯一の真理なんてないのさ」という成熟社会の相対主義に何度も何度も疑問を投げかけ、どうすれば唯一の真理に近づけるのか
4　相対主義の考え方からすれば、本物の正しさというものは、存在しないのであり、ただ、自分が正しいと思える真理を追究することのできる手段があり、その手段をもって人生をかけて本当に正しい真理を追求するのだ
5　宗教が教える本物の正しさや本物の真理を手がかりとして、自分の中の唯一の真理を模索することにある

問題 60　本文中の空欄に入る文章を、ア〜オを並べ替えて作るときに、その順序として妥当なものはどれか。

自意識は、人を規範的にし、また、自己批判を強めることによって、更なる努力を促します。しかし、自意識がいつでもこうした建設的なはたらきをするわけではありません。自己否定的な気持ちが強すぎると、強い劣等感や引け目を感じ、むしろ意欲をなくしてしまうこともあります。大人から見れば、些細なことでくよくよしたり、小さな問題でひどく落ち込んだりする子がいます。容貌、容姿が人と少し違うといって悩みます。勉強ができない、スポーツが苦手といって劣等感を持ちます。

私たちには、もともと、人と自分を比較するという習性があります。［　　　　］人と比較して、自分の特徴がわかります。

いろいろな面で私たちは社会的比較をしています。その結果、人よりも劣っている点だけでなく優れている点も見つかるはずですが、既に述べたように、私たちは、劣っている点の方に意識が向かう傾向があります。優れた点を「よかった」と素直に喜ぶことができれば、劣っている点があったとしても、精神的に安定しますが、思春期にいる人たちは、劣っている点ばかりがひどく重要なことのように思います。良い点を伸ばしていこうと前向きな気持ちになれればいいのですが、時には、劣等感の方に負けて、行動が萎縮してしまうこともあります。

（出典　大渕憲一「思春期のこころ」から）

ア　走力にしても社交性にしても、絶対的基準があるわけではありません。
イ　ある子どもは、あるとき、友達と競争すると、たいてい自分が勝つことに気づいて、「自分は走るのが得意なんだ」という認識を持ちます。
ウ　専門家はこれを「社会的比較」と呼んでいます。
エ　初対面の人と友達が平気で話をしている様子を見て、「自分はこうはできないな」と一種の自己認識を形成します。
オ　自分の能力や魅力、価値などを知りたいと思うとき、私たちは周囲にいる人たちと自分を比較します。

1　イ → ア → オ → ウ → エ
2　イ → ウ → エ → ア → オ
3　ウ → ア → イ → エ → オ
4　ウ → オ → イ → エ → ア
5　エ → オ → ウ → ア → イ

2025年版出る順行政書士 当たる！直前予想模試

＜付録＞
2024年度行政書士試験
問 題

【使用方法】

1　この表紙（色紙）を残したまま問題冊子を取り外してください。

2　答案用紙（マークシート）は第1回問題冊子の前にとじてあります。
　切り取ってご使用ください。

「問題冊子」の取り外し方

①この色紙を残し、「問題冊子」だけをつかんでください。

②「問題冊子」をしっかりとつかんだまま手前に引っ張って、
　取り外してください。

「問題冊子」

※色紙と「問題冊子」は、のりで接着されていますので、丁寧に取り外してください。なお、取り外しの際の破損等による返品・交換には応じられませんのでご注意ください。

LEC東京リーガルマインド

＜付録＞ 2024年度行政書士試験

問　題

試験開始まで開いてはいけません。

（注意事項）

1　時間は３時間です。

2　解答は、別紙の答案用紙に記入してください。

3　答案用紙への記入およびマークは、次のようにしてください。

ア　択一式（５肢択一式）問題は、１から５までの答えのうち正しいと思われるものを一つ選び、マークしてください。二つ以上の解答をしたもの、判読が困難なものは誤りとなります。

イ　択一式（多肢選択式）問題は、枠内（１～20）の選択肢から空欄 ア ～ エ に当てはまる語句を選び、マークしてください。二つ以上の解答をしたもの、判読が困難なものは誤りとなります。

ウ　記述式問題は、答案用紙裏面の解答欄（マス目）に記述してください。

法令等 ［問題１～問題40は択一式（５肢択一式）］

問題１　次の文章の空欄 ア ～ オ に当てはまる語句の組合せとして、妥当なものはどれか。

「 ア 」と「 イ 」とは基本的に共通な発想に立脚する概念であるが、前者が大陸的背景のもとで何よりも ウ の国政における優位を含意するのに対し、後者は、そのイギリス的伝統に対応して、 エ としての オ をまず前提しているという点で、必ずしも同一の思想を表わしているとは言い難い。

（出典　碧海純一「新版　法哲学概論〔全訂第２版〕」1989年から＜原文の表記を一部改めた。＞）

	ア	イ	ウ	エ	オ
1	法の支配	法治国	判例法	一般意思	コモン・ロー
2	法治国	法の支配	憲法	一般意思	法律
3	法の支配	法治国	憲法	主権者	国会
4	法治国	法の支配	議会立法	判例法	コモン・ロー
5	法の支配	法治国	議会立法	最高法規	憲法

問題２　訴訟の手続の原則に関する次の記述のうち、妥当でないものはどれか。

1　民事訴訟手続において、裁判長は、口頭弁論の期日または期日外に、訴訟関係を明確にするため、事実上および法律上の事項に関し、当事者に対して問いを発し、または立証を促すことができる。

2　刑事訴訟手続において、検察官は、犯人の性格、年齢および境遇、犯罪の軽重および情状ならびに犯罪後の状況により訴追を必要としないときは、公訴を提起しないことができる。

3　非訟事件手続において、裁判所は、利害関係者の申出により非公開が相当と認める場合を除き、その手続を公開しなければならない。

4　民事訴訟手続において、裁判所は、判決をするに当たり、口頭弁論の全趣旨および証拠調べの結果をしん酌して、自由な心証により、事実についての主張を真実と認めるべきか否かを判断する。

5　刑事訴訟手続において、検察官は、起訴状には、裁判官に事件につき予断を生ぜしめる虞のある書類その他の物を添付し、またはその内容を引用してはならない。

問題３　人格権と夫婦同氏制に関する次の記述のうち、最高裁判所の判例の趣旨に照らし、妥当でないものはどれか。

1　氏名は、社会的にみれば、個人を他人から識別し特定する機能を有するものであるが、同時に、その個人からみれば、人が個人として尊重される基礎であり、その個人の人格の象徴であって、人格権の一内容を構成する。

2　氏は、婚姻及び家族に関する法制度の一部として、法律がその具体的な内容を規律しているものであるから、氏に関する人格権の内容も、憲法の趣旨を踏まえつつ定められる法制度をまって、初めて具体的に捉えられる。

3　家族は社会の自然かつ基礎的な集団単位であるから、氏をその個人の属する集団を想起させるものとして一つに定めることにも合理性があり、また氏が身分関係の変動に伴って改められることがあり得ることは、その性質上予定されている。

4　現行の法制度の下における氏の性質等に鑑みると、婚姻の際に「氏の変更を強制されない自由」が憲法上の権利として保障される人格権の一内容であるとはいえない。

5　婚姻前に築いた個人の信用、評価、名誉感情等を婚姻後も維持する利益等は、憲法上保障される人格権の一内容とはいえず、当該利益を婚姻及び家族に関する法制度の在り方を検討する際に考慮するか否かは、専ら立法裁量の問題である。

問題４　インターネット上の検索サービスにおいて、ある人物Ｘの名前で検索をすると、Ｘの過去の逮捕歴に関する記事等が表示される。Ｘは、この検索事業者に対して、検索結果であるＵＲＬ等の情報の削除を求める訴えを提起した。これに関する次の記述のうち、最高裁判所の判例に照らし、妥当でないものはどれか。

1　個人のプライバシーに属する事実をみだりに公表されない利益は、法的保護の対象となるというべきであり、過去の逮捕歴もこれに含まれる。

2　検索結果として提供される情報は、プログラムによって自動的に収集・整理・提供されるものにすぎず、検索結果の提供は、検索事業者自身による表現行為とはいえない。

3　検索事業者による検索結果の提供は、公衆の情報発信や情報の入手を支援するものとして、インターネット上の情報流通の基盤としての役割を果たしている。

4　当該事実を公表されない法的利益と、当該情報を検索結果として提供する理由に関する諸事情を比較衡量した結果、前者が優越することが明らかな場合には、検索事業者に対してＵＲＬ等の情報を当該検索結果から削除することを求めることができる。

5　過去の逮捕歴がプライバシーに含まれるとしても、児童買春のように、児童への性的搾取・虐待として強い社会的非難の対象とされ、罰則で禁止されている行為は、一定の期間の経過後も公共の利害に関する事柄でありうる。

問題５　教育に関する次の記述のうち、最高裁判所の判例に照らし、妥当でないものはどれか。

1　義務教育は無償とするとの憲法の規定は、授業料不徴収を意味しており、それ以外に、教科書、学用品その他教育に必要な一切の費用を無償としなければならないことまでも定めたものと解することはできない。

2　教科書は執筆者の学術研究の結果の発表を目的とするものではなく、また、教科書検定は検定基準に違反する場合に教科書の形態での研究結果の発表を制限するにすぎないので、教科書検定は学問の自由を保障した憲法の規定には違反しない。

3　公教育に関する国民全体の教育意思は、法律を通じて具体化されるべきものであるから、公教育の内容・方法は専ら法律により定められ、教育行政機関も、法律の授権に基づき、広くこれらについて決定権限を有する。

4　国民の教育を受ける権利を定める憲法規定の背後には、みずから学習することのできない子どもは、その学習要求を充足するための教育を自己に施すことを大人一般に対して要求する権利を有するとの観念が存在している。

5　普通教育では、児童生徒に十分な批判能力がなく、また、全国的に一定の教育水準を確保すべき強い要請があること等からすれば、教師に完全な教授の自由を認めることはとうてい許されない。

問題６　選挙制度の形成に関する国会の裁量についての次の記述のうち、最高裁判所の判例の趣旨に照らし、妥当でないものはどれか。

1　都道府県が歴史的にも政治的、経済的、社会的にも独自の意義と実体を有する単位である以上、参議院の選挙区選出議員に都道府県代表的な意義を付与し、その枠内で投票価値の平等の実現を図ることは、憲法上許容される。

2　小選挙区制は、死票を多く生む可能性があることは否定し難いが、死票はいかなる制度でも生ずるものであり、結局のところ選挙を通じて国民の総意を議席に反映させる一つの合理的方法ということができる。

3　同時に行われる二つの選挙に同一の候補者が重複して立候補することを認めるか否かは、国会が裁量により決定することができる事項であり、衆議院議員選挙で小選挙区選挙と比例代表選挙との重複立候補を認める制度は憲法に違反しない。

4　政党を媒体として国民の政治意思を国政に反映させる名簿式比例代表制を採用することは国会の裁量に属し、名簿登載者個人には投票したいがその属する政党には投票したくないという意思を認めない非拘束名簿式比例代表制もまた同様である。

5　参議院の比例代表選出議員について、政党が優先的に当選者となるべき候補者を定めることができる特定枠制度は、選挙人の総意によって当選人が決定される点で、選挙人が候補者個人を直接選択して投票する方式と異ならず、憲法に違反しない。

問題７　国会議員の地位・特権に関する次の記述のうち、妥当なものはどれか。

1　両議院の議員には国庫から相当額の歳費を受ける権利が保障されており、議員全員を対象とした一律の措置としてであっても、議員の任期の途中に歳費の減額を行うことはできない。
2　両議院の議員は、国会の会期中は、法律の定める場合を除いては逮捕されることがなく、また所属する議院の同意がなければ訴追されない。
3　両議院の議員には、議院で行った演説、討論、表決について免責特権が認められているが、議場外の行為については、議員の職務として行ったものであっても、免責の対象とならない。
4　参議院の緊急集会は、衆議院の解散中に開催されるものであるが、その際にも、議員に不逮捕特権や免責特権の保障が及ぶ。
5　議院が所属議員に科した懲罰には、議院自律権の趣旨から司法審査は及ばないのが原則であるが、除名に関しては、手続の適正さについて審査が及ぶとするのが最高裁判所の判例である。

問題８　行政行為（処分）に関する次の記述のうち、法令の定めまたは最高裁判所の判例に照らし、妥当なものはどれか。

1　処分に瑕疵があることを理由とする処分の取消しは、行政事件訴訟法上の取消訴訟における判決のほか、行政不服審査法上の不服申立てにおける裁決または決定によってのみすることができる。
2　金銭納付義務を課す処分の違法を理由として国家賠償請求をするためには、事前に当該処分が取り消されていなければならない。
3　処分取消訴訟の出訴期間が経過した後に当該処分の無効を争うための訴訟としては、行政事件訴訟法が法定する無効確認の訴えのみが許されている。
4　処分Ａの違法がこれに後続する処分Ｂに承継されることが認められる場合であっても、処分Ａの取消訴訟の出訴期間が経過している場合には、処分Ｂの取消訴訟において処分Ａの違法を主張することは許されない。
5　瑕疵が重大であるとされた処分は、当該瑕疵の存在が明白なものであるとまでは認められなくても、無効とされる場合がある。

問題９　行政立法に関する次の記述のうち、法令の定めまたは最高裁判所の判例に照らし、妥当なものはどれか。

1　行政手続法が定める意見公募手続の対象となるのは、法規命令のみであり、行政規則はその対象とはされていない。
2　法律の規定を実施するために政令を定めるのは内閣の事務であるが、その法律による委任がある場合には、政令に罰則を設けることもできる。
3　法律による委任の範囲を逸脱して定められた委任命令は違法となるが、権限を有する機関が取り消すまでは有効なものとして取り扱われる。
4　通達の内容が、法令の解釈や取扱いに関するもので、国民の権利義務に重大なかかわりをもつようなものである場合には、当該通達に対して取消訴訟を提起することができる。
5　行政手続法が適用される不利益処分の処分基準において、過去に処分を受けたことを理由として後行の処分に係る量定が加重される旨の定めがある場合には、当該処分基準の定めに反する後行の処分は当然に無効となる。

問題 10　行政法における一般原則に関する最高裁判所の判例について説明する次の記述のうち、妥当なものはどれか。

1　特定の事業者の個室付浴場営業を阻止する目的で町が行った児童福祉法に基づく児童福祉施設の認可申請に対し、県知事が行った認可処分は、仮にそれが営業の阻止を主たる目的としてなされたものであったとしても、当該処分の根拠法令たる児童福祉法所定の要件を満たすものであれば、当該認可処分を違法ということはできないから、当該個室付浴場営業は当然に違法となる。

2　特定の事業者の廃棄物処理施設設置計画を知った上で定められた町の水道水源保護条例に基づき、当該事業者に対して規制対象事業場を認定する処分を行うに際しては、町は、事業者の立場を踏まえて十分な協議を尽くす等、その地位を不当に害することのないよう配慮すべきであるが、このような配慮要請は明文上の義務ではない以上、認定処分の違法の理由とはならない。

3　法の一般原則である信義則の法理は、行政法関係においても一般に適用されるものであるとはいえ、租税法律主義の原則が貫かれるべき租税法律関係においては、租税法規に適合する課税処分について信義則の法理の適用により当該課税処分を違法なものとして取り消すことは、争われた事案の個別の状況や特段の事情の有無にかかわらず、租税法律主義に反するものとして認められない。

4　地方公共団体が将来にわたって継続すべき施策を決定した場合でも、当該施策が社会情勢の変動等に伴って変更されることがあることは当然であるが、当該地方公共団体の勧告ないし勧誘に動機付けられて施策の継続を前提とした活動に入った者が社会観念上看過することのできない程度の積極的損害を被る場合において、地方公共団体が当該損害を補償するなどの措置を講ずることなく施策を変更することは、それがやむをえない客観的事情によるのでない限り、当事者間に形成された信頼関係を不当に破壊するものとして違法となる。

5　国の通達に基づいて、地方公共団体が被爆者援護法* 等に基づく健康管理手当の支給を打ち切った後、当該通達が法律の解釈を誤ったものであるとして廃止された場合であっても、行政機関は通達に従い法律を執行する義務があることからすれば、廃止前の通達に基づいて打ち切られていた手当の支払いを求める訴訟において、地方公共団体が消滅時効を主張することは信義則に反しない。

（注）　＊　原子爆弾被爆者に対する援護に関する法律

問題11　会社Xは、宅地建物取引業法（以下「宅建業法」という。）に基づく免許を受けて不動産取引業を営んでいる。ところが、Xの代表取締役であるAが交通事故を起こして、歩行者に重傷を負わせてしまった。その後、自動車運転過失傷害の罪でAは逮捕され、刑事裁判の結果、懲役1年、執行猶予4年の刑を受けて、判決は確定した。宅建業法の定めによれば、法人の役員が「禁錮以上の刑」に処せられた場合、その法人の免許は取り消されるものとされていることから、知事YはXの免許を取り消した（以下「本件処分」という。）。

この事例への行政手続法の適用に関する次の記述のうち、妥当なものはどれか。

1　本件処分は、許認可等の効力を失わせる処分であるが、当該許認可等の基礎となった事実が消滅した旨の届出に対する応答としてなされるものであるから、行政手続法のいう「不利益処分」には当たらない。
2　本件処分は、刑事事件に関する法令に基づいて検察官、検察事務官または司法警察職員がする処分を契機とするものであるので、行政手続法の規定は適用されない。
3　本件処分は、その根拠となる規定が法律に置かれているが、地方公共団体の機関がする処分であることから、行政手続法の規定は適用されない。
4　本件処分は、申請に対する処分を取り消すものであるので、本件処分をするに際して、行政庁は許認可等の性質に照らしてできる限り具体的な審査基準を定めなければならない。
5　本件処分は、法令上必要とされる資格が失われるに至ったことが判明した場合に必ずすることとされている処分であり、その喪失の事実が客観的な資料により直接証明されるものであるので、行政庁は聴聞の手続をとる必要はない。

（参考条文）
宅地建物取引業法
（免許の基準）
第5条①　国土交通大臣又は都道府県知事は、第3条第1項の免許を受けようとする者が次の各号のいずれかに該当する場合又は免許申請書若しくはその添付書類中に重要な事項について虚偽の記載があり、若しくは重要な事実の記載が欠けている場合においては、免許をしてはならない。
一〜四　略
五　禁錮以上の刑に処せられ、その刑の執行を終わり、又は執行を受けることがなくなった日から5年を経過しない者
六　以下略
②　以下略

（免許の取消し）
第66条①　国土交通大臣又は都道府県知事は、その免許を受けた宅地建物取引業者が次の各号のいずれかに該当する場合においては、当該免許を取り消さなければならない。
一　第5条第1項第1号、第5号から第7号まで、第10号又は第14号のいずれかに該当するに至ったとき。
二　略
三　法人である場合において、その役員又は政令で定める使用人のうちに第5条第1項第1号から第7号まで又は第10号のいずれかに該当する者があるに至ったとき。
四　以下略
②　以下略

問題12　行政指導についての行政手続法の規定に関する次のア～エの記述のうち、妥当なものの組合せはどれか。

ア　行政指導に携わる者は、当該行政指導をする際に、行政機関が許認可等をする権限を行使し得る旨を示すときは、その相手方に対して、当該権限を行使し得る根拠となる法令の条項等、行政手続法が定める事項を示さなければならない。
イ　地方公共団体の機関がする行政指導については、その根拠となる規定が法律で定められている場合に限り、行政指導に関する行政手続法の規定が適用される。
ウ　法令に違反する行為の是正を求める行政指導で、その根拠となる規定が法律に置かれているものを受けた相手方は、当該行政指導が当該法律に規定する要件に適合しないと思料するときは、当該行政指導をした行政機関に対し、当該行政指導の中止その他必要な措置をとることを求めることができる。
エ　意見公募手続の対象である命令等には、審査基準や処分基準など、処分をするかどうかを判断するための基準は含まれるが、行政指導に関する指針は含まれない。

1　ア・イ
2　ア・ウ
3　イ・ウ
4　イ・エ
5　ウ・エ

問題 13　審査基準と処分基準に関する次の記述のうち、行政手続法に照らし、妥当なものはどれか。

1　審査基準を公にすることによって行政上特別の支障が生じる場合、行政庁が当該審査基準を公にしなかったとしても違法とはならない。
2　処分基準は、不利益処分を行うに際して、その名あて人からの求めに応じ、当該名あて人に対してこれを示せば足りるものとされている。
3　行政庁が審査基準を作成し、それを公にすることは努力義務に過ぎないことから、行政庁が審査基準を公にしなかったとしても違法とはならない。
4　審査基準を公にする方法としては、法令により申請の提出先とされている機関の事務所において備え付けることのみが認められており、その他の方法は許容されていない。
5　行政庁が処分基準を定めることは努力義務に過ぎないが、処分基準を定めた場合には、これを公にする法的義務を負う。

問題 14　行政不服審査法における審査請求に関する次の記述のうち、妥当なものはどれか。

1　審査請求は、審査請求人本人がこれをしなければならず、代理人によってすることはできない。
2　審査請求人以外の利害関係人は、審査請求に参加することは許されないが、書面によって意見の提出をすることができる。
3　多数人が共同して審査請求をしようとする場合、１人の総代を選ばなければならない。
4　審査請求人本人が死亡した場合、当該審査請求人の地位は消滅することから、当該審査請求の目的である処分に係る権利が承継されるか否かにかかわらず、当該審査請求は当然に終了する。
5　法人でない社団または財団であっても、代表者または管理人の定めがあるものは、当該社団または財団の名で審査請求をすることができる。

問題 15　行政不服審査法（以下「行審法」という。）に関する次の記述のうち、妥当なものはどれか。

1　納付すべき金銭の額を確定し、一定の額の金銭の納付を命じ、または金銭の給付決定の取消しその他の金銭の給付を制限する不利益処分については、行審法の規定は適用されない。
2　行審法が審査請求の対象とする「行政庁の不作為」には、法令に違反する事実がある場合において、その是正のためにされるべき処分がされていない場合も含まれる。
3　地方公共団体の機関がする処分でその根拠となる規定が条例または規則に置かれているものについては、行審法の規定は適用されない。
4　地方公共団体またはその機関に対する処分で、当該団体または機関がその固有の資格において処分の相手方となるものについては、行審法の規定は適用されない。
5　行審法は、国または公共団体の機関の法規に適合しない行為の是正を求める審査請求で、自己の法律上の利益にかかわらない資格でするものについても規定している。

問題16　行政不服審査法（以下「行審法」という。）と行政事件訴訟法（以下「行訴法」という。）との違いに関する次のア～オの記述のうち、妥当なものの組合せはどれか。

ア　行訴法は、処分取消訴訟につき、出訴期間の制限を規定するとともに、「ただし、正当な理由があるときは、この限りでない」という規定（以下「ただし書」という。）を置いているが、行審法は、処分についての審査請求につき、審査請求期間の制限を規定しているものの、行訴法のようなただし書は置いていない。

イ　行審法は、行政庁が不服申立てをすることができる処分をする場合には、原則として、処分の相手方に対し、当該処分につき不服申立てをすべき行政庁や不服申立てをすることができる期間を書面で教示しなければならないと規定しているが、行訴法は、取消訴訟を提起することができる処分をする場合につき、被告とすべき者や出訴期間を教示すべき旨を定めた明文の規定は置いていない。

ウ　行訴法は、判決の拘束力について、「処分又は裁決を取り消す判決は、その事件について、処分又は裁決をした行政庁その他の関係行政庁を拘束する。」と定めているのに対し、行審法は、裁決の拘束力について、「裁決は、関係行政庁を拘束する。」と定めている。

エ　行審法は、行訴法における取消訴訟と同様、審査請求について執行停止の規定を置くとともに、執行停止の申立てまたは決定があった場合、内閣総理大臣は、審査庁に対し、異議を述べることができる旨を定めている。

オ　行訴法は、行政庁がその処分または裁決をしてはならない旨を命ずることを求める訴訟として「差止めの訴え」を設けているが、行審法は、このような処分の差止めを求める不服申立てについて明文の規定を置いていない。

1　ア・イ
2　ア・オ
3　イ・エ
4　ウ・エ
5　ウ・オ

問題17　処分取消訴訟における訴えの利益の消滅に関する次の記述のうち、最高裁判所の判例に照らし、妥当なものはどれか。

1　公務員に対する免職処分の取消訴訟における訴えの利益は、免職処分を受けた公務員が公職の選挙に立候補した後は、給料請求権等の回復可能性があるか否かにかかわらず、消滅する。

2　保安林指定解除処分の取消訴訟における訴えの利益は、原告適格の基礎とされた個別具体的な利益侵害状況が代替施設の設置によって解消するに至った場合には、消滅する。

3　公文書非公開決定処分の取消訴訟における訴えの利益は、公開請求の対象である公文書が当該取消訴訟において書証として提出された場合には、消滅する。

4　運転免許停止処分の取消訴訟における訴えの利益は、免許停止期間が経過した場合であっても、取消判決により原告の名誉・感情・信用等の回復可能性がある場合には、消滅しない。

5　市立保育所廃止条例を制定する行為の取消訴訟における訴えの利益は、当該保育所で保育を受けていた原告ら児童の保育の実施期間が満了した場合であっても、当該条例が廃止されない限り、消滅しない。

問題 18　抗告訴訟における判決について説明する次のア～オの記述のうち、誤っているものの組合せはどれか。

ア　裁判所は、相当と認めるときは、終局判決前に、判決をもって、処分が違法であることを宣言することができる。
イ　申請を拒否した処分が判決により取り消されたときは、その処分をした行政庁は、速やかに申請を認める処分をしなければならない。
ウ　処分または裁決を取り消す判決により権利を害された第三者で、自己の責めに帰することができない理由により訴訟に参加することができなかったため判決に影響を及ぼすべき攻撃または防御の方法を提出することができなかったものは、これを理由として、確定の終局判決に対し、再審の訴えをもって、不服の申立てをすることができる。
エ　直接型（非申請型）義務付け訴訟において、その訴訟要件がすべて満たされ、かつ当該訴えに係る処分について行政庁がこれをしないことが違法である場合には、裁判所は、行政庁がその処分をすべき旨を命じる判決をする。
オ　処分を取り消す判決は、その事件について処分をした行政庁その他の関係行政庁を拘束すると規定されているが、この規定は、取消訴訟以外の抗告訴訟には準用されない。

1　ア・ウ
2　ア・エ
3　イ・エ
4　イ・オ
5　ウ・オ

問題19　行政事件訴訟法（以下「行訴法」という。）が定める民衆訴訟および機関訴訟に関する次の記述のうち、正しいものはどれか。

1　機関訴訟は、国または公共団体の機関相互間における権限の存否またはその行使に関する紛争についての訴訟であり、そのような紛争の一方の当事者たる機関は、特に個別の法律の定めがなくとも、機関たる資格に基づいて訴えを提起することができる。
2　民衆訴訟とは、特に法律が定める場合に国または公共団体の機関の法規に適合しない行為の是正を求める訴訟で、自己の法律上の利益にかかわらない資格で何人も提起することができるものをいう。
3　機関訴訟で、処分の取消しを求めるものについては、行訴法所定の規定を除き、取消訴訟に関する規定が準用される。
4　公職選挙法が定める地方公共団体の議会の議員の選挙の効力に関する訴訟は、地方公共団体の機関たる議会の構成に関する訴訟であるから、機関訴訟の一例である。
5　行訴法においては、行政事件訴訟に関し、同法に定めがない事項については、「民事訴訟の例による」との規定がなされているが、当該規定には、民衆訴訟および機関訴訟を除くとする限定が付されている。

問題20　国家賠償に関する次のア～エの記述のうち、最高裁判所の判例に照らし、その正誤を正しく示す組合せはどれか。

ア　教科用図書の検定にあたり文部大臣（当時）が指摘する検定意見は、すべて、検定の合否に直接の影響を及ぼすものではなく、文部大臣の助言、指導の性質を有するものにすぎないから、これを付することは、教科書の執筆者または出版社がその意に反してこれに服さざるを得なくなるなどの特段の事情のない限り、原則として、国家賠償法上違法とならない。

イ　政府が物価の安定等の政策目標を実現するためにとるべき具体的な措置についての判断を誤り、ないしはその措置に適切を欠いたため当該政策目標を達成できなかった場合、法律上の義務違反ないし違法行為として、国家賠償法上の損害賠償責任の問題が生ずる。

ウ　町立中学校の生徒が、放課後に課外のクラブ活動中の運動部員から顔面を殴打されたことにより失明した場合において、当該事故の発生する危険性を具体的に予見することが可能であるような特段の事情のない限り、顧問の教諭が当該クラブ活動に立ち会っていなかったとしても、当該事故の発生につき当該教諭に過失があるとはいえない。

エ　市内の河川について市が法律上の管理権をもたない場合でも、当該市が地域住民の要望にこたえて都市排水路の機能の維持及び都市水害の防止など地方公共の目的を達成するために河川の改修工事をして、これを事実上管理することになったときは、当該市は、当該河川の管理につき、国家賠償法２条１項の責任を負う公共団体に当たる。

	ア	イ	ウ	エ
1	誤	誤	正	正
2	誤	誤	正	誤
3	誤	正	誤	誤
4	正	正	誤	誤
5	正	正	正	誤

問題 21　国家賠償法１条に基づく責任に関する次の記述のうち、最高裁判所の判例に照らし、妥当なものはどれか。

1　指定確認検査機関による建築確認に係る建築物について、確認をする権限を有する建築主事が置かれた地方公共団体は、指定確認検査機関が行った当該確認について、国家賠償法１条１項の国または公共団体としての責任を負うことはない。

2　公権力の行使に当たる国または公共団体の公務員が、その職務を行うについて、過失によって違法に他人に損害を加えた場合には、国または公共団体がその被害者に対して賠償責任を負うが、故意または重過失の場合には、公務員個人が被害者に対して直接に賠償責任を負う。

3　国または公共団体の公権力の行使に当たる複数の公務員が、その職務を行うについて、共同して故意によって違法に他人に加えた損害につき、国または公共団体がこれを賠償した場合においては、当該公務員らは、国または公共団体に対し、国家賠償法１条２項による求償債務を負うが、この債務は連帯債務であると解される。

4　国家賠償法１条１項が定める「公務員が、その職務を行うについて」という要件につき、公務員が主観的に権限行使の意思をもってするものではなく、専ら自己の利をはかる意図をもってするような場合には、たとえ客観的に職務執行の外形をそなえる行為をした場合であったとしても、この要件には該当しない。

5　都道府県警察の警察官が、交通犯罪の捜査を行うにつき故意または過失によって違法に他人に損害を加えた場合において、国家賠償法１条１項により当該損害につき賠償責任を負うのは国であり、当該都道府県が賠償責任を負うことはない。

問題 22　普通地方公共団体の事務に関する次の記述のうち、地方自治法の定めに照らし、妥当なものはどれか。

1　普通地方公共団体が処理する事務には、地域における事務と、その他の事務で法律またはこれに基づく政令により処理することとされるものとがある。
2　都道府県の法定受託事務とは、国においてその適正な処理を特に確保する必要があるものとして法律またはこれに基づく政令に特に定めるものであり、都道府県知事が国の機関として処理することとされている。
3　市町村の法定受託事務とは、国または都道府県においてその適正な処理を特に確保する必要があるものとして法律またはこれに基づく政令に特に定めるものであるから、これにつき市町村が条例を定めることはできない。
4　法定受託事務は、普通地方公共団体が当該団体自身の事務として処理するものであるから、地方自治法上の自治事務に含まれる。
5　地方自治法は、かつての同法が定めていた機関委任事務制度のような仕組みを定めていないため、現行法の下で普通地方公共団体が処理する事務は、その全てが自治事務である。

問題 23　住民監査請求および住民訴訟に関する次の記述のうち、地方自治法の定めに照らし、妥当でないものはどれか。

1　住民監査請求は、普通地方公共団体の住民が当該普通地方公共団体の監査委員に対して行う。
2　住民訴訟は、あらかじめ、地方自治法に基づく住民監査請求をしていなければ、適法に提起することができない。
3　住民訴訟で争うことができる事項は、住民監査請求の対象となるものに限定される。
4　住民訴訟において原告住民がすることができる請求は、地方自治法が列挙するものに限定される。
5　損害賠償の請求をすることを普通地方公共団体の執行機関に対して求める住民訴訟において、原告住民の請求を認容する判決が確定した場合は、当該原告住民に対して、当該損害賠償請求に係る賠償金が支払われることになる。

問題24　普通地方公共団体の条例または規則に関する次の記述のうち、地方自治法の定めに照らし、妥当なものはどれか。

1　普通地方公共団体の長が規則を定めるのは、法律または条例による個別の委任がある場合に限られる。
2　普通地方公共団体は法令に違反しない限りにおいて条例を定めることができるが、条例において罰則を定めるためには、その旨を委任する個別の法令の定めが必要である。
3　普通地方公共団体は、特定の者のためにする事務につき手数料を徴収することができるが、この手数料については、法律またはこれに基づく政令に定めるものを除いて、長の定める規則によらなければならない。
4　普通地方公共団体の委員会は、個別の法律の定めるところにより、法令等に違反しない限りにおいて、その権限に属する事務に関し、規則を定めることができる。
5　普通地方公共団体は条例で罰則を設けることができるが、その内容は禁錮、罰金、科料などの行政刑罰に限られ、行政上の秩序罰である過料については、長が定める規則によらなければならない。

問題25　公立学校をめぐる裁判に関する次のア～オの記述のうち、最高裁判所の判例に照らし、妥当なものの組合せはどれか。

ア　公立高等専門学校の校長が学生に対し原級留置処分または退学処分を行った場合、裁判所がその処分の適否を審査するに当たっては、校長と同一の立場に立って当該処分をすべきであったかどうか等について判断し、その結果と当該処分とを比較してその適否、軽重等を論ずべきである。

イ　教育委員会が、公立学校の教頭で勧奨退職に応じた者を校長に任命した上で同日退職を承認する処分をした場合において、当該処分が著しく合理性を欠きそのためこれに予算執行の適正確保の見地から看過し得ない瑕疵が存するものといえないときは、校長としての退職手当の支出決定は財務会計法規上の義務に違反する違法なものには当たらない。

ウ　公立学校の学校施設の目的外使用を許可するか否かは、原則として、当該施設の管理者の裁量に委ねられており、学校教育上支障がない場合であっても、学校施設の目的及び用途と当該使用の目的、態様等との関係に配慮した合理的な裁量判断により許可をしないこともできる。

エ　公立高等学校等の教職員に対し、卒業式等の式典における国歌斉唱の際に国旗に向かって起立して斉唱することを命ずる旨の校長の職務命令がなされた場合において、当該職務命令への違反を理由とする懲戒処分の差止めを求める訴えについて、仮に懲戒処分が反復継続的・累積加重的にされる危険があるとしても、訴えの要件である「重大な損害を生ずるおそれ」があるとは認められない。

オ　市立学校教諭が同一市内の他の中学校教諭に転任させる処分を受けた場合において、当該処分が客観的、実際的見地からみて勤務場所、勤務内容等に不利益を伴うものであるとしても、当該教諭には転任処分の取消しを求める訴えの利益が認められる余地はない。

1　ア・イ
2　ア・オ
3　イ・ウ
4　ウ・エ
5　エ・オ

問題26　公文書管理法* について説明する次の記述のうち、誤っているものはどれか。

1　公文書管理法に定める「行政文書」とは、同法の定める例外を除き、行政機関の職員が職務上作成しまたは取得した文書で、当該行政機関の職員が組織的に用いるものとして当該行政機関が保有しているものであるとされる。

2　公文書管理法は、行政機関の職員に対し、処理に係る事案が軽微なものである場合を除き文書を作成しなければならないという文書作成義務を定め、違反した職員に対する罰則を定めている。

3　行政機関の職員が行政文書を作成・取得したときには、当該行政機関の長は、政令で定めるところにより、当該行政文書について分類し、名称を付するとともに、保存期間および保存期間の満了する日を設定しなければならない。

4　行政機関の長は、行政文書の管理が公文書管理法の規定に基づき適正に行われることを確保するため、行政文書の管理に関する定め（行政文書管理規則）を設けなければならない。

5　行政機関の長は、行政文書ファイル管理簿の記載状況その他の行政文書の管理の状況について、毎年度、内閣総理大臣に報告しなければならない。

（注）　＊　公文書等の管理に関する法律

問題 27　失踪の宣告に関する次の記述のうち、民法の規定および判例に照らし、妥当なものはどれか。

1　不在者の生死が７年間明らかでない場合において、利害関係人の請求により家庭裁判所が失踪の宣告をしたときは、失踪の宣告を受けた者は、７年間の期間が満了した時に、死亡したものとみなされる。
2　失踪の宣告を受けた者が実際には生存しており、不法行為により身体的被害を受けていたとしても、失踪の宣告が取り消されなければ、損害賠償請求権は発生しない。
3　失踪の宣告の取消しは、必ず本人の請求によらなければならない。
4　失踪の宣告によって失踪者の財産を得た者は、失踪の宣告が取り消されたときは、その受けた利益の全部を返還しなければならない。
5　失踪の宣告によって失踪者の所有する甲土地を相続した者が、甲土地を第三者に売却した後に、失踪者の生存が判明し、この者の失踪の宣告が取り消された。この場合において、相続人が失踪者の生存について善意であったときは、第三者が悪意であっても、甲土地の売買契約による所有権移転の効果に影響しない。

問題 28　無効および取消しに関する次の記述のうち、民法の規定に照らし、誤っているものはどれか。

1　贈与契約が無効であるにもかかわらず、既に贈与者の履行が完了している場合、受贈者は受け取った目的物を贈与者に返還しなければならず、それが滅失して返還できないときは、贈与契約が無効であることを知らなかったとしても、その目的物の現存利益の返還では足りない。

2　売買契約が無効であるにもかかわらず、既に当事者双方の債務の履行が完了している場合、売主は受け取った金銭を善意で費消していたとしても、その全額を返還しなければならない。

3　秘密証書遺言は、法が定める方式に欠けるものであるときは無効であるが、それが自筆証書による遺言の方式を具備しているときは、自筆証書遺言としてその効力を有する。

4　未成年者が親権者の同意を得ずに締結した契約について、未成年者本人が、制限行為能力を理由としてこれを取り消す場合、親権者の同意を得る必要はない。

5　取り消すことができる契約につき、取消権を有する当事者が、追認をすることができる時以後に、異議をとどめずにその履行を請求した場合、これにより同人は取消権を失う。

問題29　甲土地（以下「甲」という。）を所有するＡが死亡して、その子であるＢおよびＣについて相続が開始した。この場合に関する次の記述のうち、民法の規定および判例に照らし、妥当でないものはどれか。

1　遺産分割が終了していないにもかかわらず、甲につきＢが虚偽の登記申請に基づいて単独所有名義で相続登記手続を行った上で、これをＤに売却して所有権移転登記手続が行われた場合、Ｃは、Ｄに対して、Ｃの法定相続分に基づく持分権を登記なくして主張することができる。

2　遺産分割により甲をＣが単独で相続することとなったが、Ｃが相続登記手続をしないうちに、Ｂが甲に関する自己の法定相続分に基づく持分権につき相続登記手続を行った上で、これをＥに売却して持分権移転登記手続が行われた場合、Ｃは、Ｅに対して、Ｅの持分権が自己に帰属する旨を主張することができない。

3　Ａが甲をＣに遺贈していたが、Ｃが所有権移転登記手続をしないうちに、Ｂが甲に関する自己の法定相続分に基づく持分権につき相続登記手続を行った上で、これをＦに売却して持分権移転登記手続が行われた場合、Ｃは、Ｆに対して、Ｆの持分権が自己に帰属する旨を主張することができない。

4　Ｂが相続を放棄したため、甲はＣが単独で相続することとなったが、Ｃが相続登記手続をしないうちに、Ｂの債権者であるＧが甲に関するＢの法定相続分に基づく持分権につき差押えを申し立てた場合、Ｃは、当該差押えの無効を主張することができない。

5　Ａが「甲をＣに相続させる」旨の特定財産承継遺言を行っていたが、Ｃが相続登記手続をしないうちに、Ｂが甲に関するＢの法定相続分に基づく持分権につき相続登記手続を行った上で、これをＨに売却して持分権移転登記手続が行われた場合、民法の規定によれば、Ｃは、Ｈに対して、Ｈの持分権が自己に帰属する旨を主張することができない。

問題 30　Aが所有する甲建物（以下「甲」という。）につき、Bのために抵当権が設定されて抵当権設定登記が行われた後、Cのために賃借権が設定され、Cは使用収益を開始した。この場合に関する次の記述のうち、民法の規定および判例に照らし、妥当なものはどれか。

1　Bの抵当権設定登記後に設定されたCの賃借権はBに対して対抗することができないため、Bは、Cに対して、直ちに抵当権に基づく妨害排除請求として甲の明渡しを求めることができる。
2　Bの抵当権が実行された場合において、買受人Dは、Cに対して、直ちに所有権に基づく妨害排除請求として甲の明渡しを求めることができる。
3　AがCに対して有する賃料債権をEに譲渡し、その旨の債権譲渡通知が内容証明郵便によって行われた後、Bが抵当権に基づく物上代位権の行使として当該賃料債権に対して差押えを行った場合、当該賃料債権につきCがいまだEに弁済していないときは、Cは、Bの賃料支払請求を拒むことができない。
4　Cのための賃借権の設定においてBの抵当権の実行を妨害する目的が認められ、Cの占有により甲の交換価値の実現が妨げられてBの優先弁済権の行使が困難となるような状態がある場合、Aにおいて抵当権に対する侵害が生じないように甲を適切に維持管理することが期待できるときであっても、Bは、Cに対して、抵当権に基づく妨害排除請求として甲の直接自己への明渡しを求めることができる。
5　CがAの承諾を得て甲をFに転貸借した場合、Bは、特段の事情がない限り、CがFに対して有する転貸賃料債権につき、物上代位権を行使することができる。

問題31　Aは、Bから金銭を借り受け、Cが、Aの同貸金債務を保証した。次の記述のうち、民法の規定に照らし、誤っているものはどれか。

1　AがBに対し保証人を立てる義務を負う場合において、BがCを指名したときは、Cが弁済をする資力を有しなくなったときでも、Bは、Aに対し、Cに代えて資力を有する保証人を立てることを請求することはできない。

2　AがBに対し保証人を立てる義務を負う場合において、BがCを指名するときは、Cは、行為能力者でなければならない。

3　BのAに対する履行の請求その他の事由による時効の完成猶予及び更新は、Cに対しても、その効力を生ずる。

4　Cの保証債務は、Aの債務に関する利息、違約金、損害賠償その他その債務に従たるすべてのものを包含する。

5　Cは、その保証債務についてのみ、違約金又は損害賠償の額を約定することができる。

問題32　A所有の動産甲（以下「甲」という。）を、BがCに売却する契約（以下「本件契約」という。）に関する次の記述のうち、民法の規定および判例に照らし、妥当なものはどれか。

1　Bが、B自身を売主、Cを買主として本件契約を締結した場合であっても、契約は原則として有効であり、Bは、Aから甲の所有権を取得してCに移転する義務を負うが、本件契約成立の当初からAには甲を他に譲渡する意思のないことが明確であり、甲の所有権をCに移転することができない場合には、本件契約は実現不能な契約として無効である。

2　Bが、B自身を売主、Cを買主として本件契約を締結した場合であっても、契約は原則として有効であり、Bは、Aから甲の所有権を取得してCに移転する義務を負うところ、本件契約後にBが死亡し、AがBを単独相続した場合においては、Cは当然に甲の所有権を取得する。

3　Bが、B自身をAの代理人と偽って、Aを売主、Cを買主とする本件契約を締結し、Cに対して甲を現実に引き渡した場合、Cは即時取得により甲の所有権を取得する。

4　Bが、B自身をAの代理人と偽って、Aを売主、Cを買主として本件契約を締結した場合、Bに本件契約の代理権がないことを知らなかったが、そのことについて過失があるCは、本件契約が無効となった場合であっても、Bに対して履行または損害賠償の請求をすることができない。

5　Aが法人で、Bがその理事である場合、Aの定款に甲の売却に関しては理事会の承認が必要である旨の定めがあり、Bが、理事会の承認を得ないままにAを売主、Cを買主とする本件契約を締結したとき、Cが、その定款の定めを知っていたとしても、理事会の承認を得ていると過失なく信じていたときは、本件契約は有効である。

問題 33　組合に関する次の記述のうち、民法の規定に照らし、正しいものはどれか。

1　組合の業務の決定は、組合契約の定めるところにより、一人または数人の組合員に委任することができるが、第三者に委任することはできない。

2　組合の業務の執行は、組合契約の定めるところにより、一人または数人の組合員に委任することができるが、第三者に委任することはできない。

3　各組合員の出資その他の組合財産は、総組合員の共有に属し、各組合員は、いつでも組合財産の分割を請求することができる。

4　組合契約で組合の存続期間を定めた場合であるか、これを定めなかった場合であるかを問わず、各組合員は、いつでも脱退することができる。

5　組合契約の定めるところにより一人または数人の組合員に業務の決定および執行を委任した場合、その組合員は、正当な事由があるときに限り、他の組合員の一致によって解任することができる。

問題 34　不法行為に基づく損害賠償に関する次の記述のうち、民法の規定および判例に照らし、妥当なものはどれか。

1　不法行為による生命侵害の場合において、被害者の相続人であれば、常に近親者固有の慰謝料請求権が認められる。

2　法人が名誉毀損を受けた場合、法人には感情がないので、財産的損害を除き、非財産的損害の賠償は認められない。

3　交通事故による被害者が、いわゆる個人会社の唯一の代表取締役であり、被害者には当該会社の機関としての代替性がなく、被害者と当該会社とが経済的に一体をなす等の事情の下では、当該会社は、加害者に対し、被害者の負傷のため営業利益を逸失したことによる賠償を請求することができる。

4　不法行為により身体傷害を受けた被害者は、後遺症が残ったため、労働能力の全部又は一部の喪失により将来において取得すべき利益を喪失した場合には、その損害について定期金ではなく、一時金による一括賠償しか求めることができない。

5　交通事故の被害者が後遺症により労働能力の一部を喪失した場合に、その後に被害者が別原因で死亡したとしても、交通事故の時点で、その死亡の原因となる具体的事由が存在し、近い将来における死亡が客観的に予測されていたなどの特段の事情がない限り、死亡の事実は逸失利益に関する就労可能期間の認定において考慮されない。

問題 35　共同相続における遺産分割に関する次の記述のうち、民法の規定および判例に照らし、妥当なものはどれか。

1　共同相続人中の特定の１人に相続財産中の不動産の所有権を取得させる一方で当該相続人が老親介護を負担する義務を負う内容の遺産分割協議がなされた場合において、当該相続人が遺産分割協議に定められた介護を行わない場合には、他の共同相続人は債務不履行を理由として遺産分割協議自体を解除することができる。
2　被相続人が、相続財産中の特定の銀行預金を共同相続人中の特定の１人に相続させる旨の遺言をしていた場合、当該預金債権の価額が当該相続人の法定相続分の価額を超えるときには、当該預金債権の承継に関する債権譲渡の対抗要件を備えなければ、当該預金債権の承継を第三者に対抗できない。
3　共同相続人の１人が、相続開始後遺産分割の前に、被相続人が自宅に保管していた現金を自己のために費消した場合であっても、遺産分割の対象となる財産は、遺産分割時に現存する相続財産のみである。
4　共同相続人は、原則としていつでも協議によって遺産の全部または一部の分割をすることができ、協議が調わないときは、家庭裁判所に調停または審判の申立てをすることができるが、相続開始から 10 年以上放置されていた遺産の分割については、家庭裁判所に対して調停または審判の申立てを行うことができない。
5　相続財産中に銀行預金が含まれる場合、当該預金は遺産分割の対象となるから、相続開始後遺産分割の前に、当該預金口座から預金の一部を引き出すためには共同相続人の全員の同意が必要であり、目的、金額のいかんを問わず相続人の１人が単独で行うことは許されない。

問題 36　匿名組合における匿名組合員に関する次の記述のうち、商法の規定に照らし、誤っているものはどれか。

1　匿名組合員の出資は、営業者の財産に属する。
2　匿名組合員は、匿名組合契約に基づき営業者が負った債務について、当該匿名組合員が匿名組合の当事者であることをその債務に係る債権者が知っていたときには、当該営業者と連帯して弁済する責任を負う。
3　出資が損失によって減少したときは、その損失をてん補した後でなければ、匿名組合員は、利益の配当を請求することができない。
4　匿名組合員は、営業年度の終了時において、営業者の営業時間内に、営業者の業務及び財産の状況を検査することができる。
5　匿名組合員が破産手続開始の決定を受けた場合、匿名組合契約は終了する。

問題 37　株主の議決権に関する次のア～オの記述のうち、会社法の規定に照らし、正しいものの組合せはどれか。

ア　株主総会における議決権の全部を与えない旨の定款の定めは、その効力を生じない。
イ　株式会社は、自己株式については、議決権を有しない。
ウ　取締役候補者である株主は、自らの取締役選任決議について特別の利害関係を有する者として議決に加わることができない。
エ　監査役を選任し、又は解任する株主総会の決議は、議決権を行使することができる株主の議決権の過半数を有する株主が出席し、出席した当該株主の議決権の過半数をもって行う。
オ　役員等がその任務を怠ったために株式会社に生じた損害を賠償する責任を負うこととなった場合に、当該責任を免除するには、議決権のない株主を含めた総株主の同意がなければならない。

1　ア・ウ
2　ア・エ
3　イ・エ
4　イ・オ
5　ウ・オ

問題 38　監査等委員会設置会社の取締役の報酬等に関する次の記述のうち、会社法の規定に照らし、誤っているものはどれか。

1　取締役の報酬等に関する事項は、監査等委員である取締役とそれ以外の取締役とを区別して定めなければならない。
2　監査等委員である取締役は、株主総会において、監査等委員である取締役の報酬等について意見を述べることができる。
3　監査等委員会が選定する監査等委員は、株主総会において、監査等委員である取締役以外の取締役の報酬等について監査等委員会の意見を述べることができる。
4　監査等委員である各取締役の報酬等について定款の定め又は株主総会の決議がないときは、当該報酬等は、株主総会で決議された取締役の報酬等の範囲内において、監査等委員である取締役の多数決によって定める。
5　監査等委員である取締役を除く取締役の個人別の報酬等の内容が定款又は株主総会の決議により定められている場合を除き、当該取締役の個人別の報酬等の内容についての決定に関する方針を取締役会で決定しなければならない。

問題 39　株式交換に関する次の記述のうち、会社法の規定に照らし、正しいものはどれか。

1　株式交換完全親会社は、株式会社でなければならない。
2　株式交換完全親会社は、株式交換完全子会社の発行済株式の一部のみを取得することとなる株式交換を行うことができる。
3　株式交換完全親会社は、株式交換完全子会社の株主に対し、当該株式交換完全親会社の株式に代わる金銭等を交付することができる。
4　株式交換完全親会社の反対株主は、当該株式交換完全親会社に対し、自己の有する株式を公正な価格で買い取ることを請求することはできない。
5　株式交換契約新株予約権が付された、株式交換完全子会社の新株予約権付社債の社債権者は、当該株式交換完全子会社に対し、株式交換について異議を述べることはできない。

問題 40　会社訴訟に関する次の記述のうち、会社法の規定に照らし、誤っているものはどれか。なお、定款に別段の定めがないものとする。

1　株主総会の決議の内容が法令に違反するときは、当該株主総会決議の日から３か月以内に、訴えをもってのみ当該決議の取消しを請求することができる。

2　会社の設立無効は、会社の成立の日から２年以内に、訴えをもってのみ主張できる。

3　新株発行無効の訴えに係る請求を認容する判決が確定したときは、当該判決において無効とされた行為は、将来に向かってその効力を失う。

4　６か月前から引き続き株式を有する株主は、公開会社に対し、役員等の責任を追及する訴えの提起を請求することができる。

5　株式会社の役員の解任の訴えは、当該株式会社及び当該解任を請求された役員を被告とする。

［問題41～問題43は択一式（多肢選択式）］

問題41　次の文章は、婚外子の法定相続分を嫡出である子の２分の１と定めていた民法規定（以下「本件規定」という。）を違憲とした最高裁判所の決定の一部である。空欄［ア］～［エ］に当てはまる語句を、枠内の選択肢（１～20）から選びなさい。

本件規定は、国民生活や身分関係の基本法である民法の一部を構成し、相続という日常的な現象を規律する規定であって、〔問題となった相続が開始した〕平成13年７月から既に約12年もの期間が経過していることからすると、その間に、本件規定の合憲性を前提として、多くの遺産の分割が行われ、更にそれを基に新たな権利関係が形成される事態が広く生じてきていることが容易に推察される。取り分け、本決定の違憲判断は、長期にわたる社会状況の変化に照らし、本件規定がその合理性を失ったことを理由として、その違憲性を当裁判所として初めて明らかにするものである。それにもかかわらず、本決定の違憲判断が、［ア］としての［イ］という形で既に行われた遺産の分割等の効力にも影響し、いわば解決済みの事案にも効果が及ぶとすることは、著しく［ウ］を害することになる。［ウ］は法に内在する普遍的な要請であり、当裁判所の違憲判断も、その［ア］としての［イ］を限定し、［ウ］の確保との調和を図ることが求められているといわなければならず、このことは、裁判において本件規定を違憲と判断することの適否という点からも問題となり得るところといえる。

以上の観点からすると、既に関係者間において裁判、合意等により［エ］なものとなったといえる法律関係までをも現時点で覆すことは相当ではないが、関係者間の法律関係がそのような段階に至っていない事案であれば、本決定により違憲無効とされた本件規定の適用を排除した上で法律関係を［エ］なものとするのが相当であるといえる。

（最大決平成25年９月４日民集67巻６号1320頁＜文章を一部変更した。＞）

1	公権力	2	事実上の拘束性	3	影響力の行使	4	法的安定性
5	衡平	6	暫定的	7	対話	8	先例
9	法令審査	10	確定的	11	具体的	12	家族法秩序
13	終審裁判所	14	既判力	15	司法積極主義	16	遡及的
17	実質的正義	18	蓋然的	19	公益	20	裁量統制

問題42　次の文章の空欄 ア ～ エ に当てはまる語句を、枠内の選択肢（1～20）から選びなさい。

特定の公益事業の用に供するために、私人の特定の財産権を強制的に取得し、または消滅させることを、 ア といい、これについて定めた代表的な法律として土地収用法が存在する。

土地収用法は、土地収用の手続および補償について定めるが、補償の要否および範囲をめぐって訴訟が提起されることがある。同法88条は、他の条文で規定する損失に加えて、その他土地を収用し、または使用することによって発生する土地所有者または関係人の「 イ 損失」を補償する旨定めているが、この規定をめぐって、いわゆる輪中堤の文化財的価値が損失補償の対象となるか否かが争われた事案がある。

昭和63年1月21日の最高裁判決は、同条にいう「 イ 損失」とは、客観的社会的にみて収用に基づき被収用者が当然に受けるであろうと考えられる経済的・ ウ な損失をいうと解するのが相当であって、経済的価値でない特殊な価値については補償の対象とならないとした。そして、由緒ある書画、刀剣、工芸品等のように、その美術性・歴史性などのいわゆる文化財的価値なるものが、当該物件の取引価格に反映し、その エ を形成する一要素となる場合には、かかる文化財的価値を反映した エ がその物件の補償されるべき相当な価格となるが、他方で、貝塚、古戦場、関跡などにみられるような、主としてそれによって国の歴史を理解し往時の生活・文化等を知り得るという意味での歴史的・学術的な価値は、特段の事情のない限り、当該土地の不動産としての経済的・ ウ 価値を何ら高めるものではなく、その エ の形成に影響を与えることはないから、このような意味での文化財的価値は、それ自体経済的評価になじまないものとして、土地収用法上損失補償の対象とはなり得ないと判示し、輪中堤の文化財的価値に対する損失補償を否定した。

1	強制徴収	2	特殊利益	3	受忍限度内の
4	財産的	5	適正な	6	社会通念
7	特別の犠牲	8	都市計画	9	合理的
10	市場価格	11	法律により保護された	12	絶対的
13	公用収用	14	所有権	15	反射的
16	権利利益	17	国家補償	18	通常受ける
19	精神的	20	行政上の強制執行		

問題 43　次の文章の空欄 ア ～ エ に当てはまる語句を、枠内の選択肢（1～20）から選びなさい。

参議院の総議員の４分の１以上である 72 名の議員は、平成 29 年６月 22 日、憲法 53 条後段の規定により、内閣に対し、国会の臨時会の召集を決定すること（以下「臨時会召集決定」という。）を要求した。内閣は、同年９月 22 日、臨時会を同月 28 日に召集することを決定した。同日、第 194 回国会が召集されたが、その冒頭で衆議院が解散され、参議院は同時に閉会となった。本件は、上記の要求をした参議院議員の一人である上告人（原告）が、被上告人（国）に対し、主位的に、上告人が次に参議院の総議員の４分の１以上の議員の一人として臨時会召集決定の要求（以下「臨時会召集要求」という。）をした場合に、内閣において、20 日以内に臨時会が召集されるよう臨時会召集決定をする義務を負うことの確認を、予備的に、上記場合に、上告人が 20 日以内に臨時会の召集を受けられる地位を有することの確認を求める（以下、これらの請求に係る訴えを「本件各確認の訴え」という。）事案である。

本件各確認の訴えは、上告人が、個々の国会議員が臨時会召集要求に係る権利を有するという憲法 53 条後段の解釈を前提に、 ア に関する確認の訴えとして、上告人を含む参議院議員が同条後段の規定により上記権利を行使した場合に被上告人が上告人に対して負う法的義務又は上告人が被上告人との間で有する法律上の地位の確認を求める訴えであると解されるから、当事者間の具体的な権利義務又は法律関係の存否に関する紛争であって、法令の適用によって終局的に解決することができるものであるということができる。そうすると、本件各確認の訴えは、 イ に当たるというべきであり、これと異なる原審の判断には、法令の解釈適用を誤った違法があるといわざるを得ない。

もっとも、本件各確認の訴えは、将来、上告人を含む参議院議員が憲法 53 条後段の規定により臨時会召集要求をした場合における臨時会召集決定の遅滞によって上告人自身に生ずる不利益を防止することを目的とする訴えであると解されるところ、将来、上告人を含む参議院の総議員の４分の１以上により臨時会召集要求がされるか否かや、それがされた場合に臨時会召集決定がいつされるかは現時点では明らかでないといわざるを得ない。

そうすると、上告人に上記不利益が生ずる ウ があるとはいえず、本件各確認の訴えは、 エ を欠き、不適法であるというべきであるから、これを却下すべきものとした原審の判断は、結論において是認することができる。

（最三小判令和５年９月 12 日民集 77 巻６号 1515 頁<文章を一部修正した。>）

1　法律上保護された利益
2　予見可能性
3　確認の利益
4　統治行為
5　合理的な理由
6　公権力の行使に関する不服の訴訟
7　法律上の争訟
8　国権の発動
9　処分たる性格
10　相当の蓋然性
11　制度上の障害
12　国会議員の資格
13　現実の危険
14　確認の対象
15　被告適格
16　公法上の法律関係
17　機関相互間における権限の存否又はその行使
18　当事者間の法律関係を確認し又は形成する処分又は裁決に関する訴訟
19　自己の法律上の利益にかかわる資格で提起する訴訟
20　国又は公共団体の機関の法規に適合しない行為の是正を求める訴訟

［問題 44〜問題 46 は記述式］（解答は、必ず答案用紙裏面の解答欄（マス目）に記述すること。なお、字数には、句読点も含む。）

問題 44　総務大臣Ｙは、新たなテレビ放送局の開設を目的として、電波法に基づく無線局開設免許を１社のみに付与することを表明した。これを受けて、テレビ放送局を開設しようとする会社ＸがＹに開設免許の申請をしたところ、Ｙは、その他の競願者の申請を含めて審査を実施し、会社Ａに対しては免許を付与する処分（免許処分）をし、Ｘに対しては申請を棄却する処分（拒否処分）をした。

これに対し、Ｘは取消訴訟を提起して裁判上の救済を求めたいと考えている。競願関係をめぐる最高裁判所の判例の考え方に照らし、Ｘは誰を被告として、どのような処分に対する取消訴訟を提起できるか。なお、現行の電波法は、審査請求前置や裁決主義の規定を置いているが、それらは度外視して、直接に処分取消訴訟ができるものとして考え、40 字程度で記述しなさい。

（下書用）

									10					15

問題 45　Ａは、海外からコーヒー豆を輸入して国内の卸売業者に販売する事業を営んでいる。Ａは、卸売業者Ｂにコーヒー豆１トン（以下「甲」という。）を販売し、甲は、Ｂ所有の倉庫内に第三者に転売されることなくそのまま保管されている。Ａは、Ｂに対し、甲の売買代金について、その支払期限経過後、支払って欲しい旨を伝えたが、Ｂは、経営不振を理由に、いまだＡに支払っていない。ＢにはＡ以外にも一般債権者がいる。この場合に、Ａは、甲についていかなる権利に基づき、どのような形で売買代金を確保することができるか。民法の規定に照らし、40 字程度で記述しなさい。

（下書用）

									10					15

問題46　Aは、Bとの間で、BがCから購入した甲土地（以下「甲」という。）を買い受ける契約を締結し、Bに対して代金全額を支払ったが、甲の登記名義はいまだCのままである。BC間の売買において、CがBへの移転登記を拒む理由は存在せず、また、BがCに対して移転登記手続をすべきことを請求している事実もない。一方、Aは、早期に甲の所有権取得の対抗要件として登記を具備したい。

　このような場合、Aは、何のために、誰の誰に対するいかなる権利を、どのように行使できるか。40字程度で記述しなさい。

（下書用）

									10					15

基礎知識［問題47～問題60は択一式（5肢択一式）］

問題47　政治に関する次の記述のうち、妥当でないものはどれか。

1　政党助成法は、衆議院または参議院に一定数以上の議席を有するか、議席を有して一定の国政選挙で有効投票総数の一定割合以上の得票があった政党に対して、政党交付金による助成を行う旨を規定している。
2　マス・メディアなどの情報に対して、主体的に世論を形成するためなどに、それらを批判的に読み解く能力は、メディア・リテラシーと呼ばれる。
3　政治資金規正法は、政治資金の収支の公開や寄附の規制などを通じ政治活動の公明と公正を確保するためのルールを規定している。
4　有権者のうち、特定の支持政党を持たない層は、無党派層と呼ばれる。
5　性差に起因して起こる女性に対する差別や不平等に反対し、それらの権利を男性と同等にして女性の能力や役割の発展を目指す主張や運動は、ポピュリズムと呼ばれる。

問題48　中東やパレスチナに関する次の記述のうち、妥当でないものはどれか。

1　1947年に、国際連合総会において、パレスチナをアラブ人国家とユダヤ人国家と国際管理地区とに分割する決議が採択された。
2　1948年に、イスラエルの建国が宣言されると、これに反発したアラブ諸国との間で第一次中東戦争が勃発した。
3　1987年に、イスラエルの占領地で始まり、大規模な民衆蜂起に発展したパレスチナ人による抵抗運動を、第一次インティファーダ（民衆蜂起）という。
4　1993年に、パレスチナ解放機構（ＰＬＯ）とイスラエルとの間で暫定自治協定が結ばれ、（ヨルダン川）西岸地区・ガザ地区でパレスチナの先行自治が始まった。
5　2020年に、日本が仲介して、イスラエルとアラブ首長国連邦（ＵＡＥ）およびイランが、国交の正常化に合意した。

問題 49　日本円の外国為替に関する次の記述のうち、妥当なものはどれか。

1　1931 年に金輸出が解禁されて金本位制に基づく日米英間の金融自由化が進み、ソ連・中国・ドイツの統制経済圏を包囲する自由経済圏が成立した。
2　1949 年に１ドル＝360 円の単一為替レートが設定されたが、ニクソンショックを受けて、1971 年には１ドル＝308 円に変更された。
3　1973 年には固定相場制が廃止され、変動相場制に移行したため、その後の為替レートは、ＩＭＦ（国際通貨基金）理事会で決定されている。
4　1985 年のいわゆるレイキャビック合意により、合意直前の１ドル＝240 円から、数年後には１ドル＝ 120 円へと、円安ドル高が起きた。
5　2014 年には、「戦後レジーム（ワシントン・コンセンサス）を取り戻す」ことを目指した通称「アベノミクス」により、 １ドル＝360 円になった。

問題 50　日本における外国人に関する次のア〜オの記述のうち、妥当なものの組合せはどれか。

ア　外国籍の生徒も、全国高等学校体育連盟や日本高等学校野球連盟が主催する大会に参加することができる。
イ　より広い業種での外国人の就労を可能とするために新たに設けられた在留資格「特定技能１号」には、医師も含まれる。
ウ　徴税など、いわゆる公権力の行使にあたる業務を含め、外国籍の者も全国の全ての自治体で公務員として就労することができる。
エ　名古屋出入国在留管理局の施設に収容されていたスリランカ人女性が 2021 年に死亡し、その遺族が国家賠償請求訴訟を行った。
オ　特別永住者を含む外国人には、日本への入国時に指紋と顔写真の情報の提供が義務付けられている。

1　ア・イ
2　ア・エ
3　イ・ウ
4　ウ・オ
5　エ・オ

問題51　ジェンダーに関する次の記述のうち、妥当なものはどれか。

1　世界経済フォーラムが毎年発表しているジェンダーギャップ指数において、2006年の開始以来、日本は常に上位10位以内に入っている。
2　出生時に割り当てられた性別に対し苦痛を感じている人が受けるホルモン療法や性別適合手術等の医療技術のことを、フェムテックという。
3　レインボーフラッグは、性の多様性を尊重するシンボルとして用いられている。
4　複数の大学の医学部の入学試験で、性別を理由に男性の受験生が不当に減点されていたことが2018年に明らかになり、訴訟となった例もある。
5　働く女性が妊娠・出産を理由に解雇・雇止めをされることや、妊娠・出産にあたって職場で受ける精神的・肉体的なハラスメントを、カスタマー・ハラスメントという。

問題52　行政書士法に関する次の記述のうち、妥当なものはどれか。

1　行政書士は、その事務所の見やすい場所に、その業務に関し受ける報酬の額を掲示しなければならない。
2　行政書士は、自ら作成した官公署に提出する書類に係る許認可等に関する審査請求について、その手続を代理することはできない。
3　国または地方公共団体の公務員として行政事務を担当した期間が通算して２年以上になる者は、行政書士となる資格を有する。
4　破産手続開始の決定を受けた場合、復権をした後においても行政書士となる資格を有しない。
5　地方公務員が懲戒免職の処分を受けた場合、無期限に行政書士となる資格を有しない。

問題53　住民基本台帳法に明示されている住民票の記載事項に関する次の項目のうち、妥当なものはどれか。

1　前年度の住民税納税額
2　緊急時に連絡可能な者の連絡先
3　地震保険の被保険者である者については、その資格に関する事項
4　海外渡航歴
5　世帯主についてはその旨、世帯主でない者については世帯主の氏名及び世帯主との続柄

問題54　デジタル環境での情報流通に関する次の記述のうち、妥当でないものはどれか。

1　生成ＡＩが、利用者からの質問を受けて、誤った情報をあたかも真実であるかのように回答する現象を、アノテーションという。
2　情報が大量に流通する環境の中で、人々が費やせるアテンションや消費時間が希少になり、それらが経済的価値を持つようになることを、アテンションエコノミーという。
3　ＳＮＳなどを運営する事業者が、違法コンテンツや利用規約違反コンテンツを削除することなどを、コンテンツモデレーションという。
4　ＳＮＳなどで流通する情報について、第三者がその真偽を検証して結果を公表するなどの活動を、ファクトチェックという。
5　ＳＮＳなどのアルゴリズムにより、自分の興味のある情報だけに囲まれてしまう状況を、フィルターバブルという。

問題 55　欧米の情報通信法制に関する次の記述のうち、妥当でないものはどれか。

1　ＥＵのデジタルサービス法（ＤＳＡ）は、ＳＮＳなどのプラットフォーム事業者に対して、事業者の規模などに応じた利用者保護などのための義務を課している。
2　ＥＵのデジタル市場法（ＤＭＡ）は、ＳＮＳなどのプラットフォーム事業者に対して、著作権侵害コンテンツへの対策を義務付けている。
3　ＥＵの一般データ保護規則（ＧＤＰＲ）では、個人データによるプロファイリングに異議を唱える権利や、データポータビリティの権利が個人に付与されている。
4　米国では、児童オンラインプライバシー保護など分野ごとに様々な個人情報保護関連の連邦法が存在する。
5　米国では、包括的な個人情報保護を定めた州法が存在する州がある。

問題 56　デジタル庁に関する次の記述のうち、妥当なものはどれか。

1　デジタル庁は、総務省に置かれている。
2　デジタル庁に対して、個人情報保護委員会は行政指導を行うことができない。
3　デジタル庁には、サイバーセキュリティ基本法に基づくサイバーセキュリティ戦略本部が置かれている。
4　デジタル庁は、官民データ活用推進基本計画の作成及び推進に関する事務を行っている。
5　デジタル庁の所掌事務には、マイナンバーとマイナンバーカードに関する事務は含まれていない。

問題57　個人情報保護法* に関する次の記述のうち、妥当でないものはどれか。

1　個人情報取扱事業者は、個人データの漏えい等が発生し、個人の権利利益を害するおそれが大きい場合には、個人情報保護委員会への報告を行わなければならない。

2　個人情報取扱事業者は、違法または不当な行為を助長し、または誘発するおそれがある方法により個人情報を利用してはならない。

3　個人情報取扱事業者は、個人データの第三者提供をした場合には、原則として、当該個人データを提供した年月日、当該第三者の氏名または名称その他の個人情報保護委員会規則で定める事項を記録しなければならない。

4　学術研究機関が学術研究目的で個人情報を取り扱う場合には、個人情報取扱事業者の義務に関する規定は適用されない。

5　国の行政機関や地方公共団体の機関にも、個人情報保護法の規定は適用される。

（注）　＊　個人情報の保護に関する法律

問題58　本文中の空欄 Ⅰ ～ Ⅴ に入る語句の組合せとして、妥当なものはどれか。

現代の私たちは、申告による納税を行うことを当たり前としているが、近代以前はお上が税を取り立てる。そのため苛斂誅求（かれんちゅうきゅう）といった表現もあり、お上の取り立ての厳しさは歴史事実として歴史学の研究対象となっている。しかし今でも納税シーズンになれば、庶民には重税感は否めない。三月に入ると何のために税を納めなくてはならないのかと、 Ⅰ してしまう。

税のルーツを探るなら、やはり『日本書紀』にでてくる「調（みつぎ）」という語が最初だろう。みつぎものは神に捧げられるもの、男は狩りにより、女は織物をつくることにより納める。「税」の語については、これにチカラという訓を付している。チカラは力を表しているから、田チカラといえば、穀物のうちでも稲米を意味したのだろう。国家にとって田からとれる大量の米がそのまま権力に結びついた。水田稲作農耕は、田税を生み出す力の源泉になる。貢ぎ物の意からいえば、最初の稲を神に捧げることであり、これは慣習として現在でも各地の神社の秋祭りの神事として引きつがれている。

子どもの頃、よく鬼ごっこの遊びの最中、鬼に追っかけられて Ⅱ きわまったところでタイムをかける。タンマなどといった。これを英語のタイムがなまった表現とばかり思っていたが、税の民俗を研究している三石武古三郎氏の説によると、これは江戸時代の税のうちの伝馬役がルーツだという。これは課役の一種であり、とくに宿場町では、馬をはじめ労力を提供することが強制されていた。お上の御用であって、拒否できない。テンマと大声をあげれば、鬼も Ⅲ を止めざるを得ない。長野県下では、タイムをかけることをテンマといったという。私の記憶ではタンマだったが、テンマからタンマになったという説は面白い。

無税の伝統ももちろんあった。いわゆる免租であるが、神社や寺院の所有地がその対象となっている。よく古い地名に伊勢免とか天王免、灯明免、阿弥陀免等々があるが、明らかに免租の対象となっていた土地なのである。もともとどぶろくは密造酒ではなかった。神に供える神酒（みき）であったから「 Ⅳ 」とされていたのだが、戦後課税の対象になってしまった。

税は力である。つまり一人前としての力を公認させるために、税を納めようとする心意はどうも国家権力を超えて存在するようだ。部族社会の中には、無税だとかえって困り、税を納めたいと盛んに申し出るという事例もあるという。税には何ともいえない Ⅴ な力が働いているのである。

（出典　宮田登「民俗学への招待」から）

	Ⅰ	Ⅱ	Ⅲ	Ⅳ	Ⅴ
1	自家撞着	退屈	追窮	天下泰平	不変不動
2	自問自答	進退	追及	天下御免	不可思議
3	自家撞着	感慨	追窮	天下泰平	不可抗力
4	自暴自棄	進退	追究	天下御免	不変不動
5	自問自答	感慨	追究	天長地久	不可思議

問題 59　本文中の空欄 ［　　］ に入る文章を、あとのア～エを並べ替えて作る場合、その順序として妥当なものはどれか。

学校の期末試験が終わって成績がわかったとき、私たちはふつう何を考えるだろうか。たぶん、なぜ、こんな成績だったのだろうと疑問に思うことが多いだろう。ここではまず、このような、私たちがよく思う「なぜ」という問いの意味について考えてみよう。

試験の成績がわかると、実際にはもっといろいろなことを思うのがふつうだ。［　　　　　　　　　　］

実際に、アメリカの社会心理学者ワイナーらが調査したところによると、確かに、試験の成績を知った大学生がすぐに考えることのうち、半分ぐらいは、なぜそういう成績だったのかを自問することだった。しかも、予想に反して悪い成績をとったときの方が、成績がよかった場合や、あるいはかりに悪くてもそれが予想された場合よりも、回数にして二倍近く、なぜかと原因を問う傾向が強かったという。

私たちは、身のまわりで起きるできごとを、いつも因果的に関連づけて理解している。試験の成績は、自分の勉強量や、先生の採点の仕方や、試験のときの自分のコンディションに関係しているはずだ、というように。

そして、あるできごとが起きたとき、それが因果的に予想通り起きたのならそれでよい。しかし、起きたできごとが、自分のすでに持っている因果関係の網の目にかからないときには、「なぜ」という疑問が自然に湧いてくる。試験の成績でも、それが「予想に反する」ときに、「なぜ」という問いが心に湧くことが多いのである。

（出典　安西祐一郎「問題解決の心理学」から）

ア　また、原因がはっきりしたら、その点を直して、今度こそよい成績をとろうと決心するかも知れない。

イ　そして、ではそんな成績だったのは、自分がダメな人間だからかとか、先生が点数をつけ間違えたのではないかなどと、原因を究明するかも知れない。

ウ　いずれにしても、予想に反した結果が起きたことを知ると、なぜなのだろうと自分に問いかけることが多いのではないだろうか。

エ　たとえば、「自分はこれだけ勉強したのだからこれくらいの成績がとれるはずなのに、なぜこんな成績だったのだろう」というふうな疑問が湧くかも知れない。

1　ア　→　イ　→　エ　→　ウ
2　ア　→　エ　→　イ　→　ウ
3　ウ　→　ア　→　エ　→　イ
4　エ　→　イ　→　ア　→　ウ
5　エ　→　ウ　→　ア　→　イ

問題60　本文中の空欄［　　］に入る文章として、妥当なものはどれか。

私たちが言葉を使う目的の一つは情報伝達である。体験を言葉にして伝えることで、それを体験していない人にも「その体験がどのようであるか」が伝わるのだ。

たとえば、［　　　　］こうした情報は自分が何を食べるかを判断するための材料となるだろう。それを参考にすることで、ラーメンが食べたいときに「あの店に行ってみよう」と思えるし、ラーメンは食べたいけど味噌ラーメンの気分ではないときには「あの店ではない」と判断できるようになるのだ。

さらに、もしラーメン店について伝えてきた人が味に関して信頼できる人だったら、「おいしかった」「他では味わえない濃厚さ」（あるいは、「おいしくなかった」「どこにでもあるような味だった」）といった評価も参考にすることができる。その情報に基づいて、おいしいラーメンが食べたいならそこに行こう（または、あの店はおいしくないから避けよう）と判断できるのだ。

以上のように、言語化された他人の体験について知ることで、自分では体験していない物事についての情報が得られ、その情報に基づいて自分の行動を決定することができる。私たちが言葉を使う目的の一つは、このようにして情報を共有し、行動のための材料を増やすことである。

（出典　源河亨『「美味(おい)しい」とは何か』から）

1　他人から「あそこに新しくできたラーメン屋は味噌ラーメン専門店だったよ」と聞けば、実際に行かなくても、その店に行けば味噌ラーメンが食べられる、豚骨ラーメンや醤油ラーメンは食べられない、と知ることができる。

2　自分から「あそこに新しくできたラーメン屋は味噌ラーメン専門店だったよ」と言えば、実際に行かなくても、その店に行けば味噌ラーメンが食べられる、豚骨ラーメンや醤油ラーメンは食べられない、と知ることができる。

3　テレビで「あそこに新しくできたラーメン屋は味噌ラーメン専門店だったよ」と見ただけで、実際に行かなければ、その店に行けば味噌ラーメンが食べられる、豚骨ラーメンや醤油ラーメンは食べられない、と知ることができない。

4　他人から「あそこに新しくできたラーメン屋は味噌ラーメン専門店だったよ」と聞いても、実際に行かなければ、その店に行けば味噌ラーメンが食べられる、豚骨ラーメンや醤油ラーメンは食べられない、と知ることができない。

5　自分から「あそこに新しくできたラーメン屋は味噌ラーメン専門店だったよ」と言っても、実際に行かなければ、その店に行けば味噌ラーメンが食べられる、豚骨ラーメンや醤油ラーメンは食べられない、と知ることができない。

第1回　解答・解説

2025年版　出る順行政書士　当たる！直前予想模試【第１回】解答一覧

【法令等（５肢択一式／一問４点）】

問題	正解	問題	正解	問題	正解
1	3	15	2	29	3
2	3	16	5	30	5
3	2	17	5	31	5
4	2	18	4	32	5
5	3	19	2	33	2
6	4	20	4	34	3
7	5	21	2	35	5
8	5	22	5	36	3
9	4	23	5	37	5
10	3	24	2	38	4
11	2	25	4	39	3
12	3	26	4	40	4
13	5	27	2	合計	／160
14	5	28	3		

【法令等（多肢選択式／一問８点／各２点）】

41	ア	5	イ	20	ウ	10	エ	11
42	ア	12	イ	18	ウ	4	エ	9
43	ア	2	イ	16	ウ	13	エ	7
						合計		／24

【法令等（記述式／一問20点）】

44	Ｂの不作為が違法である旨を宣言するとともに、Ｂに対し、許可処分をすべき旨を命ずる。(41字)
45	Ｂに枝を切除するよう催告したにもかかわらず、Ｂが相当の期間内に切除しない場合。(39字)
46	ＡＥがＣＤに損害を加えることを知っていた場合に、ＣＤがＥに遺留分侵害額に相当する金銭の支払(45字)
合計	／60

【基礎知識（５肢択一式／一問４点）】

問題	正解	問題	正解	問題	正解
47	3	52	4	57	4
48	4	53	4	58	3
49	3	54	4	59	5
50	4	55	3	60	4
51	5	56	4	合計	／56

合計	／300

問題	テーマ（分野）	正解		重要度	正答率
1	法の分類（基礎法学）	3		B	75%

（類題）ウォーク問過去問題集①法令編　問 381

1　**妥当でない**　基礎　『合格基本書』p. 645

権利義務を実現させる手続を定める法は「手続法」であり、民事訴訟法や刑事訴訟法は手続法に分類される。なお、「実体法」は、権利義務などの法律関係の内容を定める法をいい、民法や刑法などがこれに分類される。

2　**妥当でない**　基礎　『合格基本書』p. 644

「不文法」とは、文章化されていないが、慣習や伝統により法としての効力を持つものをいう。国際法の法源となる不文法には国際慣習法が挙げられ、法として認められた一般慣行の証拠としての国際慣習である。

3　**妥当である**　基礎　『合格基本書』p. 645

そのとおり。「公法」とは、国家のしくみや国家と個人との関係について定めた法をいう。公法には、日本国憲法、刑法、行政法、内閣法などが含まれる。これに対し、「私法」とは、私人相互の関係を定めた法をいい、民法、商法などが「私法」に含まれる。

4　**妥当でない**　基礎　『合格基本書』p. 645

「実定法」とは、自然法に対して人間の行為によって作り出された法をいう。したがって、実定法には、成文法や不文法のうち判例法、慣習法のいずれも含まれる。

5　**妥当でない**　基礎　『合格基本書』p. 645

「社会法」とは、市民法と対比される分類であり、社会権の思想を基礎とする法である。これには、労働法、経済法、生活保護法などの社会保障法が含まれるが、刑法は含まれない。

ワンポイントアドバイス

【国際慣習法】

国際法の法源となる国家間の合意のうち、明示のものが条約であり、黙示のものが国際慣習法です。

国際司法裁判所規程によれば、国際司法裁判所（ＩＣＪ）は、付託される紛争を国際法に従って裁判するにあたり、裁判の基準の１つとして「法として認められた一般慣行の証拠としての国際慣習」を適用します（国際司法裁判所規程 38 条１項ｂ）。

問題	テーマ（分野）	正解
2	裁判制度（基礎法学）	3

重要度	正答率
B	70%

『合格基本書』p. 652～p. 653

本問は、裁判制度に関する知識を問うものである。

日本の裁判制度において、当事者は、三審制において原則として3回まで審理を受けることができるという審級の利益を有している。上級審の裁判所の裁判における判断は、その(ア)事件について下級審の裁判所を拘束する（裁判所法4条）。

民事訴訟において、第一審の地方裁判所の判決に不服のある当事者は、高等裁判所に(イ)控訴することができる。第二審の高等裁判所の判決に不服のある当事者は、最高裁判所に上告することができる。
第一審の簡易裁判所の判決に不服のある当事者は、地方裁判所に(イ)控訴することができる。第二審の地方裁判所の判決に不服のある当事者は、高等裁判所に上告することができる。第三審の高等裁判所の判決に不服のある当事者は、例外的に、憲法問題がある場合に、最高裁判所に(ウ)特別上告をすることができる。当事者は、第一審の裁判所の判決の法律問題についてのみ不服がある場合には、相手方の同意を得て、最高裁判所に(エ)飛躍上告をすることができる。

刑事訴訟において、第一審の判決に不服のある当事者は、高等裁判所に(イ)控訴することができる。高等裁判所の判決に不服のある当事者は、最高裁判所に上告することができる。第一審の地方裁判所・簡易裁判所の判決に不服のある当事者は、例外的に、憲法問題等がある場合に、最高裁判所に(オ)跳躍上告をすることができる。

以上より、アには「事件」、イには「控訴」、ウには「特別上告」、エには「飛躍上告」、オには「跳躍上告」が入り、正解は肢3となる。

ワンポイントアドバイス

【簡易裁判所】

訴訟の目的の価額が 140 万円を超えない請求（行政事件訴訟に係る請求を除く。）については、簡易裁判所が第一審の裁判権を有します（裁判所法33条1項1号）。

問題	テーマ（分野）	正解	重要度	正答率
3	報道の自由・取材の自由（憲法）	2	A	40%

1　妥当である

そのとおり。判例は､｢少年法 61 条に違反する推知報道かどうかは､その記事等により、不特定多数の一般人がその者を当該事件の本人であると推知することができるかどうかを基準にして判断すべき」であるとしている（長良川事件報道訴訟／最判平 15. 3. 14)。

2　妥当でない

判例は､捜査機関による報道機関の取材ビデオテープに対する差押処分がなされた事案について、博多駅事件「決定は、付審判請求事件を審理する裁判所の提出命令に関する事案であるのに対し、本件は、検察官の請求によつて発付された裁判官の差押許可状に基づき検察事務官が行つた差押処分に関する事案であるが､国家の基本的要請である公正な刑事裁判を実現するためには、適正迅速な捜査が不可欠の前提であり、報道の自由ないし取材の自由に対する制約の許否に関しては両者の間に本質的な差異がないことは多言を要しないところである。」としている（日本テレビ事件／最決平元. 1. 30)。

3　妥当である　基礎　『合格基本書』p. 34

そのとおり。判例は、民事事件において証人となった報道関係者が民事訴訟 197 条１項３号に規定する「職業の秘密」に該当することを理由に取材源に係る証言を拒絶することを認めており、「取材源の秘密は、取材の自由を確保するために必要なものとして、重要な社会的価値を有するというべきである。そうすると、当該報道が公共の利益に関するものであって、その取材の手段、方法が一般の刑罰法令に触れるとか、取材源となった者が取材源の秘密の開示を承諾しているなどの事情がなく、しかも、当該民事事件が社会的意義や影響のある重大な民事事件であるため､当該取材源の秘密の社会的価値を考慮してもなお公正な裁判を実現すべき必要性が高く､そのために当該証言を得ることが必要不可欠であるといった事情が認められない場合には､当該取材源の秘密は保護に値すると解すべきであり、証人は、原則として、当該取材源に係る証言を拒絶することができると解するのが相当である。」としている（ＮＨＫ記者証言拒否事件／最決平 18. 10. 3)。

4　妥当である　基礎　『合格基本書』p. 33

そのとおり。判例は、「思想の表明の自由とならんで、事実の報道の自由は、表現の自由を規定した憲法 21 条の保障のもとにあることはいうまでもない。また、このような報道機関の報道が正しい内容をもつためには、報道の自由とともに、報道のための取材の自由も、憲法 21 条の精神に照らし、十分尊重に値いするものといわなければならない。」としたうえで、「しかし、取材の自由といつても、もとより何らの制約を受けないものではなく、たとえば公正な裁判の実現というような憲法上の要請があるときは、ある程度の制約を受けることのあることも否定することができない。」としている（博多駅事件／最大決昭 44. 11. 26)。

5　妥当である　基礎　『合格基本書』p. 34

そのとおり。判例は、「報道機関といえども、取材に関し他人の権利・自由を不当に侵害することのできる特権を有するものでないことはいうまでもなく、取材の手段・方法が贈賄、脅迫、強要等の一般の刑罰法令に触れる行為を伴う場合は勿論、その手段・方法が一般の刑罰法令に触れないものであつても､取材対象者の個人としての人格の尊厳を著しく蹂躙する等法秩序全体の精神に照らし社会観念上是認することのできない態様のものである場合にも､正当な取材活動の範囲を逸脱し違法性を帯びるものといわなければならない。」としている（西山記者事件／最決昭 53. 5. 31)。

問題	テーマ（分野）	正解
4	東京都保健婦管理職選考受験資格確認等請求事件（憲法）	2

重要度	正答率
A	85%

『合格基本書』p. 14

本問は、東京都保健婦管理職選考受験資格確認等請求事件（最大判平 17. 1. 26）を素材をとしたものである。

ア　正

そのとおり。法廷意見では、「国民主権の原理に基づき、国及び普通地方公共団体による統治の在り方については日本国の統治者としての国民が最終的な責任を負うべきものであること（憲法１条、15 条１項参照）に照らし、原則として日本の国籍を有する者が公権力行使等地方公務員に就任することが想定されているとみるべきであ（る）」と述べられている。

イ　正

そのとおり。法廷意見では、「普通地方公共団体は、職員に採用した在留外国人について、国籍を理由として、給与、勤務時間その他の勤務条件につき差別的取扱いをしてはならない」が、「普通地方公共団体が職員に採用した在留外国人の処遇につき合理的な理由に基づいて日本国民と異なる取扱いをすることまで許されないとするものではない。」と述べられている。

ウ　正

そのとおり。法廷意見では、「普通地方公共団体が、公務員制度を構築するに当たって、公権力行使等地方公務員の職とこれに昇任するのに必要な職務経験を積むために経るべき職とを包含する一体的な管理職の任用制度を構築して人事の適正な運用を図ることも、その判断により行うことができるものというべきである。そうすると、普通地方公共団体が上記のような管理職の任用制度を構築した上で、日本国民である職員に限って管理職に昇任することができることとする措置を執ることは、合理的な理由に基づいて日本国民である職員と在留外国人である職員とを区別するものであり、上記の措置は、労働基準法３条にも、憲法 14 条１項にも違反するものではないと解するのが相当である。」と述べられている。

エ　誤

法廷意見では、「そして、この理は、前記の特別永住者についても異なるものではない。」と述べられている。

オ　誤

泉徳治裁判官の反対意見では、「特別永住者の法的地位、職業選択の自由の人格権的側面、特別永住者の住民としての権利等を考慮すれば、自治事務を適正に処理・執行するという目的のために、特別永住者が自己統治の過程に密接に関係する職員以外の職員となることを制限する場合には、その制限に厳格な合理性が要求されるというべきである。」と述べられている。

以上より、法廷意見（多数意見）の見解として正しいものはア・イ・ウであり、正解は肢２となる。

問題	テーマ（分野）	正解	重要度	正答率
5	人身の自由（憲法）	3	B	40%

ア 誤 基礎 『合格基本書』p. 59

何人も、いかなる奴隷的拘束も受けない（18 条前段）。また、犯罪による処罰の場合を除いては、その意に反する苦役に服させられない（18 条後段）。よって、犯罪による処罰の場合であっても、奴隷的拘束を受けない。

イ 正 基礎 『合格基本書』p. 56

そのとおり。何人も、法律の定める手続によらなければ、その生命もしくは自由を奪われ、またはその他の刑罰を科せられない（31 条）。

ウ 正 基礎 『合格基本書』p. 58

そのとおり。何人も、現行犯として逮捕される場合を除いては、権限を有する司法官憲が発し、かつ理由となっている犯罪を明示する令状によらなければ、逮捕されない（33 条）。

エ 誤 基礎 『合格基本書』p. 58

何人も、その住居、書類および所持品について、侵入、捜索および押収を受けることのない権利は、33 条の場合（逮捕の場合）を除いては、正当な理由に基づいて発せられ、かつ捜索する場所および押収する物を明示する令状がなければ、侵されない（35 条 1 項）。よって、逮捕に伴う捜索・押収については、捜索・押収に関する令状を要しない。

オ 正 基礎 『合格基本書』p. 58

そのとおり。何人も、実行の時に適法であった行為または既に無罪とされた行為については、刑事上の責任を問われない（39 条前段）。また、同一の犯罪について、重ねて刑事上の責任を問われない（39 条後段）。

以上より、正しいものはイ、ウ、オの３つであり、正解は肢３となる。

ワンポイントアドバイス

【法定手続の保障】

憲法 31 条は、「何人も、法律の定める手続によらなければ、その生命若しくは自由を奪はれ、又はその他の刑罰を科せられない。」としています。

憲法 31 条の定める法定手続の保障は、① 手続が法律で定められることのほかに、② 法律で定められた手続が適正でなければならないこと、③ 実体もまた法律で定められなければならないこと、④ 法律で定められた実体規定も適正でなければならないことをも要求すると解されています。

問題	テーマ（分野）	正解	重要度	正答率
6	内閣（憲法）	4	A	75%

（類題）ウォーク問過去問題集①法令編　問 41

ア　妥当でない 基礎　『合格基本書』p. 79

いずれかの議院の総議員の４分の１以上の要求があれば、内閣は、国会の臨時会の召集を決定しなければならない（53 条後段）。

イ　妥当である

そのとおり。内閣は、行政権の行使について、国会に対し連帯して責任を負う（66 条３項)。このことは、各国務大臣の個別的な単独責任を否定するものではない。国務大臣は、個人的な不行跡があった場合に個別の責任を負うことはもとより、自己の所管事項について違法ないし不当な行為を行った場合に、憲法上の「主任の国務大臣」（74 条）として、国会から責任を追及されることがある。

ウ　妥当でない

閣議とは、国務大臣全体の会議をいう。閣議の議事に関する特別の規定はなく、慣例上、議事が全員一致で決められることになっている。そして、閣議決定に反対の国務大臣がいる場合には、内閣総理大臣はその国務大臣を罷免（68 条２項）することによって全員一致を確保することができるから、内閣が総辞職をしなければならないわけではない。

エ　妥当である 基礎　『合格基本書』p. 87

そのとおり。内閣は、衆議院で不信任の決議案を可決し、または信任の決議案を否決したときは、10 日以内に衆議院が解散されない限り、総辞職をしなければならない（69 条)。よって、内閣は、衆議院で内閣信任決議案が否決されても、10 日以内に衆議院が解散された場合には、総辞職をする必要はない。もっとも、内閣総理大臣が欠けたとき、または衆議院議員総選挙の後に初めて国会の召集があったときは、内閣は、総辞職をしなければならない（70 条)。

オ　妥当でない

内閣総理大臣が欠けたとき、または衆議院議員総選挙の後に初めて国会の召集があったときは、内閣は、総辞職をしなければならない（70 条)。ここにいう「欠けた」とは、内閣総理大臣の死亡や失踪、亡命、辞職、国会議員たる資格の喪失などを指し、病気や一時的な生死不明を含まない。

以上より、妥当なものはイ・エであり、正解は肢４となる。

ワンポイントアドバイス

【内閣総理大臣】

内閣総理大臣は、国会議員の中から国会の議決で、これを指名します（67 条１項前段)。天皇は、国会の指名に基づいて、内閣総理大臣を任命します（６条１項)。

問題	テーマ（分野）	正解
7	前文（憲法）	5

重要度	正答率
A	75%

1　正

そのとおり。前文１項（段）１文の「日本国民は、正当に選挙された国会における代表者を通じて行動し」という部分と、前文１項（段）２文の「国政は、国民の厳粛な信託によるものであつて、その権威は国民に由来し、その権力は国民の代表者がこれを行使し」という部分から、国民主権とそれに基づく代表民主制の原理を読み取ることができる。

2　正

そのとおり。前文２項（段）は、「われらは、全世界の国民が、ひとしく恐怖と欠乏から免かれ、平和のうちに生存する権利を有することを確認する。」としており、「平和のうちに生存する権利」を謳っている。しかし、判例は、「平和的生存権として主張する平和とは、理念ないし目的としての抽象的概念であつて、それ自体が独立して、具体的訴訟において私法上の行為の効力の判断基準になるものとはいえ（ない）」として、平和的生存権の裁判規範性を否定している（百里基地訴訟／最判平元.6.20）。

3　正　基礎　『合格基本書』p. 71

そのとおり。前文３項（段）の「自国の主権を維持し」という場合の「主権」とは、国家権力の最高独立性を意味する。

4　正

そのとおり。前文３項（段）は、「自国のことのみに専念して他国を無視してはならない」としており、国際協調主義を定めたものと解することができる。

5　誤

前文が「日本国憲法」という法典の一部として、本文と同じく法規範性を有すると解すれば、前文を改正するには、憲法 96 条の定める憲法改正の手続によらなければならない。

ワンポイントアドバイス

【主権】

「主権」には、① 国家権力そのもの（国家の統治権）、② 国家権力の最高独立性、③ 国政についての最高決定権という３つの異なる意味があります。

前文１項（段）１文の「主権が国民に存する」という場合の「主権」とは、③ 国政についての最高決定権（③）を意味します。

前文3項（段）の「自国の主権を維持し」という場合の「主権」とは、国家権力の最高独立性（②）を意味します。

問題	テーマ（分野）	正解	重要度	正答率
8	行政機関（行政法総論）	5	A	60%

1　妥当でない　基礎　『合格基本書』p. 380

電波法に基づく総務大臣の電波の配分に関する処分についての審査請求に参与する電波監理審議会は、行政庁の意思決定に参与する「参与機関」に分類され、その議決は行政庁（総務大臣）を法的に拘束する。

2　妥当でない　基礎　『合格基本書』p. 380

法制審議会や中央教育審議会は、行政庁からの諮問に応じて意見を提示する「諮問機関」であり、その意見は行政庁（法務大臣や文部科学大臣）を法的に拘束しない。

3　妥当でない　基礎　『合格基本書』p. 381

租税の賦課徴収の業務に従事する徴税職員は、行政目的を実現するための実力行使を行う「執行機関」に分類される。

4　妥当でない　基礎　『合格基本書』p. 381

各省の事務次官は、実力行使を伴わない日常的な事務を遂行する「補助機関」に分類される。

5　妥当である　基礎　『合格基本書』p. 381

そのとおり。国の収入支出の決算などを検査する会計検査院や、普通地方公共団体の財務に関する事務の執行などを監査する監査委員は、行政機関の事務や会計などを検査する「監査機関」に分類される。

ワンポイントアドバイス

【行政庁】

行政庁とは、行政主体の法律上の意思を決定して外部に表示する権限を有する行政機関です。

行政庁には、① 各省の大臣や地方公共団体の長のように１人の自然人からなる独任制の行政庁と、② 内閣や公正取引委員会のように複数の自然人からなる合議制の行政庁があります。

問題	テーマ（分野）	正解	重要度	正答率
9	公物（行政法総論）	4	B	60%

1　**妥当でない**　基礎　『合格基本書』p. 378

公物とは、行政主体により、直接、公の目的に供用される個々の有体物をいう。国有の未開墾地のように、実際に公の用に供されていない物は、公物には当たらない。

2　**妥当でない**　基礎　『合格基本書』p. 378

市町村が私有地を市町村道として一般交通の用に供している場合のように、私人が所有していても行政主体が支配権を有して公の用に供している物は、公物（私有公物）に当たる。

3　**妥当でない**　基礎　『合格基本書』p. 378

公物のうち、① 官公庁の建物のように、直接、国または公共団体の使用に供されるものを、公用物という。② 道路、河川、海岸、公園のように、直接、一般公衆の共同使用に供されるものを、公共用物という。

4　**妥当である**　基礎　『合格基本書』p. 378

そのとおり。公物のうち、① 河川や海岸のように、自然の状態のままですでに公の用に供することができるものを、自然公物という。② 道路や公園のように、行政主体が加工して公の用に供することにより公物として成立するものを、人工公物という。

5　**妥当でない**　基礎　『合格基本書』p. 379

判例は、「公共用財産が、長年の間事実上公の目的に供用されることなく放置され、公共用財産としての形態、機能を全く喪失し、その物のうえに他人の平穏かつ公然の占有が継続したが、そのため実際上公の目的が害されるようなこともなく、もはやその物を公共用財産として維持すべき理由がなくなつた場合には、右公共用財産については、黙示的に公用が廃止されたものとして、これについて取得時効の成立を妨げない」としている（最判昭 51. 12. 24）。

ワンポイントアドバイス

【公用開始行為】

人工公物のうちの公共用物は、行政主体が公の用に供する旨の意思表示（公用開始行為）をすることによって成立します。

問題	テーマ（分野）	正解	重要度	正答率
10	行政行為の効力（行政法総論）	3	A	75%

ア　妥当でない 基礎　『合格基本書』p. 388

判例は、行政行為の効力を生ずる時点について、「特定の公務員の任免の如き行政庁の処分については、特別の規定のない限り、意思表示の一般的法理に従い、その意思表示が相手方に到達した時と解するのが相当である。即ち、辞令書の交付その他公の通知によつて、相手方が現実にこれを了知し、または相手方の了知し得べき状態におかれた時と解すべきである」としている（最判昭 29. 8. 24）。

イ　妥当である 基礎　『合格基本書』p. 388

そのとおり。取消訴訟の出訴期間を経過した後の行政行為については不可争力（形式的確定力）が認められるから、国民の側からは当該行政行為の効力を争うことができなくなる。もっとも、その後であっても、行政庁の側からは職権で当該行政行為を取り消すことができる。

ウ　妥当でない 基礎　『合格基本書』p. 388

法律による行政の原理の観点から、行政庁が自力執行を行うためには、独自にそれを根拠づける法律が必要であると解される。

エ　妥当である 基礎　『合格基本書』p. 389

そのとおり。審査請求に対する裁決のような争訟裁断作用を有する行政行為については不可変更力が認められるから、裁決庁は、みずからのした裁決を取り消すことはできない。

オ　妥当でない

判例は、行政行為の公定力について、「行政処分は、たとえ違法であつても、その違法が重大かつ明白で当該処分を当然無効ならしめるものと認むべき場合を除いては、適法に取り消されない限り完全にその効力を有する」としている（最判昭 30. 12. 26）。よって、行政行為に重大かつ明白な違法があるときは、当然に無効であり、権限を有する機関による無効の確認は不要である。

以上より、妥当なものはイ・エであり、正解は肢３となる。

ワンポイントアドバイス

【不可変更力】

裁決のような争訟裁断作用を有する行政行為については、不可変更力が認められます。

判例は、不服申立てに対する「裁決のごときは、行政機関……が実質的には裁判を行つているのであるが、行政機関がするのであるから行政処分に属するわけである。かかる性質を有する裁決は、他の一般行政処分とは異り、特別の規定がない限り、……裁決庁自らにおいて取消すことはできないと解するを相当とする」としています（最判昭 29. 1. 21）。

問題	テーマ（分野）	正解	重要度	正答率
11	用語の定義（行政手続法）	2	A	55%

（類題）ウォーク問過去問題集①法令編　問 173

ア　妥当でない　基礎　『合格基本書』p. 414

①「申請」とは、法令に基づき、行政庁の許可、認可、免許その他の自己に対し何らかの利益を付与する処分（「許認可等」）を求める行為であって、当該行為に対して行政庁が諾否の応答をすべきこととされているものをいう（２条３号）。②「届出」とは、行政庁に対し一定の事項の通知をする行為（申請に該当するものを除く。）であって、法令により直接に当該通知が義務付けられているもの（自己の期待する一定の法律上の効果を発生させるためには当該通知をすべきこととされているものを含む。）をいう（２条７号）。

イ　妥当である

そのとおり。「処分」とは、行政庁の処分その他公権力の行使に当たる行為をいう（２条２号）。

ウ　妥当でない　基礎　『合格基本書』p. 420

「不利益処分」とは、行政庁が、法令に基づき、特定の者を名あて人として、直接に、これに義務を課し、またはその権利を制限する処分をいう（２条４号本文）。不特定の者を名あて人（相手方）とする処分は、「不利益処分」には該当しない。

エ　妥当である　基礎　『合格基本書』p. 428

そのとおり。「行政指導」とは、行政機関がその任務または所掌事務の範囲内において一定の行政目的を実現するため特定の者に一定の作為または不作為を求める指導、勧告、助言その他の行為であって処分に該当しないものをいう（２条６号）。

オ　妥当でない　基礎　『合格基本書』p. 411

①「審査基準」とは、申請により求められた許認可等をするかどうかをその法令の定めに従って判断するために必要とされる基準をいう（２条８号ロ）。②「処分基準」とは、不利益処分をするかどうか、またはどのような不利益処分とするかについてその法令の定めに従って判断するために必要とされる基準をいう（２条８号ハ）。

以上より、妥当なものはイ、エの２つであり、正解は肢２となる。

ワンポイントアドバイス

【法令】

「法令」とは、法律、法律に基づく命令（告示を含む。）、条例および地方公共団体の執行機関の規則（規程を含む。）をいいます（２条１号）。

問題	テーマ（分野）	正解
12	弁明の機会の付与（行政手続法）	3

重要度	正答率
A	85%

1　**妥当でない** 基礎　『合格基本書』p. 426

行政庁は、弁明の機会の付与を行うにあたって、不利益処分の名あて人となるべき者の所在が判明しない場合においては、弁明の機会の付与の通知を、その者の氏名、弁明書の提出先および提出期限ならびに当該行政庁が通知事項を記載した書面をいつでもその者に交付する旨を当該行政庁の事務所の掲示場に掲示すること（公示送達）によって行うことができる（31条・15条３項）。

2　**妥当でない** 基礎　『合格基本書』p. 426

行政庁は、弁明の機会の付与を行うにあたっては、弁明書の提出期限（口頭による弁明の機会の付与を行う場合には、その日時）までに相当な期間をおいて、不利益処分の名あて人となるべき者に対し、①「予定される不利益処分の内容及び根拠となる法令の条項」、②「不利益処分の原因となる事実」、③「弁明書の提出先及び提出期限（口頭による弁明の機会の付与を行う場合には、その旨並びに出頭すべき日時及び場所）」を書面により通知しなければならない（30条）。

3　**妥当である** 基礎　『合格基本書』p. 426

そのとおり。弁明は、行政庁が口頭ですることを認めたときを除き、弁明を記載した書面（弁明書）を提出してするものとする（29条１項）。

4　**妥当でない** 基礎　『合格基本書』p. 426

弁明をするときは、証拠書類等を提出することができる（29条２項）。

5　**妥当でない** 基礎　『合格基本書』p. 426

弁明の機会の付与の通知を受けた者（当事者）は、代理人を選任することができる（31条・16条）。

ワンポイントアドバイス

【弁明の機会の付与】

弁明の機会の付与については、聴聞の手続における「公示送達」に関する規定（15条３項）と「代理人」に関する規定（16条）が準用されています（31条）。

問題	テーマ（分野）	正解	重要度	正答率
13	意見公募手続（行政手続法）	5	A	90%

（類題）ウォーク問過去問題集①法令編　問 193

1　妥当でない　**基礎**　『合格基本書』p. 432

命令等制定機関は、命令等を定めようとする場合には、当該命令等の案およびこれに関連する資料をあらかじめ公示し、意見の提出先および意見の提出のための期間を定めて広く一般の意見を求めなければならない（39 条１項）。意見公募手続において意見を提出することができる者については、特に制限されていない。

2　妥当でない　**基礎**　『合格基本書』p. 433

命令等制定機関は、委員会等の議を経て命令等を定めようとする場合（39 条４項４号に該当する場合を除く。）において、当該委員会等が意見公募手続に準じた手続を実施したときは、みずから意見公募手続を実施することを要しない（40 条２項）。

3　妥当でない　**基礎**　『合格基本書』p. 433

命令等制定機関は、意見公募手続を実施して命令等を定めた場合には、当該命令等の公布と同時期に、① 命令等の題名、② 命令等の案の公示の日、③ 提出意見（提出意見がなかった場合にあっては、その旨）、④ 提出意見を考慮した結果およびその理由を公示しなければならない（43 条１項）。命令等制定機関は、43 条１項２項の規定により提出意見を公示しまたは公にすることにより第三者の利益を害するおそれがあるとき、その他正当な理由があるときは、当該提出意見の全部または一部を除くことができる（43 条３項）。

4　妥当でない

命令等制定機関は、意見公募手続を実施したにもかかわらず命令等を定めないこととした場合には、その旨（別の命令等の案について改めて意見公募手続を実施しようとする場合にあっては、その旨を含む。）ならびに「命令等の題名」および「命令等の案の公示の日」を速やかに公示しなければならない（43 条４項）。

5　妥当である

そのとおり。命令等制定機関は、意見公募手続を実施して命令等を定めた場合には、当該命令等の公布と同時期に、① 命令等の題名、② 命令等の案の公示の日、③ 提出意見（提出意見がなかった場合にあっては、その旨）、④ 提出意見を考慮した結果およびその理由を公示しなければならない（43 条１項）。しかし、再度の意見公募手続を実施する必要はない。

ワンポイントアドバイス

【命令等】

意見公募手続の対象となる「命令等」とは、内閣または行政機関が定める、① 法律に基づく命令または規則、② 審査基準、③ 処分基準、④ 行政指導指針です（２条８号）。

問題	テーマ（分野）	正解	重要度	正答率
14	不服申立て（行政不服審査法）	5	A	55%

1　**妥当でない**　基礎　『合格基本書』p. 436

審査請求は、処分庁等（処分をした行政庁（処分庁）または不作為に係る行政庁（不作為庁）をいう。）に上級行政庁がある場合には、原則として、当該処分庁等の最上級行政庁に対してするものとする（４条４号）。よって、直近上級行政庁に対してするものとはされていない。

2　**妥当でない**　基礎　『合格基本書』p. 436

審査請求は、処分庁等（処分をした行政庁（処分庁）または不作為に係る行政庁（不作為庁）をいう。）が主任の大臣である場合には、原則として、当該処分庁等（主任の大臣）に対してするものとする（４条１号）。

3　**妥当でない**　基礎　『合格基本書』p. 436

行政庁の処分につき処分庁以外の行政庁に対して審査請求をすることができる場合において、法律に再調査の請求をすることができる旨の定めがあるときは、当該処分に不服がある者は、処分庁に対して再調査の請求をすることができる（５条１項本文）。ただし、当該処分について審査請求をしたときは、この限りでない（５条１項ただし書）。

4　**妥当でない**　基礎　『合格基本書』p. 437

行政庁の処分につき法律に再審査請求をすることができる旨の定めがある場合には、当該処分についての審査請求の裁決に不服がある者は、再審査請求をすることができる（６条１項）。再審査請求は、原裁決（再審査請求をすることができる処分についての審査請求の裁決）または当該処分を対象として、法律に定める行政庁に対してするものとする（６条２項）。

5　**妥当である**　基礎　『合格基本書』p. 436

そのとおり。審査請求は、処分庁等（処分をした行政庁（処分庁）または不作為に係る行政庁（不作為庁）をいう。）に上級行政庁がない場合には、原則として、当該処分庁等（処分庁または不作為庁）に対してするものとする（４条１号）。

ワンポイントアドバイス

【不服申立て】

行政不服審査法による不服申立てには、審査請求（２条、３条）、再調査の請求（５条）、再審査請求（６条）の３種類があります。

問題	テーマ（分野）	正解	重要度	正答率
15	審理員の指名（行政不服審査法）	2	A	80%

ア　妥当でない 基礎 『合格基本書』p. 445

審査請求がされた行政庁（「審査庁」）は、審査庁に所属する職員のうちから審理手続を行う者を指名するとともに、その旨を審査請求人および処分庁等（審査庁以外の処分庁等に限る。）に通知しなければならない（９条１項本文)。この規定により指名された者を「審理員」という（11条２項かっこ書)。

イ　妥当である 基礎 『合格基本書』p. 445

そのとおり。審査庁となるべき行政庁は、審理員となるべき者の名簿を作成するよう努めるとともに、これを作成したときは、当該審査庁となるべき行政庁および関係処分庁の事務所における備付けその他の適当な方法により公にしておかなければならない（17条)。

ウ　妥当である

そのとおり。審理員は、①「審査請求に係る処分若しくは当該処分に係る再調査の請求についての決定に関与した者又は審査請求に係る不作為に係る処分に関与し、若しくは関与することとなる者」、②「審査請求人」、③「審査請求人の配偶者、四親等内の親族又は同居の親族」、④「審査請求人の代理人」、⑤「前二号〔③・④〕に掲げる者であった者」、⑥「審査請求人の後見人、後見監督人、保佐人、保佐監督人、補助人又は補助監督人」、⑦「第13条第１項に規定する利害関係人」以外の者でなければならない（９条２項１号～７号)。

エ　妥当でない 基礎 『合格基本書』p. 445

審査庁は、９条１項１号～３号のいずれかに掲げる機関（委員会等）が審査庁である場合もしくは条例に基づく処分について条例に特別の定めがある場合または24条の規定により（審査請求書の不備により審理手続を経ないで）審査請求を却下する場合は、審理員を指名する必要はない（９条１項ただし書)。

オ　妥当である 基礎 『合格基本書』p. 445

そのとおり。審査庁は、審査庁に所属する職員のうちから審理手続を行う者（「審理員」）を指名するとともに、その旨を審査請求人および処分庁等（審査庁以外の処分庁等に限る。）に通知しなければならない（９条１項本文)。

以上より、妥当でないものはア・エであり、正解は肢２となる。

ワンポイントアドバイス

【審理員】

審理員は、審査庁から指名されたときは、直ちに、審査請求書または審査請求録取書の写しを処分庁等に送付しなければなりません（29条１項本文)。ただし、処分庁等が審査庁である場合には、この限りでない（29条１項ただし書）と定められています。

審理員は、相当の期間を定めて、処分庁等に対し、弁明書の提出を求めるものとします（29条２項)。

問題	テーマ（分野）	正解	重要度	正答率
16	執行停止（行政不服審査法）	5	A	85%

（類題）ウォーク問過去問題集①法令編　問 215

1　**妥当でない**　基礎　『合格基本書』p. 448

処分庁の上級行政庁または処分庁である審査庁は、必要があると認める場合には、審査請求人の申立てによりまたは職権で、処分の効力、処分の執行または手続の続行の全部または一部の停止その他の措置（以下「執行停止」という。）をとることができる（25条２項）。よって、審査庁が処分庁の上級行政庁である場合には、その他の措置をとることもできる。

2　**妥当でない**　基礎　『合格基本書』p. 448

処分庁の上級行政庁または処分庁のいずれでもない審査庁は、必要があると認める場合には、審査請求人の申立てにより、処分庁の意見を聴取した上、執行停止をすることができる（25条３項本文）。ただし、処分の効力、処分の執行または手続の続行の全部または一部の停止以外の措置をとることはできない（25条３項ただし書）。すなわち、処分庁の上級行政庁または処分庁のいずれでもない審査庁は、職権により執行停止をすることはできない。

3　**妥当でない**　基礎　『合格基本書』p. 449

審査請求人の申立てがあった場合において、処分、処分の執行または手続の続行により生ずる重大な損害を避けるために緊急の必要があると認めるときは、審査庁は、執行停止をしなければならない（25 条４項本文）。ただし、公共の福祉に重大な影響を及ぼすおそれがあるとき、または本案について理由がないとみえるときは、この限りでない（25条４項ただし書）。よって、本案について理由がないとみえるときは、執行停止をする必要はない。

4　**妥当でない**　基礎　『合格基本書』p. 449

審理員は、必要があると認める場合には、審査庁に対し、執行停止をすべき旨の意見書を提出することができる（40 条）。執行停止の申立てがあったとき、または審理員から執行停止をすべき旨の意見書が提出されたときは、審査庁は、速やかに、執行停止をするかどうかを決定しなければならない（25条７項）。

5　**妥当である**　基礎　『合格基本書』p. 449

そのとおり。執行停止をした後において、執行停止が公共の福祉に重大な影響を及ぼすことが明らかとなったとき、その他事情が変更したときは、審査庁は、その執行停止を取り消すことができる（26条）。

ワンポイントアドバイス

【その他の措置】

審査庁が処分庁の上級行政庁である場合には、処分の効力、処分の執行または手続の続行の全部または一部の停止以外の措置（その他の措置）をとることもできます（25条２項参照）。

「その他の措置」とは、その処分（例：営業許可取消処分）に代わる別の処分（例：一定期間の営業停止処分）をすることによって処分の効力の停止や処分の執行の停止と同じ結果を生じさせるものです。

問題	テーマ（分野）	正解	重要度	正答率
17	処分性（行政事件訴訟法）	5	A	80%

（類題）ウォーク問過去問題集①法令編　問 231

1　妥当でない

判例は、道路交通法による「反則金の納付の通告（以下「通告」という。）があつても、これにより通告を受けた者において通告に係る反則金を納付すべき法律上の義務が生ずるわけではなく……」としたうえで、「通告を受けた者が、その自由意思により、通告に係る反則金を納付し、これによる事案の終結の途を選んだときは、もはや当該通告の理由となつた反則行為の不成立等を主張して通告自体の適否を争い、これに対する抗告訴訟によつてその効果の覆滅を図ることはこれを許さず、右のような主張をしようとするのであれば、反則金を納付せず、後に公訴が提起されたときにこれによつて開始された刑事手続の中でこれを争い、これについて裁判所の審判を求める途を選ぶべきであるとしているものと解するのが相当である。」として、抗告訴訟の対象となる行政処分には当たらないとしている（最判昭 57. 7. 15）。

2　妥当でない　基礎　『合格基本書』p. 459

判例は、医療法による「病院開設中止の勧告は、医療法上は当該勧告を受けた者が任意にこれに従うことを期待してされる行政指導として定められているけれども、当該勧告を受けた者に対し、これに従わない場合には、相当程度の確実さをもって、病院を開設しても保険医療機関の指定を受けることができなくなるという結果をもたらすものということができる」として、「この勧告は、行政事件訴訟法３条２項にいう『行政庁の処分その他公権力の行使に当たる行為』に当たる」としている（病院開設中止勧告事件／最判平 17. 7. 15）。

3　妥当でない　基礎　『合格基本書』p. 459

判例は、建築基準法の定める「特定行政庁による２項道路の指定は、それが一括指定の方法でされた場合であっても、個別の土地についてその本来的な効果として具体的な私権制限を発生させるものであり、個人の権利義務に対して直接影響を与えるものということができる。」として、「本件告示のような一括指定の方法による２項道路の指定も、抗告訴訟の対象となる行政処分に当たると解すべきである。」としている（御所町二項道路指定事件／最判平 14. 1. 17）。

4　妥当でない　基礎　『合格基本書』p. 459

判例は、都市再開発法の規定による第二種市街地再開発事業計画の決定は、「その公告の日から、土地収用法上の事業の認定と同一の法律効果を生ずるものであるから……、市町村は、右決定の公告により、同法に基づく収用権限を取得するとともに、その結果として、施行地区内の土地の所有者等は、特段の事情のない限り、自己の所有地等が収用されるべき地位に立たされることとなる」などとして、「公告された再開発事業計画の決定は、施行地区内の土地の所有者等の法的地位に直接的な影響を及ぼすものであって、抗告訴訟の対象となる行政処分に当たる」としている（阿倍野市街地再開発事件／最判平 4. 11. 26）。

5　妥当である　基礎　『合格基本書』p. 458

そのとおり。判例は、全国新幹線鉄道整備法による運輸大臣（当時）の日本鉄道建設公団（当時）に対する新幹線工事実施計画の認可は、「いわば上級行政機関としての運輸大臣が下級行政機関としての……建設公団に対しその作成した本件工事実施計画の整備計画との整合性等を審査してなす監督手段としての承認の性質を有するもので、行政機関相互の行為と同視すべきものであり、行政行為として外部に対する効力を有するものではなく、また、これによつて直接国民の権利義務を形成し、又はその範囲を確定する効果を伴うものではないから、抗告訴訟の対象となる行政処分にあたらないとした原審の判断は、正当として是認することができ（る）」としている（成田新幹線事件／最判昭 53. 12. 8）。

問題	テーマ（分野）	正解	重要度	正答率
18	取消訴訟の審理手続（行政事件訴訟法）	4	A	40%

1　妥当でない 基礎　『合格基本書』p. 466

処分の取消しの訴えとその処分についての審査請求を棄却した裁決の取消しの訴えとを提起することができる場合には、裁決の取消しの訴えにおいては、処分の違法を理由として取消しを求めることができない（原処分主義／10条２項）。

2　妥当でない 基礎　『合格基本書』p. 467

裁判所は、訴訟関係を明瞭にするため、必要があると認めるときは、被告である国もしくは公共団体に所属する行政庁または被告である行政庁に対し、処分または裁決の内容、処分または裁決の根拠となる法令の条項、処分または裁決の原因となる事実その他処分または裁決の理由を明らかにする資料であって当該行政庁が保有するものの全部または一部の提出を求めることができる（釈明処分の特則／23条の２第１項１号）。これは、裁判所が職権で行うものであって、原告の申立てにより行うものではない。

3　妥当でない 基礎　『合格基本書』p. 467

裁判所は、必要があると認めるときは、職権で証拠調べをすることができる（職権証拠調べ／24条本文）。ただし、その証拠調べの結果について、当事者の意見をきかなければならない（24条ただし書）。よって、証拠調べの前にきいておく必要はない。

4　妥当である 基礎　『合格基本書』p. 469

そのとおり。裁判所は、取消訴訟の目的たる請求を当該処分または裁決にかかる事務の帰属する国または公共団体に対する損害賠償その他の請求に変更することが相当であると認めるときは、請求の基礎に変更がない限り、口頭弁論の終結に至るまで、原告の申立てにより、決定をもって、訴えの変更を許すことができる（21条１項）。

5　妥当でない 基礎　『合格基本書』p. 469

裁判所は、処分または裁決をした行政庁以外の行政庁を訴訟に参加させることが必要であると認めるときは、当事者もしくはその行政庁の申立てによりまたは職権で、決定をもって、その行政庁を訴訟に参加させることができる（行政庁の訴訟参加／23条１項）。

ワンポイントアドバイス

【第三者の訴訟参加】

裁判所は、訴訟の結果により権利を害される第三者があるときは、当事者もしくはその第三者の申立てによりまたは職権で、決定をもって、その第三者を訴訟に参加させることができます（第三者の訴訟参加／22条１項）。

問題	テーマ（分野）	正解	重要度	正答率
19	不作為の違法確認の訴え（行政事件訴訟法）	2	B	85%

ア　妥当である 基礎　『合格基本書』p. 475

そのとおり。不作為の違法確認の訴えは、処分または裁決についての申請をした者に限り、提起することができる（37条）。

イ　妥当でない

法令に基づく申請に対し、行政手続法６条の「標準処理期間」を経過したときでも、直ちに行政事件訴訟法３条５項の「相当の期間」を経過したことにはならないが、重要な考慮要素にはなる。

ウ　妥当でない

不作為の違法確認の訴えについては、処分の取消しの訴えと審査請求との関係についての規定（８条）が準用されている（38条４項）。よって、不作為の違法確認の訴えは、その不作為についての審査請求をすることができる場合においても、直ちに提起することができる（38条４項・８条１項本文）。

エ　妥当でない

不作為の違法確認の訴えについては、取消訴訟における出訴期間の規定（14条）は準用されていない（38条参照）。よって、不作為の違法確認の訴えについては、出訴期間の制限はなく、申請に対する処分または裁決があるまでは、いつでも提起することができる。これに対し、不作為の違法確認の訴えの係属中に、申請に対する処分または裁決があったときは、訴えの利益が失われると解される。

オ　妥当である

そのとおり。不作為の違法確認の訴えについては、取消訴訟における取消判決の拘束力の規定（33条）が準用されている（38条１項）。よって、不作為の違法確認の訴えにおいて、原告の請求を認容する判決（不作為の違法を確認する判決）が確定したときは、行政庁は、申請に対し、何らかの処分または裁決をしなければならない。

以上より、妥当なものはア・オであり、正解は肢２となる。

ワンポイントアドバイス

【不作為の違法確認の訴え】

不作為の違法確認の訴えとは、行政庁が法令に基づく申請に対し、相当の期間内に何らかの処分または裁決をすべきであるにかかわらず、これをしないことについての違法の確認を求める訴訟をいいます（３条５項）。

問題	テーマ（分野）	正解	重要度	正答率
20	宅建業者事件（国家賠償）	4	A	75%

『合格基本書』p. 490

本問は、宅建業者事件（最判平元.11.24）を素材としたものである。

1　判決の内容と矛盾しない

判決は、「法がかかる免許制度を設けた趣旨は、直接的には、宅地建物取引の安全を害するおそれのある宅建業者の関与を未然に排除することにより取引の公正を確保し、宅地建物の円滑な流通を図るところにあ（る）」としている。よって、この記述は判決の内容と矛盾しない。

2　判決の内容と矛盾しない

判決は、「法は、その目的の一つとして購入者等の利益の保護を掲げ（一条）、……取引関係者の利益の保護を顧慮した規定を置いており、免許制度も、究極的には取引関係者の利益の保護に資するものではある」としている。よって、この記述は、判決の内容と矛盾しない。

3　判決の内容と矛盾しない

判決は、「免許を付与した宅建業者の人格・資質等を一般的に保証し、ひいては当該業者の不正な行為により個々の取引関係者が被る具体的な損害の防止、救済を制度の直接的な目的とするものとはにわかに解し難く、かかる損害の救済は一般の不法行為規範等に委ねられている」としている。よって、この記述は、判決の内容と矛盾しない。

4　判決の内容と明らかに矛盾する

判決は、「知事等による免許の付与ないし更新それ自体は、法所定の免許基準に適合しない場合であっても、当該業者との個々の取引関係者に対する関係において直ちに国家賠償法一条一項にいう違法な行為に当たるものではない」としており、違法な行為に当たる余地を認めている。よって、この記述は、判決の内容と明らかに矛盾する。

5　判決の内容と矛盾しない

判決は、「当該業者の不正な行為により個々の取引関係者が損害を被った場合であっても、具体的事情の下において、知事等に監督処分権限が付与された趣旨・目的に照らし、その不行使が著しく不合理と認められるときでない限り、右権限の不行使は、当該取引関係者に対する関係で国家賠償法一条一項の適用上違法の評価を受けるものではないといわなければならない。」としている。よって、この記述は、判決の内容と矛盾しない。

ワンポイントアドバイス

【宅地建物取引業法】

宅地建物取引業法は、「宅地建物取引業を営む者について免許制度を実施し、その事業に対し必要な規制を行うことにより、その業務の適正な運営と宅地及び建物の取引の公正とを確保するとともに、宅地建物取引業の健全な発達を促進し、もつて購入者等の利益の保護と宅地及び建物の流通の円滑化とを図ること」を目的とします（宅地建物取引業法１条）。

問題	テーマ（分野）	正解	重要度	正答率
21	総合（損失補償）	2	B	60%

（類題）ウォーク問過去問題集①法令編　問 283

ア　妥当である

そのとおり。判例は、「火災の際の消防活動により損害を受けた者がその損失の補償を請求しうるためには、当該処分等が、火災が発生しようとし、もしくは発生し、または延焼のおそれがある消防対象物およびこれらのもののある土地以外の消防対象物および立地に対しなされたものであり、かつ、右処分等が消火もしくは延焼の防止または人命の救助のために緊急の必要があるときになされたものであることを要する」としている（最判昭 47. 5. 30）。

イ　妥当でない

判例は、「警察法規が一定の危険物の保管場所等につき保安物件との間に一定の離隔距離を保持すべきことなどを内容とする技術上の基準を定めている場合において、道路工事の施行の結果、警察違反の状態を生じ、危険物保有者が右技術上の基準に適合するように工作物の移転等を余儀なくされ、これによつて損失を被つたとしても、それは道路工事の施行によつて警察規制に基づく損失がたまたま現実化するに至つたものにすぎず、このような損失は、道路法 70 条１項の定める補償の対象には属しない」としている（高松ガソリンスタンド地下タンク移設事件／最判昭 58. 2. 18）。

ウ　妥当である

そのとおり。判例は、「鉱業法 64 条の定める制限は、鉄道、河川、公園、学校、病院、図書館等の公共施設及び建物の管理運営上支障ある事態の発生を未然に防止するため、これらの近傍において鉱物を掘採する場合には管理庁又は管理人の承諾を得ることが必要であることを定めたものにすぎず、この種の制限は、公共の福祉のためにする一般的な最小限度の制限であり、何人もこれをやむを得ないものとして当然受忍しなければならないものであつて、特定の人に対し特別の財産上の犠牲を強いるものとはいえないから、同条の規定によつて損失を被つたとしても、憲法 29 条３項を根拠にして補償請求をすることができないものと解するのが相当である」としている（最判昭 57. 2. 5）。

エ　妥当でない

判例は、「私有財産の収用が正当な補償のもとに行なわれた場合においてその後にいたり収用目的が消滅したとしても、法律上当然に、これを被収用者に返還しなければならないものではない。」としている（最判昭 46. 1. 20）。

以上より、妥当なものはア・ウであり、正解は肢２となる。

ワンポイントアドバイス

【損失補償】

憲法 29 条３項は、「私有財産は、正当な補償の下に、これを公共のために用ひることができる。」としています。

判例は、私有財産を公共のために用いることを定めた法令において「損失補償に関する規定がないからといつて、……あらゆる場合について一切の損失補償を全く否定する趣旨とまでは解されず、……その損失を具体的に主張立証して、別途、直接憲法 29 条３項を根拠にして、補償請求をする余地が全くないわけではない」としています（河川附近地制限令事件／最判昭 43. 11. 27）。

問題	テーマ（分野）	正解
22	議会（地方自治法）	5

重要度	正答率
A	75%

（類題）ウォーク問過去問題集①法令編　問 291

1　妥当でない 基礎　『合格基本書』p. 506

① 普通地方公共団体の議会は、地方自治法 96 条１項１号〜15 号に掲げる事件を議決しなければならない（96 条１項）。② 地方自治法 96 条１項に定めるものを除くほか、普通地方公共団体は、条例で普通地方公共団体に関する事件（法定受託事務に係るものにあって、国の安全に関することその他の事由により議会の議決すべきものとすることが適当でないものとして政令で定めるものを除く。）につき議会の議決すべきものを定めることができる（96 条２項）。このように、条例によって議決事件を追加することもできる。

2　妥当でない 基礎　『合格基本書』p. 506

議会は、予算について、増額してこれを議決することを妨げない（97 条２項本文）。ただし、普通地方公共団体の長の予算の提出の権限を侵すことはできない（97 条２項ただし書）。

3　妥当でない 基礎　『合格基本書』p. 508

議会は、条例で、常任委員会、議会運営委員会および特別委員会を置くことができる（109 条１項）。これらの委員会を「置かなければならない」とされているわけではない。

4　妥当でない

普通地方公共団体の議会の議員は、議会の議決すべき事件につき、議会に議案を提出することができる（112 条１項本文）。ただし、予算については、この限りでない（112 条１項ただし書）。このように、予算については、議員の議案提出権は認められていない。なお、議員が議案を提出するに当たっては、議員の定数の 12 分の１以上の者の賛成がなければならない（112 条２項）。

5　妥当である 基礎　『合格基本書』p. 510

そのとおり。普通地方公共団体の議会は、定例会および臨時会とする（102 条１項）。もっとも、普通地方公共団体の議会は、条例で定めるところにより、定例会および臨時会とせず、毎年、条例で定める日から翌年の当該日の前日までを会期（通年の会期）とすることができる（102 条の２第１項）。

ワンポイントアドバイス

【議会】

普通地方公共団体に、その議事機関として、当該普通地方公共団体の住民が選挙した議員をもって組織される議会を置きます（89 条１項）。

普通地方公共団体の議会は、地方自治法の定めるところにより当該普通地方公共団体の重要な意思決定に関する事件を議決し、ならびに地方自治法に定める検査および調査その他の権限を行使します（89 条２項）。

議会の権限の適切な行使に資するため、普通地方公共団体の議会の議員は、住民の負託を受け、誠実にその職務を行わなければなりません（89 条３項）。

問題	テーマ（分野）	正解	重要度	正答率
23	公の施設（地方自治法）	5	A	80%

（類題）ウォーク問過去問題集①法令編　問 303

1　妥当でない　基礎　『合格基本書』p. 530

普通地方公共団体は、公の施設の設置の目的を効果的に達成するため必要があると認めるときは、条例の定めるところにより、法人その他の団体であって当該普通地方公共団体が指定するもの（「指定管理者」）に、当該公の施設の管理を行わせることができる（244 条の２第３項）。この条例には、指定管理者の指定の手続、指定管理者が行う管理の基準および業務の範囲その他必要な事項を定めるものとする（244 条の２第４項）。

2　妥当でない　基礎　『合格基本書』p. 531

① 普通地方公共団体（指定管理者を含む。）は、正当な理由がない限り、住民が公の施設を利用することを拒んではならない（244 条２項）。よって、正当な理由があれば、その利用を拒むことができる。② 普通地方公共団体（指定管理者を含む。）は、住民が公の施設を利用することについて、不当な差別的取扱いをしてはならない（244 条３項）。

3　妥当でない　基礎　『合格基本書』p. 530

指定管理者の管理する公の施設の利用に係る料金（「利用料金」）は、公益上必要があると認める場合を除くほか、条例の定めるところにより、指定管理者が定めるものとする（244 条の２第９項前段）。この場合において、指定管理者は、あらかじめ当該利用料金について当該普通地方公共団体の承認を受けなければならない（244 条の２第９項後段）。

4　妥当でない　基礎　『合格基本書』p. 531

普通地方公共団体の長は、公の施設を利用する権利に関する処分についての審査請求がされた場合には、当該審査請求が不適法であり、却下するときを除き、議会に諮問した上、当該審査請求に対する裁決をしなければならない（244 条の４第２項）。なお、普通地方公共団体の長は、諮問をしないで審査請求を却下したときは、その旨を議会に報告しなければならない（244 条の４第４項）。

5　妥当である　基礎　『合格基本書』p. 530

そのとおり。普通地方公共団体は、その区域外においても、また、関係普通地方公共団体との協議により、公の施設を設けることができる（244 条の３第１項）。ここにいう協議については、関係普通地方公共団体の議会の議決を経なければならない（244 条の３第３項）。

ワンポイントアドバイス

【公の施設を利用する権利に関する処分についての審査請求】

① 審査請求は、処分庁等に上級行政庁がない場合には、当該処分庁等に対してするものとします（行政不服審査法４条１号）。よって、普通地方公共団体の長がした公の施設を利用する権利に関する処分についての審査請求は、当該普通地方公共団体の長に対してしなければなりません。

② 普通地方公共団体の長以外の機関（指定管理者を含む。）がした公の施設を利用する権利に関する処分についての審査請求は、普通地方公共団体の長が当該機関の最上級行政庁でない場合においても、当該普通地方公共団体の長に対してするものとします（地方自治法 244 条の４第１項）。

問題	テーマ（分野）	正解	重要度	正答率
24	関与等（地方自治法）	2	A	45%

1　**妥当である** 基礎　『合格基本書』p. 538

そのとおり。国は、普通地方公共団体が、その事務の処理に関し、普通地方公共団体に対する国または都道府県の関与を受け、または要することとする場合には、その目的を達成するために必要な最小限度のものとするとともに、普通地方公共団体の自主性および自立性に配慮しなければならない（245 条の３第１項）。

2　**妥当でない** 基礎　『合格基本書』p. 538

普通地方公共団体は、その事務の処理に関し、法律またはこれに基づく政令によらなければ、普通地方公共団体に対する国または都道府県の関与を受け、または要することとされることはない（245 条の２）。よって、都道府県の条例を根拠とすることはできない。

3　**妥当である** 基礎　『合格基本書』p. 540

そのとおり。各大臣は、その担任する事務に関し、都道府県の自治事務の処理が法令の規定に違反していると認めるとき、または著しく適正を欠き、かつ、明らかに公益を害していると認めるときは、当該都道府県に対し、当該自治事務の処理について違反の是正または改善のため必要な措置を講ずべきことを求めることができる（是正の要求／245 条の５第１項）。

4　**妥当である** 基礎　『合格基本書』p. 541

そのとおり。各大臣は、その所管する法律またはこれに基づく政令に係る都道府県の法定受託事務の処理が法令の規定に違反していると認めるとき、または著しく適正を欠き、かつ、明らかに公益を害していると認めるときは、当該都道府県に対し、当該法定受託事務の処理について違反の是正または改善のため講ずべき措置に関し、必要な指示をすることができる（是正の指示／245 条の７第１項）。

5　**妥当である** 基礎　『合格基本書』p. 543

そのとおり。是正の要求または指示を行った各大臣は、普通地方公共団体の長その他の執行機関が当該是正の要求または指示に関して国地方係争処理委員会に対する審査の申出をせず、かつ、当該是正の要求に応じた措置または指示に係る措置を講じないときは、高等裁判所に対し、当該是正の要求または指示を受けた普通地方公共団体の不作為に係る普通地方公共団体の行政庁を被告として、訴えをもって当該普通地方公共団体の不作為の違法の確認を求めることができる（普通地方公共団体の不作為に関する国の訴え／251 条の７第１項１号）。

ワンポイントアドバイス

【国地方係争処理委員会】

総務省に、国地方係争処理委員会を置きます（250 条の７第１項）。

国地方係争処理委員会は、普通地方公共団体に対する国または都道府県の関与のうち国の行政機関が行うもの（「国の関与」）に関する審査の申出につき、地方自治法の規定によりその権限に属させられた事項を処理します（250 条の７第２項）。

問題	テーマ（分野）	正解	重要度	正答率
25	国家公務員（行政法）	4	B	70%

1　正

そのとおり。一般職の国家公務員が、① 人事評価または勤務の状況を示す事実に照らして、勤務実績がよくない場合、② 心身の故障のため、職務の遂行に支障があり、またはこれに堪えない場合、③ その他その官職に必要な適格性を欠く場合、④ 官制もしくは定員の改廃または予算の減少により廃職または過員を生じた場合には、人事院規則の定めるところにより、その意に反して、これを降任し、または免職することができる（国家公務員法78条）。

2　正

そのとおり。一般職の国家公務員が、① 心身の故障のため、長期の休養を要する場合、② 刑事事件に関し起訴された場合、または人事院規則で定めるその他の場合においては、その意に反して、これを休職することができる（国家公務員法79条）。

3　正

そのとおり。一般職の国家公務員が、① 国家公務員法もしくは国家公務員倫理法またはこれらの法律に基づく命令に違反した場合、② 職務上の義務に違反し、または職務を怠った場合、③ 国民全体の奉仕者たるにふさわしくない非行のあった場合には、これに対し懲戒処分として、免職、停職、減給または戒告の処分をすることができる（国家公務員法82条１項）。

4　誤　基礎　『合格基本書』p. 412

公務員または公務員であった者に対してその職務または身分に関してされる処分には、行政手続法の「処分」に関する規定は適用されない（行政手続法３条１項９号）。よって、一般職の国家公務員に対して懲戒処分を行うにあたっては、行政手続法の定める聴聞を行う必要はない。

5　正

そのとおり。国家公務員法による懲戒処分は、その処分を受けた一般職の国家公務員が、同一または関連の事件に関し、重ねて刑事上の訴追を受けることを妨げない（国家公務員法85条後段）。よって、重ねて刑事上の訴追を受けることもありうる。

ワンポイントアドバイス

【国家公務員法】

国家公務員の職は、これを一般職と特別職とに分けます（国家公務員法２条１項）。

国家公務員法の規定は、一般職に属するすべての職に、これを適用します（国家公務員法２条４項前段）。

国家公務員法の規定は、国家公務員法の改正法律により、別段の定めがなされない限り、特別職に属する職には、これを適用しません（国家公務員法２条５項）。

問題	テーマ（分野）	正解	重要度	正答率
26	違法行為の転換（行政法）	4	B	50%

本問は、補助金等に係る予算の執行の適正化に関する法律 22 条に基づくものとしてされた財産の処分の承認が同法７条３項による条件に基づいてされたものとして適法であるとして、いわゆる違法行為の転換を認めた最高裁判所判決（最判令 3.3.2）の宇賀克也裁判官の補足意見を素材としたものである。

「(ア) 法律による行政の原理を空洞化させないために、違法行為の転換が認められる場合は厳格に限定する必要がある。法廷意見が述べるように、本件においては、① 転換前の行政行為（法 22 条に基づく承認）と転換後の行政行為（法７条３項による本件交付決定条件に基づく承認）は、その (イ) 目的を共通にすること、②転換後の行政行為の法効果が転換前の行政行為の法効果より、関係人に不利益に働くことになっていないこと、③ 転換前の行政行為の瑕疵を知った場合に、その代わりに転換後の行政行為を行わなかったであろうと考えられる場合ではないこと……といった事情を勘案して、違法行為の転換が認められている。違法行為の転換を認めた当審の判例……も、上記①～③の要件を全て満たす場合であったといえる。他方、違法行為の転換を認めなかった当審の判例……は、上記①～③の要件のいずれかを満たさない事案であったといえる。このように、法廷意見は、従前の当審の判例と整合するものであり、違法行為の転換が認められる場合を (ウ) 拡大するものでは全くない。

なお、上記①～③の要件は違法行為の転換が認められるための (エ) 必要条件であるが、それが (オ) 必要十分条件であるわけでは必ずしもないと思われる。例えば、いわゆる行政審判手続において審理されなかった事実を訴訟手続において援用して違法行為を転換することは、行政審判手続を採用した趣旨に反し、かかる場合に訴訟手続において違法行為の転換を認めることの可否は慎重に検討すべきではないかと思われる。また、処分の相手方のみならず、第三者にも効果が及ぶいわゆる二重効果的行政処分の場合、違法行為の転換を認めることにより、第三者の権利利益を侵害することにならないかを検討する必要があるであろう。このように、あらゆる場合に、上記①～③の要件を満たせば、必ず違法行為の転換が認められるとはいえないが、本件においては、違法行為の転換を否定すべき特段の事情の存在は認められず、その点について論ずる必要はない。法廷意見も、また、過去に違法行為の転換を認めた当審判例も、そのような特段の事情が存在しない事案であったため、あえて上記①～③以外の要件について言及しなかったものと考えられる。」

以上より、アには「法律による行政の原理」、イには「目的」、ウには「拡大」、エには「必要条件」、オには「必要十分条件」が入り、正解は肢４となる。

問題	テーマ（分野）	正解
27	成年被後見人（民法）	2

重要度	正答率
A	75%

ア　妥当である

そのとおり。精神上の障害により事理を弁識する能力を欠く常況にある者については、家庭裁判所は、本人、配偶者、四親等内の親族、未成年後見人、未成年後見監督人、保佐人、保佐監督人、補助人、補助監督人または検察官の請求により、後見開始の審判をすることができる（７条）。よって、成年被後見人となるべき者（本人）も、みずから家庭裁判所に対して後見開始の審判を請求することができる。

イ　妥当でない　基礎　『合格基本書』p. 132

成年被後見人の法律行為は、取り消すことができる（９条本文）。ただし、日用品の購入その他日常生活に関する行為については、この限りでない（９条ただし書）。よって、成年被後見人が日用品を購入するために行った法律行為は、取り消すことができない。

ウ　妥当でない

家庭裁判所は、後見開始の審判をするときは、職権で、成年後見人を選任する（843条１項）。家庭裁判所は、法人を成年後見人として選任することもできる。なお、成年後見人を選任するには、成年被後見人の心身の状態ならびに生活および財産の状況、成年後見人となる者の職業および経歴ならびに成年被後見人との利害関係の有無（成年後見人となる者が法人であるときは、その事業の種類および内容ならびにその法人およびその代表者と成年被後見人との利害関係の有無）、成年被後見人の意見その他一切の事情を考慮しなければならない（843条４項）。

エ　妥当でない　基礎　『合格基本書』p. 132

成年被後見人の法律行為は、たとえ成年後見人の同意を得て行ったものであっても、取り消すことができる。成年後見人は、代理権（859条１項）、取消権（120条１項）、追認権（122条）を有しているが、同意権を有していないからである。

オ　妥当である

そのとおり。成年後見人が選任されている場合においても、家庭裁判所は、必要があると認めるときは、843 条２項に規定する者（成年被後見人もしくはその親族その他の利害関係人）もしくは成年後見人の請求によりまたは職権で、さらに成年後見人を選任することができる（843条３項）。このように、家庭裁判所は、複数の者を成年後見人として選任することができる。

以上より、妥当なものはア・オであり、正解は肢２となる。

ワンポイントアドバイス

【成年被後見人】

後見開始の審判を受けた者は、成年被後見人とし、これに成年後見人を付します（８条）。

問題	テーマ（分野）	正解	重要度	正答率
28	物（民法）	3	B	75%

1　**妥当である**　基礎　『合格基本書』p. 138

そのとおり。土地およびその定着物は、不動産とする（86 条１項）。不動産以外の物は、すべて動産とする（86 条２項）。

2　**妥当である**　基礎　『合格基本書』p. 139

そのとおり。物の所有者が、その物の常用に供するため、自己の所有に属する他の物をこれに附属させたときは、その附属させた物を従物とする（87 条１項）。

3　**妥当でない**　基礎　『合格基本書』p. 139

従物は、主物の処分に従う（87 条２項）。借地権のような従たる権利についても 87 条２項が類推適用され、主物の処分に従う。たとえば、建物が競売された場合には、借地権も建物の買受人に移転する（大判昭 2. 4. 25）。

4　**妥当である**　基礎　『合格基本書』p. 139

そのとおり。物の用法に従い収取する産出物を天然果実とする（88 条１項）。天然果実は、その元物から分離する時に、これを収取する権利を有する者に帰属する（89 条１項）。

5　**妥当である**　基礎　『合格基本書』p. 139

そのとおり。物の使用の対価として受けるべき金銭その他の物を法定果実とする（88 条２項）。法定果実は、これを収取する権利の存続期間に応じて、日割計算によりこれを取得する（89 条２項）。

ワンポイントアドバイス

【物】

民法において「物」とは、有体物をいいます（85 条）。

問題	テーマ（分野）	正解	重要度	正答率
29	所有権の取得（民法）	3	B	50%

ア　妥当でない　基礎　『合格基本書』p. 194

所有者のない不動産は、国庫に帰属する（239 条２項）。なお、所有者のない動産は、所有の意思をもって占有することによって、その所有権を取得する（239 条１項）。

イ　妥当である

そのとおり。埋蔵物は、遺失物法の定めるところに従い公告をした後６カ月以内にその所有者が判明しないときは、これを発見した者がその所有権を取得する（241 条本文）。ただし、他人の所有する物の中から発見された埋蔵物については、これを発見した者およびその他人が等しい割合でその所有権を取得する（241 条ただし書）。

ウ　妥当でない　基礎　『合格基本書』p. 194

不動産の所有者は、その不動産に従として付合した物の所有権を取得する（242 条本文）。ただし、権原によってその物を附属させた他人の権利を妨げない（242 条ただし書）。

エ　妥当である

そのとおり。所有者を異にする数個の動産が、付合により、損傷しなければ分離することができなくなったときは、その合成物の所有権は、主たる動産の所有者に帰属する（243 条前段）。分離するのに過分の費用を要するときも、同様とする（243 条後段）。

オ　妥当でない　基礎　『合格基本書』p. 194

他人の動産に工作を加えた者（「加工者」）があるときは、その加工物の所有権は、材料の所有者に帰属する（246 条１項本文）。ただし、工作によって生じた価格が材料の価格を著しく超えるときは、加工者がその加工物の所有権を取得する（246 条１項ただし書）。よって、工作によって生じた価格が材料の価格を超えないときは、材料の所有者がその加工物の所有権を取得する。なお、加工者が材料の一部を供したときは、その価格に工作によって生じた価格を加えたものが他人の材料の価格を超えるときに限り、加工者がその加工物の所有権を取得する（246 条２項）。

以上より、妥当なものはイ・エであり、正解は肢３となる。

ワンポイントアドバイス

【遺失物の拾得】

遺失物は、遺失物法の定めるところに従い公告をした後３カ月以内にその所有者が判明しないときは、これを拾得した者がその所有権を取得します（240 条）。

問題	テーマ（分野）	正解	重要度	正答率
30	法定地上権（民法）	5	A	35%

1　**妥当でない**　**基礎**　『合格基本書』p. 215

判例は、「抵当権設定当時において土地および建物の所有者が各別（A・B）である以上、その土地または建物に対する抵当権の実行による競落のさい、たまたま、右土地および建物の所有権が同一の者（A）に帰していたとしても、民法388条の規定が適用または準用されるいわれはな（い）」としている（最判昭 44. 2. 14）。よって、法定地上権は成立しない。

2　**妥当でない**

判例は、「民法388条により法定地上権が成立するためには、抵当権設定当時において地上に建物が存在することを要するものであつて、抵当権設定後土地の上に建物を築造した場合は原則として同条の適用がないものと解するを相当とする。」としている（最判昭 36. 2. 10）。よって、法定地上権は成立しない。

3　**妥当でない**　**基礎**　『合格基本書』p. 215

判例は、民法388条により「地上権を設定したものと看做すべき事由が単に土地共有者の一人（A）だけについて発生したとしても、これがため他の共有者（B）の意思如何に拘わらずそのものの持分までが無視さるべきいわれはないのであつて、当該共有土地については地上権を設定したと看做すべきでないものといわなければならない」としている（最判昭 29. 12. 23）。よって、法定地上権は成立しない。

4　**妥当でない**　**基礎**　『合格基本書』p. 215

判例は、「所有者（A）が土地及び地上建物に共同抵当権を設定した後、右建物が取り壊され、右土地上に新たに建物が建築された場合には、……特段の事情のない限り、新建物のために法定地上権は成立しないと解するのが相当である。」としている（最判平 9. 2. 14）。よって、法定地上権は成立しない。

5　**妥当である**　**基礎**　『合格基本書』p. 215

そのとおり。判例は、建物について１番抵当権が設定された当時は土地と建物の所有者（A・B）が異なっていたが、２番抵当権が設定された当時は双方の所有者が同一（B）であったときは、建物のための法定地上権が成立するとしている（大判昭 14. 7. 26）。建物のための法定地上権が成立しても、建物の１番抵当権者（C）の利益は害されないからである。

ワンポイントアドバイス

【法定地上権】

土地およびその上に存する建物が同一の所有者に属する場合において、その土地または建物につき抵当権が設定され、その実行により所有者を異にするに至ったときは、その建物について、地上権が設定されたものとみなされます（法定地上権／388条前段）。

問題	テーマ（分野）	正解	重要度	正答率
31	詐害行為取消請求（民法）	5	A	30%

1 妥当でない 基礎 『合格基本書』p. 242

債権者（B）は、債務者（A）が債権者（B）を害することを知ってした行為の取消しを裁判所に請求することができる（詐害行為取消請求／424条1項本文）。① 受益者（C）に対する詐害行為取消請求に係る訴えについては、受益者（C）を被告とする（424条の7第1項1号）。② 転得者（D）に対する詐害行為取消請求に係る訴えについては、その詐害行為取消請求の相手方である転得者（D）を被告とする（424条の7第1項2号）。

2 妥当でない 基礎 『合格基本書』p. 242

債権者（B）は、受益者（C）に対する詐害行為取消請求において、債務者（A）がした行為（AC間の贈与）の取消しとともに、その行為によって受益者（C）に移転した財産（宝石）の返還を請求することができる（424条の6第1項前段）。受益者（C）がその財産（宝石）の返還をすることが困難であるときは、債権者（B）は、その価額の償還を請求することができる（424条の6第1項後段）。

3 妥当でない 基礎 『合格基本書』p. 242

債権者（B）は、転得者（D）に対する詐害行為取消請求において、債務者（A）がした行為（AC間の贈与）の取消しとともに、転得者（D）が転得した財産（宝石）の返還を請求することができる（424条の6第2項前段）。転得者（D）がその財産（宝石）の返還をすることが困難であるときは、債権者（B）は、その価額の償還を請求することができる（424条の6第2項後段）。

4 妥当でない 基礎 『合格基本書』p. 243

詐害行為取消請求を認容する確定判決は、債務者（A）およびそのすべての債権者に対してもその効力を有する（425条）。受益者（C）との関係では債務者（A）がした行為（AC間の贈与）は有効であるから、転得者（D）は、受益者（C）に対して代金の返還を請求することができない。

5 妥当である 基礎 『合格基本書』p. 242

そのとおり。詐害行為取消請求に係る訴えは、債務者（A）が債権者（B）を害することを知って行為をしたことを債権者（B）が知った時から2年を経過したときは、提起することができない（426条前段）。行為の時から10年を経過したときも、同様とする（426条後段）。

ワンポイントアドバイス

【転得者に対する詐害行為取消請求】

債権者（B）は、受益者（C）に対して詐害行為取消請求をすることができる場合において、受益者（C）から転得した者（D）があるときは、その転得者（D）が、転得の当時、債務者（A）がした行為が債権者（B）を害することを知っていた場合に限り、その転得者（D）に対しても、詐害行為取消請求をすることができます（424条の5第1号）。

問題	テーマ（分野）	正解
32	契約の解除（民法）	5

重要度	正答率
A	50%

ア　妥当である 基礎　『合格基本書』p. 276

そのとおり。当事者の一方がその債務を履行しない場合において、相手方が相当の期間を定めてその履行の催告をし、その期間内に履行がないときは、相手方は、契約の解除をすることができる（541 条本文）。ただし、その期間を経過した時における債務の不履行がその契約および取引上の社会通念に照らして軽微であるときは、この限りでない（541 条ただし書）。

イ　妥当である 基礎　『合格基本書』p. 276

そのとおり。判例は、「債務者が遅滞に陥つたときは、債権者が期間を定めず履行を催告した場合であつても、その催告の時から相当の期間を経過してなお債務を履行しないときは契約を解除することができる」としている（最判昭 31. 12. 6、大判昭 2. 2. 2 参照）。

ウ　妥当でない 基礎　『合格基本書』p. 277

①「債務の全部の履行が不能であるとき」、②「債務者がその債務の全部の履行を拒絶する意思を明確に表示したとき」、③「債務の一部の履行が不能である場合又は債務者がその債務の一部の履行を拒絶する意思を明確に表示した場合において、残存する部分のみでは契約をした目的を達することができないとき」、④「契約の性質又は当事者の意思表示により、特定の日時又は一定の期間内に履行をしなければ契約をした目的を達することができない場合において、債務者が履行をしないでその時期を経過したとき」、⑤「債務者がその債務の履行をせず、債権者が前条（541 条）の催告をしても契約をした目的を達するのに足りる履行がされる見込みがないことが明らかであるとき」は、債権者は、541 条の催告をすることなく、直ちに契約の解除をすることができる（542 条１項）。

エ　妥当である 基礎　『合格基本書』p. 277

そのとおり。①「債務の一部の履行が不能であるとき」、②「債務者がその債務の一部の履行を拒絶する意思を明確に表示したとき」は、債権者は、541 条の催告をすることなく、直ちに契約の一部の解除をすることができる（542 条２項）。

オ　妥当でない

解除権の行使について期間の定めがないときは、相手方は、解除権を有する者に対し、相当の期間を定めて、その期間内に解除をするかどうかを確答すべき旨の催告をすることができる（547 条前段）。この場合において、その期間内に解除の通知を受けないときは、解除権は、消滅する（547 条後段）。よって、契約の解除をしたものとみなされるわけではない。

以上より、妥当でないものはウ・オであり、正解は肢５となる。

ワンポイントアドバイス

【解除権の行使】

契約または法律の規定により当事者の一方が解除権を有するときは、その解除は、相手方に対する意思表示によってします（540 条１項）。この意思表示は、撤回することができません（540 条２項）。

問題	テーマ（分野）	正解
33	売買（民法）	2

重要度	正答率
B	65%

ア　妥当でない　基礎　『合格基本書』p. 283

買主が売主に手付（解約手付）を交付したときは、買主はその手付を放棄し、売主はその倍額を現実に提供して、契約の解除をすることができる（557 条１項本文）。ただし、その相手方が契約の履行に着手した後は、この限りでない（557 条１項ただし書）。当事者が解約手付による解除をした場合には、損害賠償の請求は認められない（557 条２項）。

イ　妥当である　基礎　『合格基本書』p. 280

そのとおり。売主は、買主に対し、登記、登録その他の売買の目的である権利の移転についての対抗要件を備えさせる義務を負う（560 条）。

ウ　妥当である　基礎　『合格基本書』p. 281

そのとおり。売買の目的物の引渡しについて期限があるときは、代金の支払についても同一の期限を付したものと推定される（573 条）。

エ　妥当である

そのとおり。他人の権利（権利の一部が他人に属する場合におけるその権利の一部を含む。）を売買の目的としたときは、売主は、その権利を取得して買主に移転する義務を負う（561 条）。

オ　妥当でない　基礎　『合格基本書』p. 281

まだ引き渡されていない売買の目的物が果実を生じたときは、その果実は、売主に帰属する（575 条１項）。

以上より、妥当でないものはア・オであり、正解は肢２となる。

ワンポイントアドバイス

【売買】

売買は、当事者の一方（売主）がある財産権を相手方（買主）に移転することを約し、相手方（買主）がこれに対してその代金を支払うことを約することによって、その効力を生じます（555 条）。

問題	テーマ（分野）	正解	重要度	正答率
34	不当利得（民法）	3	B	60%

ア　妥当でない 基礎　『合格基本書』p. 314

不法な原因のために給付をした者は、その給付したものの返還を請求することができない（不法原因給付／708 条本文）。ただし、不法な原因が受益者についてのみ存したときは、この限りでない（708 条ただし書）。

イ　妥当である 基礎　『合格基本書』p. 312

そのとおり。法律上の原因なく他人（損失者）の財産または労務によって利益を受け、そのために他人に損失を及ぼした者（受益者）は、その利益の存する限度において、これを返還する義務を負う（不当利得の返還義務／703 条）。悪意の受益者は、その受けた利益に利息を付して返還しなければならず（704 条前段）、なお損害があるときは、その賠償の責任を負う（704 条後段）。

ウ　妥当でない 基礎　『合格基本書』p. 313

債務者は、弁済期にない債務の弁済として給付をしたときは、その給付したものの返還を請求することができない（期限前の弁済／706 条本文）。ただし、債務者が錯誤によって（＝弁済期にないことを知らないで）その給付をしたときは、債権者は、これによって得た利益を返還しなければならない（706 条ただし書）。

エ　妥当である 基礎　『合格基本書』p. 313

そのとおり。債務の弁済として給付をした者は、その時において債務の存在しないことを知っていたときは、その給付したものの返還を請求することができない（債務の不存在を知ってした弁済／705 条）。

オ　妥当でない 基礎　『合格基本書』p. 313

債務者でない者が錯誤によって（他人の）債務の弁済をした場合において、債権者が善意で証書を滅失させもしくは損傷し、担保を放棄し、または時効によってその債権を失ったときは、その弁済をした者は、返還の請求をすることができない（他人の債務の弁済／707 条１項）。もっとも、弁済をした者から債務者に対する求償権の行使を妨げない（707 条２項）。よって、債務者に対して求償することができる。

以上より、妥当なものはイ・エであり、正解は肢３となる。

ワンポイントアドバイス

【不法原因給付】

不法な原因のために給付をした者は、その給付したものの返還を請求することができません（不法原因給付／708 条本文）。

判例は、民法 708 条は、「みずから反社会的な行為をした者に対しては、その行為の結果の復旧を訴求することを許さない趣旨を規定したものと認められるから、給付者は、不当利得に基づく返還請求をすることが許されないばかりでなく、目的物の所有権が自己にあることを理由として、給付した物の返還を請求することも許されない筋合であるというべきである。」としています（最判昭 45. 10. 21）。

問題	テーマ（分野）	正解	重要度	正答率
35	嫡出の推定（民法）	5	A	75%

ア　妥当である　基礎　『合格基本書』p. 336

そのとおり。妻が婚姻中に懐胎した子は、当該婚姻における夫の子と推定される（772 条１項前段）。婚姻の成立の日から 200 日を経過した後または婚姻の解消・取消しの日から 300 日以内に生まれた子は、婚姻中に懐胎したものと推定される（772 条２項後段）。

イ　妥当である　基礎　『合格基本書』p. 336

そのとおり。女が婚姻前に懐胎した子であって、婚姻が成立した後に生まれたものも、当該婚姻における夫の子と推定される（772 条１項後段）。なお、婚姻の成立の日から 200 日以内に生まれた子は、婚姻前に懐胎したものと推定される（772 条２項前段）。

ウ　妥当でない　基礎　『合格基本書』p. 337

女が子を懐胎した時から子の出生の時までの間に２以上の婚姻をしていたときは、その子は、その出生の直近の婚姻における夫の子と推定される（772 条３項）。

エ　妥当でない　基礎　『合格基本書』p. 337

① 嫡出推定の規定（772 条）により子の父が定められる場合において、父または子は、子が嫡出であることを否認することができる（774 条１項）。子の否認権は、親権を行う母、親権を行う養親または未成年後見人が、子のために行使することができる（774 条２項）。

② 嫡出推定の規定（772 条）により子の父が定められる場合において、母は、子が嫡出であることを否認することができる（774 条３項本文）。ただし、その否認権の行使が子の利益を害することが明らかなときは、この限りでない（774 条３項ただし書）。

オ　妥当である　基礎　『合格基本書』p. 337

そのとおり。父または母は、子の出生後において、その嫡出であることを承認したときは、それぞれその否認権を失う（776 条）。

以上より、妥当でないものはウ・エであり、正解は肢５となる。

ワンポイントアドバイス

【子の監護に要した費用の償還の制限】

嫡出の推定が嫡出否認の訴えにより否認された場合であっても、子は、父であった者が支出した子の監護に要した費用を償還する義務を負いません（778 条の３）。

問題	テーマ（分野）	正解	重要度	正答率
36	商行為（商法）	3	A	85%

1　**妥当でない** 基礎　『合格基本書』p. 565

数人の者がその１人または全員のために商行為となる行為によって債務を負担したときは、その債務は、各自が連帯して負担する（511 条１項）。

2　**妥当でない** 基礎　『合格基本書』p. 565

商人がその営業の範囲内において他人のために行為をしたときは、相当な報酬を請求することができる（512 条）。よって、報酬についての合意がないときでも、相当な報酬を請求することができる。

3　**妥当である** 基礎　『合格基本書』p. 565

そのとおり。商人間において金銭の消費貸借をしたときは、貸主は、法定利息を請求することができる（513 条１項）。

4　**妥当でない** 基礎　『合格基本書』p. 565

民法の規定によれば、質権設定者は、設定行為または債務の弁済期前の契約において、質権者に弁済として質物の所有権を取得させ、その他法律に定める方法によらないで質物を処分させることを約することができない（弁済期前の流質契約の禁止／民法 349 条）。もっとも、この規定は、商行為によって生じた債権を担保するために設定した質権については、適用されない（商法 515 条）。よって、商行為によって生じた債権を担保するために設定した質権については、弁済期前の契約において、質権者に弁済として質物の所有権を取得させることを約すること（流質契約）ができる。

5　**妥当でない** 基礎　『合格基本書』p. 565

保証人がある場合において、債務が主たる債務者の商行為によって生じたものであるとき、または保証が商行為であるときは、主たる債務者および保証人が各別の行為によって債務を負担したときであっても、その債務は、各自が連帯して負担する（511 条２項）。

ワンポイントアドバイス

【利息請求権】

商人がその営業の範囲内において他人のために金銭の立替えをしたときは、その立替えの日以後の法定利息を請求することができます（513 条２項）。

問題	テーマ（分野）	正解	重要度	正答率
37	株式会社の設立（会社法）	5	A	50%

ア　妥当でない　基礎　『合格基本書』p. 579

発起人、設立時取締役または設立時監査役は、株式会社の設立についてその任務を怠ったときは、当該株式会社に対し、これによって生じた損害を賠償する責任を負う（53条1項）。この責任（株式会社に対する責任）は、総株主の同意がなければ、免除することができない（55条）。よって、総株主の同意によって免除することができる。

イ　妥当でない　基礎　『合格基本書』p. 574

発起人のうち出資の履行をしていないものがある場合には、発起人は、当該出資の履行をしていない発起人に対して、期日を定め、その期日までに当該出資の履行をしなければならない旨を通知しなければならない（36条1項）。この通知は、期日の2週間前までにしなければならない（36条2項）。この通知を受けた発起人は、期日までに出資の履行をしないときは、「当該出資の履行をすることにより設立時発行株式の株主となる権利」を失う（36条3項）。発起人については、このような失権手続を経る必要がある。なお、「募集設立」における設立時募集株式の引受人については、失権手続を経る必要はない（63条3項参照）。

ウ　妥当である　基礎　『合格基本書』p. 574

そのとおり。① 発起人は、株式会社の成立の時に、出資の履行をした設立時発行株式の株主となる（50条1項）。②「募集設立」において、設立時募集株式の引受人は、株式会社の成立の時に、払込みを行った設立時発行株式の株主となる（102条2項）。

エ　妥当でない　基礎　『合格基本書』p. 574

設立時発行株式の総数は、発行可能株式総数の4分の1を下ることができない（37条3項本文）。ただし、設立しようとする株式会社が公開会社でない場合（非公開会社の場合）は、この限りでない（37条3項ただし書）。

オ　妥当である　基礎　『合格基本書』p. 577

そのとおり。株式会社が成立しなかったときは、発起人は、連帯して、株式会社の設立に関してした行為についてその責任を負い、株式会社の設立に関して支出した費用を負担する（56条）。

以上より、妥当なものはウ・オであり、正解は肢5となる。

ワンポイントアドバイス

【出資の履行】

発起人は、設立時発行株式の引受け後遅滞なく、その引き受けた設立時発行株式につき、その出資に係る金銭の全額を払い込み、またはその出資に係る金銭以外の財産の全部を給付しなければなりません（34条1項本文）。ただし、発起人全員の同意があるときは、登記、登録その他の権利の設定または移転を第三者に対抗するために必要な行為は、株式会社の成立後にすることを妨げません（34条1項ただし書）。

問題	テーマ（分野）	正解	重要度	正答率
38	自己株式（会社法）	4	C	40%

1 妥当でない

株式会社は、適法に自己株式を取得したときは、その自己株式を保有し続けることができる。

2 妥当でない 基礎 『合格基本書』p. 588

株式会社は、自己株式を消却することができる（178 条１項前段）。この場合において、取締役会設置会社では、取締役会の決議によって、消却する自己株式の数を定めなければならない（178 条１項後段、178 条２項）。

3 妥当でない

株券発行会社の株式の譲渡は、当該株式に係る株券を交付しなければ、その効力を生じない（128 条１項本文）。ただし、自己株式の処分による株式の譲渡については、この限りでない（128 条１項ただし書）。

4 妥当である 基礎 『合格基本書』p. 588

そのとおり。株式会社は、株式の分割をすることができる（183 条１項）。株式会社が自己株式を有するときに、株式の分割をすると、その有する自己株式の数も分割の割合に応じて増加する（184 条１項参照）。

5 妥当でない 基礎 『合格基本書』p. 587

株式会社が株主との合意により当該株式会社の株式（＝ 自己株式）を有償で取得するには、あらかじめ、株主総会の普通決議によって決定しなければならない（156 条１項）。これに対し、株式会社が株主との合意により自己の株式を無償で取得する場合には、株主総会の決議を要しない。

ワンポイントアドバイス

【自己株式】

自己株式とは、株式会社が有する自己の株式をいいます（113 条４項参照）。株式会社は、自己株式については、議決権を有しません（308 条２項）。

問題	テーマ（分野）	正解	重要度	正答率
39	違法行為の差止め（会社法）	3	C	30%

1　妥当でない 基礎　『合格基本書』p. 605

監査役設置会社では、監査役は、取締役が監査役設置会社の目的の範囲外の行為その他法令もしくは定款に違反する行為をし、またはこれらの行為をするおそれがある場合において、当該行為によって当該監査役設置会社に著しい損害が生ずるおそれがあるときは、当該取締役に対し、当該行為をやめることを請求することができる（385条１項）。これについては、監査役会設置会社であっても監査役会の承認を受ける必要はない。

2　妥当でない 基礎　『合格基本書』p. 615

６カ月前から引き続き株式を有する株主（公開会社でない株式会社では保有期間の要件は不要）は、取締役が株式会社の目的の範囲外の行為その他法令もしくは定款に違反する行為をし、またはこれらの行為をするおそれがある場合において、当該行為によって当該株式会社に著しい損害が生ずるおそれがあるときは、当該取締役に対し、当該行為をやめることを請求することができる（360条１項２項）。よって、公開会社でない株式会社（非公開会社）では、保有期間の要件は不要である。

3　妥当である 基礎　『合格基本書』p. 615

そのとおり。監査役設置会社、監査等委員会設置会社または指名委員会等設置会社において、６カ月前から引き続き株式を有する株主は、取締役が株式会社の目的の範囲外の行為その他法令もしくは定款に違反する行為をし、またはこれらの行為をするおそれがある場合において、当該行為によって当該株式会社に回復することができない損害が生ずるおそれがあるときは、当該取締役に対し、当該行為をやめることを請求することができる（360条１項３項）。

4　妥当でない

指名委員会等設置会社では、監査委員は、執行役または取締役が指名委員会等設置会社の目的の範囲外の行為その他法令もしくは定款に違反する行為をし、またはこれらの行為をするおそれがある場合において、当該行為によって当該指名委員会等設置会社に著しい損害が生ずるおそれがあるときは、当該執行役または取締役に対し、当該行為をやめることを請求することができる（407条１項）。

5　妥当でない

監査等委員設置会社では、監査等委員は、取締役が監査等委員会設置会社の目的の範囲外の行為その他法令もしくは定款に違反する行為をし、またはこれらの行為をするおそれがある場合において、当該行為によって当該監査等委員会設置会社に著しい損害が生ずるおそれがあるときは、当該取締役に対し、当該行為をやめることを請求することができる（399条の６第１項）。これについては、監査等委員会の承認を受ける必要はない。

問題	テーマ（分野）	正解		重要度	正答率
40	取締役会（会社法）	4		A	60%

ア　妥当でない 基礎　『合格基本書』p. 601

① 取締役会設置会社（監査役設置会社・監査等委員会設置会社・指名委員会等設置会社を除く。）の株主は、その権利を行使するため必要があるときは、株式会社の営業時間内は、いつでも、取締役会議事録の閲覧または謄写の請求をすることができる（371 条２項）。
② 監査役設置会社、監査等委員会設置会社または指名委員会等設置会社の株主は、その権利を行使するため必要があるときは、裁判所の許可を得て、取締役会議事録の閲覧または謄写の請求をすることができる（371 条３項）。よって、監査役設置会社では、株主が取締役会議事録の閲覧または謄写の請求をするときは、裁判所の許可を得る必要がある。

イ　妥当でない 基礎　『合格基本書』p. 601

取締役会を招集する者は、取締役会の日の１週間（これより下回る期間を定款で定めた場合にあっては、その期間）前までに、各取締役（監査役設置会社にあっては、各取締役および各監査役）に対して、その通知を発しなければならない（368 条１項）。もっとも、取締役会は、取締役（監査役設置会社にあっては、取締役および監査役）の全員の同意があるときは、招集の手続を経ることなく開催することができる（368 条２項）。

ウ　妥当である 基礎　『合格基本書』p. 598

そのとおり。取締役会は、すべての取締役で組織する（362 条１項）。取締役会は、取締役の中から代表取締役を選定しなければならない（362 条３項）。

エ　妥当でない 基礎　『合格基本書』p. 600

取締役会は、「支配人その他の重要な使用人の選任及び解任」の決定を取締役に委任することができない（362 条４項３号）。

オ　妥当である 基礎　『合格基本書』p. 601

そのとおり。取締役会設置会社において、（ⅰ）取締役の数が６人以上であり、かつ、（ⅱ）取締役のうち１人以上が社外取締役である場合には、取締役会の決議により、① 重要な財産の処分および譲受け、② 多額の借財についての決議につき、あらかじめ選定した３人以上の取締役（特別取締役）をもって行うことができる旨を定めることができる（373 条１項、362 条４項１号２号）。

以上より、妥当なものはウ・オであり、正解は肢４となる。

ワンポイントアドバイス

【取締役会】

取締役会設置会社の業務を執行する取締役は、３カ月に１回以上、自己の職務の執行の状況を取締役会に報告しなければなりません（363 条２項）。

この規定による取締役会への報告については省略することができない（372 条２項）と定められていることから、取締役会は、３カ月に１回以上、開催しなければなりません。

問題	テーマ（分野）	重要度	正答率
41	グーグル検索結果削除請求事件（憲法・多肢）	A	80%

『合格基本書』p. 37

ア	5（表現行為）	イ	20（プライバシー）
ウ	10（公表）	エ	11（比較衡量）

本問は、グーグル検索結果削除請求事件（最決平 29. 1. 31）を素材としたものである。

「検索事業者は、インターネット上のウェブサイトに掲載されている情報を網羅的に収集してその複製を保存し、同複製を基にした索引を作成するなどして情報を整理し、利用者から示された一定の条件に対応する情報を同索引に基づいて検索結果として提供するものであるが、この情報の収集、整理及び提供はプログラムにより自動的に行われるものの、同プログラムは検索結果の提供に関する検索事業者の方針に沿った結果を得ることができるように作成されたものであるから、検索結果の提供は検索事業者自身による(ア)表現行為という側面を有する。また、検索事業者による検索結果の提供は、……現代社会においてインターネット上の情報流通の基盤として大きな役割を果たしている。そして、検索事業者による特定の検索結果の提供行為が違法とされ、その削除を余儀なくされるということは、上記方針に沿った一貫性を有する(ア)表現行為の制約であることはもとより、検索結果の提供を通じて果たされている上記役割に対する制約でもあるといえる。

以上のような検索事業者による検索結果の提供行為の性質等を踏まえると、検索事業者が、ある者に関する条件による検索の求めに応じ、その者の(イ)プライバシーに属する事実を含む記事等が掲載されたウェブサイトのＵＲＬ等情報を検索結果の一部として提供する行為が違法となるか否かは、当該事実の性質及び内容、当該ＵＲＬ等情報が提供されることによってその者の(イ)プライバシーに属する事実が伝達される範囲とその者が被る具体的被害の程度、その者の社会的地位や影響力、上記記事等の目的や意義、上記記事等が掲載された時の社会的状況とその後の変化、上記記事等において当該事実を記載する必要性など、当該事実を(ウ)公表されない法的利益と当該ＵＲＬ等情報を検索結果として提供する理由に関する諸事情を(エ)比較衡量して判断すべきもので、その結果、当該事実を(ウ)公表されない法的利益が優越することが明らかな場合には、検索事業者に対し、当該ＵＲＬ等情報を検索結果から削除することを求めることができるものと解するのが相当である。」

問題	テーマ（分野）	重要度	正答率
42	代執行（行政法・多肢）	A	85%

『合格基本書』p.404

ア	12（代替的作為）	イ	18（戒告）
ウ	4（執行責任者）	エ	9（国税滞納処分）

本問は、行政代執行法による代執行に関する知識を問うものである。

行政代執行法による代執行は、(ア)代替的作為義務が履行されない場合において、他の手段によってその履行を確保することが困難であり、かつその不履行を放置することが著しく公益に反すると認められるときに、行政庁が、みずから義務者のなすべき行為をなし、または第三者をしてこれをなさしめ、その費用を義務者から徴収するものである（行政代執行法２条参照）。

代執行をなすには、相当の履行期限を定め、その期限までに履行がなされないときは、代執行をなすべき旨を、あらかじめ文書で(イ)戒告しなければならない（行政代執行法３条１項）。義務者が、この(イ)戒告を受けて、指定の期限までにその義務を履行しないときは、当該行政庁は、代執行令書をもって、代執行をなすべき時期、(ウ)執行責任者の氏名および代執行に要する費用の概算による見積額を義務者に通知する（行政代執行法３条２項）。もっとも、非常の場合または危険切迫の場合において、当該行為の急速な実施について緊急の必要があり、(イ)戒告や通知の手続をとる暇がないときは、その手続を経ないで代執行をすることができる（行政代執行法３条３項）。

(ウ)執行責任者は、その者が(ウ)執行責任者たる本人であることを示すべき証票を携帯し、要求があるときは、何時でもこれを呈示しなければならない（行政代執行法４条）。

代執行に要した費用は、(エ)国税滞納処分の例により、これを徴収することができる（行政代執行法６条１項）。

ワンポイントアドバイス

【行政代執行法】

「法律（法律の委任に基く命令、規則及び条例を含む。以下同じ。）により直接に命ぜられ、又は法律に基き行政庁により命ぜられた行為（他人が代つてなすことのできる行為に限る。）について義務者がこれを履行しない場合、他の手段によつてその履行を確保することが困難であり、且つその不履行を放置することが著しく公益に反すると認められるとき」は、当該行政庁は、みずから義務者のなすべき行為をなし、または第三者をしてこれをなさしめ、その費用を義務者から徴収することができます（行政代執行法２条）。

代執行に要した費用の徴収については、実際に要した費用の額およびその納期日を定め、義務者に対し、文書をもってその納付を命じなければなりません（行政代執行法５条）。

問題	テーマ（分野）	重要度	正答率
43	ストックオプション課税事件（行政法・多肢）	A	60%

ア	2（解釈）	イ	16（改正）
ウ	13（通達）	エ	7（正当な理由）

本問は、ストックオプション課税事件（最判平 18.10.24）を素材としたものである。

「外国法人である親会社から日本法人である子会社の従業員等に付与されたストックオプションに係る課税上の取扱いに関しては、現在に至るまで法令上特別の定めは置かれていないところ、課税庁においては、上記ストックオプションの権利行使益の所得税法上の所得区分に関して、かつてはこれを一時所得として取り扱い、課税庁の職員が監修等をした公刊物でもその旨の見解が述べられていたが、平成 10 年分の所得税の確定申告の時期以降、その取扱いを変更し、給与所得として統一的に取り扱うようになったものである。この所得区分に関する所得税法の(ア)解釈問題については、一時所得とする見解にも相応の論拠があり、最高裁平成 16 年（行ヒ）第 141 号同 17 年 1 月 25 日第三小法廷判決・民集 59 巻 1 号 64 頁によってこれを給与所得とする当審の判断が示されるまでは、下級審の裁判例においてその判断が分かれていたのである。このような問題について、課税庁が従来の取扱いを変更しようとする場合には、法令の(イ)改正によることが望ましく、仮に法令の(イ)改正によらないとしても、(ウ)通達を発するなどして変更後の取扱いを納税者に周知させ、これが定着するよう必要な措置を講ずべきものである。ところが、前記事実関係等によれば、課税庁は、上記のとおり課税上の取扱いを変更したにもかかわらず、その変更をした時点では(ウ)通達によりこれを明示することなく、平成 14 年 6 月の所得税基本(ウ)通達の(イ)改正によって初めて変更後の取扱いを(ウ)通達に明記したというのである。そうであるとすれば、少なくともそれまでの間は、納税者において、外国法人である親会社から日本法人である子会社の従業員等に付与されたストックオプションの権利行使益が一時所得に当たるものと解し、その見解に従って上記権利行使益を一時所得として申告したとしても、それには無理からぬ面があり、それをもって納税者の主観的な事情に基づく単なる法律(ア)解釈の誤りにすぎないものということはできない。

以上のような事情の下においては、上告人が平成 11 年分の所得税の確定申告をする前に同 8 年分ないし同 10 年分の所得税についてストックオプションの権利行使益が給与所得に当たるとして増額更正を受けていたことを考慮しても、上記確定申告において、上告人が本件権利行使益を一時所得として申告し、本件権利行使益が給与所得に当たるものとしては税額の計算の基礎とされていなかったことについて、真に上告人の責めに帰することのできない客観的な事情があり、過少申告加算税の趣旨に照らしてもなお上告人に過少申告加算税を賦課することは不当又は酷になるというのが相当であるから、国税通則法 65 条 4 項にいう『(エ)正当な理由』があるものというべきである。」

問題	テーマ（分野）	重要度	正答率
44	不作為についての審査請求（行政法・記述）	A	—

『合格基本書』p. 451

≪正解例≫

Bの不作為が違法である旨を宣言するとともに、Bに対し、許可処分をすべき旨を命ずる。

（41 字）

本問は、行政不服審査法の定める不作為についての審査請求に関する知識を問うものである。

法令に基づき行政庁に対して処分についての申請をした者は、当該申請から相当の期間が経過したにもかかわらず、行政庁の不作為（法令に基づく申請に対して何らの処分をもしないことをいう。）がある場合には、行政不服審査法４条の定めるところにより、当該不作為についての審査請求をすることができる（行政不服審査法３条）。

不作為についての審査請求が理由がある場合には、審査庁は、裁決で、当該不作為が違法または不当である旨を宣言する（49 条３項柱書前段）。この場合において、① 不作為庁の上級行政庁である審査庁は、当該申請に対して一定の処分をすべきものと認めるときは、当該不作為庁に対し、当該処分をすべき旨を命じ（49 条３項１号）、② 不作為庁である審査庁は、当該申請に対して一定の処分をすべきものと認めるときは、当該処分をする（49 条３項２号）。

これを本問についてみると、保健所長Bの最上級行政庁である市長Cは、BがAの申請に対して応答をしないこと（不作為）について違法があり、Aの申請に対して許可処分をすべきものと認めるときは、Aの審査請求に対する認容裁決において、Bの不作為が違法である旨を宣言するとともに、Bに対し、（申請に対する）許可処分をすべき旨を命ずることになる。

以上より、解答にあたっては、正解例のように記述すべきである。

ワンポイントアドバイス

【採点の目安】

①	Bの不作為が違法である旨を宣言する	10 点
②	Bに対し、許可処分をすべき旨を命ずる	10 点

問題	テーマ（分野）	重要度	正答率
45	相隣関係（民法・記述）	B	—

『合格基本書』p. 195

≪正解例≫

Aが

Bに枝を切除するよう催告したにもかかわらず、Bが相当の期間内に切除しない場合。

（39 字）

本問は、相隣関係に関する知識を問うものである。

隣地の竹木の枝が境界線を越える場合において、①「竹木の所有者（B）に枝を切除するよう催告したにもかかわらず、竹木の所有者（B）が相当の期間内に切除しないとき」、②「竹木の所有者（B）を知ることができず、又はその所在を知ることができないとき」、③「急迫の事情があるとき」は、土地の所有者（A）は、（みずから）その枝を切り取ることができる（233 条３項）。2021 年の民法改正により、これらの要件のもとで土地の所有者による枝の切取りが認められた。

以上より、解答にあたっては、正解例のように記述すべきである。

ワンポイントアドバイス

【採点の目安】

①	**切除するよう催告したにもかかわらず**	**10 点**
②	**相当の期間内に切除しない**	**10 点**

問題	テーマ（分野）	重要度	正答率
46	遺留分（民法・記述）	A	―

『合格基本書』p. 362～p. 363

≪正解例≫

ＡＥがＣＤに損害を加えることを知っていた場合に、ＣＤがＥに遺留分侵害額に相当する金銭の支払

を請求できる。　（45字）

本問は、遺留分に関する知識を問うものである。

被相続人（Ａ）の配偶者（Ｃ）は、常に相続人となる（890条前段）。被相続人（Ａ）の子（Ｄ）は、相続人となる（887条１項）。Ａの相続人は、配偶者Ｃと娘Ｄである。

兄弟姉妹以外の相続人（子およびその代襲相続人、直系尊属、配偶者）は、遺留分として、① 直系尊属のみが相続人である場合には、遺留分を算定するための財産の価額の３分の１を、② それ以外の場合には、遺留分を算定するための財産の価額の２分の１を受ける（1042条１項）。

遺留分を算定するための財産の価額は、被相続人（Ａ）が相続開始の時において有した財産の価額にその贈与した財産の価額を加えた額から債務の全額を控除した額とする（1043条１項）。贈与は、相続開始前の１年間にしたものに限り、その価額を算入する（1044条１項前段）。当事者（ＡＥ）双方が遺留分権利者（ＣＤ）に損害を加えることを知って贈与をしたときは、１年前の日より前にしたものについても、同様とする（1044条１項後段）。

遺留分権利者（ＣＤ）およびその承継人は、受遺者または受贈者（Ｅ）に対し、遺留分侵害額に相当する金銭の支払を請求することができる（遺留分侵害額請求／1046条１項）。

以上より、解答にあたっては、正解例のように記述すべきである。

ワンポイントアドバイス

【採点の目安】

①	ＡＥがＣＤに損害を加えることを知っていた	10点
②	ＣＤがＥに遺留分侵害額の支払	10点

問題	テーマ（分野）	正解
47	第二次世界大戦後の日本の政治（政治）	3

重要度	正答率
A	70%

1　妥当でない

1960年７月、岸信介内閣（1957年２月～1960年７月）に代わった池田勇人内閣（1960年７月～1964年11月）は、「寛容と忍耐」を唱えて革新勢力との真正面からの対立を避けながら、「所得倍増」をスローガンに、すでに始まっていた高度経済成長をさらに促進する経済政策（所得倍増計画）を展開した。所得倍増計画では、社会資本の充実と産業構造の高度化を目的とし、10年間で国民経済の規模を実質価値で２倍にしようとすることを目標にした。

2　妥当でない

1964年11月に成立した佐藤栄作内閣（1964年11月～1972年７月）は、非核三原則（「（核兵器を）もたず、つくらず、もちこませず」）を掲げ、まず、1968年に小笠原諸島の返還を実現し、1969年の日米首脳会談で「核抜き」の沖縄返還で合意した。1971年に沖縄返還協定が調印され、1972年の協定発効をもって沖縄の日本復帰が実現した。

3　妥当である

そのとおり。「日本列島改造論」を掲げて組織された田中角栄内閣（1972年７月～1974年12月）は、工業の地方分散、新幹線と高速道路による高速交通ネットワークの整備など列島改造政策を打ち出し、公共投資を拡大した。

4　妥当でない

大平正芳内閣（1978年12月～1980年６月）において懸案となっていた大型間接税は、竹下登内閣（1987年11月～1989年６月）のもとで「消費税」として実現し、1989年４月から実施された。

5　妥当でない

1982年11月に発足した中曽根康弘内閣（1982年11月～1987年11月）は、日米韓関係の緊密化と防衛費の大幅な増額を図る一方、世界的な新自由主義（新保守主義）の風潮の中で、行財政改革を推進し、電電公社・専売公社・国鉄の民営化を断行した。

ワンポイントアドバイス

【国民所得倍増計画】

1960年に、池田勇人内閣が、10年間で国民経済の規模を実質価値で２倍にすることを目標にした「国民所得倍増計画」を発表しました。

「国民所得倍増計画」の目標は、1967年に、当初の計画よりも早く達成されました。

問題	テーマ（分野）	正解	重要度	正答率
48	国際連合（政治）	4	B	30%

1　**妥当でない**　**基礎**　『合格基本書』p. 699
国際連合の総会の会期には、① 毎年９月に開催される通常総会、② 安全保障理事会の要請または加盟国の過半数の要請もしくは加盟国の過半数の同意を得た１加盟国の要請に応じて開催される特別総会、③「平和のための結集」決議に基づいて、理事国９カ国以上の賛成を得た安全保障理事会の要請または加盟国の過半数の要請もしくは加盟国の過半数の同意を得た１加盟国の要請に応じて開催される緊急特別総会がある。

2　**妥当でない**　**基礎**　『合格基本書』p. 699
安全保障理事会は、常任理事国５カ国（中国、フランス、ロシア、イギリス、アメリカ）と、総会が２年の任期で選ぶ非常任理事国 10 カ国で構成される。安全保障理事会の議決は、① 手続事項については９カ国以上の賛成で決定するが、② 手続事項以外のすべての事項（実質事項）については５つの常任理事国を含む９カ国以上の賛成で決定するため、常任理事国の反対投票は「拒否権」と呼ばれる。

3　**妥当でない**
常任理事国の全会一致の合意が得られないために安全保障理事会が行動をとることができない場合には、1950 年 11 月に総会で採択された「平和のための結集」決議に基づいて、理事国９カ国以上の賛成を得た安全保障理事会の要請または加盟国の過半数の要請もしくは加盟国の過半数の同意を得た１加盟国の要請に応じて緊急特別総会が開催されることがある。2022 年２月 24 日にロシアがウクライナへの侵攻を開始したことを受けて、理事国 11 カ国の賛成を得た安全保障理事会の要請に応じて、「平和のための結集」決議に基づく第 11 回緊急特別総会が 2022 年２月 28 日から開催された。

4　**妥当である**　**基礎**　『合格基本書』p. 700
そのとおり。国際連合の主要な司法機関である国際司法裁判所は、紛争の当事国の双方の合意を得て裁判を行う。当事国の一方が国際司法裁判所の判決に基づく義務を履行しないときは、他方の当事国は、安全保障理事会に訴えることができる。

5　**妥当でない**
事務総長は、事務局の長であり、総会の招集や各機関の運営などの政治的権能を有しているため、政治的に中立な国から選出されることが多い。

ワンポイントアドバイス

【安全保障理事会】

日本は、国際連合の安全保障理事会において、2023 年初めから 2024 年末までの２年間、12 回目の非常任理事国を務めました。

問題	テーマ（分野）	正解	重要度	正答率
49	国債（経済）	3	A	25%

ア　妥当でない 基礎 『合格基本書』p. 723

国のプライマリー・バランス（基礎的財政収支）は、国債費を除く歳出と、国債発行収入を除く歳入との財政収支の差である。プライマリー・バランスが均衡している場合には、国債費を除く経費を国債等の借入に依存することなく調達していることになるが、これが赤字である場合には、将来の国民が負担を負うことになる。

イ　妥当である

そのとおり。建設国債および赤字国債（特例国債）のいずれも一般会計において発行され、その発行収入金は一般会計の歳入の一部となる。

ウ　妥当でない 基礎 『合格基本書』p. 722

建設国債は、財政法４条１項ただし書に基づいて、国の資産を形成するものとして公共事業費、出資金および貸付金の財源に充てるために発行される国債である。

エ　妥当である 基礎 『合格基本書』p. 723

そのとおり。赤字国債（特例国債）は、建設国債を発行してもなお歳入が不足すると見込まれる場合に、政府が歳出に充てる資金を調達することを目的として、各年度における特例法に基づいて発行される国債である。

オ　妥当でない

これは、財投債（財政投融資特別会計国債）に関する記述である。財投債（財政投融資特別会計国債）は、特別会計に関する法律62条１項に基づいて、財政融資資金において運用の財源に充てるために発行される国債である。これに対し、財投機関債は、特殊法人等の財政投融資機関（財投機関）が民間の金融市場において個別に発行する債券のうち、政府が元本や利子の支払いを保証していない公募債券である（国債ではない）。

以上より、妥当なものはイ・エであり、正解は肢３となる。

ワンポイントアドバイス

【財政法】

財政法によれば、国の歳出は、公債または借入金以外の歳入をもって、その財源としなければなりません（財政法４条１項本文)。ただし、公共事業費、出資金および貸付金の財源については、国会の議決を経た金額の範囲内で、公債を発行しまたは借入金をなすことができます（財政法４条１項ただし書)。

問題	テーマ（分野）	正解	重要度	正答率
50	介護保険制度（社会）	4	A	40%

ア　妥当でない 基礎　『合格基本書』p. 732

介護保険法によれば、介護保険は、被保険者の要介護状態または要支援状態に関し、必要な保険給付を行うものとする（介護保険法２条１項）。市町村および特別区は、介護保険法の定めるところにより、介護保険を行うものとする（介護保険法３条１項）。すなわち、介護保険の保険者（運営主体）は、市町村および特別区（市区町村）である。

イ　妥当である 基礎　『合格基本書』p. 732

そのとおり。① 第１号被保険者（市町村または特別区の区域内に住所を有する 65 歳以上の者）の保険料は、介護保険の保険者（市町村または特別区）が、原則として年金からの天引きによって徴収する。② 第２号被保険者（市町村または特別区の区域内に住所を有する 40 歳以上 65 歳未満の医療保険加入者）の保険料は、各医療保険の保険者が医療保険料と一体的に徴収する。

ウ　妥当でない

① 第１号被保険者は、原因を問わずに要介護認定または要支援認定を受けたときに介護保険サービスを受けることができる。② 第２号被保険者は、末期がんや関節リウマチ等の老化による病気が原因で要介護認定または要支援認定を受けたときに介護保険サービスを受けることができる。

エ　妥当である 基礎　『合格基本書』p. 732

そのとおり。介護保険サービスを利用した者は、原則として費用の１割（一定以上の所得のある場合には２割、現役並みの所得のある場合には３割）を負担する。

オ　妥当でない 基礎　『合格基本書』p. 732

介護保険サービスの費用のうち、利用者が負担しない部分（原則として９割）は、税金 50%および保険料 50%でまかなわれている。

以上より、妥当なものはイ・エであり、正解は肢４となる。

ワンポイントアドバイス

【介護保険法】

介護保険法は、「加齢に伴って生ずる心身の変化に起因する疾病等により要介護状態となり、入浴、排せつ、食事等の介護、機能訓練並びに看護及び療養上の管理その他の医療を要する者等について、これらの者が尊厳を保持し、その有する能力に応じ自立した日常生活を営むことができるよう、必要な保健医療サービス及び福祉サービスに係る給付を行うため、国民の共同連帯の理念に基づき介護保険制度を設け、その行う保険給付等に関して必要な事項を定め、もって国民の保健医療の向上及び福祉の増進を図ること」を目的とします（介護保険法１条）。

問題	テーマ（分野）	正解	重要度	正答率
51	公害・環境問題（社会）	5	B	25%

ア　妥当でない

1993 年に公害対策基本法および自然環境保全法に代わって環境基本法が制定された。その後、2001 年の中央省庁再編により環境庁を改組して環境省が発足した。

イ　妥当でない

環境基本法において「公害」とは、環境の保全上の支障のうち、事業活動その他の人の活動に伴って生ずる相当範囲にわたる ① 大気の汚染、② 水質の汚濁、③ 土壌の汚染、④ 騒音、⑤ 振動、⑥ 地盤の沈下および ⑦ 悪臭によって、人の健康または生活環境に係る被害が生ずることをいう（環境基本法２条３項）。すなわち、騒音や悪臭による場合も「公害」に含まれている。

ウ　妥当である

そのとおり。政府は、大気の汚染、水質の汚濁、土壌の汚染および騒音に係る環境上の条件について、それぞれ、人の健康を保護し、および生活環境を保全する上で維持されることが望ましい基準（環境基準）を定めるものとする（環境基本法 16 条１項）。

エ　妥当である

そのとおり。政府は、環境の保全に関する施策の総合的かつ計画的な推進を図るため、環境の保全に関する基本的な計画（環境基本計画）を定めなければならない（環境基本法 15 条１項）。

オ　妥当でない

都道府県知事は、①「現に公害が著しく、かつ、公害の防止に関する施策を総合的に講じなければ公害の防止を図ることが著しく困難であると認められる地域」、②「人口及び産業の急速な集中その他の事情により公害が著しくなるおそれがあり、かつ、公害の防止に関する施策を総合的に講じなければ公害の防止を図ることが著しく困難になると認められる地域」のいずれかに該当する地域について、環境基本計画を基本として、当該地域において実施する公害の防止に関する施策に係る計画（公害防止計画）を作成することができる（環境基本法 17 条）。よって、すべての都道府県において公害防止計画を作成しなければならないわけではない。

以上より、妥当なものはウ・エであり、正解は肢５となる。

ワンポイントアドバイス

【環境基本法】

環境基本法は、「環境の保全について、基本理念を定め、並びに国、地方公共団体、事業者及び国民の責務を明らかにするとともに、環境の保全に関する施策の基本となる事項を定めることにより、環境の保全に関する施策を総合的かつ計画的に推進し、もって現在及び将来の国民の健康で文化的な生活の確保に寄与するとともに人類の福祉に貢献すること」を目的とします（環境基本法１条）。

問題	テーマ（分野）	正解	重要度	正答率
52	行政書士会・日本行政書士会連合会（行政書士法）	4	B	55%

ア　妥当でない

都道府県知事は行政書士会につき、総務大臣は日本行政書士会連合会につき、必要があると認めるときは、報告を求め、またはその行なう業務について勧告することができる（18条の６）。

イ　妥当である　基礎　『合格基本書』p. 668

そのとおり。行政書士は、６条の２第２項の規定による登録を受けた時に、当然、その事務所の所在地の属する都道府県の区域に設立されている行政書士会の会員となる（16 条の５第１項）。

ウ　妥当でない　基礎　『合格基本書』p. 665

日本行政書士会連合会は、行政書士の登録を受けた者が ①「引き続き２年以上行政書士の業務を行わないとき」。②「心身の故障により行政書士の業務を行うことができないとき」のいずれかに該当する場合には、その登録を抹消することができる（７条２項）。よって、登録を「抹消しなければならない」わけではない。

エ　妥当でない

行政書士会は、毎年１回、会員に関し総務省令で定める事項を都道府県知事に報告しなければならない（17 条１項）。

オ　妥当である　基礎　『合格基本書』p. 667

そのとおり。行政書士は、その所属する行政書士会および日本行政書士会連合会が実施する研修を受け、その資質の向上を図るように努めなければならない（13 条の２）。

以上より、妥当なものはイ・オであり、正解は肢４となる。

ワンポイントアドバイス

【行政書士会・日本行政書士会連合会】

行政書士は、都道府県の区域ごとに、会則を定めて、１箇の行政書士会を設立しなければなりません（15 条１項）。

全国の行政書士会は、会則を定めて、日本行政書士会連合会を設立しなければなりません（18 条１項）。

問題	テーマ（分野）	正解
53	戸籍の訂正（戸籍法）	4

重要度	正答率
B	40%

1 妥当である

そのとおり。戸籍の記載が法律上許されないものであることまたはその記載に錯誤もしくは遺漏があることを発見した場合には、利害関係人は、家庭裁判所の許可を得て、戸籍の訂正を申請することができる（113 条）。

2 妥当である

そのとおり。確定判決によって戸籍の訂正をすべきときは、訴えを提起した者は、判決が確定した日から１カ月以内に、判決の謄本を添附して、戸籍の訂正を申請しなければならない（116 条１項）。

3 妥当である

そのとおり。戸籍の記載が法律上許されないものであることまたはその記載に錯誤もしくは遺漏があることを発見した場合には、市町村長は、遅滞なく届出人または届出事件の本人にその旨を通知しなければならない（24 条１項本文）。ただし、戸籍の記載、届書の記載その他の書類から市町村長において訂正の内容および事由が明らかであると認めるときは、この限りでない（24 条１項ただし書）。

4 妥当でない

戸籍の記載、届書の記載その他の書類から市町村長において訂正の内容および事由が明らかであると認める場合においては、市町村長は、管轄法務局長等の許可を得て、戸籍の訂正をすることができる（24 条２項）。もっとも、戸籍の訂正の内容が軽微なものであって、かつ、戸籍に記載されている者の身分関係についての記載に影響を及ぼさないものについては、その許可を要しない（24 条３項）。

5 妥当である

そのとおり。裁判所その他の官庁、検察官または吏員がその職務上戸籍の記載が法律上許されないものであることまたはその記載に錯誤もしくは遺漏があることを知ったときは、遅滞なく届出事件の本人の本籍地の市町村長にその旨を通知しなければならない（24 条４項）。

ワンポイントアドバイス

【戸籍の訂正】

届出によって効力を生ずべき行為（戸籍法 60 条、61 条、66 条、68 条、70 条から 72 条まで、74 条および 76 条の規定によりする届出に係る行為を除く。）について戸籍の記載をした後に、その行為が無効であることを発見したときは、届出人または届出事件の本人は、家庭裁判所の許可を得て、戸籍の訂正を申請することができます（戸籍法 114 条）。

問題	テーマ（分野）	正解	重要度	正答率
54	住民基本台帳（住民基本台帳法）	4	B	30%

ア　妥当でない

国および都道府県は、市町村の住民の住所または世帯もしくは世帯主の変更およびこれらに伴う住民の権利または義務の異動その他の住民としての地位の変更に関する市町村長その他の市町村の執行機関に対する届出その他の行為（「住民としての地位の変更に関する届出」）が全て一の行為により行われ、かつ、住民に関する事務の処理が全て住民基本台帳に基づいて行われるように、法制上その他必要な措置を講じなければならない（２条）。これは、法的義務である。

イ　妥当でない　基礎　『合格基本書』p. 674

市町村は、住民基本台帳を備え、その住民につき、住民基本台帳法７条（住民票の記載事項）および30条の45（外国人住民に係る住民票の記載事項の特例）の規定により記載をすべきものとされる事項を記録するものとする（５条）。

ウ　妥当である　基礎　『合格基本書』p. 674

そのとおり。日本人住民に係る住民票には、「戸籍の表示。ただし、本籍のない者及び本籍の明らかでない者については、その旨」を記載・記録する（７条５号）。

エ　妥当である

そのとおり。外国人住民に係る住民票には、国籍等について記載・記録をする（30条の45）。

オ　妥当でない

住民は、常に、住民としての地位の変更に関する届出を正確に行うように努めなければならず、虚偽の届出その他住民基本台帳の正確性を阻害するような行為をしてはならない（３条３項）。届出を正確に行うことは、努力義務である。

以上より、妥当なものはウ・エであり、正解は肢４となる。

ワンポイントアドバイス

【住民基本台帳法】

住民基本台帳法は、「市町村（特別区を含む。以下同じ。）において、住民の居住関係の公証、選挙人名簿の登録その他の住民に関する事務の処理の基礎とするとともに住民の住所に関する届出等の簡素化を図り、あわせて住民に関する記録の適正な管理を図るため、住民に関する記録を正確かつ統一的に行う住民基本台帳の制度を定め、もつて住民の利便を増進するとともに、国及び地方公共団体の行政の合理化に資すること」を目的とします（住民基本台帳法１条）。

問題	テーマ（分野）	正解		重要度	正答率
55	個人情報保護法（個人情報保護）	3		A	25%

ア　妥当である　基礎　『合格基本書』p. 770

そのとおり。個人情報取扱事業者は、「学術研究機関等に個人データを提供する場合であって、当該学術研究機関等が当該個人データを学術研究目的で取り扱う必要があるとき（当該個人データを取り扱う目的の一部が学術研究目的である場合を含み、個人の権利利益を不当に侵害するおそれがある場合を除く。）」は、あらかじめ本人の同意を得ることなく、特定された利用目的の達成に必要な範囲を超えて個人情報を取り扱うことができる（18条１項、18条３項６号）。

イ　妥当でない　基礎　『合格基本書』p. 770

個人情報取扱事業者は、合併その他の事由により他の個人情報取扱事業者から事業を承継することに伴って個人情報を取得した場合であっても、「当該個人情報取扱事業者が学術研究機関等である場合であって、当該個人情報を学術研究の用に供する目的（「学術研究目的」）で取り扱う必要があるとき（当該個人情報を取り扱う目的の一部が学術研究目的である場合を含み、個人の権利利益を不当に侵害するおそれがある場合を除く。）」は、本人の同意を得ないで承継前における当該個人情報の利用目的の達成に必要な範囲を超えて当該個人情報を取り扱うことができる（18条２項、18条３項５号）。

ウ　妥当である　基礎　『合格基本書』p. 773

そのとおり。個人情報取扱事業者は、「当該第三者が学術研究機関等である場合であって、当該第三者が当該個人データを学術研究目的で取り扱う必要があるとき（当該個人データを取り扱う目的の一部が学術研究目的である場合を含み、個人の権利利益を不当に侵害するおそれがある場合を除く。）」は、あらかじめ本人の同意を得ることなく、個人データを第三者に提供することができる（27条１項７号）。

エ　妥当でない　基礎　『合格基本書』p. 773

個人情報取扱事業者は、「当該個人情報取扱事業者が学術研究機関等である場合であって、当該個人データを学術研究目的で提供する必要があるとき（当該個人データを提供する目的の一部が学術研究目的である場合を含み、個人の権利利益を不当に侵害するおそれがある場合を除く。）（当該個人情報取扱事業者と当該第三者が共同して学術研究を行う場合に限る。）」は、本人の同意を得ないで個人データを第三者に提供することができる（27条１項６号）。共同研究を行う第三者は、学術研究機関等であるか否かを問わない。

オ　妥当である　基礎　『合格基本書』p. 776

そのとおり。個人情報取扱事業者は、「当該個人情報取扱事業者が学術研究機関等である場合であって、当該要配慮個人情報を学術研究目的で取り扱う必要があるとき（当該要配慮個人情報を取り扱う目的の一部が学術研究目的である場合を含み、個人の権利利益を不当に侵害するおそれがある場合を除く。）」は、本人の同意を得ないで要配慮個人情報を取得することができる（20条２項５号）。よって、当該要配慮個人情報を取り扱う目的の一部が学術研究目的である場合でも、あらかじめ本人の同意を得る必要はない。

以上より、妥当でないものはイ・エであり、正解は肢３となる。

問題	テーマ（分野）	正解	重要度	正答率
56	不正アクセス禁止法（情報・通信）	4	C	45%

ア　妥当である 基礎　『合格基本書』p. 749

そのとおり。何人も、不正アクセス行為をしてはならない（不正アクセス行為の禁止／３条）。

イ　妥当でない 基礎　『合格基本書』p. 749

何人も、業務その他正当な理由による場合を除いては、アクセス制御機能に係る他人の識別符号を、当該アクセス制御機能に係るアクセス管理者および当該識別符号に係る利用権者以外の者に提供してはならない（不正アクセス行為を助長する行為の禁止／５条）。すなわち、不正アクセス行為を助長する行為は、不正アクセス行為の用に供する目的で行われたものでなくても、禁止の対象になりうる。

ウ　妥当である 基礎　『合格基本書』p. 749

そのとおり。何人も、不正アクセス行為の用に供する目的で、不正に取得されたアクセス制御機能に係る他人の識別符号を保管してはならない（他人の識別符号を不正に保管する行為の禁止／６条）。他人の識別符号を不正に保管する行為は、不正アクセス行為の用に供する目的で行われたものに限り、禁止の対象になりうる。

エ　妥当である 基礎　『合格基本書』p. 749

そのとおり。何人も、アクセス制御機能を特定電子計算機に付加したアクセス管理者になりすまし、その他当該アクセス管理者であると誤認させて、①「当該アクセス管理者が当該アクセス制御機能に係る識別符号を付された利用権者に対し当該識別符号を特定電子計算機に入力することを求める旨の情報を、電気通信回線に接続して行う自動公衆送信を利用して公衆が閲覧することができる状態に置く行為」、②「当該アクセス管理者が当該アクセス制御機能に係る識別符号を付された利用権者に対し当該識別符号を特定電子計算機に入力することを求める旨の情報を、電子メールにより当該利用権者に送信する行為」をしてはならない（識別符号の入力を不正に要求する行為の禁止／７条本文）。ただし、当該アクセス管理者の承諾を得てする場合は、この限りでない（７条ただし書）。すなわち、識別符号の入力を不正に要求する行為は、不正アクセス行為の用に供する目的で行われたものでなくても、禁止の対象になりうる。

オ　妥当でない 基礎　『合格基本書』p. 749

何人も、不正アクセス行為（２条４項１号に該当するものに限る。）の用に供する目的で、アクセス制御機能に係る他人の識別符号を取得してはならない（他人の識別符号を不正に取得する行為の禁止／４条）。すわわち、他人の識別符号を不正に取得する行為は、不正アクセス行為の用に供する目的で行われたものに限り、禁止の対象になりうる。

以上より、妥当でないものはイ・オであり、正解は肢４となる。

ワンポイントアドバイス

【不正アクセス禁止法】

不正アクセス禁止は、「不正アクセス行為を禁止するとともに、これについての罰則及びその再発防止のための都道府県公安委員会による援助措置等を定めることにより、電気通信回線を通じて行われる電子計算機に係る犯罪の防止及びアクセス制御機能により実現される電気通信に関する秩序の維持を図り、もって高度情報通信社会の健全な発展に寄与すること」を目的とします（不正アクセス禁止法１条）。

問題	テーマ（分野）	正解	重要度	正答率
57	情報・通信用語（情報・通信）	4	A	25%

ア　妥当でない 基礎　『合格基本書』p. 765

これは、オープンデータに関する記述である。オープンデータとは、誰もがインターネット等を通じて容易に利用（加工、編集、再配布等）できるように公開されたデータのことをいう。これに対し、ビッグデータとは、情報通信技術（ＩＣＴ）の発達により収集・蓄積・活用が可能となった、従来の技術では管理・処理が困難な膨大なデータ群のことをいう。

イ　妥当である 基礎　『合格基本書』p. 765

そのとおり。ディープフェイクとは、ディープラーニング（深層学習）とフェイク（偽）を合わせた造語であり、ＡＩ（人工知能）を用いて、実際には存在しないリアルで高精細な人物の映像・動画を制作する行為や、その映像・動画のことをいう。

ウ　妥当でない

これは、テザリングに関する記述である。テザリングとは、スマートフォンを無線ＬＡＮのアクセスポイントとして利用し、携帯電話事業者のネットワーク等を使って、無線ＬＡＮ対応のパソコンやゲーム機器等をインターネットに接続させることをいう。これに対し、マイニングとは、暗号資産の取引の正当性を確認するために行われるコンピュータによる計算作業に参加して、報酬として暗号資産を得る仕組みのことを、金の採掘に例えたものである。

エ　妥当でない 基礎　『合格基本書』p. 765

これは、デジタルツインに関する記述である。デジタルツインとは、インターネットに接続した機器などを活用して現実空間の情報を取得し、サイバー空間内に現実空間の環境を再現することをいい、現実世界と対になる双子（ツイン）をデジタル空間上に構築し、モニタリングやシミュレーションを可能にする仕組みである。これに対し、メタバースとは、Meta（超越）とUniverse（宇宙）を組み合わせた造語で、コンピュータネットワーク上の３次元の仮想空間または仮想空間を活用したサービスのことをいう。その活用目的には、オンラインゲームやバーチャルライブ、電子商取引などがある。

オ　妥当である

そのとおり。リスキリング（Reskilling）とは、デジタル化と同時に生まれる新しい職業や、仕事の進め方が大幅に変わるであろう職業に就くためのスキル習得のことをいう。

以上より、妥当なものはイ・オであり、正解は肢４となる。

問題	テーマ（分野）	正解	重要度	正答率
58	空欄補充（文章理解）	3	A	95%

まず、アを検討する。アの前後に「子どもが成長していくというのは、ア だらけの大仕事だ。」とあり、その後に「子どもにはしばしば高くそそり立つ壁のようで、挑戦する気力を持ちつづけるのは容易ではない。」とある。そこで、アには、成長に対する「壁」に近い意味をもつ「障害物」が入るとわかる。

次に、イを検討する。イの前に「いま、『この世界は恐ろしいところだ』『人間なんて信用できない』『未来はまっ暗だ』と言わんばかりの物語があふれている。」とあり、それを受けて「どうしても イ になりがちだ。」とある。そこで、イには、世界や人間や未来に対して消極的な意味をもつ「悲観的」が入るとわかる。

最後に、ウを検討する。ウの前後に「そもそも、『 ウ 』物語がうさんくさいと見なされるようになったのは、物語としては粗雑きわまりないものに、決まり文句のような教訓をはめこんだ作品が量産されてきたからだ。」とある。そこで、ウには、「決まり文句」のような「教訓」に近い意味をもつ「ためになる」が入ることがわかる。

以上より、アには「障害物」、イには「悲観的」、ウには「ためになる」が入り、正解は肢３となる。

（出典　脇明子「魔法ファンタジーの世界」から）

問題	テーマ（分野）	正解	重要度	正答率
59	空欄補充（文章理解）	5	B	55%

1　妥当でない

イの「人体への飽くなき探求」という部分は、本文では述べられていない。

2　妥当でない

イの「芸術家と自然哲学者が一体」という部分は、芸術家と自然の秩序を因果関係で繋いでいる本文の記述と反しているので、妥当でない。

3　妥当でない

ア・イのいずれも、「数学的学問」や「比例」について述べていないので、妥当でない。

4　妥当でない

アに「観る立場が芸術家の精緻な表現能力を刺激した」が入るとすると、「ギリシアにおいては、観る立場が芸術家の精緻な表現能力を刺激したのではなく……」ということになる。これは、本文冒頭の内容を踏まえると矛盾するので、妥当でない。

5　最も妥当である

ア・イに入るものの組合せとして、最も妥当である。イの「幾何学が成立する以前にすでに芸術家が幾何学的な比例を見出していた」は、本文の「ギリシアの芸術の合理性」から「数学的学問が発展し出でた」という記述に相当する。

（出典　和辻哲郎「風土」から）

問題	テーマ（分野）	正解
60	並べ替え（文章理解）	4

重要度	正答率
A	90%

まず、各選択肢の冒頭がＡ・Ｂ・Ｃ・Ｄ・Ｅとすべて異なっているが、それぞれが冒頭にふさわしい一文か否かを検討することで選択肢を絞り込むことができる。たとえば、Ａの「そんな」に着目すれば、「そんな」が指す内容が前に述べられなくてはならないので、冒頭にはふさわしくないと即座に判断できる。また、Ｂの「否である」は何かの問いに対する答えであろうと推測できるが、この問いがまず先にくるべきであるので、やはり、冒頭にはふさわしくない。この段階でＡ・Ｂから始まる肢１・２は妥当でないと判断できる。

次に、指示語・接続語を利用してさらに選択肢を絞り込む。本問で利用しやすい指示語・接続語は、Ａ「そんな」、Ｇ「したがって」となるであろう。まず、Ａでは「そんな不吉なもの」とあるので、「そんな」が指す内容はマイナスの表現と判断でき、Ａの前にはマイナスの表現、すなわち、本問で言えば、不安について述べる文章が先にこなくてはならない。不安について述べる文章はＣ・Ｅ・Ｆであるが、肢３をみるとＣ－Ｄ－Ａと展開されており、Ａの直前に「明るい未来や将来のビジョン」を述べる文章がくるため、妥当でないと判断できる。残された肢４・５はともにＥ－Ｃ－Ｇという展開で共通しているので、ここでは絞れない。

残された肢４・５を絞り込むためには、各肢の内容を吟味する。Ｂは問いに対する答えを示しているから、これに対応する問いを示す文章を探す。Ａ～Ｇの中で、疑問を述べている文章はＤしかない。この点、肢４はＤ－Ｂとなっており、最もスムーズな展開と判断できる。他方、肢５はＡ－Ｂと展開しているが、２つの文章を抱えるＡは１文目に着目すると問いを示しているように見えるが、２文目があるためにＡ－Ｂというつながりはおかしい。この段階で、肢５を削除できる。

以上より、正しい順序はＤ－Ｂ－Ｆ－Ａ－Ｅ－Ｃ－Ｇであり、正解は肢４となる。

（出典　新野哲也「頭がよくなる思想入門」から）

第2回　解答・解説

2025年版　出る順行政書士　当たる！直前予想模試【第２回】解答一覧

【法令等（５肢択一式／一問４点）】

問題	正解	問題	正解	問題	正解
1	4	15	5	29	4
2	4	16	3	30	4
3	4	17	3	31	3
4	2	18	4	32	4
5	5	19	4	33	2
6	2	20	4	34	5
7	5	21	4	35	3
8	3	22	5	36	5
9	5	23	3	37	4
10	3	24	5	38	3
11	3	25	3	39	3
12	2	26	1	40	4
13	3	27	5	合計	／160
14	5	28	5		

【法令等（多肢選択式／一問８点／各２点）】

41	ア	2	イ	13	ウ	10	エ	19
42	ア	7	イ	16	ウ	5	エ	18
43	ア	20	イ	6	ウ	13	エ	3
					合計	／24		

【法令等（記述式／一問20点）】

44	裁判所は執行停止の決定を取り消し、内閣総理大臣は次の常会において国会に報告する。（40字）
45	ＢがＡの委託を受けて弁済をしており、そのことをＣが知っていた場合に、有効なものと扱われる。（45字）
46	指図による占有移転といい、ＡがＢに対して以後Ｃのために甲を占有することを命じ、Ｃが承諾した（45字）
合計	／60

【基礎知識（５肢択一式／一問４点）】

問題	正解	問題	正解	問題	正解
47	4	52	3	57	4
48	5	53	3	58	3
49	4	54	5	59	5
50	3	55	2	60	3
51	2	56	4	合計	／56

合計	／300

問題	テーマ（分野）	正解	重要度	正答率
1	法規範の特徴（基礎法学）	4	B	70%

1　**妥当である**　基礎　『合格基本書』p. 643

そのとおり。これを「組織規範」という。

2　**妥当である**　基礎　『合格基本書』p. 643

そのとおり。これを「命令規範」という。

3　**妥当である**　基礎　『合格基本書』p. 643

そのとおり。これを「禁止規範」という。通常は「……してはならない。」という形で表現される。

4　**妥当でない**　基礎　『合格基本書』p. 642

法規範は、一般に、公権力による強制を伴うことを本質とする。したがって、良心の呵責によって実現される「道徳規範」とは区別される。

5　**妥当である**　基礎　『合格基本書』p. 643

そのとおり。これを「裁判規範」という。

ワンポイントアドバイス

【法規範の特徴】

法規範には、① 行為規範（命令規範・禁止規範）、② 裁判規範、③ 組織規範があります。

問題	テーマ（分野）	正解	重要度	正答率
2	最高裁判所（基礎法学）	4	A	80%

ア　妥当である

そのとおり。最高裁判所は、上告および訴訟法で特に定める抗告についての裁判権（裁判所法7条）のほかに、規則制定権（憲法77条1項）、下級裁判所裁判官の指名権（憲法80条1項）、下級裁判所および裁判所職員に対する監督などの司法行政の監督権（裁判所法80条）を有する。

イ　妥当でない　基礎　『合格基本書』p. 652

最高裁判所において、事件を大法廷または小法廷のいずれで取り扱うかについては、最高裁判所の定めるところによる（裁判所法10条本文）。ただし、①当事者の主張に基いて、法律、命令、規則または処分が憲法に適合するかしないかを判断するとき（意見が前に大法廷でした、その法律、命令、規則または処分が憲法に適合するとの裁判と同じであるときを除く。）、②そのほか、法律、命令、規則または処分が憲法に適合しないと認めるとき、③憲法その他の法令の解釈適用について、意見が前に最高裁判所のした裁判に反するときは、大法廷で裁判をしなければならない（裁判所法10条ただし書）。過去の小法廷の判例を変更するときも、大法廷で裁判をする必要がある。なお、大法廷は、全員の裁判官の合議体であり、小法廷は、最高裁判所の定める員数（5人）の裁判官の合議体である（裁判所法9条2項、最高裁判所裁判事務処理規則2条1項）。

ウ　妥当である

そのとおり。最高裁判所の裁判書（判決書、決定書、命令書）には、各裁判官の意見を表示しなければならない（裁判所法11条）。ここにいう意見には、「法廷意見」（多数意見）のほかに、法廷意見の結論に反対する「反対意見」、法廷意見の結論には賛成するが理由づけを異にする「意見」、法廷意見に加わった裁判官が自分だけの意見を付加する「補足意見」も含まれる。

エ　妥当である　基礎　『合格基本書』p. 653

そのとおり。上級審の裁判所の裁判における判断は、その事件について下級審の裁判所を拘束する（裁判所法4条）。よって、最高裁判所の裁判における判断は、その事件について差戻しを受けた下級裁判所を拘束する。

オ　妥当でない

最高裁判所は、訴訟に関する手続、弁護士、裁判所の内部規律および司法事務処理に関する事項について、規則を定める権限を有する（憲法77条1項）。もっとも、判例は、法律により刑事に関する訴訟手続を規定することは憲法77条に違反しないとしている（最判昭30. 4. 22）。

以上より、妥当でないものはイ・オであり、正解は肢4となる。

問題	テーマ（分野）	正解
3	私人間における人権保障（憲法）	4

重要度	正答率
A	70%

ア　妥当である　**基礎**　『合格基本書』p. 21

そのとおり。判例は、憲法 19 条、14 条は、「その他の自由権的基本権の保障規定と同じく、国または公共団体の統治行動に対して個人の基本的な自由と平等を保障する目的に出たもので、もつぱら国または公共団体と個人との関係を規律するものであり、私人相互の関係を直接規律することを予定するものではない。このことは、基本的人権なる観念の成立および発展の歴史的沿革に徴し、かつ、憲法における基本権規定の形式、内容にかんがみても明らかである。」としている（三菱樹脂事件／最大判昭 48. 12. 12）。

イ　妥当でない　**基礎**　『合格基本書』p. 21

判例は、「私立大学のなかでも、学生の勉学専念を特に重視しあるいは比較的保守的な校風を有する大学が、その教育方針に照らし学生の政治的活動はできるだけ制限するのが教育上適当であるとの見地から、学内及び学外における学生の政治的活動につきかなり広範な規律を及ぼすこととしても、これをもつて直ちに社会通念上学生の自由に対する不合理な制限であるということはできない。」としている（昭和女子大事件／最判昭 49. 7. 19）。

ウ　妥当である　**基礎**　『合格基本書』p. 21

そのとおり。判例は、「私人間の関係においても、相互の社会的力関係の相違から、一方が他方に優越し、事実上後者が前者の意思に服従せざるをえない場合があり、このような場合に私的自治の名の下に優位者の支配力を無制限に認めるときは、劣位者の自由や平等を著しく侵害または制限することとなるおそれがあることは否み難い」としたうえで、そのような「私的支配関係においては、……場合によつては、私的自治に対する一般的制限規定である民法１条、90 条や不法行為に関する諸規定等の適切な運用によつて、一面で私的自治の原則を尊重しながら、他面で社会的許容性の限度を超える侵害に対し基本的な自由や平等の利益を保護し、その間の適切な調整を図る方途も存するのである。」としている（三菱樹脂事件／最大判昭 48. 12. 12）。

エ　妥当である　**基礎**　『合格基本書』p. 21

そのとおり。判例は、男子の定年年齢よりも女子の定年年齢を５歳低く定める就業規則について、「企業経営上の観点から定年年齢において女子を差別しなければならない合理的理由は認められない」としたうえで、「就業規則中女子の定年年齢を男子より低く定めた部分は、専ら女子であることのみを理由として差別したことに帰着するものであり、性別のみによる不合理な差別を定めたものとして民法 90 条の規定により無効である」としている（日産自動車事件／最判昭 56. 3. 24）。

オ　妥当でない　**基礎**　『合格基本書』p. 21

判例は、「国が行政の主体としてでなく私人と対等の立場に立つて、私人との間で個々的に締結する私法上の契約は、当該契約がその成立の経緯及び内容において実質的にみて公権力の発動たる行為となんら変わりがないといえるような特段の事情のない限り、憲法９条の直接適用を受けず、私人間の利害関係の公平な調整を目的とする私法の適用を受けるにすぎない」としている（百里基地訴訟／最判平元. 6. 20）。

以上より、妥当でないものはイ・オであり、正解は肢４となる。

問題	テーマ（分野）	正解	重要度	正答率
4	大阪市ヘイトスピーチ対処条例事件（憲法）	2	A	85%

『合格基本書』p. 36

本問は、大阪市ヘイトスピーチ対処条例事件（最判令 4. 2. 15）を素材としたものである。

ア　妥当である

そのとおり。判例は、「憲法 21 条１項により保障される表現の自由は、立憲民主政の政治過程にとって不可欠の基本的人権であって、民主主義社会を基礎付ける重要な権利であるものの、無制限に保障されるものではなく、公共の福祉による合理的で必要やむを得ない限度の制限を受けることがあるというべきである。そして、本件において、本件各規定による表現の自由に対する制限が上記限度のものとして是認されるかどうかは、本件各規定の目的のために制限が必要とされる程度と、制限される自由の内容及び性質、これに加えられる具体的な制限の態様及び程度等を較量して決めるのが相当である」としている（最判令 4. 2. 15）。

イ　妥当でない

判例は、「条例ヘイトスピーチに該当する表現活動のうち、特定の個人を対象とする表現活動のように民事上又は刑事上の責任が発生し得るものについて、これを抑止する必要性が高いことはもとより、民族全体等の不特定かつ多数の人々を対象とする表現活動のように、直ちに上記責任が発生するとはいえないものについても、……人種又は民族に係る特定の属性を理由として特定人等を社会から排除すること等の不当な目的をもって公然と行われるものであって、その内容又は態様において、殊更に当該人種若しくは民族に属する者に対する差別の意識、憎悪等を誘発し若しくは助長するようなものであるか、又はその者の生命、身体等に危害を加えるといった犯罪行為を扇動するようなものであるといえるから、これを抑止する必要性が高いことに変わりはないというべきである。」としている（最判令 4. 2. 15）。

ウ　妥当でない

判例は、「加えて、市内においては、実際に……過激で悪質性の高い差別的言動を伴う街宣活動等が頻繁に行われていたことがうかがわれること等をも勘案すると、本件各規定の目的は合理的であり正当なものということができる。」としている（最判令 4. 2. 15）。

エ　妥当でない

判例は、「本件各規定により制限される表現活動の内容及び性質は、上記のような過激で悪質性の高い差別的言動を伴うものに限られる上、その制限の態様及び程度においても、事後的に市長による拡散防止措置等の対象となるにとどまる。そして、拡散防止措置については、市長は、看板、掲示物等の撤去要請や、インターネット上の表現についての削除要請等を行うことができると解されるものの、当該要請等に応じないものに対する制裁はなく、認識等公表についても、表現活動をしたものの氏名又は名称を特定するための法的強制力を伴う手段は存在しない。」としている（最判令 4. 2. 15）。

オ　妥当である

そのとおり。判例は、「本件各規定のうち、条例ヘイトスピーチの定義を規定した本件条例２条１項及び市長が拡散防止措置等をとるための要件を規定した本件条例５条１項は、通常の判断能力を有する一般人の理解において、具体的場合に当該表現活動がその適用を受けるものかどうかの判断を可能とするような基準が読み取れるものであって、不明確なものということはできないし、過度に広汎な規制であるということもできない。」としている（最判令 4. 2. 15）。

以上より、妥当なものはア・オであり、正解は肢２となる。

問題	テーマ（分野）	正解
5	信教の自由（憲法）	5

重要度	正答率
A	50%

（類題）ウォーク問過去問題集①法令編　問 14

ア　妥当でない　基礎　『合格基本書』p. 43

判例は、「信教の自由の保障は、何人も自己の信仰と相容れない信仰をもつ者の信仰に基づく行為に対して、それが強制や不利益の付与を伴うことにより自己の信教の自由を妨害するものでない限り寛容であることを要請している」としたうえで、「静謐な宗教的環境の下で信仰生活を送るべき利益なるものは、これを直ちに法的利益として認めることができない」としている（自衛隊合祀事件／最大判昭 63. 6. 1）。

イ　妥当でない　基礎　『合格基本書』p. 44

判例は、「憲法は、政教分離規定を設けるにあたり、国家と宗教との完全な分離を理想とし、国家の非宗教性ないし宗教的中立性を確保しようとしたもの、と解すべきである。しかしながら、元来、政教分離規定は、いわゆる制度的保障の規定であつて、信教の自由そのものを直接保障するものではなく、国家と宗教との分離を制度として保障することにより、間接的に信教の自由の保障を確保しようとするものである」としている（津地鎮祭事件／最大判昭 52. 7. 13）。

ウ　妥当である　基礎　『合格基本書』p. 45

そのとおり。判例は、憲法 20 条 1 項後段にいう「宗教団体」、憲法 89 条にいう「宗教上の組織若しくは団体」とは、「特定の宗教の信仰、礼拝又は普及等の宗教的活動を行うことを本来の目的とする組織ないし団体を指す」としたうえで、「戦没者遺族の相互扶助・福祉向上と英霊の顕彰を主たる目的として設立され活動している団体」は、それらに該当しないとしている（箕面忠魂碑事件／最判平 5. 2. 16）。

エ　妥当でない　基礎　『合格基本書』p. 43

判例は、「信仰上の真しな理由から剣道実技に参加することができない学生に対し、代替措置として、例えば、他の体育実技の履修、レポートの提出等を求めた上で、その成果に応じた評価をすることが、その目的において宗教的意義を有し、特定の宗教を援助、助長、促進する効果を有するものということはできず、他の宗教者又は無宗教者に圧迫、干渉を加える効果があるともいえないのであって、およそ代替措置を採ることが、その方法、態様のいかんを問わず、憲法 20 条 3 項に違反するということができない」としている（エホバの証人剣道受講拒否事件／最判平 8. 3. 8）。

オ　妥当である　基礎　『合格基本書』p. 45

そのとおり。判例は、「国又は地方公共団体が、国公有地上にある施設の敷地の使用料の免除をする場合においては、……当該免除が、……諸条件に照らし、信教の自由の保障の確保という制度の根本目的との関係で相当とされる限度を超えて、政教分離規定に違反するか否かを判断するに当たっては、当該施設の性格、当該免除をすることとした経緯、当該免除に伴う当該国公有地の無償提供の態様、これらに対する一般人の評価等、諸般の事情を考慮し、社会通念に照らして総合的に判断すべきものと解するのが相当である。」としている（孔子廟訴訟／最大判令 3. 2. 24）。

以上より、妥当なものはウ・オであり、正解は肢５となる。

問題	テーマ（分野）	正解	重要度	正答率
6	司法権（憲法）	2	A	40%

（類題）ウォーク問過去問題集①法令編　問 43

ア　妥当である

そのとおり。判例は、「国家試験における合格、不合格の判定も学問または技術上の知識、能力、意見等の優劣、当否の判断を内容とする行為であるから、その試験実施機関の最終判断に委せられるべきものであつて、その判断の当否を審査し具体的に法令を適用して、その争を解決調整できるものとはいえない。」として、法律上の争訟にあたらないとしている（技術士国家試験事件／最判昭 41.2.8）。

イ　妥当でない　基礎　『合格基本書』p.95

判例は、国公立の大学における「単位の授与（認定）という行為は、学生が当該授業科目を履修し試験に合格したことを確認する教育上の措置であり、卒業の要件をなすものではあるが、当然に一般市民法秩序と直接の関係を有するものでないことは明らかである。それゆえ、単位授与（認定）行為は、他にそれが一般市民法秩序と直接の関係を有するものであることを肯認するに足りる特段の事情のない限り、純然たる大学内部の問題として大学の自主的、自律的な判断に委ねられるべきものであつて、裁判所の司法審査の対象にはならない」としている（富山大学事件／最判昭 52.3.15）。なお、「学生が専攻科修了の要件を充足したにもかかわらず大学が専攻科修了の認定をしない」ことについては、学生が一般市民として有する（国公立の大学という）公の施設を利用する権利を侵害するものであり、「司法審査の対象になる」としている。

ウ　妥当でない　基礎　『合格基本書』p.95

判例は、「政党の結社としての自主性にかんがみると、政党の内部的自律権に属する行為は、法律に特別の定めのない限り尊重すべきであるから、政党が組織内の自律的運営として党員に対してした除名その他の処分の当否については、原則として自律的な解決に委ねるのを相当とし、したがつて、政党が党員に対してした処分が一般市民法秩序と直接の関係を有しない内部的な問題にとどまる限り、裁判所の審判権は及ばないというべきであり、他方、右処分が一般市民としての権利利益を侵害する場合であつても、右処分の当否は、当該政党の自律的に定めた規範が公序良俗に反するなどの特段の事情のない限り右規範に照らし、右規範を有しないときは条理に基づき、適正な手続に則つてされたか否かによつて決すべきであり、その審理も右の点に限られるものといわなければならない。」としている（共産党袴田事件／最判昭 63.12.20）。

エ　妥当でない　基礎　『合格基本書』p.95

判例は、「衆議院の解散は、極めて政治性の高い国家統治の基本に関する行為であつて、かくのごとき行為について、その法律上の有効無効を審査することは司法裁判所の権限の外にありと解すべき」であるとしている（苫米地事件／最大判昭 35.6.8）。

オ　妥当である　基礎　『合格基本書』p.95

そのとおり。判例は、警察「法は両院において議決を経たものとされ適法な手続によつて公布されている以上、裁判所は両院の自主性を尊重すべく同法制定の議事手続に関する……事実を審理してその有効無効を判断すべきでない。」としている（警察法改正無効事件／最大判昭 37.3.7）。

以上より、妥当なものはア、オの２つであり、正解は肢２となる。

問題	テーマ（分野）	正解
7	条約（憲法）	5

重要度	正答率
B	50%

1　妥当でない

条約の締結に必要な国会の承認については、先に衆議院に提出することは義務づけられていない（61条は60条１項を準用していない）。

2　妥当でない

憲法98条２項や前文を根拠として、条約は、直接的に国内法的効力を有すると解される。なお、国内で条約を実施することについては、① そのまま国内法として適用できる条約（自動執行条約）と、② 国内に適用するための法律を制定する必要のある条約がある。

3　妥当でない

日本国が締結した条約および確立された国際法規は、これを誠実に遵守することを必要とする（98条２項）。ここにいう「日本国が締結した条約」とは、日本国と外国との間の文書による合意のことであるが、日本国が外国の国有の土地を賃借する契約のように、両当事者が純然たる私人の立場で結んだものは含まれない。

4　妥当でない　基礎　『合格基本書』p. 113

判例は、条約の国内法的効力が憲法に劣後することを前提として、条約についても司法審査の対象となる余地があることを認めている（砂川事件／最大判昭34. 12. 16）。

5　妥当である　基礎　『合格基本書』p. 75

そのとおり。条約は、国会による承認（73条３号但書）および内閣による締結（73条３号本文）によって有効に成立する。天皇は、内閣の助言と承認により、条約を公布する（７条１号）が、この公布は、条約が成立するための要件ではない。

ワンポイントアドバイス

【条約】

内閣は、「条約を締結すること」の事務を行います（73条３号本文）。ただし、事前に、時宜によっては事後に、国会の承認を経ることを必要とします（73条３号但書）。

問題	テーマ（分野）	正解	重要度	正答率
8	通達（行政法総論）	3	A	55%

1　妥当でない　**基礎**　『合格基本書』p. 385

判例は、「裁判所がこれらの通達に拘束されることのないことはもちろんで、裁判所は、法令の解釈適用にあたつては、通達に示された法令の解釈とは異なる独自の解釈をすることができ、通達に定める取扱いが法の趣旨に反するときは独自にその違法を判定することもできる筋合である」としている（墓地埋葬通達事件／最判昭 43. 12. 24）。

2　妥当でない

判例は、パチンコ球遊器について約 10 年にわたり非課税の取扱いが続いた後に、法定の課税対象物品に当たる旨の通達が発せられた場合には、「課税がたまたま所論通達を機縁として行われたものであつても、通達の内容が法の正しい解釈に合致するものである以上、本件課税処分は法の根拠に基く処分と解するに妨げがな（い）」としている（パチンコ球遊器事件／最判昭 33. 3. 28）。

3　妥当である　**基礎**　『合格基本書』p. 385

そのとおり。判例は、「元来、通達は、原則として、法規の性質をもつものではなく、上級行政機関が関係下級行政機関および職員に対してその職務権限の行使を指揮し、職務に関して命令するために発するものであり、このような通達は右機関および職員に対する行政組織内部における命令にすぎないから、これらのものがその通達に拘束されることはあっても、一般の国民は直接これに拘束されるものではな（い）」としている（墓地埋葬通達事件／最判昭 43. 12. 24）。

4　妥当でない

判例は、原爆医療法に基づき被爆者健康手帳の交付を受けた者が我が国の領域を越えて居住地を移した場合には、原爆特別措置法は適用されず、原爆特別措置法に基づく健康管理手当等の受給権は失権の取扱いとなるものと定めた「402 号通達の発出の段階において、原爆二法の統一的な解釈、運用について直接の権限と責任を有する上級行政機関たる上告人の担当者が、それまで上告人が採ってきたこれらの法律の解釈及び運用が法の客観的な解釈として正当なものといえるか否かを改めて検討することとなった機会に、その職務上通常尽くすべき注意義務を尽くしていれば、当然に認識することが可能であったものというべきである。そうすると、上告人の担当者が、原爆二法の解釈を誤る違法な内容の 402 号通達を発出したことは、国家賠償法上も違法の評価を免れないものといわざるを得ない。」としている（在外被爆者健康管理手当事件／最判平 19. 11. 1）。

5　妥当でない

判例は、各都道府県知事に宛てて発出された『生活に困窮する外国人に対する生活保護の措置について』と題する通知につき、「本件通知は行政庁の通達であり、それに基づく行政措置として一定範囲の外国人に対して生活保護が事実上実施されてきたとしても、そのことによって、生活保護法１条及び２条の規定の改正等の立法措置を経ることなく、生活保護法が一定の範囲の外国人に適用され又は準用されるものとなると解する余地はなく、……本件通知を根拠として外国人が同法に基づく保護の対象となり得るものとは解されない」としている（最判平 26. 7. 18）。

問題	テーマ（分野）	正解
9	行政行為の分類（行政法総論）	5

重要度	正答率
A	70%

1 妥当でない 基礎 『合格基本書』p. 387

「許可」とは、すでに法令によって課されている一般的禁止を特定の場合に解除する行為で、本来各人が有している自由を回復させるものをいい、自動車運転の免許や医師の免許がこれに当たる。公有水面の埋立ての免許は「特許」の例である。

2 妥当でない 基礎 『合格基本書』p. 387

「確認」とは、特定の事実または法律関係の存否について公の権威をもって判断する行為であり、当選人の決定や恩給の裁定がこれに当たる。なお、選挙人名簿への登録や戸籍への記載は「公証」の例である。

3 妥当でない 基礎 『合格基本書』p. 387

「特許」とは、人が生まれながらには有していない新たな権利その他法律上の力ないし地位を特定人に付与する行為をいい、鉱業権の設定の許可や公有水面埋立の免許がこれに当たる。医師の免許は「許可」の例である。

4 妥当でない 基礎 『合格基本書』p. 387

「公証」は、特定の事実または法律関係の存在を公に証明する行為であり、選挙人名簿への登録や戸籍への記載がこれに当たる。なお、当選人の決定や恩給の裁定は、「確認」の例である。

5 妥当である 基礎 『合格基本書』p. 387

そのとおり。「認可」とは、第三者の行為を補充して、その法律上の効果を完成させる行為をいい、農地の権利移転の許可や埋立地の売買の許可がこれに当たる。

ワンポイントアドバイス

【行政行為の分類】

農地法によれば、農地または採草放牧地について所有権を移転し、または地上権、永小作権、質権、使用貸借による権利、賃借権もしくはその他の使用および収益を目的とする権利を設定し、もしくは移転する場合には、政令で定めるところにより、当事者が農業委員会の許可を受けなければなりません（農地法３条１項本文）。この許可を受けないでした行為は、その効力を生じない（農地法３条６項）と定められており、この許可は、行政行為の分類における「認可」に当たります。

問題	テーマ（分野）	正解	重要度	正答率
10	行政計画（行政法総論）	3	A	70%

1 妥当である 基礎 『合格基本書』p. 402

そのとおり。行政計画に法律の根拠を要するかどうかは、策定しようとする行政計画が私人の権利義務に法的影響を与えるかどうかにより個別的に判断される。一般に、非拘束的計画の策定には法律の根拠は不要であるが、拘束的計画の策定には法律の根拠が必要であると考えられる。

2 妥当である

そのとおり。行政計画を策定するにあたっては計画策定権者に広範な裁量が認められることが多いことから、行政計画の策定過程について法的手続を整備することが極めて重要であると解される。そのため、個別法では、行政計画策定に関する手続的ルールを定めるものもある。しかし、行政手続法では、行政計画策定手続の統一的ルールは定めていない。

3 妥当でない 基礎 『合格基本書』p. 459

判例は、土地区画整理事業の事業計画の決定は、施行地区内の宅地所有者等の法的地位に変動をもたらし、抗告訴訟の対象とするに足りる法的効果を有するものということができるので、行政事件訴訟法３条２項にいう行政庁の処分その他公権力の行使に当たるとしている（浜松市土地区画整理事業計画事件／最大判平 20. 9. 10）。

4 妥当である

そのとおり。判例は、都市計画法に基づく都市計画としての工業地域指定の決定は、地域内の土地所有者等に建築基準法上新たな制約を課し、その限度で一定の法状態の変動を生じさせるものであるが、かかる効果は、あたかも新たに法令が制定された場合と同様の当該地域内の不特定多数の者に対する一般的抽象的なものにすぎず、直ちにその地域内の個人に対する具体的な権利侵害を伴う処分があったとはいえないとして、抗告訴訟の対象となる処分にあたらないとしている（盛岡用途地域指定事件／最判昭 57. 4. 22）。

5 妥当である

そのとおり。判例は、「裁判所が都市施設に関する都市計画の決定又は変更の内容の適否を審査するに当たっては、当該決定又は変更が裁量権の行使としてされたことを前提として、その基礎とされた重要な事実に誤認があること等により重要な事実の基礎を欠くこととなる場合、又は、事実に対する評価が明らかに合理性を欠くこと、判断の過程において考慮すべき事情を考慮しないこと等によりその内容が社会通念に照らし著しく妥当性を欠くものと認められる場合に限り、裁量権の範囲を逸脱し又はこれを濫用したものとして違法となるとすべきものと解するのが相当である」としている（小田急高架訴訟(本案)／最判平 18. 11. 2）。

問題	テーマ（分野）	正解		重要度	正答率
11	聴聞（行政手続法）	3		A	85%

ア　聴聞の手続をとる必要はない

行政庁は、施設もしくは設備の設置、維持もしくは管理または物の製造、販売その他の取扱いについて遵守すべき事項が法令において技術的な基準をもって明確にされている場合において、専ら当該基準が充足されていないことを理由として当該基準に従うべきことを命ずる不利益処分であってその不充足の事実が計測、実験その他客観的な認定方法によって確認されたものをしようとするときは、意見陳述のための手続（聴聞・弁明の機会の付与）を省略することができる（13条２項３号）。

イ　聴聞の手続をとる必要がある 基礎 『合格基本書』p. 422

行政庁は、名あて人の資格または地位を直接にはく奪する不利益処分をしようとするときは、原則として、聴聞の手続をとらなければならない（13条１項１号ロ）。

ウ　聴聞の手続をとる必要はない

行政庁は、納付すべき金銭の額を確定し、一定の額の金銭の納付を命じ、または金銭の給付決定の取消しその他の金銭の給付を制限する不利益処分をしようとするときは、意見陳述のための手続（聴聞・弁明の機会の付与）を省略することができる（13条２項４号）。

エ　聴聞の手続をとる必要がある 基礎 『合格基本書』p. 422

行政庁は、名あて人が法人である場合におけるその役員の解任を命ずる不利益処分、名あて人の業務に従事する者の解任を命ずる不利益処分または名あて人の会員である者の除名を命ずる不利益処分をしようとするときは、原則として、聴聞の手続をとらなければならない（13条１項１号ハ）。

オ　聴聞の手続をとる必要はない

行政庁は、法令上必要とされる資格がなかったことまたは失われるに至ったことが判明した場合に必ずすることとされている不利益処分であって、その資格の不存在または喪失の事実が裁判所の判決書または決定書、一定の職に就いたことを証する当該任命権者の書類その他の客観的な資料により直接証明されたものをしようとするときは、意見陳述のための手続（聴聞・弁明の機会の付与）を省略することができる（13条２項２号）。

以上より、聴聞の手続をとる必要があるものはイ・エであり、正解は肢３となる。

ワンポイントアドバイス

【聴聞】

行政庁は、（イ）「許認可等を取り消す不利益処分をしようとするとき」、（ロ）「名あて人の資格又は地位を直接にはく奪する不利益処分をしようとするとき」、（ハ）「名あて人が法人である場合におけるその役員の解任を命ずる不利益処分、名あて人の業務に従事する者の解任を命ずる不利益処分又は名あて人の会員である者の除名を命ずる不利益処分をしようとするとき」、（ニ）「イからハまでに掲げる場合以外の場合であって行政庁が相当と認めるとき」は、原則として、聴聞の手続をとらなければなりません（13条１項１号イ～ニ）。

問題	テーマ（分野）	正解	重要度	正答率
12	処分等の求め（行政手続法）	2	A	80%

『合格基本書』p. 430〜p. 431

本問は、処分等の求めについて規定した行政手続法 36 条の 3 を素材としたものである。

何人も、法令に違反する事実がある場合において、その是正のためにされるべき処分又は行政指導（その根拠となる規定が (ア) 法律に置かれているものに限る。）がされていないと思料するときは、当該処分をする権限を有する (イ) 行政庁又は当該行政指導をする権限を有する (ウ) 行政機関に対し、その旨を (エ) 申し出て、当該処分又は行政指導をすることを求めることができる。

以上より、アには「法律」、イには「行政庁」、ウには「行政機関」、エには「申し出て」が入り、正解は肢２となる。

ワンポイントアドバイス

【処分等の求め】

「処分等の求め」の申出は、①「申出をする者の氏名又は名称及び住所又は居所」、②「法令に違反する事実の内容」、③「当該処分又は行政指導の内容」、④「当該処分又は行政指導の根拠となる法令の条項」、⑤「当該処分又は行政指導がされるべきであると思料する理由」、⑥「その他参考となる事項」を記載した申出書を提出してしなければなりません（36 条の３第２項）。

当該行政庁または行政機関は、「処分等の求め」の申出があったときは、必要な調査を行い、その結果に基づき必要があると認めるときは、当該処分または行政指導をしなければなりません（36 条の３第３項）。

問題	テーマ（分野）	正解	重要度	正答率
13	適用範囲（行政手続法）	3	B	50%

1　正　基礎　『合格基本書』p. 412

そのとおり。裁判所もしくは裁判官の裁判により、または裁判の執行としてされる処分については、行政手続法の第２章から第４章の２までの規定は適用されない（３条１項２号）。

2　正　基礎　『合格基本書』p. 412

そのとおり。刑事事件に関する法令に基づいて検察官、検察事務官または司法警察職員がする処分および行政指導については、行政手続法の第２章から第４章の２までの規定は適用されない（３条１項５号）。

3　誤

相反する利害を有する者の間の利害の調整を目的として法令の規定に基づいてされる裁定その他の処分（その双方を名あて人とするものに限る。）および行政指導については、行政手続法の第２章から第４章の２までの規定は適用されない（３条１項12号）。これに対し、相反する利害を有する者の一方のみを名あて人として行われる裁定については、行政手続法の「処分」に関する規定が適用される。

4　正

そのとおり。外国人の出入国、難民の認定、補完的保護対象者の認定または帰化に関する処分および行政指導については、行政手続法の第２章から第４章の２までの規定は適用されない（３条１項10号）。

5　正　基礎　『合格基本書』p. 412

そのとおり。審査請求、再調査の請求その他の不服申立てに対する行政庁の裁決、決定その他の処分については、行政手続法の第２章から第４章の２までの規定は適用されない（３条１項15号）。

ワンポイントアドバイス

【地方公共団体の機関がする処分等の適用除外】

① 地方公共団体の機関がする処分（その根拠となる規定が条例または規則に置かれているものに限る。）および ② 行政指導、③ 地方公共団体の機関に対する届出（２条７号の通知の根拠となる規定が条例または規則に置かれているものに限る。）ならびに ④ 地方公共団体の機関が命令等を定める行為については、行政手続法第２章～第６章の規定は適用されません（３条３項）。

問題	テーマ（分野）	正解	重要度	正答率
14	不服申立期間（行政不服審査法）	5	A	65%

ア　妥当でない　基礎　『合格基本書』p. 441

処分についての審査請求は、処分があったことを知った日の翌日から起算して3カ月（当該処分について再調査の請求をしたときは、当該再調査の請求についての決定があったことを知った日の翌日から起算して1カ月）を経過したときは、することができない（主観的審査請求期間／18条1項本文）。ただし、正当な理由があるときは、この限りでない（18条1項ただし書）。

イ　妥当でない

審査請求書を郵便（または民間事業者による信書の送達に関する法律2条6項に規定する一般信書郵便事業者もしくは2条9項に規定する特定信書郵便事業者による2条2項に規定する信書便）で提出した場合における審査請求期間の計算については、送付に要した日数は、算入しない（18条3項）。

ウ　妥当である　基礎　『合格基本書』p. 441

そのとおり。処分についての審査請求は、処分があったことを知った日の翌日から起算して3カ月（当該処分について再調査の請求をしたときは、当該再調査の請求についての決定があったことを知った日の翌日から起算して1カ月）を経過したときは、することができない（主観的審査請求期間／18条1項本文）。ただし、正当な理由があるときは、この限りでない（18条1項ただし書）。

エ　妥当でない

再調査の請求は、処分があったことを知った日の翌日から起算して3カ月を経過したときは、することができない（主観的再調査の請求期間／54条1項本文）。ただし、正当な理由があるときは、この限りでない（54条1項ただし書）。

オ　妥当である　基礎　『合格基本書』p. 441

そのとおり。再審査請求は、原裁決があったことを知った日の翌日から起算して1カ月を経過したときは、することができない（主観的再審査請求期間／62条1項本文）。ただし、正当な理由があるときは、この限りでない（62条1項ただし書）。

以上より、妥当なものはウ・オであり、正解は肢5となる。

ワンポイントアドバイス

【客観的審査請求期間】

処分についての審査請求は、処分（当該処分について再調査の請求をしたときは、当該再調査の請求についての決定）があった日の翌日から起算して1年を経過したときは、することができません（18条2項本文）。ただし、正当な理由があるときは、この限りでない（18条2項ただし書）と定められています。

問題	テーマ（分野）	正解	重要度	正答率
15	審理員の許可（行政不服審査法）	5	A	35%

ア　審理員の許可を得る必要はない 基礎 『合格基本書』p. 446

審査請求人または参加人は、証拠書類または証拠物を提出することができる（32 条１項）。これについて、審理員の許可を得る必要はない。

イ　審理員の許可を得る必要はない 基礎 『合格基本書』p. 445

参加人は、審査請求に係る事件に関する意見を記載した書面（「意見書」）を提出することができる（30 条２項前段）。これについて、審理員の許可を得る必要はない。なお、利害関係人は、審理員の許可を得て、当該審査請求に参加することができる（13 条１項）。

ウ　審理員の許可を得る必要はない 基礎 『合格基本書』p. 446

処分庁等は、当該処分の理由となる事実を証する書類その他の物件を提出することができる（32 条２項）。これについて、審理員の許可を得る必要はない。

エ　審理員の許可を得る必要はない 基礎 『合格基本書』p. 444

審査請求人の代理人による審査請求の取下げは、特別の委任を受けた場合に限り、することができる（12 条２項ただし書）。これについて、審理員の許可を得る必要はない。

オ　審理員の許可を得る必要はない 基礎 『合格基本書』p. 447

審査請求人または参加人は、審理手続が終結するまでの間、審理員に対し、提出書類等の閲覧または当該書面もしくは当該書類の写しもしくは当該電磁的記録に記録された事項を記載した書面の交付を求めることができる（38 条１項前段）。これについて、審理員の許可を得る必要はない。

以上より、審理員の許可を得る必要のないものはすべてであり、正解は肢５となる。

ワンポイントアドバイス

【審理員の許可】

審査請求人または参加人の申立てがあった場合には、審理員は、当該申立てをした者（「申立人」）に口頭で審査請求に係る事件に関する意見を述べる機会を与えなければなりません（31 条１項本文）。この規定による意見の陳述を「口頭意見陳述」といいます（31 条２項かっこ書）が、口頭意見陳述に際し、申立人は、審理員の許可を得て、審査請求に係る事件に関し、処分庁等に対して、質問を発することができます（31 条５項）。

問題	テーマ（分野）	正解	重要度	正答率
16	審査請求に関する規定の準用（行政不服審査法）	3	B	50%

1　妥当でない

①再調査の請求には、審理員の指名に関する規定（９条１項）は準用されていない（61条参照）。②再審査請求には、審理員の指名に関する規定（９条１項）が準用されている（66条１項前段）。

2　妥当でない

①再調査の請求には、物件の提出要求に関する規定（33条）は準用されていない（61条参照）。②再審査請求には、物件の提出要求に関する規定（33条）が準用されている（66条１項前段）。

3　妥当である

そのとおり。①再調査の請求には、審査請求人等による提出書類等の閲覧等に関する規定（38条）は準用されていない（61条参照）。②再審査請求には、審査請求人等による提出書類等の閲覧等に関する規定（38条）が準用されている（66条１項）。

4　妥当でない

①再調査の請求には、行政不服審査会等への諮問に関する規定（43条）は準用されていない（61条参照）。②再審査請求には、行政不服審査会等への諮問に関する規定（43条）は準用されていない（66条１項参照）。

5　妥当でない

①再調査の請求には、裁決の拘束力に関する規定（52条１項）は準用されていない（61条参照）。②再審査請求には、裁決の拘束力に関する規定（52条１項）が準用されている（66条１項前段）。

ワンポイントアドバイス

【再調査の請求・再審査請求】

①行政庁の処分につき処分庁以外の行政庁に対して審査請求をすることができる場合において、法律に再調査の請求をすることができる旨の定めがあるときは、当該処分に不服がある者は、処分庁に対して再調査の請求をすることができます（５条１項本文）。ただし、当該処分について審査請求をしたときは、この限りでない（５条１項ただし書）と定められています。

②行政庁の処分につき法律に再審査請求をすることができる旨の定めがある場合には、当該処分についての審査請求の裁決に不服がある者は、再審査請求をすることができます（６条１項）。再審査請求は、原裁決（再審査請求をすることができる処分についての審査請求の裁決）または当該処分を対象として、法律に定める行政庁に対してするものとします（６条２項）。

問題	テーマ（分野）	正解		重要度	正答率
17	原告適格（行政事件訴訟法）	3		A	80%

（類題）ウォーク問過去問題集①法令編　問 234

1　妥当でない

判例は、那覇市情報公開条例に基づき、市長が国の建築物（海上自衛隊庁舎）の建築工事に関する文書を公開する旨の決定をしたところ、国がこれを違法であるとしてその一部取消しを求めた訴えについて、当該条例には、国の「主張に係る利益を個別的利益として保護する趣旨を含むことをうかがわせる規定」は見当たらないから、国が「本件各処分の取消しを求める原告適格を有するということはできない」としている（那覇市自衛隊基地情報公開事件／最判平 13. 7. 13）。

2　妥当でない　基礎　『合格基本書』p. 462

判例は、建築基準法は、総合設計許可に係る「建築物の建築が市街地の環境の整備改善に資するようにするとともに、当該建築物の倒壊、炎上等による被害が直接的に及ぶことが想定される周辺の一定範囲の地域に存する他の建築物についてその居住者の生命、身体の安全等及び財産としてのその建築物を、個々人の個別的利益としても保護すべきものとする趣旨を含むものと解すべきである。そうすると、総合設計許可に係る建築物の倒壊、炎上等により直接的な被害を受けることが予想される範囲の地域に存する建築物に居住し又はこれを所有する者は、総合設計許可の取消しを求めるにつき法律上の利益を有する者として、その取消訴訟における原告適格を有する」としている（千代田生命総合設計許可事件／最判平 14. 1. 22）。よって、現に居住していなくても、所有していれば原告適格を有する。

3　妥当である　基礎　『合格基本書』p. 463

そのとおり。判例は、自転車競技法施行規則による「位置基準は、一般的公益を保護する趣旨に加えて、……業務上の支障が具体的に生ずるおそれのある医療施設等の開設者において、健全で静穏な環境の下で円滑に業務を行うことのできる利益を、個々の開設者の個別的利益として保護する趣旨をも含む規定であるというべきであるから、当該場外施設の設置、運営に伴い著しい業務上の支障が生ずるおそれがあると位置的に認められる区域に医療施設等を開設する者は、位置基準を根拠として当該場外施設の設置許可の取消しを求める原告適格を有するものと解される。」としている（サテライト大阪事件／最判平 21. 10. 15）。

4　妥当でない　基礎　『合格基本書』p. 462

判例は、森林法は、「森林の存続によつて不特定多数者の受ける生活利益のうち一定範囲のものを公益と並んで保護すべき個人の個別的利益としてとらえ、かかる利益の帰属者に対し保安林の指定につき『直接の利害関係を有する者』としてその利益主張をすることができる地位を法律上付与しているものと解するのが相当である。そうすると、かかる『直接の利害関係を有する者』は、保安林の指定が違法に解除され、それによつて自己の利益を害された場合には、右解除処分に対する取消しの訴えを提起する原告適格を有する者ということができる」としている（長沼ナイキ訴訟／最判昭 57. 9. 9）。

5　妥当でない　基礎　『合格基本書』p. 463

判例は、文化財保護法などの「規定中に、県民あるいは国民が史跡等の文化財の保存・活用から受ける利益をそれら個々人の個別的利益として保護すべきものとする趣旨を明記しているものはなく、……法は、文化財の保存・活用から個々の県民あるいは国民が受ける利益については、本来……法がその目的としている公益の中に吸収解消させ、その保護は、もっぱら右公益の実現を通じて図ることとしているものと解される」としたうえで、「本件遺跡を研究の対象としてきた学術研究者であるとしても、本件史跡指定解除処分の取消しを求めるにつき法律上の利益を有せず、本件訴訟における原告適格を有しない」としている（伊場遺跡事件／最判平元. 6. 20）。

問題	テーマ（分野）	正解	重要度	正答率
18	被告適格（行政事件訴訟法）	4	B	55%

ア　妥当である 基礎　『合格基本書』p. 465

そのとおり。処分をした行政庁が国または公共団体に所属する場合には、処分の取消しの訴えは、当該処分をした行政庁の所属する国または公共団体を被告として提起しなければならない（11条1項1号）。

イ　妥当でない 基礎　『合格基本書』p. 465

処分または裁決をした行政庁が国または公共団体に所属しない場合には、取消訴訟は、当該行政庁を被告として提起しなければならない（11条2項）。

ウ　妥当である 基礎　『合格基本書』p. 465

そのとおり。裁決をした行政庁が国または公共団体に所属する場合には、裁決の取消しの訴えは、当該裁決をした行政庁の所属する国または公共団体を被告として提起しなければならない（11条1項2号）。

エ　妥当である 基礎　『合格基本書』p. 465

そのとおり。処分または裁決をした行政庁が国または公共団体に所属しない場合には、取消訴訟は、当該行政庁を被告として提起しなければならない（11条2項）。

オ　妥当でない 基礎　『合格基本書』p. 465

被告とすべき国もしくは公共団体または行政庁がない場合には、取消訴訟は、当該処分または裁決に係る事務の帰属する国または公共団体を被告として提起しなければならない（11条3項）

以上より、妥当でないものはイ・オであり、正解は肢４となる。

ワンポイントアドバイス

【被告適格】

処分または裁決をした行政庁が国または公共団体に所属する場合には、①「処分の取消しの訴え」は、「当該処分をした行政庁の所属する国又は公共団体」を被告として提起しなければならず、②「裁決の取消しの訴え」は、「当該裁決をした行政庁の所属する国又は公共団体」を被告として提起しなければなりません（11条1項）。

処分または裁決をした行政庁は、当該処分また裁決に係る 11 条1項の規定による国または公共団体を被告とする訴訟について、裁判上の一切の行為をする権限を有します（11条6項）。

問題	テーマ（分野）	正解	重要度	正答率
19	義務付けの訴え・差止めの訴え（行政事件訴訟法）	4	A	60%

ア　妥当でない　基礎　『合格基本書』p. 477

非申請型の義務付けの訴えは、「行政庁が一定の処分をすべき旨を命ずることを求めるにつき法律上の利益を有する者」に限り、提起することができる（37 条の２第３項）。なお、申請型の義務付けの訴えは、「法令に基づく申請又は審査請求をした者」に限り、提起することができる（37 条の３第２項）。

イ　妥当でない　基礎　『合格基本書』p. 478

申請型の義務付けの訴えは、①「当該法令に基づく申請又は審査請求に対し相当の期間内に何らの処分又は裁決がされないこと」（不作為型）、②「当該法令に基づく申請又は審査請求を却下し又は棄却する旨の処分又は裁決がされた場合において、当該処分又は裁決が取り消されるべきものであり、又は無効若しくは不存在であること」（拒否処分型）のいずれかに該当するときに限り、提起することができる（37 条の３第１項）とされており、重大な損害を生ずるおそれがあることや他に適当な方法がないことは要件とされていない。なお、非申請型の義務付けの訴えは、一定の処分がされないことにより重大な損害を生ずるおそれがあり、かつ、その損害を避けるため他に適当な方法がないときに限り、提起することができる（37 条の２第１項）。

ウ　妥当である　基礎　『合格基本書』p. 478

そのとおり。申請型の義務付けの訴えのうち、① 不作為型（法令に基づく申請または審査請求に対し相当の期間内に何らの処分または裁決がされない場合に提起するもの）については、当該処分または裁決に係る不作為の違法確認の訴えを併合して提起しなければならない（37 条の３第３項１号）。なお、申請型の義務付けの訴えのうち、② 拒否処分型（法令に基づく申請または審査請求を却下しまたは棄却する旨の処分または裁決がされた場合に提起するもの）については、当該処分または裁決の取消しの訴えまたは無効等確認の訴えを併合して提起しなければならない（37 条の３第３項２号）。

エ　妥当である　基礎　『合格基本書』p. 480

そのとおり。差止めの訴えは、「行政庁が一定の処分又は裁決をしてはならない旨を命ずることを求めるにつき法律上の利益を有する者」に限り、提起することができる（37 条の４第３項）。

オ　妥当でない　基礎　『合格基本書』p. 480

差止めの訴えとは、行政庁が一定の処分または裁決をすべきでないにかかわらずこれがされようとしている場合において、行政庁がその処分または裁決をしてはならない旨を命ずることを求める訴訟をいう（３条７項）。差止めの訴えは、一定の処分または裁決がされることにより重大な損害を生ずるおそれがある場合に限り、提起することができる（37 条の４第１項本文）。ただし、その損害を避けるため他に適当な方法があるときは、この限りでない（37 条の４第１項ただし書）。

以上より、妥当なものはウ・エであり、正解は肢４となる。

問題	テーマ（分野）	正解	重要度	正答率
20	国家賠償法１条１項（国家賠償）	4	A	85%

1 妥当でない 基礎 『合格基本書』p. 487

国家賠償法１条１項の「公権力の行使」とは、国または公共団体の作用のうち、純粋な私経済作用（私人の活動と同じ性質のもの）および国家賠償法２条の適用対象となる公の営造物の設置または管理を除くすべての作用をいう（広義説）。よって、国の立法作用および司法作用も「公権力の行使」に含まれる。

2 妥当でない 基礎 『合格基本書』p. 488

国家賠償法１条１項の「公務員」には、国または公共団体から公権力の行使を委ねられた民間人も含まれると解されている（養護施設入所児童暴行事件／最判平 19. 1. 25 参照）。

3 妥当でない 基礎 『合格基本書』p. 490

判例は、国家賠償法１条１項の「職務を行うについて」に関して、「公務員が主観的に権限行使の意思をもつてする場合にかぎらず自己の利をはかる意図をもつてする場合でも、客観的に職務執行の外形をそなえる行為をしてこれによつて、他人に損害を加えた場合には、国又は公共団体に損害賠償の責を負わしめて、ひろく国民の権益を擁護することをもつて、その立法の趣旨とするものと解すべきである」としている（川崎駅前非番警察官強盗殺人事件／最判昭 31. 11. 30）。

4 妥当である 基礎 『合格基本書』p. 489

そのとおり。判例は、「行政処分が違法であることを理由として国家賠償の請求をするについては、あらかじめ右行政処分につき取消又は無効確認の判決を得なければならないものではない」としている（最判昭 36. 4. 21）。

5 妥当でない

民法上の使用者責任については、「使用者が被用者の選任及びその事業の監督について相当の注意をしたとき、又は相当の注意をしても損害が生ずべきであったとき」は免責される（民法 715 条１項ただし書）とされているのに対し、国家賠償責任についてはそのような免責規定はない。よって、国または公共団体は、公務員の選任および監督について相当の注意をしたことを立証することによって賠償責任を免れることはできない。

ワンポイントアドバイス

【国家賠償法１条１項】

国家賠償法１条１項は、「国又は公共団体の公権力の行使に当る公務員が、その職務を行うについて、故意又は過失によつて違法に他人に損害を加えたときは、国又は公共団体が、これを賠償する責に任ずる。」としています。

公務員のした行為が「違法」であったとしても、必ずしも当然に「過失」が認められるわけではありません。たとえば、判例は、「ある事項に関する法律解釈につき異なる見解が対立し、実務上の取扱いも分かれていて、そのいずれについても相当の根拠が認められる場合に、公務員がその一方の見解を正当と解しこれに立脚して公務を遂行したときは、後にその執行が違法と判断されたからといって、直ちに上記公務員に過失があったものとすることは相当ではない」としています（不法滞在外国人国民健康保険被保険者証不交付処分事件／最判平 16. 1. 15）。

問題	テーマ（分野）	正解
21	鬼ヶ城事件（国家賠償）	4

重要度	正答率
B	75%

『合格基本書』p. 494

本問は、鬼ヶ城事件（最判昭 50. 11. 28）を素材としたものである。

「公の営造物の設置又は管理に瑕疵があるため国又は公共団体が国家賠償法２条１項の規定によつて責任を負う場合につき、同法３条１項が、同法２条１項と相まつて、当該営造物の設置もしくは管理にあたる者とその設置もしくは管理の費用の負担者とが異なるときは、その双方が損害賠償の責に任ずべきであるとしているのは、もしそのいずれかのみが損害賠償の責任を負うとしたとすれば、被害者たる国民が、そのいずれに賠償責任を求めるべきであるかを必らずしも明確にしえないため、賠償の責に任ずべき者の選択に困難をきたすことがありうるので、対外的には右双方に損害賠償の責任を負わせることによつて右のような困難を除去しようとすることにあるのみでなく、危険責任の法理に基づく同法２条の責任につき、同一の法理に立つて、被害者の救済を全からしめようとするためでもあるから、同法３条１項所定の設置費用の負担者には、当該営造物の設置費用につき法律上負担義務を負う者のほか、この者と同等もしくはこれに近い設置費用を負担し、実質的にはこの者と当該営造物による事業を共同して執行していると認められる者であつて、当該営造物の瑕疵による危険を効果的に防止しうる者も含まれると解すべきであり、したがつて、公の営造物の設置者に対してその費用を単に贈与したに過ぎない者は同項所定の設置費用の負担者に含まれるものではないが、法律の規定上当該営造物の設置をなしうることが認められている国が、自らこれを設置するにかえて、特定の地方公共団体に対しその設置を認めたうえ、右営造物の設置費用につき当該地方公共団体の負担額と同等もしくはこれに近い経済的な補助を供与する反面、右地方公共団体に対し法律上当該営造物につき危険防止の措置を請求しうる立場にあるときには、国は、同項所定の設置費用の負担者に含まれるものというべきであり、右の補助が地方財政法 16 条所定の補助金の交付に該当するものであることは、直ちに右の理を左右するものではないと解すべきである。」

以上より、空欄には順に「設置」「管理」「設置」「管理」「設置」「管理」「負担」「危険」「設置」「負担」「設置」「負担」「設置」「負担」「危険」「設置」「設置」「負担」「設置」「設置」「設置」「設置」「負担」「危険」「設置」「負担」が入り、いずれの空欄にも当てはまらないものは「４＝求償」であるから、正解は肢４となる。

ワンポイントアドバイス

【国家賠償法２条・３条】

国家賠償法２条１項は、「道路、河川その他の公の営造物の設置又は管理に瑕疵があつたために他人に損害を生じたときは、国又は公共団体は、これを賠償する責に任ずる。」としています。

国家賠償法２条によって国または公共団体が損害を賠償する責任を負う場合において、① 公の営造物の設置・管理に当たる者と、② 公の営造物の設置・管理の費用を負担する者とが異なるときは、費用を負担する者（②）もまた、その損害を賠償する責任を負います（３条１項）。

問題	テーマ（分野）	正解	重要度	正答率
22	指定都市（地方自治法）	5	B	55%

1　妥当でない　基礎　『合格基本書』p. 499

指定都市は、地方自治法252条の19第1項各号に掲げる事務のうち都道府県が法律またはこれに基づく政令の定めるところにより処理することとされているものの全部または一部で政令で定めるものを、政令で定めるところにより、処理することができる（252条の19第1項）。なお、中核市は、指定都市が処理することができる事務のうち、都道府県がその区域にわたり一体的に処理することが中核市が処理することに比して効率的な事務その他の中核市において処理することが適当でない事務以外の事務で政令で定めるものを、政令で定めるところにより、処理することができる（252条の22第1項）。

2　妥当でない　基礎　『合格基本書』p. 499

指定都市は、市長の権限に属する事務を分掌させるため、条例で、その区域を分けて区を設け、区の事務所または必要があると認めるときはその出張所を置くものとする（252条の20第1項）。区の議会を置くことは認められていない。

3　妥当でない

指定都市の区には、その事務所の長として区長が置かれる（252条の20第3項）。区長は、当該普通地方公共団体の長の補助機関である職員をもって充てる（252条の20第4項）。区長の選任について指定都市の議会の同意を得る必要はない。

4　妥当でない

指定都市の区に選挙管理委員会を置く（252条の20第5項）。必要と認める場合に限って条例で置くものではない。

5　妥当である　基礎　『合格基本書』p. 513

そのとおり。都道府県知事および指定都市の市長は、その担任する事務のうち「財務に関する事務」等の管理および執行が法令に適合し、かつ、適正に行われることを確保するための方針を定め、およびこれに基づき必要な体制を整備しなければならない（150条1項）。

ワンポイントアドバイス

【指定都市・中核市】

①（政令）指定都市は、人口50万以上の市のうちから政令で指定されます（252条の19第1項参照）。

② 中核市は、人口20万以上の市の申出に基づいて政令で指定されます（252条の22第1項、252条の24第1項参照）。

問題	テーマ（分野）	正解
23	国と地方公共団体の役割分担（地方自治法）	3

重要度	正答率
B	55%

本問は、地方自治法１条の２の定める国と地方公共団体の役割分担に関する知識を問うものである。

第１条の２第１項　地方公共団体は、住民の (ア) 福祉の増進を図ることを基本として、地域における行政を (イ) 自主的かつ総合的に実施する役割を広く担うものとする。

第２項　国は、前項の規定の趣旨を達成するため、国においては国際社会における国家としての存立にかかわる事務、全国的に統一して定めることが望ましい国民の諸活動若しくは地方自治に関する基本的な準則に関する事務又は全国的な規模で若しくは全国的な視点に立つて行わなければならない施策及び事業の実施その他の国が本来果たすべき役割を重点的に担い、住民に (ウ) 身近な行政はできる限り地方公共団体にゆだねることを基本として、地方公共団体との間で適切に (エ) 役割を分担するとともに、地方公共団体に関する制度の策定及び施策の実施に当たつて、地方公共団体の (イ) 自主性及び自立性が十分に発揮されるようにしなければならない。

以上より、アには「福祉」、イには「自主」、ウには「身近」、エには「役割を分担」が入り、正解は肢３となる。

ワンポイントアドバイス

【地方自治法】

地方自治法は、「地方自治の本旨に基いて、地方公共団体の区分並びに地方公共団体の組織及び運営に関する事項の大綱を定め、併せて国と地方公共団体との間の基本的関係を確立することにより、地方公共団体における民主的にして能率的な行政の確保を図るとともに、地方公共団体の健全な発達を保障すること」を目的とします（１条）。

問題	テーマ（分野）	正解	重要度	正答率
24	直接請求（地方自治法）	5	B	45%

1　妥当でない　基礎　『合格基本書』p. 525

選挙権を有する者は、政令の定めるところにより、一定数以上の者の連署をもって、その代表者から、普通地方公共団体の長に対し、① 副知事もしくは副市町村長、② 指定都市の総合区長、③ 選挙管理委員もしくは ④ 監査委員または ⑤ 公安委員会の委員の解職の請求をすることができる（役員等の解職請求／86 条 1 項)。これに対し、会計管理者の解職の請求をすることはできない。

2　妥当でない　基礎　『合格基本書』p. 524

普通地方公共団体の議会の議員および長の選挙権を有する者は、政令で定めるところにより、その総数の 50 分の 1 以上の者の連署をもって、その代表者から、普通地方公共団体の長に対し、条例（地方税の賦課徴収ならびに分担金、使用料および手数料の徴収に関するものを除く。）の制定または改廃の請求をすることができる（条例制定改廃請求／74 条 1 項)。地方税の賦課徴収に関する条例については、制定改廃請求をすることができない。

3　妥当でない　基礎　『合格基本書』p. 524

選挙権を有する者は、政令の定めるところにより、その総数の 3 分の 1 （その総数が 40 万を超え 80 万以下の場合にあってはその 40 万を超える数に 6 分の 1 を乗じて得た数と 40 万に 3 分の 1 を乗じて得た数とを合算して得た数、その総数が 80 万を超える場合にあってはその 80 万を超える数に 8 分の 1 を乗じて得た数と 40 万に 6 分の 1 を乗じて得た数と 40 万に 3 分の 1 を乗じて得た数とを合算して得た数）以上の者の連署をもって、その代表者から、普通地方公共団体の選挙管理委員会に対し、当該普通地方公共団体の議会の解散の請求をすることができる（議会解散請求／76 条 1 項)。

4　妥当でない　基礎　『合格基本書』p. 524

選挙権を有する者は、政令の定めるところにより、その総数の 50 分の 1 以上の者の連署をもって、その代表者から、普通地方公共団体の監査委員に対し、当該普通地方公共団体の事務の執行に関し、監査の請求をすることができる（事務監査請求／75 条 1 項)。

5　妥当である　基礎　『合格基本書』p. 525

そのとおり。選挙権を有する者は、政令の定めるところにより、その総数の 3 分の 1 （その総数が 40 万を超え 80 万以下の場合にあってはその 40 万を超える数に 6 分の 1 を乗じて得た数と 40 万に 3 分の 1 を乗じて得た数とを合算して得た数、その総数が 80 万を超える場合にあってはその 80 万を超える数に 8 分の 1 を乗じて得た数と 40 万に 6 分の 1 を乗じて得た数と 40 万に 3 分の 1 を乗じて得た数とを合算して得た数）以上の者の連署をもって、その代表者から、普通地方公共団体の選挙管理委員会に対し、当該普通地方公共団体の長の解職の請求をすることができる（長の解職請求／81 条 1 項)。

問題	テーマ（分野）	正解	重要度	正答率
25	公物の利用（行政法）	3	B	75%

ア　妥当でない

判例は、「国有財産の管理権は、……各省各庁の長に属せしめられており、公共福祉用財産をいかなる態様及び程度において国民に利用せしめるかは右管理権の内容であるが、勿論その利用の許否は、その利用が公共福祉用財産の、公共の用に供せられる目的に副うものである限り、管理権者の単なる自由裁量に属するものではなく、……その行使を誤り、国民の利用を妨げるにおいては、違法たるを免れない」としている（最判昭 28.12.23）。

イ　妥当である

そのとおり。判例は、「公水使用権は、それが慣習によるものであると行政庁の許可によるものであるとを問わず、公共用物たる公水の上に存する権利であることにかんがみ、河川の全水量を独占排他的に利用しうる絶対不可侵の権利ではなく、使用目的を充たすに必要な限度の流水を使用しうるに過ぎない」としている（最判昭 37.4.10）。

ウ　妥当でない

判例は、地方公共団体の開設している村道に対する村民各自の「通行の自由権は公法関係から由来するものであるけれども、各自が日常生活上諸般の権利を行使するについて欠くことのできない要具であるから、これに対しては民法の保護を与うべきは当然の筋合である。故に一村民がこの権利を妨害されたときは民法上不法行為の問題の生ずるのは当然であり、この妨害が継続するときは、これが排除を求める権利を有する」としている（最判昭 39.1.16）。

エ　妥当でない

判例は、「当初適法に供用開始行為がなされ、道路として使用が開始された以上、当該道路敷地については公物たる道路の構成部分として道路法所定……の制限が加えられる」としたうえで、「その制限は、当該道路敷地が公の用に供せられた結果発生するものであつて、道路敷地使用の権原に基づくものではないから、その後に至つて、道路管理者が対抗要件を欠くため右道路敷地の使用権原をもつて後に右敷地の所有権を取得した第三者に対抗しえないこととなつても、当該道路の廃止がなされないかぎり、敷地所有権に加えられた右制限は消滅するものではない」としている（最判昭 44.12.4）。

オ　妥当である

そのとおり。判例は、郵政省庁舎管理規程に定める庁舎管理者による郵便局の庁舎等における広告物等の掲示の許可について、「右許可自体は、許可を受けた者に対し、右行為のために当該場所を使用するなんらかの公法上又は私法上の権利を設定、付与する意味ないし効果を帯有するものではなく……行政財産の目的外使用の許可にも当たらない」としたうえで、「かかる権利を有することを前提とする本件原状回復請求及び右権利に対応する債務の不履行を理由とする損害賠償請求は、いずれも理由がない」としている（最判昭 57.10.7）。

以上より、妥当なものはイ・オであり、正解は肢３となる。

問題	テーマ（分野）	正解	重要度	正答率
26	法規命令（行政法）	1	A	25%

ア 誤 基礎 『合格基本書』p. 384

内閣総理大臣は、内閣府に係る主任の行政事務について、法律もしくは政令を施行するため、または法律もしくは政令の特別の委任に基づいて、内閣府の命令として内閣府令を発することができる（内閣府設置法７条３項）。合議体としての内閣が発するわけではない。

イ 正 基礎 『合格基本書』p. 384

そのとおり。内閣総理大臣は、内閣官房に係る主任の行政事務について、法律もしくは政令を施行するため、または法律もしくは政令の特別の委任に基づいて、内閣官房の命令として内閣官房令を発することができる（内閣法25条３項）。

ウ 正 基礎 『合格基本書』p. 384

そのとおり。各省大臣は、主任の行政事務について、法律もしくは政令を施行するため、または法律もしくは政令の特別の委任に基づいて、それぞれその機関の命令として省令を発することができる（国家行政組織法12条１項）。

エ 誤 基礎 『合格基本書』p. 384

省の外局として置かれる各委員会および各庁の長官は、別に法律の定めるところにより、政令および省令以外の規則その他の特別の命令をみずから発することができる（国家行政組織法３条３項、13条１項）。よって、委員会の長（委員長）が発するわけではない。

オ 正 基礎 『合格基本書』p. 384

そのとおり。内閣府の外局として置くことのできる各委員会および各庁の長官は、法律の定めるところにより、政令および内閣府令以外の規則その他の特別の命令をみずから発することができる（内閣府設置法49条１項、58条４項）。

以上より、誤っているものはア・エであり、正解は肢１となる。

ワンポイントアドバイス

【政令】

（合議体としての）内閣は、憲法および法律の規定を実施するために、政令を制定します（憲法73条６号本文）。ただし、政令には、特にその法律の委任がある場合を除いては、罰則を設けることができません（憲法73条６号但書）。

問題	テーマ（分野）	正解	重要度	正答率
27	表見代理（民法）	5	B	70%

ア　妥当でない　基礎　『合格基本書』p. 158

第三者（C）に対して他人（B）に代理権を与えた旨を表示した者（A）は、その代理権の範囲内においてその他人（B）が第三者（C）との間でした行為について、その責任を負う（代理権授与の表示による表見代理／109条１項本文）。ただし、第三者（C）が、その他人（B）が代理権を与えられていないことを知り、または過失によって知らなかったときは、責任を負わない（109条１項ただし書）。

イ　妥当でない　基礎　『合格基本書』p. 159

代理人（B）がその権限外の行為をした場合において、第三者（C）が代理人（B）の権限があると信ずべき正当な理由があるときは、本人（A）は、その行為についての責任を負う（権限外の行為の表見代理／110条）。ここにいう「正当な理由」は、客観的にみて代理権があると信じるのがもっともであると評価されること、すなわち、信じたことについての相手方（C）の無過失を意味する。よって、第三者（C）がその行為について代理人（B）に代理権があると信じたことについて過失がないときは、本人（A）は、その行為についての責任を負う。

ウ　妥当である　基礎　『合格基本書』p. 158

そのとおり。第三者（C）に対して他人（B）に代理権を与えた旨を表示した者（A）は、その代理権の範囲内においてその他人（B）が第三者（C）との間で行為をしたとすれば代理権授与の表示による表見代理の責任を負うべき場合において、その他人（B）が第三者（C）との間でその代理権の範囲外の行為をしたときは、第三者（C）がその行為についてその他人（B）の代理権があると信ずべき正当な理由があるときに限り、その行為についての責任を負う（109条２項）。

エ　妥当でない　基礎　『合格基本書』p. 159

他人（B）に代理権を与えた者（A）は、代理権の消滅後にその代理権の範囲内においてその他人（B）が第三者（C）との間でした行為について、代理権の消滅の事実を知らなかった第三者（C）に対してその責任を負う（代理権消滅後の表見代理／112条１項本文）。ただし、第三者（C）が過失によってその事実を知らなかったときは、この限りでない（112条１項ただし書）。

オ　妥当である　基礎　『合格基本書』p. 159

そのとおり。他人（B）に代理権を与えた者（A）は、代理権の消滅後に、その代理権の範囲内においてその他人（B）が第三者（C）との間で行為をしたとすれば代理権消滅後の表見代理の責任を負うべき場合において、その他人（B）が第三者（C）との間でその代理権の範囲外の行為をしたときは、第三者（C）がその行為についてその他人（B）の代理権があると信ずべき正当な理由があるときに限り、その行為についての責任を負う（112条２項）。

以上より、妥当なものはウ・オであり、正解は肢５となる。

問題	テーマ（分野）	正解	重要度	正答率
28	時効の援用（民法）	5	A	80%

（類題）ウォーク問過去問題集①法令編　問 67

ア　妥当でない　基礎　『合格基本書』p. 162

抵当権の設定された不動産（抵当不動産）の所有権を譲り受けた者（第三取得者）は、抵当権の被担保債権の消滅時効を援用することができる（145 条かっこ書）。

イ　妥当でない　基礎　『合格基本書』p. 162

判例は、「後順位抵当権者は、目的不動産の価格から先順位抵当権によって担保される債権額を控除した価額についてのみ優先して弁済を受ける地位を有するものである。もっとも、先順位抵当権の被担保債権が消滅すると、後順位抵当権者の抵当権の順位が上昇し、これによって被担保債権に対する配当額が増加することがあり得るが、この配当額の増加に対する期待は、抵当権の順位の上昇によってもたらされる反射的な利益にすぎないというべきである。そうすると、後順位抵当権者は、先順位抵当権の被担保債権の消滅により直接利益を受ける者に該当するものではなく、先順位抵当権の被担保債権の消滅時効を援用することができない」としている（最判平 11. 10. 21）。

ウ　妥当である　基礎　『合格基本書』p. 162

そのとおり。主たる債務者のために保証債務を負担する者（保証人）は、主たる債務の消滅時効を援用することができる（145 条かっこ書）。

エ　妥当でない

主たる債務者と連帯して債務を負担する保証人（連帯保証人）は、主たる債務の消滅時効を援用することができる（145 条かっこ書参照）。

オ　妥当である　基礎　『合格基本書』p. 162

そのとおり。他人の債務のために自己の所有する不動産について抵当権を設定した者（物上保証人）は、その他人の債務の消滅時効を援用することができる（145 条かっこ書）。

以上より、妥当なものはウ・オであり、正解は肢５となる。

ワンポイントアドバイス

【時効の援用】

> 時効は、当事者（消滅時効にあっては、保証人、物上保証人、第三取得者その他権利の消滅について正当な利益を有する者を含む。）が援用しなければ、裁判所がこれによって裁判をすることができません（145 条）。

問題	テーマ（分野）	正解
29	共有（民法）	4

重要度	正答率
A	85%

1　妥当でない　基礎　『合格基本書』p. 196

各共有者は、共有物の全部について、その持分に応じた使用をすることができる（249条１項）。共有物を使用する共有者は、別段の合意がある場合を除き、他の共有者に対し、自己の持分を超える使用の対価を償還する義務を負う（249条２項）。2021年の民法改正により、共有物を使用する共有者の義務が明確化された。

2　妥当でない　基礎　『合格基本書』p. 197

各共有者は、他の共有者の同意を得なければ、共有物に変更（その形状または効用の著しい変更を伴わないものを除く。）を加えることができない（251 条１項）。よって、共有物の変更のうち、その形状または効用の著しい変更を伴うものについては、共有者の全員の同意を要する。なお、その形状または効用の著しい変更を伴わないもの（軽微変更）については、各共有者の持分の価格に従い、その過半数で決する（252条１項）。2021年の民法改正により、軽微変更について、全員の同意がなくても、持分の価格の過半数で決定できるものとされた。

3　妥当でない　基礎　『合格基本書』p. 197

共有物についての所定の期間を超えない賃借権その他の使用および収益を目的とする権利（① 樹木の栽植または伐採を目的とする山林の賃借権等は10年、② それ以外の土地の賃借権等は５年、③ 建物の賃借権等は３年、④ 動産の賃借権等は６カ月）の設定は、各共有者の持分の価格に従い、その過半数で決する（252条４項）。2021年の民法改正により、所定の期間を超えない短期の賃借権等の設定について、全員の同意がなくても、持分の価格の過半数で決定できるものとされた。

4　妥当である　基礎　『合格基本書』p. 197

そのとおり。共有物の分割について共有者間に協議が調わないとき、または協議をすることができないときは、その分割を裁判所に請求することができる（258 条１項）。2021年の民法改正により、共有物の分割について共有者間で協議をすることができない場合（例：共有者の一部が不特定・所在不明である場合）においても、裁判による共有物分割をすることができることが明確化された。

5　妥当でない　基礎　『合格基本書』p. 197

裁判所は、①「共有物の現物を分割する方法」（現物分割）、②「共有者に債務を負担させて、他の共有者の持分の全部又は一部を取得させる方法」（賠償分割）により、共有物の分割を命ずることができる（258条２項）。これらの方法により共有物を分割することができないとき、または分割によってその価格を著しく減少させるおそれがあるときは、裁判所は、その競売（競売分割）を命ずることができる（258条３項）。2021年の民法改正により、このような検討順序が明確化された。

問題	テーマ（分野）	正解	重要度	正答率
30	質権（民法）	4	A	70%

（類題）ウォーク問過去問題集①法令編　問 83

ア　妥当でない 基礎　『合格基本書』p. 207

質権の設定は、債権者にその目的物を引き渡すことによって、その効力を生ずる（344条）。もっとも、質権者は、質権設定者に、自己に代わって質物の占有をさせることができない（質権設定者による代理占有の禁止／345 条）。すなわち、344 条の「引き渡す」には、占有改定（183 条）の方法は含まれない。よって、Aが宝石を以後Bのために占有する意思を表示しても、その意思表示だけでは質権設定の効力を生じない。

イ　妥当である 基礎　『合格基本書』p. 208

そのとおり。動産質権者は、継続して質物を占有しなければ、その質権をもって第三者（債務者・質権設定者以外の者）に対抗することができない（352 条）。動産質権者は、質物の占有を奪われたときは、占有回収の訴え（200 条１項）によってのみ、その質物を回復することができる（353 条）。よって、第三者Cが宝石を盗んだときは、質権者Bは、第三者Cに対して、占有回収の訴えによってのみ、宝石の返還を請求することができる（質権に基づく返還請求をすることはできない）。

ウ　妥当でない 基礎　『合格基本書』p. 209

質権設定者は、設定行為または債務の弁済期前の契約において、質権者に弁済として質物の所有権を取得させ、その他法律に定める方法によらないで質物を処分させることを約することができない（弁済期前の流質契約の禁止／349 条）。よって、AのBに対する債務の弁済期前には、弁済として宝石の所有権を取得させることを約することができない。

エ　妥当でない 基礎　『合格基本書』p. 207

① 質権者は、質権設定者の承諾を得て、質物について、転質をすることができる（承諾転質／350 条・298 条２項本文）。さらに、② 質権者は、その権利の存続期間内において、自己の責任で、質物について、転質をすることができる（責任転質／348 条）。よって、質権者Bは、質権設定者Aの承諾を得なくても、自己の責任で転質をすることができる。

オ　妥当である

そのとおり。質権の行使は、債権の消滅時効の進行を妨げない（350 条・300 条）。よって、質権者Bが質権を行使して宝石の占有を継続していたとしても、そのことによってBのAに対する債権の消滅時効の進行は妨げられない。

以上より、妥当なものはイ・オであり、正解は肢４となる。

ワンポイントアドバイス

【質権】

質権者は、その債権の担保として債務者または第三者から受け取った物を占有し、かつ、その物について他の債権者に先立って自己の債権の弁済を受ける権利を有します（342 条）。

問題	テーマ（分野）	正解		重要度	正答率
31	履行遅滞（民法）	3		A	55%

ア　妥当でない 基礎　『合格基本書』p. 229

債務の履行について確定期限があるときは、債務者は、その期限の到来した時から遅滞の責任を負う（412 条１項）。

イ　妥当である 基礎　『合格基本書』p. 229

そのとおり。債務の履行について不確定期限があるときは、債務者は、その期限の到来した後に履行の請求を受けた時またはその期限の到来したことを知った時のいずれか早い時から遅滞の責任を負う（412 条２項）。

ウ　妥当でない 基礎　『合格基本書』p. 229

債務の履行について期限を定めなかったときは、債務者は、履行の請求を受けた時から遅滞の責任を負うのが原則である（412 条３項）。不法行為による損害賠償債務（709 条）は、法律上発生する債務であり、「期限の定めのない債務」に当たる。もっとも、不法行為による損害賠償債務について、債務者（加害者）は、不法行為の時（損害が発生した時）から遅滞の責任を負う。判例は、「不法行為によりこうむつた損害の賠償債務」について、「損害の発生と同時に、なんらの催告を要することなく、遅滞に陥る」としている（最判昭 37. 9. 4）。

エ　妥当である

そのとおり。債務の履行について期限を定めなかったときは、債務者は、履行の請求を受けた時から遅滞の責任を負うのが原則である（412 条３項）。もっとも、消費貸借において、当事者が返還の時期を定めなかったときは、借主は、貸主から返還の催告を受けて「相当の期間」を経過した時から遅滞の責任を負う。消費貸借において、当事者が返還の時期を定めなかったときは、貸主は、「相当の期間」を定めて返還の催告をすることができる（591 条１項）。消費貸借の借主には「種類、品質及び数量の同じ物」（587 条、587 条の２第１項）を調達して返還する義務があり、その調達のために「相当の期間」を要するからである。

オ　妥当でない

債務の履行について期限を定めなかったときは、債務者は、履行の請求を受けた時から遅滞の責任を負う（412 条３項）。債務不履行による損害賠償債務（415 条）は、法律上発生する債務であり、「期限の定めのない債務」に当たる。そのため、412 条３項の規定により、損害賠償債務の履行の請求（損害賠償の請求）を受けた時から履行遅滞となる。

以上より、妥当なものはイ・エであり、正解は肢３となる。

ワンポイントアドバイス

【債務不履行による損害賠償】

債務者がその債務の本旨に従った履行をしないときまたは債務の履行が不能であるときは、債権者は、これによって生じた損害の賠償を請求することができます（415 条１項本文）。ただし、その債務の不履行が契約その他の債務の発生原因および取引上の社会通念に照らして債務者の責めに帰することができない事由によるものであるときは、この限りでない（415 条１項ただし書）と定められています。

問題	テーマ（分野）	正解	重要度	正答率
32	債権譲渡（民法）	4	A	30%

ア　妥当である 基礎　『合格基本書』p. 252

そのとおり。債権は、譲り渡すことができるのが原則である（466 条１項本文）。債権の譲渡は、その意思表示の時に債権が現に発生していることを要しない（466 条の６第１項）。

イ　妥当である 基礎　『合格基本書』p. 253

そのとおり。当事者が債権の譲渡を禁止し、または制限する旨の意思表示（譲渡制限の意思表示）をした場合には、その意思表示がされたことを知り、または重大な過失によって知らなかった譲受人その他の第三者に対しては、債務者は、その債務の履行を拒むことができる（466 条３項）。もっとも、債務者が債務を履行しない場合において、その譲受人その他の第三者が相当の期間を定めて譲渡人への履行の催告をし、その期間内に履行がないときは、譲受人は、債務者に対して自己に対する債務の履行を請求することができる（466 条４項）。

ウ　妥当でない 基礎　『合格基本書』p. 254

債権の譲渡は、譲渡人が債務者に通知をし、または債務者が承諾をしなければ、債務者その他の第三者に対抗することができない（467 条１項）。その通知または承諾は、確定日付のある証書によってしなければ、債務者以外の第三者に対抗することができない（467 条２項）。判例は、「債権が二重に譲渡された場合、譲受人相互の間の優劣は、通知又は承諾に付された確定日附の先後によつて定めるべきではなく、確定日附のある通知が債務者に到達した日時又は確定日附のある債務者の承諾の日時の先後によつて決すべきであり……」としている（最判昭 49. 3. 7）。

エ　妥当である 基礎　『合格基本書』p. 255

そのとおり。債務者は、対抗要件具備時までに譲渡人に対して生じた事由をもって譲受人に対抗することができる（468 条１項）。

オ　妥当でない

債務者が対抗要件具備時より後に取得した譲渡人に対する債権であっても、①「対抗要件具備時より前の原因に基づいて生じた債権」、②「譲受人の取得した債権の発生原因である契約に基づいて生じた債権」であるときは、債務者は、その債権による相殺をもって譲受人に対抗することができる（469 条２項本文）。ただし、債務者が対抗要件具備時より後に他人の債権を取得したときは、この限りでない（469 条２項ただし書）。

以上より、妥当でないものはウ・オであり、正解は肢４となる。

ワンポイントアドバイス

【将来債権の譲渡性】

債権が譲渡された場合において、その意思表示の時に債権が現に発生していないときは、譲受人は、発生した債権を当然に取得します（466 条の６第２項）。

問題	テーマ（分野）	正解	重要度	正答率
33	贈与（民法）	2	A	90%

ア　妥当である 基礎 『合格基本書』p. 278

そのとおり。贈与者は、贈与の目的である物または権利を、贈与の目的として特定した時の状態で引き渡し、または移転することを約したものと推定される（551 条１項）。よって、特約のない限り、目的物が特定した時の状態で引き渡せば足りる。

イ　妥当でない 基礎 『合格基本書』p. 279

書面によらない贈与は、各当事者が解除をすることができる（550 条本文）。ただし、履行の終わった部分については、この限りでない（550 条ただし書）。これに対し、履行の終わっていない部分については解除をすることができる。

ウ　妥当でない 基礎 『合格基本書』p. 279

定期の給付を目的とする贈与（定期贈与）は、贈与者または受贈者の死亡によって、その効力を失う（552 条）。

エ　妥当でない 基礎 『合格基本書』p. 279

書面によらない贈与は、各当事者が解除をすることができる（550 条本文）。ただし、履行の終わった部分については、この限りでない（550 条ただし書）。判例は、「不動産の贈与契約において、……不動産の所有権移転登記が経由されたときは、……不動産の引渡の有無を問わず、贈与の履行を終つたものと解すべきであ（る）」としている（最判昭 40. 3. 26）。よって、この場合には、贈与者は、契約の解除をすることができない。

オ　妥当である 基礎 『合格基本書』p. 279

そのとおり。負担付贈与については、その性質に反しない限り、双務契約に関する規定が準用される（553 条）。判例は、「負担付贈与において、受贈者が、その負担である義務の履行を怠るときは、……贈与者は贈与契約の解除をなしうる」としている（最判昭 53. 2. 17）。

以上より、妥当なものはア・オであり、正解は肢２となる。

ワンポイントアドバイス

【贈与】

贈与は、当事者の一方（贈与者）がある財産を無償で相手方（受贈者）に与える意思を表示し、相手方（受贈者）が受諾をすることによって、その効力を生じます（549 条）。

問題	テーマ（分野）	正解	重要度	正答率
34	委任（民法）	5	A	70%

ア　妥当である 基礎　『合格基本書』p. 304

そのとおり。受任者は、委任者の許諾を得たとき、またはやむを得ない事由があるときでなければ、復受任者を選任することができない（644 条の２第１項）。よって、やむを得ない事由があるときは、委任者の許諾を得ないで復受任者を選任することができる。

イ　妥当である 基礎　『合格基本書』p. 304

そのとおり。受任者は、① 委任者の請求があるときは、いつでも委任事務の処理の状況を報告し、② 委任が終了した後は、遅滞なくその経過および結果を報告しなければならない（645 条）。

ウ　妥当でない 基礎　『合格基本書』p. 304

受任者は、①「委任者の責めに帰することができない事由によって委任事務の履行をすることができなくなったとき」、②「委任が履行の中途で終了したとき」は、既にした履行の割合に応じて報酬を請求することができる（648 条３項）。

エ　妥当である 基礎　『合格基本書』p. 305

そのとおり。委任は、各当事者がいつでもその解除をすることができる（651 条１項）。この規定により委任の解除をした者は、①「相手方に不利な時期に委任を解除したとき」、②「委任者が受任者の利益（専ら報酬を得ることによるものを除く。）をも目的とする委任を解除したとき」は、相手方の損害を賠償しなければならない（651 条２項本文）。ただし、やむを得ない事由があったときは、この限りでない（651 条２項ただし書）。

オ　妥当でない 基礎　『合格基本書』p. 305

委任は、①「委任者又は受任者の死亡」、②「委任者又は受任者が破産手続開始の決定を受けたこと」、③「受任者が後見開始の審判を受けたこと」によって終了する（653 条）。委任者が後見開始の審判を受けたことによっては終了しない。

以上より、妥当でないものはウ・オであり、正解は肢５となる。

ワンポイントアドバイス

【委任】

委任は、当事者の一方（委任者）が法律行為をすることを相手方（受任者）に委託し、相手方（受任者）がこれを承諾することによって、その効力を生じます（643 条）。

問題	テーマ（分野）	正解
35	相続の承認・放棄（民法）	3

重要度	正答率
A	85%

ア　妥当でない　基礎　『合格基本書』p. 356

相続人は、自己のために相続の開始があったことを知った時から３カ月以内（熟慮期間内）に、相続について、単純もしくは限定の承認または放棄をしなければならない（915 条１項本文）。

イ　妥当である

そのとおり。相続人は、相続の承認または放棄をする前に、相続財産の調査をすることができる（915 条２項）。

ウ　妥当でない　基礎　『合格基本書』p. 357

相続人が 915 条１項の期間（熟慮期間）内に限定承認または相続の放棄をしなかったときは、単純承認をしたものとみなされる（法定単純承認／921 条２号）。

エ　妥当である　基礎　『合格基本書』p. 357

そのとおり。相続人は、相続によって得た財産の限度においてのみ被相続人の債務および遺贈を弁済すべきことを留保して、相続の承認をすることができる（限定承認／922 条）。相続人が数人あるときは、限定承認は、共同相続人の全員が共同してのみこれをすることができる（923 条）。

オ　妥当でない

相続の放棄をした者は、その相続に関しては、初めから相続人とならなかったものとみなされる（939 条）。相続の放棄をした者は、その放棄の時に相続財産に属する財産を現に占有しているときは、相続人または 952 条１項の（＝ 相続人のあることが明らかでない場合の）相続財産の清算人に対して当該財産を引き渡すまでの間、自己の財産におけるのと同一の注意をもって、その財産を保存しなければならない（940 条１項）。

以上より、妥当なものはイ・エであり、正解は肢３となる。

ワンポイントアドバイス

【限定承認・相続の放棄】

相続人は、限定承認をしようとするときは、915 条１項の期間（熟慮期間）内に、相続財産の目録を作成して家庭裁判所に提出し、限定承認をする旨を申述しなければなりません（924 条）。

相続の放棄をしようとする者は、その旨を家庭裁判所に申述しなければなりません（938 条）。

問題	テーマ（分野）	正解	重要度	正答率
36	商号（商法）	5	B	65%

ア　正　基礎　『合格基本書』p. 558

そのとおり。商号とは、商人が営業上、自己を表示するために用いる名称をいう。商人（会社および外国会社を除く。）は、その氏、氏名その他の名称をもってその商号とすることができる（11 条１項）。なお、会社（外国会社を含む。）は、その名称を商号とする（会社法６条１項）。

イ　正　基礎　『合格基本書』p. 558

そのとおり。何人も、不正の目的をもって、他の商人であると誤認されるおそれのある名称または商号を使用してはならない（12 条１項）。

ウ　正　基礎　『合格基本書』p. 559

そのとおり。個人商人は、同一の営業については１個の商号しか使用することができない（商号単一の原則）が、数種の独立した営業を行うときは、それぞれの営業について異なる商号を使用することができる。なお、会社の場合は、１個の商号しか使用することができない。

エ　誤　基礎　『合格基本書』p. 559

商人の商号は、営業とともにする場合または営業を廃止する場合に限り、譲渡することができる（15 条１項）。そして、商号の譲渡は、登記をしなければ、（第三者が善意であったか否かにかかわらず）第三者に対抗することができない（15 条２項）。よって、商号の譲渡については、譲受人は、その登記をしなければ、悪意の第三者にも対抗することができない。

オ　誤　基礎　『合格基本書』p. 560

自己の商号を使用して営業または事業を行うことを他人（名板借人）に許諾した商人（名板貸人）は、当該商人（名板貸人）が当該営業を行うものと誤認して当該他人（名板借人）と取引をした者に対し、当該他人（名板借人）と連帯して、当該取引によって生じた債務を弁済する責任を負う（14 条）。よって、当該他人（名板借人）が営業主体であることを知りつつ当該他人（名板借人）と取引をした者に対しては、当該商人（名板貸人）は責任を負わない。

以上より、誤っているものはエ・オであり、正解は肢５となる。

ワンポイントアドバイス

【会社の商号】

会社は、株式会社、合名会社、合資会社または合同会社の種類に従い、それぞれその商号中に株式会社、合名会社、合資会社または合同会社という文字を用いなければなりません（会社法６条２項）。

問題	テーマ（分野）	正解		重要度	正答率
37	定款の作成（会社法）	4		A	40%

ア　妥当でない 基礎　『合格基本書』p. 573

株式会社の定款には、①「目的」、②「商号」、③「本店の所在地」、④「設立に際して出資される財産の価額又はその最低額」、⑤「発起人の氏名又は名称及び住所」を記載し、または記録しなければならない（27条）。また、株式会社の成立の時までに、株式会社が発行することができる株式の総数（⑥「発行可能株式総数」）の定めを設けなければならない（37条１項２項）。これに対し、支店の所在地は、定款に記載・記録する必要はない。

イ　妥当でない 基礎　『合格基本書』p. 573

設立に際して発行する株式の数（32条１項１号、58条１項１号）は、定款に記載・記録する必要はない（27条参照）。

ウ　妥当である 基礎　『合格基本書』p. 573

そのとおり。「発起人の氏名又は名称及び住所」は、定款に記載し、または記録しなければならない（27条５号）。

エ　妥当である 基礎　『合格基本書』p. 573

そのとおり。株式会社を設立する場合には、①「金銭以外の財産を出資する者の氏名又は名称、当該財産及びその価額並びにその者に対して割り当てる設立時発行株式の数」、②「株式会社の成立後に譲り受けることを約した財産及びその価額並びにその譲渡人の氏名又は名称」、③「株式会社の成立により発起人が受ける報酬その他の特別の利益及びその発起人の氏名又は名称」、④「株式会社の負担する設立に関する費用（定款の認証の手数料その他株式会社に損害を与えるおそれがないものとして法務省令で定めるものを除く。）」は、定款に記載し、または記録しなければ、その効力を生じない（変態設立事項／28条）。

オ　妥当でない 基礎　『合格基本書』p. 573

「株式会社の負担する設立に関する費用（定款の認証の手数料その他株式会社に損害を与えるおそれがないものとして法務省令で定めるものを除く。）」は、定款に記載し、または記録しなければ、その効力を生じない（28条４号）。よって、株式会社の負担する定款の認証の手数料は、定款に記載・記録しなくても、その効力を生ずる。

以上より、妥当なものはウ・エであり、正解は肢４となる。

ワンポイントアドバイス

【定款の作成】

株式会社を設立するには、発起人が定款（原始定款）を作成し、その全員がこれに署名し、または記名押印しなければなりません（26条１項）。

問題	テーマ（分野）	正解	重要度	正答率
38	株式の併合（会社法）	3	B	50%

ア　妥当でない　**基礎**　『合格基本書』p. 588

株式会社は、株式の併合をしようとするときは、その都度、株主総会の特別決議によって、「併合の割合」などの法定の事項を定めなければならない（180条２項、309条２項４号）。

イ　妥当である

そのとおり。株式会社は、効力発生日の２週間前までに株主およびその登録株式質権者に対し、株式の併合をするに当たり定めた事項を通知しなければならない（181条１項）。この通知は、公告をもってこれに代えることができる（181条２項）。

ウ　妥当でない

株式会社が株式の併合をしようとする場合、効力発生日における発行可能株式総数は、効力発生日における発行済株式の総数の４倍を超える数を定めることができない（180条３項本文）。ただし、株式会社が公開会社でない場合は、この限りでない（180条３項ただし書）。

エ　妥当である

そのとおり。株式会社が株式の併合をすることにより株式の数に１株に満たない端数が生ずる場合には、反対株主は、当該株式会社に対し、自己の有する株式のうち１株に満たない端数となるものの全部を公正な価格で買い取ることを請求することができる（182条の４第１項）。

オ　妥当でない

株式の併合が法令または定款に違反する場合において、株主が不利益を受けるおそれがあるときは、株主は、株式会社に対し、当該株式の併合をやめることを請求することができる（182条の３）。

以上より、妥当なものはイ・エであり、正解は肢３となる。

ワンポイントアドバイス

【株式の併合】

株式会社は、株式の併合をしようとするときは、その都度、株主総会の特別決議によって、①「併合の割合」、②「株式の併合がその効力を生ずる日」、③「株式会社が種類株式発行会社である場合には、併合する株式の種類」、④「効力発生日における発行可能株式総数」を定めなければなりません（180条２項、309条２項４号）。

取締役は、この株主総会において、株式の併合をすることを必要とする理由を説明しなければなりません（180条４項）。

問題	テーマ（分野）	正解	重要度	正答率
39	株主総会（会社法）	3	A	35%

ア 誤 基礎 『合格基本書』p. 592

① 取締役会設置会社以外の株式会社における株主総会は、会社法に規定する事項および株式会社の組織、運営、管理その他株式会社に関する一切の事項について決議をすることができる（295 条１項）。② 取締役会設置会社における株主総会は、会社法に規定する事項および定款で定めた事項に限り、決議をすることができる（295 条２項）。

イ 正 基礎 『合格基本書』p. 592

そのとおり。① 株主総会に出席しない株主が書面または電磁的方法によって議決権を行使することができる旨を定めた場合、② 株式会社が取締役会設置会社である場合には、株主総会の招集の通知は、書面でしなければならない（299 条２項）。

ウ 正 基礎 『合格基本書』p. 593

そのとおり。株主総会は、株主の全員の同意があるときは、招集の手続を経ることなく開催することができる（300 条本文）。ただし、株主総会に出席しない株主が書面または電磁的方法によって議決権を行使することができる旨を定めた場合は、この限りでない（300 条ただし書）。

エ 誤 基礎 『合格基本書』p. 593

株主は、代理人によってその議決権を行使することができる（議決権の代理行使／310 条１項前段）。なお、この場合においては、当該株主または代理人は、代理権を証明する書面を株式会社に提出しなければならない（310 条１項後段）。

オ 誤 基礎 『合格基本書』p. 593

株主は、その有する議決権を統一しないで行使することができる（議決権の不統一行使／313 条１項）。もっとも、株式会社は、株主が「他人のために株式を有する者」でないときは、当該株主がその有する議決権を統一しないで行使することを拒むことができる（313 条３項）。これに対し、株主が「他人のために株式を有する者」であるときは、株式会社は、議決権の不統一行使を拒むことはできない。

以上より、正しいものはイ・ウであり、正解は肢３となる。

ワンポイントアドバイス

【株主総会】

会社法の規定により株主総会の決議を必要とする事項について、取締役、執行役、取締役会その他の株主総会以外の機関が決定することができることを内容とする定款の定めは、その効力を有しません（295 条３項）。

問題	テーマ（分野）	正解	重要度	正答率
40	資本金（会社法）	4	B	45%

1 妥当でない 基礎 『合格基本書』p. 624

株式会社の資本金の額は、会社法に別段の定めがある場合を除き、設立または株式の発行に際して株主となる者が当該株式会社に対して払込みまたは給付をした財産の額とする（445 条１項）。もっとも、払込みまたは給付に係る額の２分の１を超えない額は、資本金として計上しないことができる（445 条２項）。なお、資本金として計上しないこととした額は、資本準備金として計上しなければならない（445 条３項）。

2 妥当でない 基礎 『合格基本書』p. 573

株式会社の定款には、①「目的」、②「商号」、③「本店の所在地」、④「設立に際して出資される財産の価額又はその最低額」、⑤「発起人の氏名又は名称及び住所」を記載し、または記録しなければならない（27 条）。また、株式会社の成立の時までに、株式会社が発行することができる株式の総数（⑥「発行可能株式総数」）の定めを設けなければならない（37 条１項２項）。これに対し、資本金の額は、定款に記載・記録する必要はない。

3 妥当でない

株式会社が株式の発行と同時に資本金の額を減少する場合において、当該資本金の額の減少の効力が生ずる日後の資本金の額が当該日前の資本金の額を下回らないときは、取締役の決定（取締役会設置会社にあっては、取締役会の決議）によって、①「減少する資本金の額」、②「減少する資本金の額の全部又は一部を準備金とするときは、その旨及び準備金とする額」、③「資本金の額の減少がその効力を生ずる日」を定めなければならない（447 条３項）。

4 妥当である 基礎 『合格基本書』p. 624

そのとおり。株式会社が資本金の額を減少する場合には、当該株式会社の債権者は、当該株式会社に対し、資本金の額の減少について異議を述べることができる（449 条１項本文）。

5 妥当でない

資本金の額の減少の無効は、資本金の額の減少の効力が生じた日から６カ月以内に、訴えをもってのみ主張することができる（828 条１項５号）。資本金の額の減少の無効の訴えに係る請求を認容する判決が確定したときは、当該資本金の額の減少は、将来に向かってその効力を失う（839 条、834 条５号）。

ワンポイントアドバイス

【資本金の額の増加】

株式会社は、剰余金の額を減少して、資本金の額を増加することができます（450 条１項前段）。この場合においては、株主総会の普通決議によって、①「減少する剰余金の額」、②「資本金の額の増加がその効力を生ずる日」を定めなければなりません（450 条１項後段２項、309 条１項）。

問題	テーマ（分野）	重要度	正答率
41	旭川市国民健康保険条例事件（憲法・多肢）	A	55%

『合格基本書』p. 105

ア	２（要件）	イ	13（租税）
ウ	10（強制）	エ	19（趣旨）

本問は、旭川市国民健康保険条例事件（最大判平 18. 3. 1）を素材としたものである。

「憲法 84 条は、課税 (ア) 要件及び (イ) 租税の賦課徴収の手続が法律で明確に定められるべきことを規定するものであり、直接的には、(イ) 租税について法律による規律の在り方を定めるものであるが、同条は、国民に対して義務を課し又は権利を制限するには法律の根拠を要するという法原則を (イ) 租税について厳格化した形で明文化したものというべきである。したがって、国、地方公共団体等が賦課徴収する (イ) 租税以外の公課であっても、その性質に応じて、法律又は法律の範囲内で制定された条例によって適正な規律がされるべきものと解すべきであり、憲法 84 条に規定する (イ) 租税ではないという理由だけから、そのすべてが当然に同条に現れた上記のような法原則のらち外にあると判断することは相当ではない。そして、(イ) 租税以外の公課であっても、賦課徴収の (ウ) 強制の度合い等の点において (イ) 租税に類似する性質を有するものについては、憲法 84 条の (エ) 趣旨が及ぶと解すべきであるが、その場合であっても、(イ) 租税以外の公課は、(イ) 租税とその性質が共通する点や異なる点があり、また、賦課徴収の目的に応じて多種多様であるから、賦課 (ア) 要件が法律又は条例にどの程度明確に定められるべきかなどその規律の在り方については、当該公課の性質、賦課徴収の目的、その (ウ) 強制の度合い等を総合考慮して判断すべきものである。」

ワンポイントアドバイス

【租税法律主義】

憲法 84 条は、「あらたに租税を課し、または現行の租税を変更するには、法律または法律の定める条件によることを必要とする。」としています。

問題	テーマ（分野）	重要度	正答率
42	新潟空港事件（行政法・多肢）	A	80%

『合格基本書』p. 462

ア	7（一般的公益）	イ	16（原告適格）
ウ	5（違法）	エ	18（棄却）

本問は、新潟空港事件（最判平元. 2. 17）を素材としたものである。

「航空機の騒音による障害の性質等を踏まえて、……航空機騒音障害の防止の観点からの定期航空運送事業に対する規制に関する法体系をみると、法が、定期航空運送事業免許の審査において、航空機の騒音による障害の防止の観点から、申請に係る事業計画が法一〇一条一項三号にいう『経営上及び航空保安上適切なもの』であるかどうかを、当該事業計画による使用飛行場周辺における当該事業計画に基づく航空機の航行による騒音障害の有無及び程度を考慮に入れたうえで判断すべきものとしているのは、単に飛行場周辺の環境上の利益を (ア) 一般的公益として保護しようとするにとどまらず、飛行場周辺に居住する者が航空機の騒音によつて著しい障害を受けないという利益をこれら個々人の個別的利益としても保護すべきとする趣旨を含むものと解することができるのである。したがつて、新たに付与された定期航空運送事業免許に係る路線の使用飛行場の周辺に居住していて、当該免許に係る事業が行われる結果、当該飛行場を使用する各種航空機の騒音の程度、当該飛行場の一日の離着陸回数、離着陸の時間帯等からして、当該免許に係る路線を航行する航空機の騒音によつて社会通念上著しい障害を受けることとなる者は、当該免許の取消しを求めるにつき法律上の利益を有する者として、その取消訴訟における (イ) 原告適格を有すると解するのが相当である。

……しかしながら、本件記録によれば、上告人が本件各免許の (ウ) 違法事由として具体的に主張するところは、要するに、（１）被上告人が告示された供用開始期日の前から本件空港の変更後の着陸帯乙及び滑走路乙を供用したのは (ウ) 違法であり、このような状態において付与された本件各免許は法一〇一条一項三号の免許基準に適合しない、（２）本件空港の着陸帯甲及び乙は非計器用であるのに、被上告人はこれを (ウ) 違法に計器用に供用しており、このような状態において付与された本件各免許は右免許基準に適合しない、（３）日本航空株式会社に対する本件免許は、当該路線の利用客の大部分が遊興目的の韓国ツアーの団体客である点において、同条同項一号の免許基準に適合せず、また、当該路線については、日韓航空協定に基づく相互乗入れが原則であることにより輸送力が著しく供給過剰となるので、同項二号の免許基準に適合しない、というものであるから、上告人の右 (ウ) 違法事由の主張がいずれも自己の法律上の利益に関係のない (ウ) 違法をいうものであることは明らかである。そうすると、本件請求は、上告人が本件各免許の取消しを訴求する (イ) 原告適格を有するとしても、行政事件訴訟法一〇条一項によりその主張自体失当として (エ) 棄却を免れないことになる……。」

問題	テーマ（分野）	重要度	正答率
43	呉市学校施設使用不許可事件（行政法・多肢）	A	80%

『合格基本書』p. 391

ア	20（許可）	イ	6（支障）
ウ	13（基礎）	エ	3（妥当）

本問は、呉市学校施設使用不許可事件（最判平 18.2.7）を素材としたものである。

「学校施設は、一般公衆の共同使用に供することを主たる目的とする道路や公民館等の施設とは異なり、本来学校教育の目的に使用すべきものとして設置され、それ以外の目的に使用することを基本的に制限されている（学校施設令１条、３条）ことからすれば、学校施設の目的外使用を(ア)許可するか否かは、原則として、管理者の裁量にゆだねられているものと解するのが相当である。すなわち、学校教育上(イ)支障があれば使用を(ア)許可することができないことは明らかであるが、そのような(イ)支障がないからといって当然に(ア)許可しなくてはならないものではなく、行政財産である学校施設の目的及び用途と目的外使用の目的、態様等との関係に配慮した合理的な裁量判断により使用(ア)許可をしないこともできるものである。学校教育上の(イ)支障とは、物理的(イ)支障に限らず、教育的配慮の観点から、児童、生徒に対し精神的悪影響を与え、学校の教育方針にもとることとなる場合も含まれ、現在の具体的な(イ)支障だけでなく、将来における教育上の(イ)支障が生ずるおそれが明白に認められる場合も含まれる。また、管理者の裁量判断は、(ア)許可申請に係る使用の日時、場所、目的及び態様、使用者の範囲、使用の必要性の程度、(ア)許可をするに当たっての(イ)支障又は(ア)許可をした場合の弊害若しくは影響の内容及び程度、代替施設確保の困難性など(ア)許可をしないことによる申請者側の不都合又は影響の内容及び程度等の諸般の事情を総合考慮してされるものであり、その裁量権の行使が逸脱濫用に当たるか否かの司法審査においては、その判断が裁量権の行使としてされたことを前提とした上で、その判断要素の選択や判断過程に合理性を欠くところがないかを検討し、その判断が、重要な事実の(ウ)基礎を欠くか、又は社会通念に照らし著しく(エ)妥当性を欠くものと認められる場合に限って、裁量権の逸脱又は濫用として違法となるとすべきものと解するのが相当である。」

ワンポイントアドバイス

【学校施設令】

学校施設令（「学校施設の確保に関する政令」）は、「学校施設が学校教育の目的以外の目的に使用されることを防止し、もつて学校教育に必要な施設を確保すること」を目的とします（学校施設令１条）。

学校施設令は、第２次世界大戦後に連合国の占領下において「ポツダム宣言の受諾に伴い発する命令に関する件」に基づいて政令として制定されたもので、法律としての効力を有するものです。

問題	テーマ（分野）	重要度	正答率
44	執行停止（行政法・記述）	A	―

『合格基本書』p. 471

≪正解例≫

裁判所は執行停止の決定を取り消し、内閣総理大臣は次の常会において国会に報告する。

（40 字）

本問は、行政事件訴訟法における執行停止に関する知識を問うものである。

執行停止の申立てがあった場合には、内閣総理大臣は、裁判所に対し、異議を述べることができる（内閣総理大臣の異議／27 条１項前段）。執行停止の決定があった後においても、同様とする（27 条１項後段）。

内閣総理大臣の異議には、理由を附さなければならない（27 条２項）。異議の理由においては、内閣総理大臣は、処分の効力を存続し、処分を執行し、または手続を続行しなければ、公共の福祉に重大な影響を及ぼすおそれのある事情を示すものとする（27 条３項）。

内閣総理大臣の異議があったときは、裁判所は、執行停止をすることができず、また、すでに執行停止の決定をしているときは、これを取り消さなければならない（27 条４項）。

内閣総理大臣は、やむをえない場合でなければ、異議を述べてはならず、また、異議を述べたときは、次の常会において国会にこれを報告しなければならない（27 条６項）。

以上より、解答にあたっては、正解例のように記述すべきである。

ワンポイントアドバイス

【採点の目安】

①（裁判所は）**執行停止の決定を取り消す** ……	10 点
②（内閣総理大臣は）**次の常会において国会に報告する** ……	10 点

問題	テーマ（分野）
45	第三者の弁済（民法・記述）

重要度	正答率
A	―

『合格基本書』p. 260

≪正解例≫

Ｂの弁済は、

ＢがＡの委託を受けて弁済をしており、そのことをＣが知っていた場合に、有効なものと扱われる。

（45 字）

本問は、第三者の弁済に関する知識を問うものである。

債務の弁済は、原則として、第三者もすることができる（第三者の弁済／474 条１項）。

もっとも、弁済をするについて正当な利益を有する者でない第三者は、債務者の意思に反して弁済をすることができない（474 条２項本文）。ただし、債務者の意思に反することを債権者が知らなかったときは、この限りでない（474 条２項ただし書）。

また、弁済をするについて正当な利益を有する者でない第三者は、債権者の意思に反して弁済をすることができない（474 条３項本文）。ただし、その第三者が債務者の委託を受けて弁済をする場合において、そのことを債権者が知っていたときは、この限りでない（474 条３項ただし書）。

以上より、解答にあたっては、正解例のように記述すべきである。

ワンポイントアドバイス

【採点の目安】

①	ＢがＡの委託を受けて弁済をしており、そのことをＣが知っていた場合	12 点
②	有効なものと扱われる	８点

問題	テーマ（分野）
46	引渡しの方法（民法・記述）

重要度	正答率
B	—

『合格基本書』p. 187

≪正解例≫

指図による占有移転といい、ＡがＢに対して以後Ｃのために甲を占有することを命じ、Ｃが承諾した

（45 字）

本問は、引渡しの方法に関する知識を問うものである。

代理人（占有代理人Ｂ）によって占有をする場合において、本人（Ａ）がその代理人（Ｂ）に対して以後第三者（Ｃ）のためにその物（甲）を占有することを命じ、その第三者（Ｃ）がこれを承諾したときは、その第三者（Ｃ）は、占有権を取得する（指図による占有移転／184 条）。

以上より、解答にあたっては、正解例のように記述すべきである。

ワンポイントアドバイス

【採点の目安】

①	指図による占有移転	８点
②	ＡがＢに対して以後Ｃのために占有することを命じ、Ｃが承諾した	12 点

問題	テーマ（分野）	正解	重要度	正答率
47	政党・圧力団体（政治）	4	A	50%

ア　妥当でない　**基礎**　『合格基本書』p. 693

圧力団体（利益集団）は、特定の利益の増進のために政党や政府、各省庁に働きかけて政治的決定に影響力を及ぼそうとする団体である。

イ　妥当である　**基礎**　『合格基本書』p. 692

そのとおり。議会の過半数を得るに至らない程度の勢力を有する政党が複数存在する形態は、多党制と呼ばれ、国民の多様な意思を政治に反映することができるが、政権が不安定なものになりやすい。

ウ　妥当でない　**基礎**　『合格基本書』p. 693

圧力団体は、政党とは異なり、国民的利益よりも自己の特殊利益を目指すものである。また、圧力団体は、政党とは異なり、政権の獲得を目的とするものではない。

エ　妥当でない

圧力団体がその影響力を行使する活動をロビイングといい、圧力団体の代表者または代理人としてロビイングを行う人物をロビイストというが、政党とは異なり、政策決定に影響を与えたとしても政治責任を問われない。

オ　妥当である　**基礎**　『合格基本書』p. 693

そのとおり。日本の圧力団体の例には、日本経済団体連合会のような経済団体や、日本労働組合総連合会のような労働団体や、日本医師会のような職能団体のほかに、神社本庁のような宗教団体も挙げられる。

以上より、妥当なものはイ・オであり、正解は肢４となる。

問題	テーマ（分野）	正解	重要度	正答率
48	投票制度（政治）	5	A	50%

ア　妥当である

そのとおり。選挙は、選挙期日（投票日）に投票所において投票するのが原則である。選挙人のほかに、選挙人の同伴する幼児、児童、生徒その他の年齢満18年未満の者も、投票所に入ることができる。

イ　妥当である

そのとおり。選挙の当日、既存の投票区の投票所とは別に、市町村の区域内のいずれの投票区に属する選挙人も投票できる「共通投票所」を設置することが認められている。

ウ　妥当でない

期日前投票は、選挙期日前であっても、選挙期日と同じ方法で投票を行うことができる制度である。期日前投票を行った者は、その後に他市区町村への移転や死亡等の事由によって選挙権を失ったとしても、有効な投票をしたものとして取り扱われる。

エ　妥当である

そのとおり。都道府県の選挙管理委員会から不在者投票施設として指定を受けている病院に入院している者は、その病院内で不在者投票をすることができる。

オ　妥当でない

在外選挙は、仕事や留学などで海外に住んでいる者が、外国にいながら投票できる制度である。在外投票をするためには、在外選挙人名簿への登録が必要であるが、その登録の申請については、① 出国前に国外への転出届を提出する際に市区町村の窓口で申請する方法（出国時申請）のほかに、② 出国後に居住している地域を管轄する日本大使館・総領事館に申請する方法（在外公館申請）もある。

以上より、妥当でないものはウ・オであり、正解は肢５となる。

問題	テーマ（分野）	正解	重要度	正答率
49	国の予算（経済）	4	B	65%

ア　妥当でない　基礎　『合格基本書』p. 720

財政法によれば、国の会計年度は、毎年４月１日に始まり、翌年３月 31 日に終わるものとする（財政法 11 条）。

イ　妥当でない　基礎　『合格基本書』p. 721

特別会計は、一般会計と区別して別個に経理する会計である。財政法によれば、国の会計を分かって一般会計および特別会計とする（財政法 13 条１項）。① 国が特定の事業を行う場合、② 特定の資金を保有してその運用を行う場合、③ その他特定の歳入をもって特定の歳出に充て一般の歳入歳出と区分して経理する必要がある場合に限り、法律をもって、特別会計を設置するものとする（財政法 13 条２項）。

ウ　妥当である　基礎　『合格基本書』p. 721

そのとおり。財政法によれば、歳出予算の経費のうち、その性質上または予算成立後の事由に基づき年度内にその支出を終わらない見込みのあるものについては、あらかじめ国会の議決を経て、翌年度に繰り越して使用することができる（財政法 14 条の３第１項）。この規定により翌年度に繰り越して使用することができる経費は、これを繰越明許費という（財政法 14 条の３第２項）。

エ　妥当である　基礎　『合格基本書』p. 720

そのとおり。財政法によれば、国は、工事、製造その他の事業で、その完成に数年度を要するものについて、特に必要がある場合においては、経費の総額および年割額を定め、あらかじめ国会の議決を経て、その議決するところに従い、数年度にわたって支出することができる（財政法 14 条の２第１項）。この規定により支出することができる経費は、これを継続費という（財政法 14 条の２第３項）。

オ　妥当でない　基礎　『合格基本書』p. 720

暫定予算は、会計年度開始前に予算が成立しなかった場合に、必要な経費の支出のために作成されるものである。財政法によれば、内閣は、必要に応じて、一会計年度のうちの一定期間に係る暫定予算を作成し、これを国会に提出することができる（財政法 30 条１項）。暫定予算は、当該年度の予算が成立したときは、失効するものとし、暫定予算に基づく支出またはこれに基づく債務の負担があるときは、これを当該年度の予算に基づいてなしたものとみなす（財政法 30 条２項）。

以上より、妥当なものはウ・エであり、正解は肢４となる。

問題	テーマ（分野）	正解	重要度	正答率
50	消費者保護（社会）	3	B	85%

1 妥当でない 基礎 『合格基本書』p. 743

消費者契約法によれば、消費者契約の条項のうち、事業者の債務不履行により消費者に生じた損害を賠償する責任の全部を免除するものは、無効とする（消費者契約法８条１項１号）。なお、2022 年６月の消費者契約法の改正により、免責の範囲が不明確な条項を無効とする措置が講じられた（2023 年６月施行）。

2 妥当でない

消費者契約法の規定による取消権の行使期間については、取引の安全確保や法律関係の早期の安定に対する要請から、民法の規定による取消権の行使期間よりも短いもの（原則として追認をすることができる時から１年間、消費者契約の締結の時から５年）と規定されている（消費者契約法７条１項）。2022 年 12 月の消費者契約法の改正により、霊感等による知見を用いた告知に係る勧誘に対する取消権の行使期間については、正常な判断を行うことができない状態から抜け出すためには相当程度の時間を要するという指摘などを踏まえて、消費者契約法における他の取消権の行使期間よりも長いもの（追認をすることができる時から３年間、消費者契約の締結の時から 10 年）に変更された（2023 年１月施行）。

3 妥当である

そのとおり。2021 年６月の「特定商取引に関する法律」の改正により、詐欺的な定期購入商法への対策として、チラシやカタログで行う通信販売における申込書面や、インターネットを利用した通信販売における最終確認画面において、商品の分量や販売価格などの事項を表示すること（特定商取引に関する法律 12 条の６）が義務づけられた（2022 年６月施行）。

4 妥当でない

2021 年６月の「特定商取引に関する法律」の改正により、送り付け商法への対策として、注文や契約をしていないにもかかわらず、金銭を得ようとして一方的に送付された商品については、事業者は直ちに返還を請求することができなくなる（特定商取引に関する法律 59 条１項）ことから、消費者は直ちに処分することができるようになった（2021 年７月施行）。

5 妥当でない

2022 年 12 月に制定された「法人等による寄附の不当な勧誘の防止等に関する法律」（原則として 2023 年１月施行）によれば、法人等の不当な勧誘により個人が困惑して金銭の給付を内容とする寄附を行った場合に、当該個人の扶養義務等に係る定期金債権の債権者は、当該定期金債権のうち確定期限の到来していない部分を保全するため必要があるときは、当該個人である債務者に属する当該寄附に関する取消権を代位行使することができる（法人等による寄附の不当な勧誘の防止等に関する法律 10 条１項１号）。

問題	テーマ（分野）	正解
51	地球環境問題（社会）	2

重要度	正答率
A	60%

ア　妥当である 基礎 『合格基本書』p. 736

そのとおり。パリ協定は、開発途上国を含むすべての国が地球温暖化の原因となる温室効果ガスの削減に取り組むことを約束した枠組みとして、2015 年に国連気候変動枠組条約第 21 回締約国会議（ＣＯＰ21）で採択され（2016 年発効）、2020 年１月から本格運用が開始された。

イ　妥当でない 基礎 『合格基本書』p. 739

これは、ワシントン条約に関する記述である。ワシントン条約（「絶滅のおそれのある野生動植物の種の国際取引に関する条約」）は、自然のかけがえのない一部をなす野生動植物の一定の種が過度に国際取引に利用されることのないようこれらの種を保護することを目的として、1973 年に採択された（1975 年発効）。

ウ　妥当でない 基礎 『合格基本書』p. 739

これは、バーゼル条約に関する記述である。バーゼル条約（「有害廃棄物の国境を越える移動及びその処分の規制に関するバーゼル条約」）は、有害廃棄物等の国境を越える移動によって引き起こされる人の健康被害と地球環境の破壊を防止することを目的として、1989 年に採択された（1992 年発効）。

エ　妥当でない 基礎 『合格基本書』p. 738

これは、ラムサール条約に関する記述である。ラムサール条約（「特に水鳥の生息地として国際的に重要な湿地に関する条約」）は、特に水鳥の生息地として国際的に重要な湿地およびそこに生息または生育する動植物の保全を促し、湿地の適正な利用を進めることを目的として、1971 年に採択された（1975 年発効）。

オ　妥当である

そのとおり。砂漠化対処条約（「深刻な干ばつ又は砂漠化に直面する国（特にアフリカの国）において砂漠化に対処するための国際連合条約」）は、特にアフリカ諸国を中心とした開発途上国において深刻化する砂漠化問題に対し、国際社会がその解決に向けて協力することを目的として、1994 年に採択された（1996 年発効）。

以上より、妥当なものはア・オであり、正解は肢２となる。

問題	テーマ（分野）	正解
52	監督（行政書士法）	3

重要度	正答率
A	55%

1　妥当でない 基礎　『合格基本書』p. 668

都道府県知事は、必要があると認めるときは、日没から日出までの時間を除き、当該職員に行政書士または行政書士法人の事務所に立ち入り、その業務に関する帳簿および関係書類（これらの作成または保存に代えて電磁的記録の作成または保存がされている場合における当該電磁的記録を含む。）を検査させることができる（13 条の 22 第１項）。これについて、裁判所の許可を得る必要はない。

2　妥当でない 基礎　『合格基本書』p. 668

行政書士が、行政書士法もしくはこれに基づく命令、規則その他都道府県知事の処分に違反したときまたは行政書士たるにふさわしくない重大な非行があったときは、都道府県知事は、当該行政書士に対し、①「戒告」、②「２年以内の業務の停止」、③「業務の禁止」の処分をすることができる（14 条）。

3　妥当である 基礎　『合格基本書』p. 668

そのとおり。行政書士法人が、行政書士法または行政書士法に基づく命令、規則その他都道府県知事の処分に違反したときまたは運営が著しく不当と認められるときは、その主たる事務所の所在地を管轄する都道府県知事は、当該行政書士法人に対し、①「戒告」、②「２年以内の業務の全部又は一部の停止」、③「解散」の処分をすることができる（14 条の２第１項）。

4　妥当でない 基礎　『合格基本書』p. 668

何人も、行政書士または行政書士法人について 14 条または 14 条の２第１項もしくは第２項に該当する事実があると思料するときは、当該行政書士または当該行政書士法人の事務所の所在地を管轄する都道府県知事に対し、当該事実を通知し、適当な措置をとることを求めることができる（14 条の３第１項）。これについて、行政書士の業務につき利害関係を有するものと認められる必要はない。

5　妥当でない 基礎　『合格基本書』p. 669

都道府県知事は、14 条２号または 14 条の２第１項２号もしくは第２項２号の処分をしようとするときは、行政手続法 13 条１項の規定による意見陳述のための手続の区分にかかわらず、聴聞を行わなければならない（14 条の３第３項）。

ワンポイントアドバイス

【行政書士・行政書士法人に対する懲戒】

行政書士法 14 条の２第１項・第２項の規定は、これらの規定により行政書士法人を処分する場合において、当該行政書士法人の社員につき 14 条に該当する事実があるときは、その社員である行政書士に対し、懲戒処分を併せて行うことを妨げるものと解してはならない（14 条の２第５項）と定められています。

問題	テーマ（分野）	正解
53	戸籍の届出（戸籍法）	3

重要度	正答率
B	80%

ア　妥当でない　基礎　『合格基本書』p. 673

やむを得ない事由によって氏を変更しようとするときは、戸籍の筆頭に記載した者およびその配偶者は、家庭裁判所の許可を得て、その旨を届け出なければならない（107条１項）。

イ　妥当である　基礎　『合格基本書』p. 672

そのとおり。婚姻をしようとする者は、①「夫婦が称する氏」、②「その他法務省令で定める事項」を届書に記載して、その旨を届け出なければならない（74条）。

ウ　妥当でない　基礎　『合格基本書』p. 672

嫡出子出生の届出は、父または母がこれをし、子の出生前に父母が離婚をした場合には、母がこれをしなければならない（52条１項）。

エ　妥当である

そのとおり。父が認知をする場合には、「母の氏名及び本籍」を届書に記載して、その旨を届け出なければならない（60条１号）。

オ　妥当でない

第一「同居の親族」、第二「その他の同居者」、第三「家主、地主又は家屋若しくは土地の管理人」は、その順序に従って、死亡の届出をしなければならない（87条１項本文）。もっとも、死亡の届出は、同居の親族以外の親族、後見人、保佐人、補助人、任意後見人および任意後見受任者も、これをすることができる（87条２項）。

以上より、妥当なものはイ・エであり、正解は肢３となる。

ワンポイントアドバイス

【氏名の変更】

①「やむを得ない事由」によって「氏」を変更しようとするときは、戸籍の筆頭に記載した者およびその配偶者は、家庭裁判所の許可を得て、その旨を届け出なければなりません（107条１項）。

②「正当な事由」によって「名」を変更しようとする者は、家庭裁判所の許可を得て、その旨を届け出なければなりません（107条の２）。

問題	テーマ（分野）	正解	重要度	正答率
54	戸籍の附票（住民基本台帳法）	5	B	80%

1　妥当である

そのとおり。市町村長は、その市町村の区域内に本籍を有する者につき、その戸籍を単位として、戸籍の附票を作成しなければならない（16条1項）。

2　妥当である

そのとおり。戸籍の附票には、「男女の別」についても記載・記録をする（17条6号）。

3　妥当である

そのとおり。戸籍の附票の記載、消除または記載の修正は、職権で行うものとする（18条）。

4　妥当である

そのとおり。住所地の市町村長は、住民票の記載等をした場合に、本籍地において戸籍の附票の記載の修正をすべきときは、遅滞なく、当該修正をすべき事項を本籍地の市町村長に通知しなければならない（19条1項）。

5　妥当でない

1985年の住民基本台帳法改正により、戸籍の附票の閲覧の制度は廃止された。

ワンポイントアドバイス

【戸籍の附票】

戸籍の附票には、①「戸籍の表示」、②「氏名」、③「住所」、④「住所を定めた年月日」、⑤「出生の年月日」、⑥「男女の別」、⑦「住民票に記載された住民票コード」について記載・記録をします（17条）。

問題	テーマ（分野）	正解	重要度	正答率
55	個人情報保護法（個人情報保護）	2	A	25%

ア　妥当である　基礎　『合格基本書』p. 778〜p. 779

そのとおり。行政機関等は、個人情報を保有するに当たっては、法令の定める所掌事務または業務を遂行するため必要な場合に限り、かつ、その利用目的をできる限り特定しなければならない（61条１項）。行政機関等は、利用目的を変更する場合には、変更前の利用目的と相当の関連性を有すると合理的に認められる範囲を超えて行ってはならない（61条３項）。

イ　妥当でない　基礎　『合格基本書』p. 779

行政機関の長等は、保有個人情報の漏えい、滅失または毀損の防止その他の保有個人情報の安全管理のために必要かつ適切な措置を講じなければならない（66条１項）。これは、法的義務である。

ウ　妥当でない　基礎　『合格基本書』p. 779

行政機関の長等は、利用目的の達成に必要な範囲内で、保有個人情報が過去または現在の事実と合致するよう努めなければならない（65条）。これは、努力義務である。

エ　妥当である　基礎　『合格基本書』p. 779

そのとおり。行政機関の長等は、偽りその他不正の手段により個人情報を取得してはならない（64条）が、要配慮個人情報を取得するに当たって、事前に本人の同意を得る必要はない。

オ　妥当でない　基礎　『合格基本書』p. 779

行政機関の長等は、保有個人情報の漏えい、滅失、毀損その他の保有個人情報の安全の確保に係る事態であって個人の権利利益を害するおそれが大きいものとして個人情報保護委員会規則で定めるものが生じたときは、個人情報保護委員会規則で定めるところにより、当該事態が生じた旨を個人情報保護委員会に報告しなければならない（68条１項）。

以上より、妥当なものはア・エであり、正解は肢２となる。

ワンポイントアドバイス

【保有個人情報】

「保有個人情報」とは、行政機関等の職員が職務上作成し、または取得した個人情報であって、当該行政機関等の職員が組織的に利用するものとして、当該行政機関等が保有しているものをいいます（60条１項本文）。ただし、行政文書、法人文書または地方公共団体等行政文書（「行政文書等」）に記録されているものに限ります（60条１項ただし書）。

問題	テーマ（分野）	正解	重要度	正答率
56	個人情報保護法（個人情報保護）	4	A	80%

1　妥当でない

個人情報データベース等を「事業」の用に供している者は、それを内部的な事務のためにのみ利用している場合であっても、「個人情報取扱事業者」に該当する。

2　妥当でない

個人事業主も、個人情報データベース等を事業の用に供していれば、「個人情報取扱事業者」に該当する。

3　妥当でない

個人情報データベース等を「事業」の用に供している者は、その事業が営利を目的としていない場合であっても、「個人情報取扱事業者」に該当する。

4　妥当である　基礎　『合格基本書』p. 772

そのとおり。裁判所のような「国の機関」は、「個人情報取扱事業者」には該当しない（16条２項１号）。

5　妥当でない

個人情報データベース等を「事業」の用に供している者は、その取り扱う個人情報によって識別される特定の個人の数が少ない場合であっても、その数にかかわらず、「個人情報取扱事業者」に該当する。

ワンポイントアドバイス

【個人情報取扱事業者】

個人情報保護法において「個人情報取扱事業者」とは、個人情報データベース等を事業の用に供している者をいいます（16条２項本文）。ただし、①「国の機関」、②「地方公共団体」、③「独立行政法人等」、④「地方独立行政法人」を除きます（16条２項ただし書）。

問題	テーマ（分野）	正解	重要度	正答率
57	電子商取引（情報・通信）	4	B	45%

ア 妥当でない

① 企業間の電子商取引を「ＢtoＢ」という。② オンラインショッピングのように企業と消費者との間の電子商取引を「ＢtoＣ」という。③ ネットオークションのように消費者間の電子商取引を「ＣtoＣ」という。

イ 妥当である 基礎 『合格基本書』p. 748

そのとおり。電子消費者契約法は、消費者が行う電子消費者契約の申込みまたはその承諾の意思表示について特定の錯誤があった場合に関して、民法 95 条３項の「錯誤が表意者の重大な過失によるものであった場合」の規定に対する特例を定めている（電子消費者契約法１条、３条）。

ウ 妥当でない

隔地者間の契約において電子承諾通知を発する場合に関して民法の隔地者間の契約の成立時期に関する規定（発信主義）に対する特例（到達主義）を定めていた電子消費者契約法の規定は、2017 年の民法改正（2020 年４月施行）により発信主義の規定が削除されたことを受けて、削除された。

エ 妥当でない 基礎 『合格基本書』p. 748〜p. 749

特定電子メール送信適正化法は、原則として事前に送信に同意した相手に対してのみ、広告、宣伝または勧誘等を目的とした電子メールの送信を許可する「オプトイン方式」を採用している（特定電子メール送信適正化法３条１項）。

オ 妥当である

そのとおり。ｅ－文書通則法は、法令の規定により民間事業者等が行う書面の保存等（保存、作成、縦覧等または交付等）に関し、電子情報処理組織を使用する方法その他の情報通信の技術を利用する方法（「電磁的方法」）により行うことができるようにするための共通する事項を定めている（ｅ－文書通則法１条、２条 10 号）。

以上より、妥当なものはイ・オであり、正解は肢４となる。

問題	テーマ（分野）	正解	重要度	正答率
58	空欄補充（文章理解）	3	A	85％

ア　「自律的価値」が入る

アを含む第１段落では、西欧の芸術は他の文明圏との比較において異なる発想によるという内容である。そして、アを含む文章では、他の文明圏と西欧の芸術の思想を比較する内容となっている。２番目のアの前には、「西欧世界以外の文明圏において」とあり、西欧以外では、西欧のような思想は出てこないという内容があり、アを含む文章もそのような内容になるはずである。したがって、「自律的価値」が入る。なぜなら、西欧以外では、芸術に自律的価値を見出すことはないからである。それは、アの後の文章で「西欧以外のいわゆる伝統社会は、中国の儒教社会であれ、ギリシアのフィロゾフィ社会であれ、西欧中世のキリスト教社会であれ、すべての『価値』は［　イ　］、『天命』とか『イデア』とか『神の摂理』という超越的な存在者によって規定されるものだからである。」としていることから読み取れる。なお、芸術性の高度化については、そもそも筆者は述べていないから、「高度の芸術性」は適切ではない。また、「作為と不作為」で分けることについても、筆者は述べていないから、これも適切でない。

イ　「人間社会の人為的努力が届かない」が入る

西欧以外の文明圏では、すべての価値は、「『天命』とか『イデア』とか『神の摂理』という超越的な存在者によって規定される」としており、人間の及びうるものではないということを述べているから、イには、「人間社会の人為的努力が届かない」が入ることがわかる。なお、「人間それぞれの思想により異なり」や「人間の努力によって創造できる」では、筆者の主張する要旨に適合しない。

ウ　「革命」が入る

ウの直前には「西欧啓蒙主義の世界史上類例を見ない」とあり、「類例を見ない」に続く言葉が入るから、「革命」が入ることがわかる。

エ　「進歩」が入る

２番目のエの後には、「『芸術』も［　エ　］するものである。なぜならそれは神が創り出した『自然』という神の摂理の枠内で、それを模倣する自然模倣の活動ではなく、芸術家が自らの内に見出した内なる神の指示によって、これまで自然の中に存在しなかった新しい『美』、新しい価値を発見していく活動だからである。」とあり、エには、新しい価値を発見していく活動と同様の意味内容が入ると考えられる。よって、「進歩」が入る。「改善」は、悪いところを改めるという意味になり適切でない。また、「刷新」は、全く新しくする行為であり、筆者の要旨と適合せず適切でない。

以上より、アには「自律的価値」、イには「人間社会の人為的努力が届かない」、ウには「革命」、エには「進歩」が入り、正解は肢３となる。

（出典　松宮秀治「芸術と近代国民国家」から）

問題	テーマ（分野）	正解	重要度	正答率
59	空欄補充（文章理解）	5	A	70%

Ⅰの前の文章は「事実、われわれは毎日、現代技術の産物、多種多様の製品を使っているが、ほとんどその仕組みを知らない。」としている。そして、エは「科学技術に多くを依存しながら、だがそれに心を閉ざして、人々は『都会的野蛮人』の生活を送っている。そう言われてきた」としている。エの文章中の「それに心を閉ざして、人々は『都会的野蛮人』の生活を送っている」は、Ⅰの前の文章中の「ほとんどその仕組みを知らない。」ことに対応し、これを比喩的に表現したものと考えられる。よって、Ⅰにはエが入る。

Ⅱの前の２つの文章は「しかしだからこそ、分野ごとにそこでの問題を熟知している専門家がいる。知的分業が行われ、それらがうまくつながって社会全体は首尾よく機能しているとみな考えている。」としている。そして、イは「だから専門家に相談し、自分達の問題の管理を任せる。それが合理的であると」としている。イの文章中の「だから専門家に相談し」は、Ⅱの２つ前の文章中で「専門家がいる」を受けたものであり、また、イの文章中の「合理的である」は、Ⅱの１つ前の文章中の「首尾よく機能している」に対応するものと考えられる。よって、Ⅱにはイが入る。

Ⅲの前の３つの文章は「そもそも何が問題なのかをよく知っているのは専門家である。その問題の解決策をよく知っているのも専門家である。この点では、医者と患者の関係がひとつの例になる。」としている。そして、アは「……ますます専門家達がわれわれの知らない専門知識を用いて、われわれの知らない、気づいてない問題を指摘するようになっている。そしてそれは期待されていることでもある」としている。アの文章中の「われわれの知らない、気づいてない問題を指摘する……それは期待されている」は、Ⅲの３つ前の文章中の「何が問題なのかをよく知っているのは専門家である」を受けたものと考えられる。よって、Ⅲにはアが入る。

Ⅳの前の文章は「しかしこうした状況のもとでは、人々は自分にとっての必要、問題が何であるかも自分では決められず、ましてその解決方法も知らず、しかも自分が適切に援助されたのかもよく判らない無能な者になりつつあるのではないか。」としている。オの文章中の「三重に無能化」は、Ⅳの前の文章中の３つの無能な状態を指していると考えられる。よって、Ⅳにはオが入る。

Ⅴの前の文章は「ここには、自己決定権（すなわち人権）をもった市民はいない。」としている。そして、ウは「自分にとっての必要を自分で決め、その解決策もいくつかの中から自分で選択でき、その結果も自分で評価できる、そうした自立した市民のありかたは難しくなっている」としている。ウの文章中の「自分で決め、その解決策もいくつかの中から自分で選択でき、その結果も自分で評価できる」は、Ⅴの前の文章中の「自己決定権」を指し、または対応するものであり、また、ウの文章中の「自立した市民のありかたは難しくなっている」は、Ⅴの前の文章中の「自己決定権……をもった市民はいない」に対応するものと考えられる。よって、Ⅴにはウが入る。

以上より、Ⅰにはエ、Ⅱにはイ、Ⅲにはア、Ⅳにはオ、Ⅴにはウが入り、正解は肢５となる。

（出典　木原英逸「専門性と共同性」から）

問題	テーマ（分野）	正解	重要度	正答率
60	並べ替え（文章理解）	3	A	70%

イは「つまり、人それぞれに……」としている。そこで、イの前には、イで言い換える前の文章がくると考えられる。そして、イは「つまり、人それぞれに……を探ることができるからだ。」とし、ウは「というのもその“隙間”には、重要な自分自身を紐解くヒントが含まれている、とわたしは考えているからだ。」としている。イは「……できるからだ。」としてある理由を述べ、ウも「……とわたしは考えているからだ。」としてある理由を述べているので、ウはイで言い換える前の文章である。したがって、イの前にはウがくる（ウ→イ）。

イは「つまり、人それぞれに固有の振幅があるからこそ、人それぞれが、そこに空気が流れることに依って起こる、運動の可能性を探ることができるからだ。」としている。そして、オは「その為に、書くこととつくることに、どれ程の“隙間”があるかを測れば、人それぞれの固有の成り立ちを浮かび上がらせることになる、と思うのである。」としている。このように、オの文章中には、イの文章中のものと同様に「人それぞれ（の）固有の」という表現がある。そこで、イとオは並んで配置されると考えられる。ただし、上記のとおり、イの前にはウがくるので、オはイの後にくる（ウ→イ→オ）。

アは「むしろ、この隙間があるからこそ、……」としている。そこで、「アの前にくる文章」と「アの文章」は、内容的に、「アの前にくる文章」と言うよりも「アの文章」と言うことができる（と言ったほうがよい、と言うべきである）という関係になると考えられる。そして、アは「むしろ、この隙間があるからこそ、深度がある眼差しを期待できるのではないのだろうか……」とし、エは「……決してこの“隙間”が生まれることを否定的に捉える必要はない……」としている。アとエの文章中の隙間に関する筆者の捉え方をみると、エのように「“隙間”が生まれることを否定的に捉える必要はない」と言うよりも、アのように「この隙間があるからこそ、深度がある眼差しを期待できる」と言うことができる（と言ったほうがよい、と言うべきである）という関係になっている。したがって、エはアの前にくる（エ→ア）。

□の前の文章は「書くこととつくることに“隙間”が生まれてしまうことがあることも理解し、そこに目を向ける必要性があることに触れているのだ。」としている。そして、エは「……決してこの“隙間”が生まれることを否定的に捉える必要はない……」としている。エの文章中の「この“隙間”が生まれること」は、□の前の文章中の「“隙間”が生まれてしまうことがあること」を受けたものであると考えられる。したがって、エは□の中の文章の先頭にくる（エ→ア→ウ→イ→オ）。

以上より、妥当な順序はエ→ア→ウ→イ→オであり、正解は肢３となる。

（出典　矢萩喜従郎「多中心の思考」から）

第3回　解答・解説

2025年版　出る順行政書士　当たる！直前予想模試【第３回】解答一覧

【法令等（５肢択一式／一問４点）】

問題	正解	問題	正解	問題	正解
1	2	15	2	29	4
2	3	16	4	30	5
3	5	17	3	31	4
4	1	18	5	32	2
5	3	19	3	33	5
6	3	20	4	34	5
7	4	21	3	35	3
8	5	22	2	36	5
9	2	23	3	37	3
10	3	24	4	38	3
11	4	25	1	39	3
12	4	26	5	40	3
13	5	27	4	合計	／160
14	4	28	4		

【法令等（多肢選択式／一問８点／各２点）】

41	ア	16	イ	7	ウ	4	エ	13
42	ア	16	イ	7	ウ	18	エ	6
43	ア	6	イ	17	ウ	12	エ	15
						合計		／24

【法令等（記述式／一問20点）】

44	特許と呼ばれ、私人が本来的には有しない特別の権利や能力を設定する行為である。（38字）
45	行使できることを知った時から５年間、または行使できる時から２０年間、行使しないとき。（42字）
46	養親となる者に監護されていて、申立てがなかったことについてやむを得ない事由がある場合。（43字）
合計	／60

【基礎知識（５肢択一式／一問４点）】

問題	正解	問題	正解	問題	正解
47	5	52	5	57	4
48	5	53	4	58	2
49	3	54	4	59	3
50	3	55	3	60	4
51	2	56	3	合計	／56

合計	／300

問題	テーマ（分野）	正解		重要度	正答率
1	法律用語（基礎法学）	2		B	75%

1　妥当でない **基礎**　『合格基本書』p. 657

①「直ちに」は、一切の遅延が許されないものと解されている。②「遅滞なく」は、正当な、または合理的な理由による遅延は許されるものと解されている。

2　妥当である **基礎**　『合格基本書』p. 657

そのとおり。「みなす」「推定する」は、いずれもある事物と性質を異にする他の事物を、一定の場合に限り、その事物と同一視することである。このうち、「推定する」は、同一の事物でないという反証を許すものである。なお、「みなす」は、同一の事物でないという反証を許さないものである。

3　妥当でない **基礎**　『合格基本書』p. 657

①「科する」は、懲役、禁錮、罰金、科料などの刑罰や、秩序違反に対する制裁としての過料に処す場合に用いる語句である。②「課する」は、制裁的意味合いはなく、国家が租税その他の負担を命ずる場合に用いる語句である。租税等の負担を命ずる場合には「課税」という語句があるように「課する」が用いられる。

4　妥当でない **基礎**　『合格基本書』p. 657

①「権限」とは、行政法上、国や地方公共団体の機関の行為が国または地方公共団体の行為として効力を生じる範囲をいい、私法上、ある者の行為が他人の行為として効力を生じる範囲をいう。②「権原」とは、ある行為をすることを正当なものとする法律上の原因をいう。なお、占有については、正当であるか否かを問わず、占有するに至った原因すべてを「権原」という。

5　妥当でない **基礎**　『合格基本書』p. 656

①「適用」とは、法令をその対象としている事項に当てはめることをいう。②「準用」とは、ある事項について定める法令の規定を、これと似た別の事項に借用して当てはめることをいう。

ワンポイントアドバイス

【「遅滞なく」】

「遅滞なく」は、「直ちに」「速やかに」に比べて時間的即時性の度合いが弱いものであり、合理的な理由に基づく遅延は許されるものと解されています。

問題	テーマ（分野）	正解	重要度	正答率
2	法テラス（基礎法学）	3	B	45%

ア　妥当でない

総合法律支援法によれば、法テラス（日本法律支援センター）の理事長および監事は、法務大臣が任命する（総合法律支援法 24 条１項２項）。法務大臣は、理事長または監事を任命しようとするときは、あらかじめ、最高裁判所の意見を聴かなければならない（総合法律支援法 24 条３項）。

イ　妥当である

そのとおり。特定援助対象者（認知機能が十分でないために自己の権利の実現が妨げられているおそれがある国民等）であって、近隣に居住する親族がいないことその他の理由により、弁護士、弁護士法人または隣接法律専門職者のサービスの提供を自発的に求めることが期待できないものを援助するため、自立した日常生活および社会生活を営むに当たり必要な法律相談を実施する（総合法律支援法 30 条１項３号）。

ウ　妥当でない

法テラスは、著しく異常かつ激甚な非常災害であって、その被災地において法律相談を円滑に実施することが特に必要と認められるものとして政令で指定するものが発生した日において、民事上の法律関係に著しい混乱を生ずるおそれがある地区として政令で定めるものに住所、居所、営業所または事務所を有していた国民等を援助するため、同日から起算して１年を超えない範囲内において総合法律支援の実施体制その他の当該被災地の実情を勘案して政令で定める期間に限り、その生活の再建に当たり必要な法律相談を実施する（総合法律支援法 30 条１項４号）。

エ　妥当である

そのとおり。法テラスは、特定侵害行為（ストーカー行為、児童虐待または配偶者からの暴力）を現に受けている疑いがあると認められる者を援助するため、特定侵害行為による被害の防止に関して必要な法律相談を実施する（総合法律支援法 30 条１項５号）。

オ　妥当でない

法テラスが契約弁護士等に取り扱わせる事務については、法テラスがこれを取り扱うことができるものと解してはならない（総合法律支援法 30 条３項）。契約弁護士等は、法テラスが取り扱わせた事務について、独立してその職務を行う（総合法律支援法 33 条１項）。

以上より、妥当なものはイ・エであり、正解は肢３となる。

ワンポイントアドバイス

【総合法律支援法】

総合法律支援法は、「内外の社会経済情勢の変化に伴い、法による紛争の解決が一層重要になることに鑑み、裁判その他の法による紛争の解決のための制度の利用をより容易にするとともに弁護士、弁護士法人及び弁護士・外国法事務弁護士共同法人並びに司法書士その他の隣接法律専門職者のサービスをより身近に受けられるようにするための総合的な支援（以下「総合法律支援」という。）の実施及び体制の整備に関し、その基本理念、国等の責務その他の基本となる事項を定めるとともに、その中核となる日本司法支援センターの組織及び運営について定め、もってより自由かつ公正な社会の形成に資すること」を目的とします（総合法律支援法１条）。

問題	テーマ（分野）	正解	重要度	正答率
3	外国人の人権（憲法）	5	A	90%

（類題）ウォーク問過去問題集①法令編　問４

1　妥当でない　**基礎**　『合格基本書』p. 14

判例は、「憲法第３章の諸規定による基本的人権の保障は、権利の性質上日本国民のみをその対象としていると解されるものを除き、わが国に在留する外国人に対しても等しく及ぶものと解すべきであり、政治活動の自由についても、わが国の政治的意思決定又はその実施に影響を及ぼす活動等外国人の地位にかんがみこれを認めることが相当でないと解されるものを除き、その保障が及ぶ」としている（マクリーン事件／最大判昭 53. 10. 4）。よって、外国人は、国の政治的意思決定に影響を及ぼすものについては、政治活動の自由を保障されていない。

2　妥当でない

判例は、「憲法 22 条２項は『何人も、外国に移住し、又は国籍を離脱する自由を侵されない』と規定しており、ここにいう外国移住の自由は、その権利の性質上外国人に限つて保障しないという理由はない。」としている（最大判昭 32. 12. 25）。

3　妥当でない

判例は、「我が国に在留する外国人は、憲法上、外国へ一時旅行する自由を保障されているものでない」として、再入国の自由は保障されていないとしている（森川キャサリーン事件／最判平 4. 11. 16）。

4　妥当でない　**基礎**　『合格基本書』p. 14

判例は、「公務員を選定罷免する権利を保障した憲法 15 条１項の規定は、権利の性質上日本国民のみをその対象とし、右規定による権利の保障は、我が国に在留する外国人には及ばない」としたうえで、「国民主権の原理及びこれに基づく憲法 15 条１項の規定の趣旨に鑑み、地方公共団体が我が国の統治機構の不可欠の要素を成すものであることをも併せ考えると、憲法 93 条２項にいう『住民』とは、地方公共団体の区域内に住所を有する日本国民を意味するものと解するのが相当であり、右規定は、我が国に在留する外国人に対して、地方公共団体の長、その議会の議員等の選挙の権利を保障したものということはできない」としている（外国人地方参政権事件／最判平 7. 2. 28）。

5　妥当である　**基礎**　合格基本書』p. 15

そのとおり。判例は、「社会保障上の施策において在留外国人をどのように処遇するかについては、国は、特別の条約の存しない限り、……その政治的判断によりこれを決定することができるのであり、その限られた財源の下で福祉的給付を行うに当たり、自国民を在留外国人より優先的に扱うことも、許される」としている（塩見訴訟／最判平元. 3. 2）。

ワンポイントアドバイス

【外国人地方参政権事件】

判例は、「我が国に在留する外国人のうちでも永住者等であってその居住する区域の地方公共団体と特段に緊密な関係を持つに至ったと認められるものについて、その意思を日常生活に密接な関連を有する地方公共団体の公共的事務の処理に反映させるべく、法律をもって、地方公共団体の長、その議会の議員等に対する選挙権を付与する措置を講ずることは、憲法上禁止されているものではない」としています（外国人地方参政権事件／最判平 7. 2. 28）。

問題	テーマ（分野）	正解
4	ツイッター記事削除請求事件（憲法）	1

重要度	正答率
B	65%

『合格基本書』p. 37

本問は、ツイッター記事削除請求事件（最判令 4. 6. 24）を素材としたものである。

ア　妥当である

そのとおり。判例は、「個人のプライバシーに属する事実をみだりに公表されない利益は、法的保護の対象となるというべきであり、このような人格的価値を侵害された者は、人格権に基づき、加害者に対し、現に行われている侵害行為を排除し、又は将来生ずべき侵害を予防するため、侵害行為の差止めを求めることができるものと解される」としている。

イ　妥当でない

判例は、「膨大な数に上るツイートの中で本件各ツイートが特に注目を集めているといった事情はうかがわれないものの、Ｘの氏名を条件としてツイートを検索すると検索結果として本件各ツイートが表示されるのであるから、本件事実を知らないＸと面識のある者に本件事実が伝達される可能性が小さいとはいえない。」としている。

ウ　妥当でない

判例は、「本件事実は、他人にみだりに知られたくないＸのプライバシーに属する事実である。他方で、本件事実は、不特定多数の者が利用する場所において行われた軽微とはいえない犯罪事実に関するものとして、本件各ツイートがされた時点においては、公共の利害に関する事実であったといえる。しかし、Ｘの逮捕から原審の口頭弁論終結時まで約８年が経過し、Ｘが受けた刑の言渡しはその効力を失っており（刑法 34 条の２第１項後段）、本件各ツイートに転載された報道記事も既に削除されていることなどからすれば、本件事実の公共の利害との関わりの程度は小さくなってきている。」としている。

エ　妥当である

そのとおり。判例は、「ツイッターが、その利用者に対し、情報発信の場やツイートの中から必要な情報を入手する手段を提供するなどしていることを踏まえると、Ｘが、本件各ツイートによりＸのプライバシーが侵害されたとして、ツイッターを運営して本件各ツイートを一般の閲覧に供し続けるＹに対し、人格権に基づき、本件各ツイートの削除を求めることができるか否かは、本件事実の性質及び内容、本件各ツイートによって本件事実が伝達される範囲とＸが被る具体的被害の程度、Ｘの社会的地位や影響力、本件各ツイートの目的や意義、本件各ツイートがされた時の社会的状況とその後の変化など、Ｘの本件事実を公表されない法的利益と本件各ツイートを一般の閲覧に供し続ける理由に関する諸事情を比較衡量して判断すべきもので、その結果、Ｘの本件事実を公表されない法的利益が本件各ツイートを一般の閲覧に供し続ける理由に優越する場合には、本件各ツイートの削除を求めることができるものと解するのが相当である。」としている。

オ　妥当でない

判例は、「原審は、ＸがＹに対して本件各ツイートの削除を求めることができるのは、Ｘの本件事実を公表されない法的利益が優越することが明らかな場合に限られるとするが、Ｙがツイッターの利用者に提供しているサービスの内容やツイッターの利用の実態等を考慮しても、そのように解することはできない。」としている。

以上より、妥当なものはア・エであり、正解は肢１となる。

問題	テーマ（分野）	正解		重要度	正答率
5	職業選択の自由（憲法）	3		B	90%

ア　妥当でない 基礎 『合格基本書』p. 51

判例は、薬事法に基づく薬局開設の適正配置規制は、不良医薬品の供給や医薬品の乱用の危険を防止することを目的としているが、「目的と手段の均衡を著しく失するものであつて」、「不良医薬品の供給の防止等の目的のために必要かつ合理的な規制を定めたものということができないから、憲法22条1項に違反」するとしている（薬事法距離制限事件／最大判昭50. 4. 30）。

イ　妥当である 基礎 『合格基本書』p. 51

そのとおり。判例は、小売商業調整特別措置法に基づく小売市場許可規制は、「小売市場の乱設に伴う小売商相互間の過当競争によつて招来されるであろう小売商の共倒れから小売商を保護するためにとられた措置」であり、「国が社会経済の調和的発展を企図するという観点から中小企業保護政策の一方策としてとつた措置ということができ、その目的において、一応の合理性を認めることができないわけではなく、また、その規制の手段・態様においても、それが著しく不合理であることが明白であるとは認められない」から、「憲法22条1項に違反するものとすることができない」としている（小売市場距離制限事件／最大判昭47. 11. 22）。

ウ　妥当でない 基礎 『合格基本書』p. 51

判例は、酒類の製造・販売業について免許制を採用したのは、「酒類製造者にその納税義務を課し、酒類販売業者を介しての代金の回収を通じてその税負担を最終的な担税者である消費者に転嫁するという仕組みによること」に伴うものであり、「酒税の適正かつ確実な賦課徴収を図るという国家の財政目的のために、このような制度を採用したことは、当初は、その必要性と合理性があったというべきであり」、「その後の社会状況の変化と租税法体系の変遷に伴い、酒税の国税全体に占める割合等が相対的に低下するに至った本件処分当時の時点においてもなお、酒類販売業について免許制度を存置しておくことの必要性及び合理性については、議論の余地があることは否定できないとしても、前記のような酒税の賦課徴収に関する仕組みがいまだ合理性を失うに至っているとはいえないと考えられる」等として、酒税法の各規定が、「立法府の裁量の範囲を逸脱するもので、著しく不合理であるということはできず、右規定が憲法22条1項に違反するものということはできない。」としている（酒類販売免許事件／最判平4. 12. 15）。

エ　妥当である

そのとおり。判例は、「司法書士法の右各規定は、登記制度が国民の権利義務等社会生活上の利益に重大な影響を及ぼすものであることなどにかんがみ、法律に別段の定めがある場合を除き、司法書士及び公共嘱託登記司法書士協会以外の者が、他人の嘱託を受けて、登記に関する手続について代理する業務及び登記申請書類を作成する業務を行うことを禁止し、これに違反した者を処罰することにしたものであって、右規制が公共の福祉に合致した合理的なもので憲法22条1項に違反するものでない」としている（最判平12. 2. 8）。

オ　妥当でない

判例は、「条例が、青少年が多く利用する施設又は周辺の環境に特に配慮が必要とされる施設の敷地から一定の範囲内における風俗案内所の営業を禁止し、これを刑罰をもって担保することは、公共の福祉に適合する……目的達成のための手段として必要性、合理性があるということができ、風俗営業等の規制及び業務の適正化等に関する法律に基づく風俗営業に対する規制の内容及び程度を踏まえても、京都府議会が……営業禁止区域における風俗案内所の営業を禁止する規制を定めたことがその合理的な裁量の範囲を超えるものとはいえない」から、憲法22条1項に違反するものではないとしている（最判平28. 12. 15）。

以上より、妥当なものはイ・エであり、正解は肢３となる。

問題	テーマ（分野）	正解	重要度	正答率
6	岩沼市議会議員出席停止処分事件（憲法）	3	A	65%

『合格基本書』p. 95

本問は、岩沼市議会議員出席停止処分事件（最大判令 2. 11. 25）を素材としたものである。

ア　妥当である

そのとおり。判例は、「憲法は、地方公共団体の組織及び運営に関する基本原則として、その施策を住民の意思に基づいて行うべきものとするいわゆる住民自治の原則を採用しており、普通地方公共団体の議会は、憲法にその設置の根拠を有する議事機関として、住民の代表である議員により構成され、所定の重要事項について当該地方公共団体の意思を決定するなどの権能を有する。」としている。

イ　妥当でない

判例は、「このような出席停止の懲罰の性質や議員活動に対する制約の程度に照らすと、これが議員の権利行使の一時的制限にすぎないものとして、その適否が専ら議会の自主的、自律的な解決に委ねられるべきであるということはできない。」としている。

ウ　妥当である

そのとおり。判例は、「議会の運営に関する事項については、議事機関としての自主的かつ円滑な運営を確保すべく、その性質上、議会の自律的な権能が尊重されるべきであるところ、議員に対する懲罰は、会議体としての議会内の秩序を保持し、もってその運営を円滑にすることを目的として科されるものであり、その権能は上記の自律的な権能の一内容を構成する。」としている。

エ　妥当でない

判例は、「出席停止の懲罰は、議会の自律的な権能に基づいてされたものとして、議会に一定の裁量が認められるべきであるものの、裁判所は、常にその適否を判断することができるというべきである。」として、「出席停止の懲罰の適否は、司法審査の対象となるというべきである。」としている。

オ　妥当である

そのとおり。判例は、「議員は、憲法上の住民自治の原則を具現化するため、議会が行う上記の各事項等について、議事に参与し、議決に加わるなどして、住民の代表としてその意思を当該普通地方公共団体の意思決定に反映させるべく活動する責務を負うものである。」としたうえで、「出席停止の懲罰は、上記の責務を負う公選の議員に対し、議会がその権能において科する処分であり、これが科されると、当該議員はその期間、会議及び委員会への出席が停止され、議事に参与して議決に加わるなどの議員としての中核的な活動をすることができず、住民の負託を受けた議員としての責務を十分に果たすことができなくなる。」としている。

以上より、妥当でないものはイ・エであり、正解は肢３となる。

問題	テーマ（分野）	正解
7	憲法改正・最高法規性（憲法）	4

重要度	正答率
B	70%

1 妥当でない 基礎 『合格基本書』p. 112

憲法の改正は、各議院の総議員の３分の２以上の賛成で、国会が、これを発議し、国民に提案してその承認を経なければならない（96 条１項前段）。

2 妥当でない 基礎 『合格基本書』p. 112

憲法の改正についての国民の承認には、特別の国民投票または国会の定める選挙の際行われる投票において、その過半数の賛成を必要とする（96 条１項後段）。なお、ここにいう「国会の定める選挙」とは、衆議院議員の総選挙または参議院議員の通常選挙を指す。

3 妥当でない 基礎 『合格基本書』p. 112

憲法改正について国民の承認を経たときは、天皇は、国民の名で、憲法と一体を成すものとして、直ちにこれを公布する（96 条２項）。

4 妥当である 基礎 『合格基本書』p. 113

そのとおり。憲法は、国の最高法規であって、その条規に反する法律、命令、詔勅および国務に関するその他の行為の全部または一部は、その効力を有しない（98 条１項）。

5 妥当でない 基礎 『合格基本書』p. 113

憲法は、国民に対し、憲法を尊重し擁護することを義務づけていない。なお、天皇または摂政および国務大臣、国会議員、裁判官その他の公務員は、憲法を尊重し擁護する義務を負う（99 条）。

ワンポイントアドバイス

【憲法改正国民投票法】

憲法改正国民投票法（「日本国憲法の改正手続に関する法律」）によれば、国民投票において、憲法改正案に対する賛成の投票の数が憲法改正国民投票法 98 条２項に規定する投票総数（憲法改正案に対する賛成の投票の数および反対の投票の数を合計した数をいう。）の２分の１を超えた場合は、当該憲法改正について国民の承認があったものとします（憲法改正国民投票法 126 条１項）。

問題	テーマ（分野）	正解	重要度	正答率
8	委任命令の限界（行政法総論）	5	A	75%

（類題）ウォーク問過去問題集①法令編　問153

1　妥当でない

判例は、銃砲刀剣類登録規則において「いかなる鑑定の基準を定めるかについては、法の委任の趣旨を逸脱しない範囲内において、所管行政庁に専門技術的な観点からの一定の裁量権が認められている」としたうえで、日本刀のみを登録の対象とした同規則も、銃砲刀剣類所持等取締「法14条1項の趣旨に沿う合理性を有する鑑定基準を定めたものというべきであるから、これをもって法の委任の趣旨を逸脱する無効のものということはできない。」としている（サーベル事件／最判平2.2.1）。

2　妥当でない　基礎　『合格基本書』p. 385

判例は、「施行令1条の2第3号が本件括弧書を除いた本文において、法4条1項1号ないし4号に準ずる状態にある婚姻外懐胎児童を支給対象児童としながら、本件括弧書により父から認知された婚姻外懐胎児童を除外することは、法の趣旨、目的に照らし両者の間の均衡を欠き、法の委任の趣旨に反するものといわざるを得ない。」としている（児童扶養手当法施行令事件／最判平14.1.31）。

3　妥当でない　基礎　『合格基本書』p. 385

判例は、「規則120条が原則として被勾留者と幼年者との接見を許さないこととする一方で、規則124条がその例外として限られた場合に監獄の長の裁量によりこれを許すこととしていることが明らかである。しかし、これらの規定は、たとえ事物を弁別する能力の未発達な幼年者の心情を害することがないようにという配慮の下に設けられたものであるとしても、それ自体、法律によらないで、被勾留者の接見の自由を著しく制限するものであって、法50条の委任の範囲を超えるものといわなければならない。」としている（旧監獄法施行規則120条事件／最判平3.7.9）。

4　妥当でない　基礎　『合格基本書』p. 385

判例は、「新施行規則のうち、店舗販売業者に対し、一般用医薬品のうち第一類医薬品及び第二類医薬品について、① 当該店舗において対面で販売させ又は授与させなければならない……ものとし、② 当該店舗内の情報提供を行う場所において情報の提供を対面により行わせなければならない……ものとし、③ 郵便等販売をしてはならない……ものとした各規定は、いずれも上記各医薬品に係る郵便等販売を一律に禁止することとなる限度において、新薬事法の趣旨に適合するものではなく、新薬事法の委任の範囲を逸脱した違法なものとして無効というべきである。」としている（医薬品ネット販売事件／最判平25.1.11）。

5　妥当である

そのとおり。判例は、「文部大臣（当時）が、学校教育法88条の規定……に基づいて、右審査の内容及び基準並びに検定の施行細則である検定の手続を定めたことが、法律の委任を欠くとまではいえない」としている（第1次家永教科書事件／最判平5.3.16）。

問題	テーマ（分野）	正解	重要度	正答率
9	行政調査（行政法総論）	2	A	85%

（類題）ウォーク問過去問題集①法令編　問 171

1　妥当でない 基礎 『合格基本書』p. 409

判例は、「警職法２条１項に基づく職務質問に附随して行う所持品検査は、任意手段として許容されるものであるから、所持人の承諾を得てその限度でこれを行うのが原則であるが、職務質問ないし所持品検査の目的、性格及びその作用等にかんがみると、所持人の承諾のない限り所持品検査は一切許容されないと解するのは相当でなく、捜索に至らない程度の行為は、強制にわたらない限り、たとえ所持人の承諾がなくても、所持品検査の必要性、緊急性、これによつて侵害される個人の法益と保護されるべき公共の利益との権衡などを考慮し、具体的状況のもとで相当と認められる限度において許容される場合があると解すべきである」としている（最判昭 53. 9. 7）。

2　妥当である 基礎 『合格基本書』p. 409

そのとおり。判例は、「警察官が、交通取締の一環として交通違反の多発する地域等の適当な場所において、交通違反の予防、検挙のための自動車検問を実施し、同所を通過する自動車に対して走行の外観上の不審な点の有無にかかわりなく短時分の停止を求めて、運転者などに対し必要な事項についての質問などをすることは、それが相手方の任意の協力を求める形で行われ、自動車の利用者の自由を不当に制約することにならない方法、態様で行われる限り、適法なものと解すべきである。」としている（飲酒運転一斉検問事件／最決昭 55. 9. 22）。

3　妥当でない 基礎 『合格基本書』p. 409

判例は、所得税法（当時）に基づく「収税官吏の検査は、もつぱら、所得税の公平確実な賦課徴収のために必要な資料を収集することを目的とする手続であつて、その性質上、刑事責任の追及を目的とする手続ではない」等の理由から、裁判所の発する令状を要しないとしている（川崎民商事件／最判昭 47. 11. 22）。

4　妥当でない

判例は、「収税官吏が犯則嫌疑者に対し国税犯則取締法（＝ 現在は国税通則法に規定されている）に基づく調査を行った場合に、課税庁が右調査により収集された資料を右の者に対する課税処分及び青色申告承認の取消処分を行うために利用することは許される」としている（麹町税務署長犯則調査証拠流用事件／最判昭 63. 3. 31）。

5　妥当でない

判例は、法人税法（当時）に「規定する質問又は検査の権限は、犯罪の証拠資料を取得収集し、保全するためなど、犯則事件の調査あるいは捜査のための手段として行使することは許されない」としたうえで、当該「質問又は検査の権限の行使に当たって、取得収集される証拠資料が後に犯則事件の証拠として利用されることが想定できたとしても、そのことによって直ちに、上記質問又は検査の権限が犯則事件の調査あるいは捜査のための手段として行使されたことにはならない」としている（今治税務署職員税務調査資料流用事件／最決平 16. 1. 20）。

問題	テーマ（分野）	正解	重要度	正答率
10	行政上の強制手段（行政法総論）	3	A	65%

（類題）ウォーク問過去問題集①法令編　問 169

ア　妥当でない 基礎　『合格基本書』p. 405

判例は、「農業共済組合が、法律上特に……独自の強制徴収の手段を与えられながら、この手段によることなく、一般私法上の債権と同様、訴えを提起し、民訴法上の〔現在は民事執行法が定める〕強制執行の手段によってこれら債権の実現を図ることは、……立法の趣旨に反し、公共性の強い農業共済組合の権能行使の適正を欠くものとして、許されない」としている（農業共済掛金等支払請求事件／最判昭 41. 2. 23）。

イ　妥当である 基礎　『合格基本書』p. 405

そのとおり。判例は、「国又は地方公共団体が提起した訴訟であって、財産権の主体として自己の財産上の権利利益の保護救済を求めるような場合には、法律上の争訟に当たるというべきであるが、国又は地方公共団体が専ら行政権の主体として国民に対して行政上の義務の履行を求める訴訟は、法規の適用の適正ないし一般公益の保護を目的とするものであって、自己の権利利益の保護救済を目的とするものということはできないから、法律上の争訟として当然に裁判所の審判の対象となるものではなく、法律に特別の規定がある場合に限り、提起することが許される」としている（宝塚市パチンコ条例事件／最判平 14. 7. 9）。

ウ　妥当である 基礎　『合格基本書』p. 407

そのとおり。判例は、刑事訴訟法 160 条による過料（訴訟手続上の秩序罰）と同法 161 条による罰金等（刑罰）との関係について、「刑訴 160 条は訴訟手続上の秩序を維持するために秩序違反行為に対して当該手続を主宰する裁判所または裁判官により直接に科せられる秩序罰としての過料を規定したものであり、同 161 条は刑事司法に協力しない行為に対して通常の刑事訴訟手続により科せられる刑罰としての罰金、拘留を規定したものであつて、両者は目的、要件及び実現の手続を異にし、必ずしも二者択一の関係にあるものではなく併科を妨げないと解すべきであり、右規定が憲法 31 条、同 39 条後段に違反しないことは、……明らかである。」としている（最判昭 39. 6. 5）。これは、行政上の秩序罰と刑罰の関係についても当てはまると考えられる。

エ　妥当でない

判例は、「本件カルテル行為について、私的独占の禁止及び公正取引の確保に関する法律〔独占禁止法〕違反被告事件において上告人に対する罰金刑が確定し、かつ、国から上告人に対し不当利得の返還を求める民事訴訟が提起されている場合において、本件カルテル行為を理由に上告人に対し同法７条の２第１項の規定に基づき課徴金の納付を命ずることが、憲法 39 条、29 条、31 条に違反しないことは、……明らかである。」としている（最判平 10. 10. 13）。

以上より、妥当なものはイ・ウであり、正解は肢３となる。

問題	テーマ（分野）	正解	重要度	正答率
11	申請拒否処分の取扱い（行政手続法）	4	A	80%

1　妥当でない　基礎　『合格基本書』p. 416

行政庁は、申請がその事務所に到達したときは遅滞なく当該申請の審査を開始しなければならず、かつ、申請書の記載事項に不備がないこと、申請書に必要な書類が添付されていること、申請をすることができる期間内にされたものであることその他の法令に定められた申請の形式上の要件に適合しない申請については、速やかに、申請者に対し相当の期間を定めて当該申請の補正を求め、または当該申請により求められた許認可等を拒否しなければならない（７条）。

2　妥当でない　基礎　『合格基本書』p. 420

行政手続法では、このようなことは定められていない。なお、申請拒否処分は、不利益処分から除かれる（２条４号ロ）。したがって、申請拒否処分には、不利益処分をしようとする場合の手続（聴聞・弁明の機会の付与／13 条）は執られない。また、行政庁は、不利益処分をしようとする場合には、行政手続法 13 条１項１号イ～ハに掲げる場合以外の場合であって行政庁が相当と認めるときは、当該不利益処分の名あて人となるべき者について、聴聞の手続を執らなければならない（13 条１項１号ニ）。

3　妥当でない　基礎　『合格基本書』p. 418

行政手続法では、このようなことは定められていない（14 条１項２項参照）。なお、行政庁は、申請により求められた許認可等を拒否する処分をする場合は、申請者に対し、同時に、当該処分の理由を示さなければならない（８条１項本文）。ただし、法令に定められた許認可等の要件または公にされた審査基準が数量的指標その他の客観的指標により明確に定められている場合であって、当該申請がこれらに適合しないことが申請書の記載または添付書類その他の申請の内容から明らかであるときは、申請者の求めがあったときに、これを示せば足りる（８条１項ただし書）。

4　妥当である　基礎　『合格基本書』p. 419

そのとおり。行政庁が申請により求められた許認可等を拒否する処分を書面でするときは、その処分の理由は、書面により示さなければならない（８条２項）。

5　妥当でない　基礎　『合格基本書』p. 415

行政手続法では、このようなことは定められていない（標準処理期間／６条参照）。

ワンポイントアドバイス

【標準処理期間】

行政庁は、申請がその事務所に到達してから当該申請に対する処分をするまでに通常要すべき標準的な期間（標準処理期間）を定めるよう努めるとともに、これを定めたときは、これらの当該申請の提出先とされている機関の事務所における備付けその他の適当な方法により公にしておかなければなりません（６条）。

問題	テーマ（分野）	正解	重要度	正答率
12	聴聞の参加人（行政手続法）	4	A	80%

ア 誤

聴聞を主宰する者（「主宰者」）は、必要があると認めるときは、当事者以外の者であって当該不利益処分の根拠となる法令に照らし当該不利益処分につき利害関係を有するものと認められる者（「関係人」）に対し、当該聴聞に関する手続に参加することを求め、または当該聴聞に関する手続に参加することを許可することができる（17 条１項）。

イ 正

そのとおり。聴聞を主宰する者（「主宰者」）は、必要があると認めるときは、当事者以外の者であって当該不利益処分の根拠となる法令に照らし当該不利益処分につき利害関係を有するものと認められる者（「関係人」）に対し、当該聴聞に関する手続に参加することを求め、または当該聴聞に関する手続に参加することを許可することができる（17 条１項）。

ウ 誤 基礎 『合格基本書』p. 424

当事者または参加人は、聴聞の期日への出頭に代えて、主宰者に対し、聴聞の期日までに陳述書および証拠書類等を提出することができる（21 条１項）。これについて主宰者の許可を得る必要はない。

エ 誤 基礎 『合格基本書』p. 424

当事者または参加人は、聴聞の期日に出頭して、意見を述べ、および証拠書類等を提出し、ならびに主宰者の許可を得て行政庁の職員に対し質問を発することができる（20 条２項）。

オ 正 基礎 『合格基本書』p. 424

そのとおり。主宰者は、聴聞の期日において必要があると認めるときは、当事者もしくは参加人に対し質問を発し、意見の陳述もしくは証拠書類等の提出を促し、または行政庁の職員に対し説明を求めることができる（20 条４項）。

以上より、正しいものはイ・オであり、正解は肢４となる。

ワンポイントアドバイス

【聴聞の参加人】

参加人は、代理人を選任することができます（17 条２項）。代理人は、各自、参加人のために、聴聞に関する一切の行為をすることができます（17 条３項・16 条２項）。

問題	テーマ（分野）	正解	重要度	正答率
13	行政手続法の目的（行政手続法）	5	B	80%

1　**妥当でない**　**基礎**　『合格基本書』p. 434

行政不服審査法は、「行政庁の違法又は不当な処分その他公権力の行使に当たる行為に関し、国民が簡易迅速かつ公正な手続の下で広く行政庁に対する不服申立てをすることができるための制度を定めることにより、国民の権利利益の救済を図るとともに、行政の適正な運営を確保すること」を目的とする（行政不服審査法１条１項）。

2　**妥当でない**　**基礎**　『合格基本書』p. 767

個人情報の保護に関する法律は、「デジタル社会の進展に伴い個人情報の利用が著しく拡大していることに鑑み、個人情報の適正な取扱いに関し、基本理念及び政府による基本方針の作成その他の個人情報の保護に関する施策の基本となる事項を定め、国及び地方公共団体の責務等を明らかにし、個人情報を取り扱う事業者及び行政機関等についてこれらの特性に応じて遵守すべき義務等を定めるとともに、個人情報保護委員会を設置することにより、行政機関等の事務及び事業の適正かつ円滑な運営を図り、並びに個人情報の適正かつ効果的な活用が新たな産業の創出並びに活力ある経済社会及び豊かな国民生活の実現に資するものであることその他の個人情報の有用性に配慮しつつ、個人の権利利益を保護すること」を目的とする（個人情報の保護に関する法律１条）。

3　**妥当でない**

国家公務員法は、「国家公務員たる職員について適用すべき各般の根本基準（職員の福祉及び利益を保護するための適切な措置を含む。）を確立し、職員がその職務の遂行に当り、最大の能率を発揮し得るように、民主的な方法で、選択され、且つ、指導さるべきことを定め、以て国民に対し、公務の民主的且つ能率的な運営を保障すること」を目的とする（国家公務員法１条）。

4　**妥当でない**　**基礎**　『合格基本書』p. 758

行政機関の保有する情報の公開に関する法律は、「国民主権の理念にのっとり、行政文書の開示を請求する権利につき定めること等により、行政機関の保有する情報の一層の公開を図り、もって政府の有するその諸活動を国民に説明する責務が全うされるようにするとともに、国民の的確な理解と批判の下にある公正で民主的な行政の推進に資すること」を目的とする（行政機関の保有する情報の公開に関する法律１条）。

5　**妥当である**　**基礎**　『合格基本書』p. 410

そのとおり。行政手続法は、「処分、行政指導及び届出に関する手続並びに命令等を定める手続に関し、共通する事項を定めることによって、行政運営における公正の確保と透明性（行政上の意思決定について、その内容及び過程が国民にとって明らかであることをいう。第46条において同じ。）の向上を図り、もって国民の権利利益の保護に資すること」を目的とする（行政手続法１条１項）。

問題	テーマ（分野）	正解	重要度	正答率
14	教示（行政不服審査法）	4	A	40%

（類題）ウォーク問過去問題集①法令編　問 221

1　妥当でない 基礎　『合格基本書』p. 452

行政庁は、審査請求もしくは再調査の請求または他の法令に基づく不服申立て（以下「不服申立て」と総称する。）をすることができる処分をする場合には、処分の相手方に対し、① 当該処分につき不服申立てをすることができる旨ならびに ② 不服申立てをすべき行政庁および ③ 不服申立てをすることができる期間を書面で教示しなければならない（職権による教示／82 条１項本文）。ただし、当該処分を口頭でする場合は、この限りでない（82 条１項ただし書）。行政庁は「審査請求書に記載すべき事項」を教示する必要はない。

2　妥当でない 基礎　『合格基本書』p. 452

行政庁は、不服申立てをすることができる処分を口頭でする場合には、職権による教示をする必要はない（82 条１項ただし書）。

3　妥当でない 基礎　『合格基本書』p. 452

行政庁は、利害関係人から、当該処分が不服申立てをすることができる処分であるかどうかならびに当該処分が不服申立てをすることができるものである場合における不服申立てをすべき行政庁および不服申立てをすることができる期間につき教示を求められたときは、当該事項を教示しなければならない（利害関係人からの求めによる教示／82 条２項）。この場合において、教示を求めた者が書面による教示を求めたときは、当該教示は、書面でしなければならない（82 条３項）。

4　妥当である 基礎　『合格基本書』p. 452

そのとおり。行政庁が行政不服審査法 82 条の規定による教示（不服申立てをすべき行政庁等の教示）をしなかった場合には、当該処分について不服がある者は、当該処分庁に不服申立書を提出することができる（83 条１項）。ここにいう「不服申立書」とは、不服申立人が行政庁に不服を申し立てるために提出する書面（審査請求書など）を指す一般的な名称である。なお、この規定により不服申立書の提出があった場合において、当該処分が処分庁以外の行政庁に対し審査請求をすることができる処分であるときは、処分庁は、速やかに、当該不服申立書を当該行政庁に送付しなければならない（83 条３項前段）。これにより不服申立書が送付されたときは、初めから当該行政庁に審査請求がされたものとみなされる（83 条４項）。

5　妥当でない 基礎　『合格基本書』p. 453

審査請求をすることができる処分につき、処分庁が誤って審査請求をすべき行政庁でない行政庁を審査請求をすべき行政庁として教示した場合において、その教示された行政庁に書面で審査請求がされたときは、当該行政庁は、速やかに、審査請求書を処分庁または審査庁となるべき行政庁に送付し、かつ、その旨を審査請求人に通知しなければならない（22 条１項）。

問題	テーマ（分野）	正解	重要度	正答率
15	審査請求の審理手続（行政不服審査法）	2	A	60%

（類題）ウォーク問過去問題集①法令編　問 207

1　妥当でない　基礎　『合格基本書』p. 442

審査庁となるべき行政庁は、審査請求がその事務所に到達してから当該審査請求に対する裁決をするまでに通常要すべき標準的な期間（標準審理期間）を定めるよう努めるとともに、これを定めたときは、当該審査庁となるべき行政庁および関係処分庁の事務所における備付けその他の適当な方法により公にしておかなければならない（16 条）。このように、標準審理期間を定めることは、努力義務である。

2　妥当である　基礎　『合格基本書』p. 442

そのとおり。処分についての審査請求書には、①「審査請求人の氏名又は名称及び住所又は居所」、②「審査請求に係る処分の内容」、③「審査請求に係る処分（当該処分について再調査の請求についての決定を経たときは、当該決定）があったことを知った年月日」、④「審査請求の趣旨及び理由」、⑤「処分庁の教示の有無及びその内容」、⑥「審査請求の年月日」を記載しなければならない（19 条２項）。

3　妥当でない　基礎　『合格基本書』p. 444

多数人が共同して審査請求をしようとするときは、３人を超えない総代を互選することができる（11 条１項）。総代は、各自、他の共同審査請求人のために、審査請求の取下げを除き、当該審査請求に関する一切の行為をすることができる（11 条３項）。

4　妥当でない　基礎　『合格基本書』p. 444

審査請求は、代理人によってすることができる（12 条１項）。その代理人は、各自、審査請求人のために、当該審査請求に関する一切の行為をすることができる（12 条２項本文）。ただし、審査請求の取下げは、特別の委任を受けた場合に限り、することができる（12 条２項ただし書）。これについて、審理員の許可を得る必要はない。

5　妥当でない　基礎　『合格基本書』p. 444

審査請求書が行政不服審査法 19 条（審査請求書の提出）の規定に違反する場合には、審査庁は、相当の期間を定め、その期間内に不備を補正すべきことを命じなければならない（23 条）。そして、審査請求人が期間内に不備を補正しないときは、審査庁は、審理手続を経ないで、裁決で、当該審査請求を却下することができる（24 条１項）。

ワンポイントアドバイス

【不作為についての審査請求書】

不作為についての審査請求書には、①「審査請求人の氏名又は名称及び住所又は居所」、②「当該不作為に係る処分についての申請の内容及び年月日」、③「審査請求の年月日」を記載しなければなりません（19 条３項）。

問題	テーマ（分野）	正解	重要度	正答率
16	裁決（行政不服審査法）	4	A	40%

（類題）ウォーク問過去問題集①法令編　問 219

1　妥当である 基礎　『合格基本書』p. 447

そのとおり。審理員は、審理手続を終結したときは、遅滞なく、審査庁がすべき裁決に関する意見書（審理員意見書）を作成しなければならない（42 条１項）。審理員は、審理員意見書を作成したときは、速やかに、これを事件記録とともに、審査庁に提出しなければならない（42 条２項）。

2　妥当である 基礎　『合格基本書』p. 447・p. 450

そのとおり。審査庁は、審理員意見書の提出を受けたときは、行政不服審査法 43 条１項１号～８号のいずれかに該当する場合を除き、① 審査庁が主任の大臣または宮内庁長官もしくは内閣府設置法 49 条１項２項もしくは国家行政組織法３条２項に規定する庁の長である場合にあっては行政不服審査会に、② 審査庁が地方公共団体の長（地方公共団体の組合にあっては、長、管理者または理事会）である場合にあっては行政不服審査法 81 条１項２項の機関（地方公共団体の行政不服審査機関）に、それぞれ諮問しなければならない（43 条１項）。これらの機関を「行政不服審査会等」という（43 条１項４号かっこ書）。審査庁は、行政不服審査会等から諮問に対する答申を受けたときは、遅滞なく、裁決をしなければならない（44 条）。

3　妥当である 基礎　『合格基本書』p. 450

そのとおり。処分（事実上の行為を除く。）についての審査請求が「理由がある」場合には、審査庁は、裁決で、当該処分の全部もしくは一部を取り消し、またはこれを変更する（46 条１項本文）。ただし、審査庁が処分庁の上級行政庁または処分庁のいずれでもない場合には、当該処分を変更することはできない（46 条１項ただし書）。よって、処分庁の上級行政庁または処分庁である審査庁は、裁決で、当該処分の全部もしくは一部を取り消し、またはこれを変更する。

4　妥当でない

法令に基づく申請を却下し、または棄却する処分の全部または一部を取り消す場合において、当該申請に対して一定の処分をすべきものと認めるときは、① 処分庁の上級行政庁である審査庁は、当該処分庁に対し、当該処分をすべき旨を命じ（46 条２項１号）、② 処分庁である審査庁は、（みずから）当該処分をする（46 条２項２号）。これに対し、処分庁の上級行政庁または処分庁のいずれでもない審査庁は、当該処分庁に対し、申請に対して一定の処分をすべき旨を命じることはできない。

5　妥当である 基礎　『合格基本書』p. 451

そのとおり。不作為についての審査請求が「理由がある」場合において、当該申請に対して一定の処分をすべきものと認めるときは、① 不作為庁の上級行政庁である審査庁は、当該不作為庁に対し、当該処分をすべき旨を命じ（49 条３項後段１号）、② 不作為庁である審査庁は、（みずから）当該処分をする（49 条３項後段２号）。

問題	テーマ（分野）	正解
17	通知の処分性（行政事件訴訟法）	3

重要度	正答率
A	50%

ア　妥当でない 基礎 『合格基本書』p. 459

判例は、検疫所長が、食品衛生法16条（当時）に基づいて、食品等の輸入の届出をした者に対して当該食品等が同法６条（当時）に違反する旨の通知を行った場合、その通知により当該食品等についての輸入の許可を受けられなくなるという法的効果を有するから、その通知は、抗告訴訟の対象となる行政処分に当たるとしている（最判平16. 4. 26）。

イ　妥当である

そのとおり。判例は、市営の老人福祉施設の民間事業への移管にあたり、その資産の譲渡先としてその運営を引き継ぐ事業者の選考のための公募において、提案書を提出してこれに応募した者が市長から提案について決定に至らなかった旨の通知を受けた場合について、「市長がした本件通知は、上告人（＝ 市）が、契約の相手方となる事業者を選考するための手法として法令の定めに基づかずに行った事業者の募集に応募した者に対し、その者を相手方として当該契約を締結しないこととした事実を告知するものにすぎず、公権力の行使に当たる行為としての性質を有するものではない」として、「本件通知は、抗告訴訟の対象となる行政処分には当たらない」としている（最判平23. 6. 14）。

ウ　妥当である

そのとおり。判例は、土壌汚染対策「法３条２項による通知は、通知を受けた当該土地の所有者等に上記の調査及び報告の義務を生じさせ、その法的地位に直接的な影響を及ぼすものというべきであ」り、また、「実効的な権利救済を図るという観点から見ても、同条２項による通知がされた段階で、これを対象とする取消訴訟の提起が制限されるべき理由はない。」として、同「法３条２項による通知は、抗告訴訟の対象となる行政処分に当たると解するのが相当である」としている（最判平24. 2. 3）。

エ　妥当でない 基礎 『合格基本書』p. 458

判例は、「被上告人の関税定率法による通知等は、その法律上の性質において被上告人の判断の結果の表明、すなわち観念の通知であるとはいうものの、もともと法律の規定に準拠してされたものであり、かつ、これにより上告人に対し申告にかかる本件貨物を適法に輸入することができなくなるという法律上の効果を及ぼすものというべきであるから、行政事件訴訟法３条２項にいう『行政庁の処分その他公権力の行使に当たる行為』に該当するもの、と解するのが相当である。」としている（横浜税関検査事件／最判昭54. 12. 25）。

以上より、妥当でないものはア・エであり、正解は肢３となる。

ワンポイントアドバイス

【処分性】

判例は、抗告訴訟の対象となる「行政庁の処分」とは、「行政庁の法令に基づく行為のすべてを意味するものではなく、公権力の主体たる国または公共団体が行う行為のうち、その行為によつて、直接国民の権利義務を形成しまたはその範囲を確定することが法律上認められているものをいう」としています（大田区ゴミ焼却場事件／最判昭39. 10. 29）。

問題	テーマ（分野）	正解	重要度	正答率
18	執行停止（行政事件訴訟法）	5	A	60%

（類題）ウォーク問過去問題集①法令編　問 245

1　妥当でない 基礎　『合格基本書』p. 470

処分の取消しの訴えの提起があった場合において、処分、処分の執行または手続の続行により生ずる重大な損害を避けるため緊急の必要があるときは、裁判所は、申立てにより、決定をもって、処分の効力、処分の執行または手続の続行の全部または一部の停止（「執行停止」）をすることができる（25 条２項本文）。裁判所は、職権で執行停止の決定をすることはできない。

2　妥当でない 基礎　『合格基本書』p. 470

処分の効力の停止は、処分の執行または手続の続行の停止によって目的を達することができる場合には、することができない（25 条２項ただし書）。

3　妥当でない 基礎　『合格基本書』p. 470

執行停止の決定は、口頭弁論を経ないですることができる（25 条６項本文）。ただし、あらかじめ、当事者の意見をきかなければならない（25 条６項ただし書）。

4　妥当でない

執行停止の申立てに対する決定に対しては、即時抗告をすることができる（25 条７項）。執行停止の決定に対する即時抗告は、その決定の執行を停止する効力を有しない（25 条８項）。

5　妥当である 基礎　『合格基本書』p. 471

そのとおり。執行停止の決定が確定した後に、その理由が消滅し、その他事情が変更したときは、裁判所は、相手方の申立てにより、決定をもって、執行停止の決定を取り消すことができる（26 条１項）。

ワンポイントアドバイス

【執行停止】

裁判所は、行政事件訴訟法 25 条２項に規定する「重大な損害」を生ずるか否かを判断するに当たっては、損害の回復の困難の程度を考慮するものとし、損害の性質および程度ならびに処分の内容および性質をも勘案するものとします（25 条３項）。

執行停止は、公共の福祉に重大な影響を及ぼすおそれがあるとき、または本案について理由がないとみえるときは、することができません（25 条４項）。

問題	テーマ（分野）	正解	重要度	正答率
19	無効等確認の訴え（行政事件訴訟法）	3	A	65%

（類題）ウォーク問過去問題集①法令編　問 247

ア　妥当である　基礎　『合格基本書』p. 474

そのとおり。無効等確認の訴えとは、処分もしくは裁決の存否またはその効力の有無の確認を求める訴訟をいう（３条４項）。

イ　妥当でない　基礎　『合格基本書』p. 474

無効等確認の訴えについては、取消訴訟における出訴期間の規定（14 条）は準用されていない（38 条参照）。無効等確認の訴えは、通常、取消訴訟の出訴期間を経過した後に提起するものであり、「時機に後れた取消訴訟」と言われることもある。

ウ　妥当でない　基礎　『合格基本書』p. 475

判例は、「納税者が、課税処分を受け、当該課税処分にかかる税金をいまだ納付していないため滞納処分を受けるおそれがある場合において、右課税処分の無効を主張してこれを争おうとするときは、納税者は、行政事件訴訟法 36 条により、右課税処分の無効確認を求める訴え（＝ 予防的無効等確認訴訟）を提起することができるものと解するのが、相当である」としている（最判昭 51. 4. 27）。

エ　妥当である　基礎　『合格基本書』p. 475

そのとおり。判例は、「処分の無効確認訴訟を提起し得るための要件の一つである、右の当該処分の効力の有無を前提とする現在の法律関係に関する訴えによって目的を達することができない場合とは、当該処分に基づいて生ずる法律関係に関し、処分の無効を前提とする当事者訴訟又は民事訴訟によっては、その処分のため被っている不利益を排除することができない場合はもとより、当該処分に起因する紛争を解決するための争訟形態として、当該処分の無効を前提とする当事者訴訟又は民事訴訟との比較において、当該処分の無効確認を求める訴えのほうがより直截的で適切な争訟形態であるとみるべき場合をも意味するものと解するのが相当である」としている（もんじゅ訴訟／最判平 4. 9. 22）。

オ　妥当である　基礎　『合格基本書』p. 474

そのとおり。無効等確認の訴えについては、取消訴訟における執行停止の規定（25 条～29 条）が準用されている（38 条３項）。

以上より、妥当でないものはイ・ウであり、正解は肢３となる。

ワンポイントアドバイス

【無効等確認の訴え】

無効等確認の訴えは、①「当該処分又は裁決に続く処分により損害を受けるおそれのある者」（予防的無効等確認訴訟）、②「その他当該処分又は裁決の無効等の確認を求めるにつき法律上の利益を有する者で、当該処分若しくは裁決の存否又はその効力の有無を前提とする現在の法律関係に関する訴えによつて目的を達することができないもの」（補充的無効等確認訴訟）に限り、提起することができます（36 条）。

問題	テーマ（分野）	正解	重要度	正答率
20	国家賠償法２条（国家賠償）	4	A	80%

1 妥当でない 基礎 『合格基本書』p. 492

判例は、「国家賠償法２条にいう公の営造物の管理者は、必ずしも当該営造物について法律上の管理権ないしは所有権、賃借権等の権原を有している者に限られるものではなく、事実上の管理をしているにすぎない国又は公共団体も同条にいう管理者に含まれる」としている（最判昭 59. 11. 29）。

2 妥当でない 基礎 『合格基本書』p. 492

判例は、「国家賠償法２条１項の営造物の設置または管理の瑕疵とは、営造物が通常有すべき安全性を欠いていることをいい、これに基づく国および公共団体の賠償責任については、その過失の存在を必要としない」としたうえで、「本件事故が不可抗力ないし回避可能性のない場合であることを認めることができない」ということなどから、賠償責任を負うとしている（高知落石事件／最判昭 45. 8. 20）。これは、不可抗力による場合や回避可能性がなかった場合には賠償責任を免れることを前提としている。

3 妥当でない 基礎 『合格基本書』p. 492

国家賠償法２条１項の「公の営造物」とは、国または公共団体によって公の目的に供用されている有体物を意味するものであり、不動産だけではなく、公用自動車などの動産も含まれる。

4 妥当である 基礎 『合格基本書』p. 492

そのとおり。判例は、「国家賠償法２条１項にいう営造物の設置又は管理に瑕疵があつたとみられるかどうかは、当該営造物の構造、用法、場所的環境及び利用状況等諸般の事情を総合考慮して具体的個別的に判断すべきものである」としている（最判昭 53. 7. 4）。

5 妥当でない 基礎 『合格基本書』p. 492

判例は、「営造物の通常の用法に即しない行動の結果事故が生じた場合において、その営造物として本来具有すべき安全性に欠けるところがなく、当該行動が設置管理者において通常予測することのできないものであるときは、当該事故が営造物の設置または管理の瑕疵によるものであるということはできないとしている（最判昭 53. 7. 4）。

ワンポイントアドバイス

【国家賠償法２条１項】

国家賠償法２条１項は、「道路、河川その他の公の営造物の設置又は管理に瑕疵があつたために他人に損害を生じたときは、国又は公共団体は、これを賠償する責に任ずる。」としています。

判例は、「公の営造物の設置管理者は、……本来の用法に従って安全であるべきことについて責任を負うのは当然として、その責任は原則としてこれをもって限度とすべく、本来の用法に従えば安全である営造物について、これを設置管理者の通常予測し得ない異常な方法で使用しないという注意義務は、利用者である一般市民の側が負う」としています（最判平 5. 3. 30）。

問題	テーマ（分野）	正解
21	養護施設入所児童暴行事件（国家賠償）	3

重要度	正答率
A	55%

『合格基本書』p. 487

本問は、養護施設入所児童暴行事件（最判平 19. 1. 25）を素材にしたものである。

「都道府県による３号措置に基づき社会福祉法人の設置運営する児童養護施設に入所した児童に対する当該施設の職員等による養育監護行為は、都道府県の (ア) 公権力の行使に当たる公務員の職務行為と解するのが相当である。……

国家賠償法１条１項は、国又は公共団体の (ア) 公権力の行使に当たる公務員が、その職務を行うについて、故意又は (イ) 過失によって違法に他人に損害を与えた場合には、国又は公共団体がその被害者に対して賠償の責めに任ずることとし、公務員個人は民事上の損害賠償責任を負わないこととしたものと解される……。この趣旨からすれば、国又は公共団体以外の者の被用者が第三者に損害を加えた場合であっても、当該被用者の行為が国又は公共団体の (ア) 公権力の行使に当たるとして国又は公共団体が被害者に対して同項に基づく損害賠償責任を負う場合には、被用者個人が民法 709 条に基づく損害賠償責任を負わないのみならず、(ウ) 使用者も同法 715 条に基づく損害賠償責任を負わないと解するのが相当である。

これを本件についてみるに、３号措置に基づき入所した児童に対するＡ学園の職員等による養育監護行為が被告県の (ア) 公権力の行使に当たり、本件職員の養育監護上の (イ) 過失によって原告が被った損害につき被告県が国家賠償法１条１項に基づく損害賠償責任を負うことは前記判示のとおりであるから、本件職員の (ウ) 使用者である被告（社会福祉法人）は、原告に対し、民法 715 条に基づく損害賠償責任を負わないというべきである。」

以上より、アには「公権力」、イには「過失」、ウには「使用者」が入り、正解は肢３となる。

ワンポイントアドバイス

【３号措置】

都道府県による「３号措置」とは、「児童を小規模住居型児童養育事業を行う者若しくは里親に委託し、又は乳児院、児童養護施設、障害児入所施設、児童心理治療施設若しくは児童自立支援施設に入所させること」をいいます（児童福祉法 27 条１項３号）。

問題	テーマ（分野）	正解	重要度	正答率
22	執行機関（地方自治法）	2	A	30%

ア　妥当である 基礎 『合格基本書』p. 520

そのとおり。普通地方公共団体にその執行機関として普通地方公共団体の長のほか、法律の定めるところにより、委員会または委員を置く（執行機関法定主義／138 条の４第１項）。

イ　妥当でない 基礎 『合格基本書』p. 515

都道府県に副知事を、市町村に副市町村長を置く（161 条１項本文）。ただし、条例で置かないこともできる（161 条１項ただし書）。よって、副知事についても、条例で置かないとすることができる。

ウ　妥当でない 基礎 『合格基本書』p. 515

普通地方公共団体に会計管理者１人を置く（168 条１項）。会計管理者は、普通地方公共団体の長の補助機関である職員のうちから、普通地方公共団体の長が命ずる（168 条２項）。これについて議会の同意を得る必要はない。

エ　妥当でない 基礎 『合格基本書』p. 519

①「普通地方公共団体の議会が成立しないとき」、②「第 113 条ただし書の場合においてなお会議を開くことができないとき」、③「普通地方公共団体の長において議会の議決すべき事件について特に緊急を要するため議会を招集する時間的余裕がないことが明らかであると認めるとき」、または ④「議会において議決すべき事件を議決しないとき」は、当該普通地方公共団体の長は、その議決すべき事件を処分することができる（法律の規定による専決処分／179 条１項本文）。長は、次の会議においてこれを議会に報告し、その承認を求めなければならない（179 条３項）。

オ　妥当である 基礎 『合格基本書』p. 521

そのとおり。監査委員は、普通地方公共団体の長が、議会の同意を得て、① 人格が高潔で、普通地方公共団体の財務管理、事業の経営管理その他行政運営に関し優れた識見を有する者（議員である者を除く。）および ② 議員のうちから、これを選任する（196 条１項本文）。ただし、条例で議員のうちから監査委員を選任しないことができる（196 条１項ただし書）。

以上より、妥当なものはア・オであり、正解は肢２となる。

ワンポイントアドバイス

【専決処分】

地方自治法 179 条１項本文の「第 113 条ただし書の場合においてなお会議を開くことができないとき」とは、113 条ただし書の規定により議員の定数の半数以上の議員が出席しなくても会議を開くことができるとされていても、議長のほかに議員が０人または１人のみの出席のため、合議体とはいえないから会議を開くことができないという場合を指すと一般に解されています。

問題	テーマ（分野）	正解
23	総合区（地方自治法）	3

重要度	正答率
C	70%

ア 妥当である 基礎 『合格基本書』p. 499・p. 525

そのとおり。総合区にその事務所の長として総合区長を置く（252 条の 20 の２第３項）。選挙権を有する者（指定都市の総合区長については当該総合区の区域内において選挙権を有する者、指定都市の区または総合区の選挙管理委員については当該区または総合区の区域内において選挙権を有する者、道の方面公安委員会の委員については当該方面公安委員会の管理する方面本部の管轄区域内において選挙権を有する者）は、政令の定めるところにより、その総数の３分の１（その総数が 40 万を超え 80 万以下の場合にあってはその40万を超える数に６分の１を乗じて得た数と40万に３分の１を乗じて得た数とを合算して得た数、その総数が 80 万を超える場合にあってはその 80 万を超える数に８分の１を乗じて得た数と 40 万に６分の１を乗じて得た数と 40 万に３分の１を乗じて得た数とを合算して得た数）以上の者の連署をもって、その代表者から、普通地方公共団体の長に対し、副知事もしくは副市町村長、指定都市の総合区長、選挙管理委員もしくは監査委員または公安委員会の委員の解職の請求をすることができる（役員の解職請求／86 条１項）。このように、総合区長は、住民による解職請求の対象となる。

イ 妥当でない 『合格基本書』p. 519

総合区長は、市長が議会の同意を得てこれを選任する（252 条の 20 の２第４項）。この議会の同意は、長による専決処分の対象ではない（179 条１項ただし書参照）。

ウ 妥当でない

総合区長の任期は、４年とする（252 条の 20 の２第５項本文）。ただし、市長は、任期中においてもこれを解職することができる（252 条の 20 の２第５項ただし書）。

エ 妥当である

そのとおり。総合区長は、歳入歳出予算のうち総合区長が執行する事務に係る部分に関し必要があると認めるときは、市長に対し意見を述べることができる（252 条の 20 の２第 10 項）。

オ 妥当である

そのとおり。総合区長は、総合区の事務所またはその出張所の職員（政令で定めるものを除く。）を任免する（252 条の 20 の２第９項本文）。ただし、指定都市の規則で定める主要な職員を任免する場合においては、あらかじめ、市長の同意を得なければならない（252 条の 20 の２第９項ただし書）。

以上より、妥当でないものはイ・ウであり、正解は肢３となる。

ワンポイントアドバイス

【総合区】

指定都市は、その行政の円滑な運営を確保するため必要があると認めるときは、市長の権限に属する事務のうち特定の区の区域内に関するものを総合区長に執行させるため、条例で、当該区に代えて総合区を設け、総合区の事務所または必要があると認めるときはその出張所を置くことができます（252 条の 20 の２第１項）。総合区は、指定都市に置かれる区（行政区）と同様に、指定都市が条例で設置する行政区画です（法人格をもつ地方公共団体ではありません）。

問題	テーマ（分野）	正解	重要度	正答率
24	財務（地方自治法）	4	B	55%

ア　誤

普通地方公共団体の議会の議長は、予算を定める議決があったときは、その日から３日以内にこれを当該普通地方公共団体の長に送付しなければならない（219 条１項）。普通地方公共団体の長は、予算の送付を受けた場合において、再議その他の措置を講ずる必要がないと認めるときは、直ちに、その要領を住民に公表しなければならない（219 条２項）。よって、都道府県知事に報告する必要はない。

イ　誤

予算外の支出または予算超過の支出に充てるため、歳入歳出予算に予備費を計上しなければならない（217 条１項本文）。ただし、特別会計にあっては、予備費を計上しないことができる（217 条１項ただし書）。予備費は、議会の否決した費途に充てることができない（217 条２項）。これは、議会の予算議決権を尊重する趣旨である。

ウ　正　基礎　『合格基本書』p. 534

そのとおり。普通地方公共団体の長は、政令で定める基準に従って予算の執行に関する手続を定め、これに従って予算を執行しなければならない（220 条１項）。

エ　誤

金銭の給付を目的とする普通地方公共団体の権利は、時効に関し他の法律に定めがあるものを除くほか、５年間行使しないときは、時効により消滅する（236 条１項前段）。普通地方公共団体に対する権利で、金銭の給付を目的とするものについても、また同様とする（236 条１項後段）。

オ　正

そのとおり。金銭の給付を目的とする普通地方公共団体の権利の時効による消滅については、法律に特別の定めがある場合を除くほか、時効の援用を要せず、また、その利益を放棄することができないものとする（236 条２項前段）。普通地方公共団体に対する権利で、金銭の給付を目的とするものについても、また同様とする（236 条２項後段）。

以上より、正しいものはウ・オであり、正解は肢４となる。

ワンポイントアドバイス

【予算】

> 一会計年度における一切の収入および支出は、すべてこれを歳入歳出予算に編入しなければなりません（210 条）。
>
> 普通地方公共団体の長は、毎会計年度予算を調製し、年度開始前に、議会の議決を経なければなりません（211 条１項前段）。普通地方公共団体の長は、予算を議会に提出するときは、政令で定める予算に関する説明書をあわせて提出しなければなりません（211 条２項）。

問題	テーマ（分野）	正解	重要度	正答率
25	国家行政組織法（行政法）	1	A	60%

ア　妥当である **基礎**　『合格基本書』p. 381

そのとおり。行政組織のため置かれる国の行政機関は、省、委員会および庁とし、その設置および廃止は、別に法律の定めるところによる（国家行政組織法３条２項）。

イ　妥当でない **基礎**　『合格基本書』p. 381

省は、内閣の統轄の下に国家行政組織法５条１項の規定により各省大臣の分担管理する行政事務および５条２項の規定により当該大臣が掌理する行政事務をつかさどる機関として置かれるものとし、委員会および庁は、省に、その外局として置かれるものとする（国家行政組織法３条３項）。

ウ　妥当でない

各省の長は、それぞれ各省大臣とし、内閣法にいう主任の大臣として、それぞれ行政事務を分担管理する（国家行政組織法５条１項）。委員会の長は、委員長とし、庁の長は、長官とする（国家行政組織法６条）。

エ　妥当である

そのとおり。各省大臣、各委員会の委員長および各庁の長官は、その機関（各省、各委員会、各庁）の事務を統括し、職員の服務について、これを統督する（国家行政組織法10条）。

オ　妥当でない **基礎**　『合格基本書』p. 381

省には、その所掌事務を遂行するため、官房および局を置く（国家行政組織法７条１項）。官房または局には、特に必要がある場合においては、部を置くことができる（国家行政組織法７条２項）。官房および局は、省の内部部局である。

以上より、妥当なものはア・エであり、正解は肢１となる。

ワンポイントアドバイス

【国家行政組織法】

国家行政組織法は、「内閣の統轄の下における行政機関で内閣府及びデジタル庁以外のもの（以下「国の行政機関」という。）の組織の基準を定め、もつて国の行政事務の能率的な遂行のために必要な国家行政組織を整えること」を目的とします（国家行政組織法１条）。

問題	テーマ（分野）	正解	重要度	正答率
26	行政手続に関する判例（行政法）	5	B	65%

ア　妥当である　基礎　『合格基本書』p. 393

そのとおり。判例は、運輸審議会の認定判断を左右するに足る意見および資料を追加提出し得る可能性があったとは認められない事情の「もとにおいて、本件免許申請についての運輸審議会の審理手続における上記のごとき不備は、結局において、前記公聴会審理を要求する法の趣旨に違背する重大な違法とするには足りず、右審理の結果に基づく運輸審議会の決定（答申）自体に瑕疵があるということはできないから、右諮問を経てなされた運輸大臣の本件処分を違法として取り消す理由とはならないものといわなければならない。」としている（群馬中央バス事件／最判昭 50. 5. 29）。

イ　妥当である

そのとおり。判例は、「旅券法が……一般旅券発給拒否通知書に拒否の理由を付記すべきものとしているのは、一般旅券の発給を拒否すれば、憲法 22 条２項で国民に保障された基本的人権である外国旅行の自由を制限することになるため、拒否事由の有無についての外務大臣の判断の慎重と公正妥当を担保してその恣意を抑制するとともに、拒否の理由を申請者に知らせることによつて、その不服申立てに便宜を与える趣旨に出たものというべきであり、このような理由付記制度の趣旨にかんがみれば、一般旅券発給拒否通知書に付記すべき理由としては、いかなる事実関係に基づきいかなる法規を適用して一般旅券の発給が拒否されたかを、申請者においてその記載自体から了知しうるものでなければならず、単に発給拒否の根拠規定を示すだけでは、それによつて当該規定の適用の基礎となつた事実関係をも当然知りうるような場合を別として、旅券法の要求する理由付記として十分でないといわなければならない」としている（最判昭 60. 1. 22）。

ウ　妥当でない

判例は、逃亡犯罪人引渡法 14 条１項に基づく逃亡犯罪人の引渡命令は、東京高等裁判所において逃亡犯罪人および弁護士に意見陳述の機会や証人尋問等の機会を与えて引渡しの可否に係る司法審査を経てなされる決定を受けて法務大臣が発するので、同法が同命令につき行政手続法第３章の規定の適用を除外して逃亡犯罪人に改めて弁明の機会を与えなくとも「上記の手続全体からみて逃亡犯罪人の手続保障に欠けるものとはいえず、憲法 31 条の法意に反するものということはできない。」としている（最決平 26. 8. 19）。

エ　妥当でない　基礎　『合格基本書』p. 421

判例は、「建築士に対する……懲戒処分については、処分内容の決定に関し、本件処分基準が定められているところ、本件処分基準は、意見公募の手続を経るなど適正を担保すべき手厚い手続を経た上で定められて公にされており、しかも、その内容は……多様な事例に対応すべくかなり複雑なものとなっている。そうすると、建築士に対する上記懲戒処分に際して同時に示されるべき理由としては、処分の原因となる事実及び処分の根拠法条に加えて、本件処分基準の適用関係が示されなければ、処分の名宛人において、上記事実及び根拠法条の提示によって処分要件の該当性に係る理由は知り得るとしても、いかなる理由に基づいてどのような処分基準の適用によって当該処分が選択されたのかを知ることは困難である」として、本件処分基準の適用関係についてまで明らかにすることを要するとしている（一級建築士免許取消事件／最判平 23. 6. 7）。

以上より、妥当でないものはウ・エであり、正解は肢５となる。

問題	テーマ（分野）	正解	重要度	正答率
27	権利能力なき社団（民法）	4	B	60%

1　妥当である

そのとおり。判例は、「権利能力のない社団といいうるためには、団体としての組織をそなえ、そこには多数決の原則が行なわれ、構成員の変更にもかかわらず団体そのものが存続し、しかしてその組織によつて代表の方法、総会の運営、財産の管理その他団体としての主要な点が確定しているものでなければならない」としている（最判昭39.10.15）。

2　妥当である　基礎　『合格基本書』p. 129

そのとおり。判例は、「権利能力なき社団の資産はその社団の構成員全員に総有的に帰属しているのであつて、社団自身が私法上の権利義務の主体となることはないから、社団の資産たる不動産についても、社団はその権利主体となり得るものではなく、したがつて、登記請求権を有するものではないと解すべきである。」としている（最判昭47.6.2）。

3　妥当である　基礎　『合格基本書』p. 129

そのとおり。判例は、「権利能力なき社団の代表者が社団の名においてした取引上の債務は、その社団の構成員全員に、一個の義務として総有的に帰属するとともに、社団の総有財産だけがその責任財産となり、構成員各自は、取引の相手方に対し、直接には個人的債務ないし責任を負わない」としている（最判昭48.10.9）。

4　妥当でない　基礎　『合格基本書』p. 129

判例は、「権利能力なき社団の財産は、実質的には社団を構成する総社員の……総有に属するものであるから、総社員の同意をもつて、総有の廃止その他右財産の処分に関する定めのなされない限り、現社員及び元社員は、当然には、右財産に関し、共有の持分権又は分割請求権を有するものではないと解するのが相当である。」としている（最判昭32.11.14）。

5　妥当である　基礎　『合格基本書』p. 129

そのとおり。判例は、「本来、社団構成員の総有に属する不動産は、右構成員全員のために信託的に社団代表者個人の所有とされるものであるから、代表者は、右の趣旨における受託者たるの地位において右不動産につき自己の名義をもつて登記をすることができる」が、社団の代表者である旨の肩書を付した登記をすることは許されないとしている（最判昭47.6.2）。

問題	テーマ（分野）	正解	重要度	正答率
28	代理（民法）	4	A	75%

ア　妥当でない

相手方が代理人に対してした意思表示の効力が意思表示を受けた者がある事情を知っていたことまたは知らなかったことにつき過失があったことによって影響を受けるべき場合には、その事実の有無は、代理人について決するものとする（101条２項）。

イ　妥当である

そのとおり。制限行為能力者が代理人としてした行為は、行為能力の制限によっては取り消すことができない（102条本文）。ただし、制限行為能力者が他の制限行為能力者の法定代理人としてした行為については、この限りでない（102条ただし書）。

ウ　妥当でない　基礎　『合格基本書』p. 151

同一の法律行為について、相手方の代理人（自己契約）として、または当事者双方の代理人（双方代理）としてした行為は、代理権を有しない者がした行為（無権代理行為）とみなされる（108条１項本文）。ただし、債務の履行および本人があらかじめ許諾した行為については、この限りでない（108条１項ただし書）。

エ　妥当でない　基礎　『合格基本書』p. 154

代理人が本人のためにすることを示さないで（＝ 顕名をしないで）した意思表示は、自己のためにしたものとみなされる（100条本文）。ただし、相手方が、代理人が本人のためにすることを知り、または知ることができたときは、本人に対して直接にその効力を生ずる（100条ただし書・99条１項）。

オ　妥当である　基礎　『合格基本書』p. 153

そのとおり。代理人が自己または第三者の利益を図る目的で代理権の範囲内の行為をした場合において、相手方がその目的を知り、または知ることができたときは、その行為は、代理権を有しない者がした行為（無権代理行為）とみなされる（代理権の濫用／107条）。

以上より、妥当なものはイ・オであり、正解は肢４となる。

ワンポイントアドバイス

【代理】

代理人がその権限内において本人のためにすることを示して（＝ 顕名をして）した意思表示は、本人に対して直接にその効力を生じます（99条１項）。

問題	テーマ（分野）	正解	重要度	正答率
29	占有権（民法）	4	B	45%

1　妥当でない 基礎　『合格基本書』p. 191

占有代理人によって占有をする場合には、占有権は、占有代理人が占有物の所持を失ったことによって消滅する（204 条１項３号）。よって、Aは、占有権を失う。

2　妥当でない 基礎　『合格基本書』p. 193

占有者がその占有を「奪われた」ときは、占有回収の訴えにより、その物の返還および損害の賠償を請求することができる（200 条１項）。占有者がその占有を「奪われた」ときとは、占有者の意思によらずに占有を奪取された場合をいい、占有者が詐取されて任意に引き渡したときは、占有者がその占有を「奪われた」場合に当たらない（大判大 11. 11. 27）。よって、Bは、占有回収の訴えを提起することができない。

3　妥当でない 基礎　『合格基本書』p. 193

占有者がその占有を妨害されたときは、占有保持の訴えにより、その妨害の停止および損害の賠償を請求することができる（198 条）。

4　妥当である 基礎　『合格基本書』p. 193

そのとおり。占有者がその占有を妨害されるおそれがあるときは、占有保全の訴えにより、その妨害の予防または損害賠償の担保を請求することができる（199 条）。

5　妥当でない 基礎　『合格基本書』p. 191

占有代理人によって占有をする場合には、占有権は、占有代理人が本人に対して以後自己または第三者のために占有物を所持する意思を表示したことによって消滅する（204 条１項２号）。よって、Aは、占有権を失う。

ワンポイントアドバイス

【占有回収の訴え】

占有者がその占有を奪われたときは、占有回収の訴えにより、その物の返還および損害の賠償を請求することができます（200 条１項）。

占有回収の訴えは、占有を侵奪した者の特定承継人に対して提起することができません（200 条２項本文）。ただし、その承継人が侵奪の事実を知っていたときは、この限りでない（200 条２項ただし書）と定められています。

占有回収の訴えは、占有を奪われた時から１年以内に提起しなければなりません（201 条３項）。

問題	テーマ（分野）	正解	重要度	正答率
30	地役権（民法）	5	B	70%

1　**妥当でない**

地役権者は、設定行為で定めた目的に従い、他人の土地（承役地）を自己の土地（要役地）の便益に供する権利を有する（280条本文）。地役権を設定するときに、存続期間を定める必要はない。

2　**妥当でない**

地役権は、地代を要素とするものではないから、無償の地役権を設定することもできる。

3　**妥当でない**　基礎　『合格基本書』p. 199

地役権は、要役地から分離して譲り渡し、または他の権利の目的とすることができない（281条２項）。

4　**妥当でない**　基礎　『合格基本書』p. 199

判例は、「通行地役権（通行を目的とする地役権）の承役地が譲渡された場合において、譲渡の時に、右承役地が要役地の所有者によって継続的に通路として使用されていることがその位置、形状、構造等の物理的状況から客観的に明らかであり、かつ、譲受人がそのことを認識していたか又は認識することが可能であったときは、譲受人は、通行地役権が設定されていることを知らなかったとしても、特段の事情がない限り、地役権設定登記の欠缺を主張するについて正当な利益を有する第三者に当たらないと解するのが相当である。」としている（最判平 10. 2. 13）。よって、承役地が要役地の所有者によって継続的に通路として使用されていることが客観的に明らかで、そのことを譲受人が認識できたときは、要役地の所有者は、特段の事情がない限り、登記がなくても譲受人に対して通行地役権を対抗することができる。

5　**妥当である**　基礎　『合格基本書』p. 198

そのとおり。地役権は、継続的に行使され、かつ、外形上認識することができるものに限り、時効によって取得することができる（283条）。判例は、「民法283条による通行地役権の時効取得については、いわゆる『継続』の要件として、承役地たるべき他人所有の土地の上に通路の開設を要し、その開設は要役地所有者によつてなされることを要する」としている（最判昭 30. 12. 26）。

ワンポイントアドバイス

【地役権の付従性】

地役権は、要役地の所有権に従たるものとして、その所有権とともに移転し、または要役地について存する他の権利の目的となるものとします（281条１項本文）。ただし、設定行為に別段の定めがあるときは、この限りでない（281条１項ただし書）と定められています。

問題	テーマ（分野）	正解	重要度	正答率
31	債権の消滅（民法）	4	B	60%

1　妥当でない　基礎　『合格基本書』p. 256

弁済をすることができる者（「弁済者」）が、債権者との間で、債務者の負担した給付に代えて他の給付をすることにより債務を消滅させる旨の契約をした場合において、その弁済者が当該他の給付をしたときは、その給付は、弁済と同一の効力を有する（代物弁済／482 条）。契約をすることによって新たな債務が発生するわけではない。

2　妥当でない　基礎　『合格基本書』p. 257

債権者が債務者に対して債務を免除する意思を表示したときは、その債権は、消滅する（519 条）。これについて、債務者の同意を得る必要はない。

3　妥当でない　基礎　『合格基本書』p. 257

当事者が従前の債務に代えて、新たな債務であって、①「従前の給付の内容について重要な変更をするもの」、②「従前の債務者が第三者と交替するもの」、③「従前の債権者が第三者と交替するもの」を発生させる契約をしたときは、従前の債務は、更改によって消滅する（513 条）。よって、債務者と債権者との合意が必要である。

4　妥当である　基礎　『合格基本書』p. 257

そのとおり。弁済者は、①「弁済の提供をした場合において、債権者がその受領を拒んだとき」、②「債権者が弁済を受領することができないとき」は、債権者のために弁済の目的物を供託することができる（494 条１項前段）。この場合においては、弁済者が供託をした時に、その債権は、消滅する（494 条１項後段）。弁済者が債権者を確知することができないときも、494 条１項と同様とする（494 条２項本文）。ただし、弁済者に過失があるときは、この限りでない（494 条２項ただし書）。

5　妥当でない　基礎　『合格基本書』p. 257

債権および債務が同一人に帰属したときは、その債権は、消滅する（520 条本文）。ただし、その債権が第三者の権利の目的であるときは、この限りでない（520 条ただし書）。よって、その債権が第三者の権利の目的であるときは、その債権は、消滅しない。

ワンポイントアドバイス

【債権の消滅】

債権の消滅には、①「弁済」（473 条以下）、②「相殺」（505 条以下）、③「更改」（513 条以下）、④「免除」（519 条）、⑤「混同」（520 条）があります。

問題	テーマ（分野）	正解	重要度	正答率
32	定型約款（民法）	2	B	75%

ア　妥当である　基礎　『合格基本書』p. 271

そのとおり。ある特定の者が不特定多数の者を相手方として行う取引であって、その内容の全部または一部が画一的であることがその双方にとって合理的なものを「定型取引」といい、定型取引において契約の内容とすることを目的としてその特定の者により準備された条項の総体を「定型約款」という（548条の２第１項参照）。

イ　妥当でない

定型取引を行うことの合意（定型取引合意）をした者は、① 定型約款を契約の内容とする旨の合意をしたとき、② 定型約款を準備した者（定型約款準備者）があらかじめその定型約款を契約の内容とする旨を相手方に表示していたときは、定型約款の個別の条項についても合意をしたものとみなされる（548条の２第１項）。もっとも、その条項のうち、相手方の権利を制限し、または相手方の義務を加重する条項であって、その定型取引の態様およびその実情ならびに取引上の社会通念に照らして１条２項に規定する基本原則（信義則）に反して相手方の利益を一方的に害すると認められるものについては、合意をしなかったものとみなされる（548条の２第２項）。

ウ　妥当でない

定型取引を行い、または行おうとする定型約款準備者は、定型取引合意の前または定型取引合意の後相当の期間内に相手方から請求があった場合には、遅滞なく、相当な方法でその定型約款の内容を示さなければならない（548条の３第１項本文）。ただし、定型約款準備者が既に相手方に対して定型約款を記載した書面を交付し、またはこれを記録した電磁的記録を提供していたときは、この限りでない（548条の３第１項ただし書）。

エ　妥当である

そのとおり。定型約款準備者が定型取引合意の前において548条の３第１項の請求（定型約款の内容の表示の請求）を拒んだときは、548条の２（定型約款の合意）の規定は、適用されない（548条の３第２項本文）。ただし、一時的な通信障害が発生した場合その他正当な事由がある場合は、この限りでない（548条の３第２項ただし書）。

オ　妥当でない

定型約款準備者は、① 定型約款の変更が、相手方の一般の利益に適合するとき、② 定型約款の変更が、契約をした目的に反せず、かつ、変更の必要性、変更後の内容の相当性、548条の４の規定により定型約款の変更をすることがある旨の定めの有無およびその内容その他の変更に係る事情に照らして合理的なものであるときは、定型約款の変更をすることにより、変更後の定型約款の条項について合意があったものとみなし、個別に相手方と合意をすることなく契約の内容を変更することができる（548条の４第１項）。

以上より、妥当なものはア・エであり、正解は肢２となる。

問題	テーマ（分野）	正解	重要度	正答率
33	請負（民法）	5	B	75%

1 妥当でない 基礎 『合格基本書』p. 301

請負契約において、物の引渡しを要するときは、報酬は、仕事の目的物の引渡しと同時に、支払わなければならない（633 条本文）。注文者（A）は、建物の引渡しを受けるまで、請負人（B）に対し、報酬の支払を拒むことができる。

2 妥当でない 基礎 『合格基本書』p. 301

①「注文者（A）の責めに帰することができない事由によって仕事を完成することができなくなったとき」、②「請負が仕事の完成前に解除されたとき」において、請負人（B）が既にした仕事の結果のうち可分な部分の給付によって注文者（A）が利益を受けるときは、その部分が仕事の完成とみなされる（634 条前段）。この場合において、請負人（B）は、注文者（A）が受ける利益の割合に応じて報酬を請求することができる（634 条後段）。

3 妥当でない 基礎 『合格基本書』p. 303

請負契約において、請負人（B）が仕事を完成しない間は、注文者（A）は、いつでも（＝ 理由を示すことなく）損害を賠償して契約を解除することができる（641 条）。

4 妥当でない

請負契約は、注文者（A）または請負人（B）の死亡によっては終了しない。

5 妥当である 基礎 『合格基本書』p. 302

そのとおり。請負人（B）が種類または品質に関して契約の内容に適合しない仕事の目的物を注文者（A）に引き渡したときにおいて、注文者（A）がその不適合を知った時から1年以内にその旨を請負人（B）に通知しないときは、注文者（A）は、その不適合を理由として、履行の追完の請求、報酬の減額の請求、損害賠償の請求および契約の解除をすることができない（637 条１項）。もっとも、この規定は、仕事の目的物を注文者（A）に引き渡した時において、請負人（B）が不適合を知り、または重大な過失によって知らなかったときは、適用されない（637 条２項）。

ワンポイントアドバイス

【請負】

請負は、当事者の一方（請負人）がある仕事を完成することを約し、相手方（注文者）がその仕事の結果に対してその報酬を支払うことを約することによって、その効力を生じます（632 条）。

問題	テーマ（分野）	正解		重要度	正答率
34	不法行為（民法）	5		A	50%

1 妥当でない 基礎 『合格基本書』p. 322

土地の工作物の設置または保存に瑕疵があることによって他人に損害を生じたときは、その工作物の占有者は、被害者に対してその損害を賠償する責任を負う（717条1項本文）。ただし、占有者が損害の発生を防止するのに必要な注意をしたときは、所有者がその損害を賠償しなければならない（717条1項ただし書）。占有者が必要な注意をしたときは、所有者は必要な注意をしたとしても責任を負う。

2 妥当でない 基礎 『合格基本書』p. 323

注文者は、請負人がその仕事について第三者に加えた損害を賠償する責任を負わない（716条本文）。ただし、注文または指図についてその注文者に過失があったときは、この限りでない（716条ただし書）。注文または指図について過失がなかったときは、注文者は責任を負わない。

3 妥当でない 基礎 『合格基本書』p. 320

ある事業のために他人を使用する者は、被用者がその事業の執行について第三者に加えた損害を賠償する責任を負う（715条1項本文）。ただし、使用者が被用者の選任およびその事業の監督について相当の注意をしたとき、または相当の注意をしても損害が生ずべきであったときは、この限りでない（715条1項ただし書）。判例は、被用者が使用者の事業の執行について第三者に損害を加え、その損害を賠償した場合には、被用者は、使用者の事業の性格、規模、施設の状況、被用者の業務の内容、労働条件、勤務態度、加害行為の態様、加害行為の予防または損失の分散についての使用者の配慮の程度その他諸般の事情に照らし、損害の公平な分担という見地から相当と認められる額について、使用者に対して求償（逆求償）することができるものと解すべきであるとしている（最判令2.2.28）

4 妥当でない 基礎 『合格基本書』p. 320

未成年者は、他人に損害を加えた場合において、自己の行為の責任を弁識するに足りる知能を備えていなかったときは、その行為について賠償の責任を負わない（712条）。712条、713条の規定により責任無能力者がその責任を負わない場合において、その責任無能力者を監督する法定の義務を負う者は、その責任無能力者が第三者に加えた損害を賠償する責任を負う（714条1項本文）。ただし、監督義務者がその義務を怠らなかったとき、またはその義務を怠らなくても損害が生ずべきであったときは、この限りでない（714条1項ただし書）。

5 妥当である 基礎 『合格基本書』p. 324

そのとおり。数人が共同の不法行為によって他人に損害を加えたときは、各自が連帯してその損害を賠償する責任を負う（719条1項前段）。共同行為者のうちいずれの者がその損害を加えたかを知ることができないときも、同様とする（719条1項後段）。

問題	テーマ（分野）	正解
35	遺留分侵害額請求（民法）	3

重要度	正答率
A	55%

ア　妥当でない

遺留分権利者およびその承継人は、受遺者（特定財産承継遺言により財産を承継しまたは相続分の指定を受けた相続人を含む。）または受贈者に対し、遺留分侵害額に相当する金銭の支払を請求することができる（1046 条１項）。なお、「特定財産承継遺言」とは、遺産の分割の方法の指定として遺産に属する特定の財産を共同相続人の一人または数人に承継させる旨の遺言をいう（1014 条２項参照）。

イ　妥当である 基礎 『合格基本書』p. 363

そのとおり。受遺者が複数あるとき、または受贈者が複数ある場合においてその贈与が同時にされたものであるときは、受遺者または受贈者がその目的の価額の割合に応じて遺留分侵害額を負担する（1047 条１項２号本文）。ただし、遺言者がその遺言に別段の意思を表示したときは、その意思に従う（1047 条１項２号ただし書）。

ウ　妥当である

そのとおり。遺留分侵害額請求を受けた受遺者または受贈者は、遺留分権利者承継債務について弁済その他の債務を消滅させる行為をしたときは、消滅した債務の額の限度において、遺留分権利者に対する意思表示によって 1047 条１項の規定により負担する債務を消滅させることができる（1047 条３項前段）。なお、「遺留分権利者承継債務」とは、被相続人が相続開始の時において有した債務のうち、899 条の規定により遺留分権利者が承継する債務をいう（1046 条２項３号参照）。

エ　妥当でない

受遺者または受贈者の無資力によって生じた損失は、遺留分権利者の負担に帰する（1047 条４項）。

オ　妥当でない 基礎 『合格基本書』p. 363

遺留分侵害額の請求権は、遺留分権利者が、相続の開始および遺留分を侵害する贈与または遺贈があったことを知った時から１年間行使しないときは、時効によって消滅する（1048 条前段）。なお、相続開始の時から 10 年を経過したときも、同様とする（1048 条後段）。

以上より、妥当なものはイ・ウであり、正解は肢３となる。

ワンポイントアドバイス

【遺留分】

兄弟姉妹以外の相続人（子およびその代襲相続人、直系尊属、配偶者）は、遺留分として、① 直系尊属のみが相続人である場合には、遺留分を算定するための財産の価額の３分の１を、② それ以外の場合には、遺留分を算定するための財産の価額の２分の１を受けます（1042 条１項）。

問題	テーマ（分野）	正解	重要度	正答率
36	商人（商法）	5	B	45%

1　妥当でない　基礎　『合格基本書』p. 552

商法において「商人」とは、自己の名をもって商行為をすることを業とする者をいう（固有の商人／商法４条１項）。

2　妥当でない　基礎　『合格基本書』p. 552

①「店舗その他これに類似する設備によって物品を販売することを業とする者」または ②「鉱業を営む者」は、商行為を行うことを業としない者であっても「商人」とみなされる（擬制商人／商法４条２項）。

3　妥当でない　基礎　『合格基本書』p. 552

商法において「商人」とは、自己の名をもって商行為をすることを業とする者をいう（固有の商人／商法４条１項）。「業とする」とは、営利の目的で同種の業務を反復継続して行うことをいう。よって、営利の目的がなければ「商人」とはならない。

4　妥当でない　基礎　『合格基本書』p. 553

会社は、設立の登記（会社法 49 条、579 条）をした時から「商人」である（会社がその事業としてする行為およびその事業のためにする行為は、商行為とする／会社法５条）。

5　妥当である　基礎　『合格基本書』p. 553

そのとおり。一種または数種の営業を許された未成年者は、その営業に関しては、成年者と同一の行為能力を有する（民法６条１項）。未成年者がみずから「商人」として営業を行うときは、その旨の登記をしなければならない（商法５条）。

ワンポイントアドバイス

【商法】

商人の営業、商行為その他商事については、他の法律に特別の定めがあるものを除くほか、商法の定めるところによります（商法１条１項）。

商事に関し、商法に定めがない事項については商慣習に従い、商慣習がないときは、民法の定めるところによります（商法１条２項）。

問題	テーマ（分野）	正解
37	創立総会（会社法）	3

重要度	正答率
B	45%

ア　妥当である

そのとおり。創立総会においては、その決議によって、定款の変更をすることができる（96 条）。

イ　妥当でない

募集設立においては、発起人は、払込期日または払込期間の末日のうち最も遅い日以後、創立総会を招集しなければならない（65 条１項）。発起人は、それ以外の場合においても、必要があると認めるときは、いつでも、創立総会を招集することができる（65 条２項）。

ウ　妥当でない　**基礎**　『合格基本書』p. 575

募集設立の場合には、設立時取締役、設立時会計参与、設立時監査役または設立時会計監査人の選任は、創立総会の決議によって行わなければならない（88 条１項）。創立総会の決議は、当該創立総会において議決権を行使することができる設立時株主の議決権の過半数であって、出席した当該設立時株主の議決権の３分の２以上に当たる多数をもって行う（73 条１項）。

エ　妥当である

そのとおり。創立総会において、変態設立事項を変更する定款の変更の決議をした場合には、当該創立総会において、その変更に反対した設立時株主は、当該決議後２週間以内に限り、その設立時発行株式の引受けに係る意思表示を取り消すことができる（97 条）。

オ　妥当である

そのとおり。88 条の規定により選任された設立時取締役、設立時会計参与、設立時監査役または設立時会計監査人は、株式会社の成立の時までの間、創立総会の決議によって解任することができる（91 条）。

以上より、妥当でないものはイ・ウであり、正解は肢３となる。

ワンポイントアドバイス

【創立総会】

創立総会は、「募集による設立」の節に規定する事項および株式会社の設立の廃止、創立総会の終結その他株式会社の設立に関する事項に限り、決議をすることができます（66 条）。

発起人は、創立総会を招集する場合には、①「創立総会の日時及び場所」、②「創立総会の目的である事項」、③「創立総会に出席しない設立時株主が書面によって議決権を行使することができることとするときは、その旨」、④「創立総会に出席しない設立時株主が電磁的方法によって議決権を行使することができることとするときは、その旨」、⑤「前各号（①～④）に掲げるもののほか、法務省令で定める事項」を定めなければなりません（67 条１項）。

問題	テーマ（分野）	正解	重要度	正答率
38	株式の譲渡（会社法）	3	B	25%

1　妥当である 基礎　『合格基本書』p. 587

そのとおり。「出資の履行をすることにより募集株式の株主となる権利」の譲渡は、株式会社に対抗することができない（208条４項）。

2　妥当である 基礎　『合格基本書』p. 587

そのとおり。株券の発行前にした（株式の）譲渡は、株券発行会社に対し、その効力を生じない（128条２項）。

3　妥当でない 基礎　『合格基本書』p. 585

株式の譲渡は、その株式を取得した者の氏名または名称および住所を株主名簿に記載し、または記録しなければ、株式会社その他の第三者（株券発行会社においては、株式会社）に対抗することができない（130条１項２項）。

4　妥当である 基礎　『合格基本書』p. 587

そのとおり。子会社は、その親会社である株式会社の株式（親会社株式）を取得してはならない（135条１項）。この規定は、①「他の会社（外国会社を含む。）の事業の全部を譲り受ける場合において当該他の会社の有する親会社株式を譲り受ける場合」、②「合併後消滅する会社から親会社株式を承継する場合」、③「吸収分割により他の会社から親会社株式を承継する場合」、④「新設分割により他の会社から親会社株式を承継する場合」、⑤「前各号に掲げるもののほか、法務省令で定める場合」には、適用されない（135条２項）。もっとも、子会社は、相当の時期にその有する親会社株式を処分しなければならない（135条３項）。

5　妥当である 基礎　『合格基本書』p. 586

そのとおり。株式会社は、発行する全部または一部の株式の内容として、譲渡による当該株式の取得について会社の承認を要する旨を定款に定めることができる（譲渡制限株式／２条17号、107条１項１号、108条１項４号）。

ワンポイントアドバイス

【公開会社・非公開会社】

① 発行する全部または一部の株式について譲渡制限を設けていない株式会社を、公開会社といいます（２条５号）。

② 発行する全部の株式について譲渡制限を設けている会社を、公開会社でない株式会社（非公開会社）といいます。

問題	テーマ（分野）	正解	重要度	正答率
39	監査役（会社法）	3	B	40%

ア　妥当である 基礎　『合格基本書』p. 605

そのとおり。監査役会設置会社においては、監査役は３人以上で、かつ、その半数以上は、社外監査役でなければならない（335 条３項）。

イ　妥当でない 基礎　『合格基本書』p. 605

監査役会は、各監査役が招集する（391 条）。監査役会を招集する取締役を定款または取締役会で定めることはできない。

ウ　妥当である 基礎　『合格基本書』p. 604

そのとおり。監査役は、いつでも、取締役および会計参与ならびに支配人その他の使用人に対して事業の報告を求め、または監査役設置会社の業務および財産の状況の調査をすることができる（381 条２項）。

エ　妥当である 基礎　『合格基本書』p. 599

そのとおり。監査役設置会社が取締役（取締役であった者を含む。）に対し、または取締役（取締役であった者を含む。）が監査役設置会社に対して訴えを提起する場合には、その訴えについては、監査役が会社を代表する（386 条１項１号）。

オ　妥当でない

監査役の報酬等は、定款にその額を定めていないときは、株主総会の普通決議によって定める（387 条１項、309 条１項）。

以上より、妥当でないものはイ・オであり、正解は肢３となる。

ワンポイントアドバイス

【監査役】

監査役は、取締役（会計参与設置会社にあっては、取締役および会計参与）の職務の執行を監査します（381 条１項前段）。この場合において、監査役は、法務省令で定めるところにより、監査報告を作成しなければなりません（381 条１項後段）。

もっとも、公開会社でない株式会社（監査役会設置会社および会計監査人設置会社を除く。）は、その監査役の監査の範囲を会計に関するものに限定する旨を定款で定めることができます（389 条１項）。

問題	テーマ（分野）	正解	重要度	正答率
40	剰余金の配当（会社法）	3	C	20%

（類題）ウォーク問過去問題集①法令編　問 374

1　妥当でない　基礎　『合格基本書』p. 625

株式会社は、その株主（当該株式会社を除く。）に対し、剰余金の配当をすることができる（453 条）。株式会社は、剰余金の配当をしようとするときは、その都度、株主総会の決議によって、①「配当財産の種類（当該株式会社の株式等を除く。）及び帳簿価額の総額」、②「株主に対する配当財産の割当てに関する事項」、③「当該剰余金の配当がその効力を生ずる日」を定めなければならない（454 条１項）。株式等とは、株式、社債および新株予約権をいう（107 条２項２号ホ参照）。よって、株式会社は、当該株式会社の新株予約権を配当財産とすることはできない。

2　妥当でない

株式会社が株主に対して金銭以外の財産を配当財産として剰余金の配当をする場合（＝現物配当）において、株主に対して金銭分配請求権（当該配当財産に代えて金銭を交付することを株式会社に対して請求する権利）を与えないこととするときは、株主総会の特別決議によらなければならない（454 条４項、309 条２項 10 号）が、株主に対して金銭分配請求権を与えるときは、株主総会の普通決議で足りる。

3　妥当である

そのとおり。株式会社が剰余金の配当により株主に対して交付した金銭等の帳簿価額の総額が分配可能額を超えるときは、その配当に係る議案を株主総会に提案した取締役は、当該株式会社に対し、配当額に相当する金銭を支払う義務を負う（462 条１項６号）が、その配当額が分配可能額を超えることにつき善意の株主は、上記の義務を履行した取締役からの求償の請求に応ずる義務を負わない（463 条１項）。

4　妥当でない　基礎　『合格基本書』p. 625

取締役会設置会社は、１事業年度の途中において１回に限り取締役会の決議によって剰余金の配当（配当財産が金銭であるものに限る。）をすることができる旨を定款で定めることができる（454 条５項前段）。よって、定款で定めることが必要である。

5　妥当でない　基礎　『合格基本書』p. 625

株式会社は、純資産額が 300 万円を下回る場合には、剰余金の配当をすることができない（458 条）。この場合には、公開会社であるか否かにかかわらず、剰余金の配当をすることができる旨を定款で定めることはできない。

問題	テーマ（分野）	重要度	正答率
41	金沢市庁舎前広場事件（憲法・多肢）	A	90%

『合格基本書』p. 31

ア	16（集会）	イ	7（合理）
ウ	4（政治）	エ	13（限定）

本問は、金沢市庁舎前広場事件（最判令 5.2.21）を素材としたものである。

「憲法 21 条１項の保障する (ア) 集会の自由は、民主主義社会における重要な基本的人権の一つとして特に尊重されなければならないものであるが、公共の福祉による必要かつ (イ) 合理的な制限を受けることがあるのはいうまでもない。そして、このような自由に対する制限が必要かつ (イ) 合理的なものとして是認されるかどうかは、制限が必要とされる程度と、制限される自由の内容及び性質、これに加えられる具体的制限の態様及び程度等を較量して決めるのが相当である……。

本件規定を含む本件規則は、金沢市長の庁舎管理権に基づき制定されているものであるところ、普通地方公共団体の庁舎（その建物の敷地を含む。以下同じ。）は、公務の用に供される過程において、住民等により利用される場面も想定され、そのことを踏まえた上で維持管理がされるべきものである。もっとも、普通地方公共団体の庁舎は、飽くまでも主に公務の用に供するための施設であって、その点において、主に一般公衆の共同使用に供するための施設である道路や公園等の施設とは異なる。

このような普通地方公共団体の庁舎の性格を踏まえ、上記……の観点から較量するに、公務の中核を担う庁舎等において、(ウ) 政治的な対立がみられる論点について (ア) 集会等が開催され、威力又は気勢を他に示すなどして特定の政策等を訴える示威行為が行われると、金沢市長が庁舎等をそうした示威行為のための利用に供したという外形的な状況を通じて、あたかも被上告人が特定の立場の者を利しているかのような外観が生じ、これにより外見上の(ウ)政治的中立性に疑義が生じて行政に対する住民の信頼が損なわれ、ひいては公務の円滑な遂行が確保されなくなるという支障が生じ得る。本件規定は、上記支障を生じさせないことを目的とするものであって、その目的は (イ) 合理的であり正当である。

また、上記支障は庁舎等において上記のような示威行為が行われるという状況それ自体により生じ得る以上、当該示威行為を前提とした何らかの条件の付加や被上告人による事後的な弁明等の手段により、上記支障が生じないようにすることは性質上困難である。他方で、本件規定により禁止されるのは、飽くまでも公務の用に供される庁舎等において所定の示威行為を行うことに (エ) 限定されているのであって、他の場所、特に、(ア) 集会等の用に供することが本来の目的に含まれている公の施設（地方自治法 244 条１項、２項参照）等を利用することまで妨げられるものではないから、本件規定による (ア) 集会の自由に対する制限の程度は (エ) 限定的であるといえる。」

問題	テーマ（分野）	重要度	正答率
42	旧高根町給水条例無効等確認請求事件（行政法・多肢）	A	80%

『合格基本書』p. 459

ア	16（抗告訴訟）	イ	7（公の施設）
ウ	18（住民）	エ	6（差別的取扱い）

本問は、旧高根町給水条例無効等確認請求事件（最判平 18. 7. 14）を素材としたものである。

「本件改正条例は、旧高根町が営む簡易水道事業の水道料金を一般的に改定するものであって、そもそも限られた特定の者に対してのみ適用されるものではなく、本件改正条例の制定行為をもって行政庁が法の執行として行う処分と実質的に同視することはできないから、本件改正条例の制定行為は、(ア)抗告訴訟の対象となる行政処分には当たらないというべきである。……（中略）……。

……普通地方公共団体が経営する簡易水道事業の施設は地方自治法 244 条１項所定の (イ) 公の施設に該当するところ、同条３項は、普通地方公共団体は (ウ) 住民が (イ) 公の施設を利用することについて不当な (エ) 差別的取扱いをしてはならない旨規定している。ところで、普通地方公共団体が設置する (イ) 公の施設を利用する者の中には、当該普通地方公共団体の (ウ) 住民ではないが、その区域内に事務所、事業所、家屋敷、寮等を有し、その普通地方公共団体に対し地方税を納付する義務を負う者など(ウ)住民に準ずる地位にある者が存在することは当然に想定されるところである。そして、同項が憲法 14 条１項が保障する法の下の平等の原則を (イ) 公の施設の利用関係につき具体的に規定したものであることを考えれば、上記のような (ウ) 住民に準ずる地位にある者による (イ) 公の施設の利用関係に地方自治法 244 条３項の規律が及ばないと解するのは相当でなく、これらの者が (イ) 公の施設を利用することについて、当該 (イ) 公の施設の性質やこれらの者と当該普通地方公共団体との結び付きの程度等に照らし合理的な理由なく (エ) 差別的取扱いをすることは、同項に違反するものというべきである。」

ワンポイントアドバイス

【公の施設】

地方公共団体は、住民の福祉を増進する目的をもってその利用に供するための施設（これを公の施設という。）を設けるものとします（244 条１項）。

普通地方公共団体（指定管理者を含む。）は、正当な理由がない限り、住民が公の施設を利用することを拒んではなりません（244 条２項）。

普通地方公共団体（指定管理者を含む。）は、住民が公の施設を利用することについて、不当な差別的取扱いをしてはなりません（244 条３項）。

問題	テーマ（分野）	重要度	正答率
43	訴えの利益（行政法・多肢）	A	55%

『合格基本書』p. 464

ア	6（法的障害）	イ	17（本来の効果）
ウ	12（市街化調整）	エ	15（訴えの利益）

本問は、訴えの利益に関する２つの判例を素材としたものである。最高裁平成５年９月10日第二小法廷判決は、市街化区域における開発許可の取消しを求める訴えの利益を否定しているのに対し、最高裁平成27年12月14日第一小法廷判決は、市街化調整区域における開発許可の取消しを求める訴えの利益を肯定している。

最高裁平成５年９月10日第二小法廷判決は、市街化区域において、「開発許可の存在は、違反是正命令を発する上において (ア) 法的障害となるものではなく、また、たとえ開発許可が違法であるとして判決で取り消されたとしても、違反是正命令を発すべき法的拘束力を生ずるものでもないというべきである。そうすると、開発行為に関する工事が完了し、検査済証の交付もされた後においては、開発許可が有する前記のようなその (イ) 本来の効果は既に消滅しており、他にその取消しを求める法律上の利益を基礎付ける理由も存しないことになるから、開発許可の取消しを求める訴えは、その利益を欠くに至るものといわざるを得ない。」としている。

これに対し、最高裁平成27年12月14日第一小法廷判決は、「(ウ) 市街化調整区域においては、開発許可がされ、その効力を前提とする検査済証が交付されて工事完了公告がされることにより、予定建築物等の建築等が可能となるという法的効果が生ずるものということができる。したがって、(ウ) 市街化調整区域内にある土地を開発区域とする開発行為ひいては当該開発行為に係る予定建築物等の建築等が制限されるべきであるとして開発許可の取消しを求める者は、当該開発行為に関する工事が完了し、当該工事の検査済証が交付された後においても、当該開発許可の取消しによって、その効力を前提とする上記予定建築物等の建築等が可能となるという法的効果を排除することができる。以上によれば、(ウ) 市街化調整区域内にある土地を開発区域とする開発許可に関する工事が完了し、当該工事の検査済証が交付された後においても、当該開発許可の取消しを求める (エ) 訴えの利益は失われない」としている。

ワンポイントアドバイス

【市街化区域・市街化調整区域】

都市計画法によれば、都市計画区域について無秩序な市街化を防止し、計画的な市街化を図るため必要があるときは、都市計画に、①「市街化区域」と ②「市街化調整区域」との区分を定めることができます（都市計画法７条１項本文）。

①「市街化区域」は、すでに市街地を形成している区域およびおおむね 10 年以内に優先的かつ計画的に市街化を図るべき区域とします（都市計画法７条２項）。

②「市街化調整区域は、市街化を抑制すべき区域とします（都市計画法７条３項）。

問題	テーマ（分野）	重要度	正答率
44	行政行為の分類（行政法・記述）	A	―

『合格基本書』p. 387

≪正解例≫

特許と呼ばれ、私人が本来的には有しない特別の権利や能力を設定する行為である。

（38 字）

本問は、行政行為の分類に関する知識を問うものである。

行政行為は、(1) 法律行為的行政行為と、(2) 準法律行為的行政行為に分類される。そのうち、(1) 法律行為的行政行為は、さらに、(a) 私人が元来持っている自由を禁止する「命令的行為」と、(b) 私人に特別な権能を付与する「形成的行為」に分類される。そのうち、(b)「形成的行為」は、さらに「特許」「認可」「代理」に分類される。

「特許」とは、私人が本来的には有しない特別の権利や能力を設定する行為をいう。
「認可」とは、私人の行う法律行為の効力を補充してそれを完成させる行為をいう。
「代理」とは、本来相手方が行うべき行為を行政機関が代わって行う行為をいう。

道路法 32 条１項に基づく道路の占用の許可は、特定の者に道路を継続的に使用することを認めるものであり、使用権の設定行為となるので、(b) 形成的行為のうち「特許」に分類される。

以上より、解答にあたっては、正解例のように記述すべきである。

ワンポイントアドバイス

【採点の目安】

① 特許	８点
② 私人が本来的には有しない特別の権利や能力を設定する	12 点

問題	テーマ（分野）		重要度	正答率
45	損害賠償請求権の消滅時効（民法・記述）		A	—

『合格基本書』p. 166

≪正解例≫

Ｂが損害賠償請求権について

行使できることを知った時から５年間、または行使できる時から２０年間、行使しないとき。

（42 字）

本問は、人の生命または身体の侵害による損害賠償請求権の消滅時効に関する知識を問うものである。

（債務不履行に基づく）人の生命または身体の侵害による損害賠償請求権は、① 債権者が権利を行使することができることを知った時から５年間行使しないとき、または ② 権利を行使することができる時から 20 年間行使しないときは、時効によって消滅する（167 条・166 条１項）。

なお、人の生命または身体を害する不法行為による損害賠償請求権は、① 被害者またはその法定代理人が損害および加害者を知った時から５年間行使しないとき、または ② 不法行為の時から 20 年間行使しないときは、時効によって消滅する（724 条の２・724 条）。

以上より、解答にあたっては、正解例のように記述すべきである。

ワンポイントアドバイス

【採点の目安】

①	行使できることを知った時から５年	10 点
②	行使できる時から２０年	10 点

問題	テーマ（分野）	重要度	正答率
46	特別養子縁組（民法・記述）	B	―

『合格基本書』p. 344

≪正解例≫

養子となる者が 15 歳に達する前から引き続き

養親となる者に監護されていて、申立てがなかったことについてやむを得ない事由がある場合。

（43 字）

本問は、特別養子縁組に関する知識を問うものである。

特別養子縁組とは、実方の血族との親族関係が終了する養子縁組である（817 条の２第１項参照）。

特別養子縁組の審判の申立ての時に 15 歳に達している者は、養子となることができないのが原則である（817 条の５第１項前段）。もっとも、養子となる者が 15 歳に達する前から引き続き養親となる者に監護されている場合において、15 歳に達するまでに特別養子縁組の審判の申立てがされなかったことについてやむを得ない事由があるときは、この限りでない（817 条の５第２項）。そして、養子となる者が 15 歳に達している場合においては、特別養子縁組の成立には、その者の同意がなければならない（817 条の５第３項）。

なお、 特別養子縁組が成立（審判が確定）するまでに 18 歳に達した者についても、養子となることができない（817 条の５第１項後段）。

以上より、解答にあたっては、正解例のように記述すべきである。

ワンポイントアドバイス

【採点の目安】

①	養親となる者に監護されていた	10 点
②	申立てがなかったことについてやむを得ない事由がある	10 点

問題	テーマ（分野）	正解
47	日本の外交（政治）	5

重要度	正答率
A	80%

ア　「サンフランシスコ」

1951（昭和 26）年に、日本と連合国 48 カ国との間で、サンフランシスコ平和（講和）条約（「日本国との平和条約」）が締結された。

イ　「日ソ」

1956（昭和 31）年に、日本とソヴィエト社会主義共和国連邦との間で、日ソ共同宣言（「日本国とソヴィエト社会主義共和国連邦との共同宣言」）が調印された。これにより、両国の国交が回復した。

ウ　「日韓」

1965（昭和 40）年に、日本と大韓民国との間で、日韓基本条約（「日本国と大韓民国との間の基本関係に関する条約」）が締結された。

エ　「日中」

1972（昭和 47）年に、日本と中華人民共和国との間で、日中共同声明（「日本国政府と中華人民共和国政府の共同声明」）が調印された。これにより、両国の国交が正常化した。

オ　「日中平和友好」

1978（昭和 53）年に、日本と中華人民共和国との間で、日中平和友好条約（「日本国と中華人民共和国との間の平和友好条約」）が締結された。

以上より、アには「サンフランシスコ」、イには「日ソ」、ウには「日韓」、エには「日中」、オには「日中平和友好」が入り、正解は肢５となる。

問題	テーマ（分野）	正解	重要度	正答率
48	ノーベル平和賞（政治）	5	B	45%

ア　妥当でない

核兵器廃絶国際キャンペーン（ＩＣＡＮ）は、2017年に、核兵器禁止条約（ＴＰＮＷ）を締結させた努力を評価されて、ノーベル平和賞を受賞した。

イ　妥当でない

国境なき医師団（ＭＳＦ）は、1999 年に、国境や政治情勢に影響されることのない先駆的人道援助活動を評価されて、ノーベル平和賞を受賞した。

ウ　妥当である

そのとおり。国際原子力機関（ＩＡＥＡ）は、2005 年に、エルバラダイ事務局長とともに、原子力が軍事目的に利用されることを防止し、平和目的のための原子力が可能な限り安全な方法で利用されることを確保するために努力を払ったことを評価されて、ノーベル平和賞を受賞した。

エ　妥当でない

気候変動に関する政府間パネル（ＩＰＣＣ）は、2007 年に、アル・ゴア前アメリカ副大統領（当時）とともに、人為的に起こる地球温暖化の認知を高めたことを評価されて、ノーベル平和賞を受賞した。

オ　妥当である

そのとおり。国連世界食糧計画（ＷＦＰ）は、飢餓との闘いに尽力してきたこと、紛争地域で平和に向けた状況改善に貢献し、飢餓が戦争や紛争の武器として利用されることを阻止する原動力となったことを評価されて、2020 年に、ノーベル平和賞を受賞した。

以上より、妥当なものはウ・オであり、正解は肢５となる。

問題	テーマ（分野）	正解	重要度	正答率
49	地方財政（経済）	3	A	30%

ア　妥当でない

地方財政計画は、内閣が作成する翌年度の地方公共団体の歳入歳出総額の見込額に関する書類である。内閣は、毎年度、翌年度の地方団体の歳入歳出総額の見込額に関する書類を作成し、これを国会に提出するとともに、一般に公表しなければならない（地方交付税法７条）。

イ　妥当である　基礎　『合格基本書』p. 725

そのとおり。地方譲与税は、本来は地方税に属すべき税源を、形式上いったん国税として徴収して、これを地方公共団体に対して譲与する税である。

ウ　妥当でない　基礎　『合格基本書』p. 725

地方交付税は、地方公共団体の自主性を損なわずに、地方財源の均衡化を図り、かつ地方行政の計画的な運営を保障するために、国税のうち、所得税、法人税、酒税および消費税のそれぞれ一定割合および地方法人税の全額を、国が地方公共団体に対して交付する税である。たばこ税は、地方たばこ税があることを踏まえて、2015 年４月分から除外された。

エ　妥当である　基礎　『合格基本書』p. 725

そのとおり。国庫支出金は、国と地方公共団体の経費負担区分に基づき、国が地方公共団体に対して支出する負担金、委託費、特定の施策の奨励または財政援助のための補助金等の総称である。

オ　妥当でない　基礎　『合格基本書』p. 724

地方債は、地方公共団体が特定事業の資金のために発行する公債であり、国庫支出金などとともに、特定財源（その使途が特定されている財源）に当たる。なお、地方税、地方交付税、地方譲与税などは、一般財源（その使途が特定されず、どのような経費にも使用できる財源）に当たる。

以上より、妥当なものはイ・エであり、正解は肢３となる。

問題	テーマ（分野）	正解	重要度	正答率
50	独占・寡占（経済）	3	B	80%

ア　妥当でない 基礎　『合格基本書』p. 709

これは、トラスト（企業合同）に関する記述である。トラスト（企業合同）とは、競争関係にある同種の企業が合併して新しい１つの企業となることをいう。これに対し、コンツェルン（企業連携）とは、持株会社が親会社となって、同種・異種を問わず、あらゆる産業部門の企業を株式保有目的で資本的に支配することをいう。

イ　妥当である 基礎　『合格基本書』p. 709

そのとおり。カルテル（企業連合）とは、競争関係にある同種の企業が販売地域や価格などについて競争を回避するために協定を結ぶことをいう。

ウ　妥当でない 基礎　『合格基本書』p. 708

少数の企業が支配する「寡占市場」においてプライス・リーダー（価格先導者）が管理価格を設定した場合には、需要が低下しても価格は下がりにくいという傾向（価格の下方硬直性）が認められる。

エ　妥当である

そのとおり。独占禁止法（「私的独占の禁止及び公正取引の確保に関する法律」）によれば、事業者は、私的独占または不当な取引制限をしてはならない（独占禁止法３条）。これに違反する行為があるときは、公正取引委員会は、事業者に対し、当該行為の差止め、事業の一部の譲渡その他これらの規定に違反する行為を排除するために必要な措置を命ずることができる（独占禁止法７条１項）。

オ　妥当でない 基礎　『合格基本書』p. 709

持株会社（株式を所有することにより、国内の会社の事業活動を支配することを主たる事業とする会社）の設立は、第２次世界大戦後、独占禁止法で禁止されていたが、1997 年６月の独占禁止法の改正により認められた。

以上より、妥当なものはイ・エであり、正解は肢３となる。

問題	テーマ（分野）	正解	重要度	正答率
51	リサイクル（社会）	2	B	35%

ア　妥当でない　基礎　『合格基本書』p. 741

食品リサイクル法は、食品関連事業者（製造、流通、外食等）から排出される食品廃棄物（食品の売れ残りや食べ残し、製造・加工・調理の過程において生じたくずなど）について、発生抑制と減量化により最終的に処分される量を減少させるとともに、飼料や肥料等の原材料として再生利用するために、食品関連事業者（製造、流通、外食等）による食品循環資源の再生利用等を促進する仕組みを定めている。家庭から排出される生ごみについては対象となっていない。

イ　妥当である　基礎　『合格基本書』p. 741

そのとおり。家電リサイクル法は、家電４品目（① 家庭用エアコン、② テレビ、③ 電気冷蔵庫・電気冷凍庫、④ 電気洗濯機・衣類乾燥機）について、消費者が費用を支払い、小売業者が引き取り、製造業者が再商品化することを義務づけている。

ウ　妥当である　基礎　『合格基本書』p. 741

そのとおり。容器包装リサイクル法は、容器包装廃棄物について、消費者が分別して排出し、市町村が分別収集して、事業者が再商品化することを義務づけている。容器包装リサイクル法の関係省令は、小売業に属する事業を行う事業者が、商品の販売に際して、消費者がその商品の持ち運びに用いるためのプラスチック製買物袋を有料で提供することを義務づけている（2020 年７月から）。

エ　妥当である　基礎　『合格基本書』p. 741

そのとおり。従来は、同じプラスチックという素材であるにもかかわらず、「プラスチック製容器包装」以外のプラスチック使用製品については容器包装リサイクル法の対象にならず「燃えるごみ」として収集・処分されるという分かりにくい状況にあった。そこで、2021 年６月に制定されたプラスチック資源循環促進法（「プラスチックに係る資源循環の促進等に関する法律」）により、「プラスチック製容器包装」のみならずそれ以外のプラスチック使用製品についても、製品の設計から廃棄物の処理までのリサイクルを可能とする仕組みが設けられた　(2022 年４月施行)。

オ　妥当でない　基礎　『合格基本書』p. 741

小型家電リサイクル法は、使用済み小型家電（携帯電話、デジタルカメラ、ゲーム機など）について、市町村が分別収集して、国の認定を受けた認定事業者その他再資源化を適正に実施し得る者に引き渡すよう努めなければならないとしている。

以上より、妥当でないものはア・オであり、正解は肢２となる。

問題	テーマ（分野）	正解		重要度	正答率
52	行政書士法人（行政書士法）	5		B	70%

1　妥当でない 基礎　『合格基本書』p. 667

行政書士は、行政書士法人を設立することができる（13 条の３）。行政書士法人の社員は、行政書士でなければならない（13 条の５第１項）。行政書士法人を設立するには、その社員となろうとする行政書士が、定款を定めなければならない（13 条の８第１項）。

2　妥当でない 基礎　『合格基本書』p. 667

行政書士法人は、その主たる事務所の所在地において設立の登記をすることによって成立する（13 条の９）。なお、行政書士法人は、成立したときは、成立の日から２週間以内に、登記事項証明書および定款の写しを添えて、その旨を、その主たる事務所の所在地の属する都道府県の区域に設立されている行政書士会を経由して、日本行政書士会連合会に届け出なければならない（13 条の 10 第１項）。

3　妥当でない

行政書士法人は、定款に別段の定めがある場合を除き、総社員の同意によって、定款の変更をすることができる（13 条の 11 第１項）。

4　妥当でない 基礎　『合格基本書』p. 667

行政書士法人の社員は、定款で別段の定めがある場合を除き、すべて業務を執行する権利を有し、義務を負う（13 条の 12 第１項）。

5　妥当である 基礎　『合格基本書』p. 667

そのとおり。行政書士法人の社員は、自己もしくは第三者のためにその行政書士法人の業務の範囲に属する業務を行い、または他の行政書士法人の社員となってはならない（13 条の 16 第１項）。

ワンポイントアドバイス

【行政書士法人】

> 行政書士法人の定款には、少なくとも ①「目的」、②「名称」、③「主たる事務所及び従たる事務所の所在地」、④「社員の氏名、住所及び特定業務を行うことを目的とする行政書士法人にあつては、当該特定業務を行うことができる行政書士である社員であるか否かの別」、⑤「社員の出資に関する事項」を記載しなければなりません（13 条の８第３項）。

問題	テーマ（分野）	正解	重要度	正答率
53	戸籍（戸籍法）	4	B	45%

1 妥当である 基礎 『合格基本書』p. 670

そのとおり。戸籍に関する事務は、戸籍法に別段の定めがあるものを除き、市町村長がこれを管掌する（１条１項）。

2 妥当である 基礎 『合格基本書』p. 670

そのとおり。戸籍は、正本と副本を設ける（８条１項）。① 正本は、これを市役所または町村役場に備え、② 副本は、管轄法務局もしくは地方法務局またはその支局がこれを保存する（８条２項）。

3 妥当である 基礎 『合格基本書』p. 671

そのとおり。戸籍に記載されている者またはその配偶者、直系尊属もしくは直系卑属は、その戸籍の謄本もしくは抄本または戸籍に記載した事項に関する証明書（「戸籍謄本等」）の交付の請求をすることができる（10条１項）。

4 妥当でない 基礎 『合格基本書』p. 670

戸籍は、その筆頭に記載した者の氏名および本籍でこれを表示する（９条前段）。その者が戸籍から除かれた後も、同様である（９条後段）。

5 妥当である

そのとおり。一戸籍内の全員をその戸籍から除いたときは、その戸籍は、これを戸籍簿から除いて別につづり、除籍簿として、これを保存する（12条１項）。

ワンポイントアドバイス

【戸籍の表示】

戸籍には、本籍のほか、戸籍内の各人について、①「氏名」、②「出生の年月日」、③「戸籍に入った原因及び年月日」、④「実父母の氏名及び実父母との続柄」、⑤「養子であるときは、養親の氏名及び養親との続柄」、⑥「夫婦については、夫又は妻である旨、⑦「他の戸籍から入った者については、その戸籍の表示」、⑧「その他法務省令で定める事項」を記載しなければなりません（13条）。

問題	テーマ（分野）	正解	重要度	正答率
54	届出（住民基本台帳法）	4	B	60%

1　**妥当でない**　基礎　『合格基本書』p. 676

第４章または第４章の４の規定による届出は、政令で定めるところにより、書面でしなければならない（27 条）。

2　**妥当でない**　基礎　『合格基本書』p. 676

世帯主は、世帯員に代わって、第４章または第４章の４の規定による届出をすることができる（26 条１項）。なお、世帯員が第４章または第４章の４の規定による届出をすることができないときは、世帯主が世帯員に代わって、その届出をしなければならない（26 条２項）。

3　**妥当でない**　基礎　『合格基本書』p. 676

転入（新たに市町村の区域内に住所を定めることをいい、出生による場合を除く。）をした者は、転入をした日から 14 日以内に、「氏名」「住所」「転入をした年月日」「従前の住所」などの事項を市町村長に届け出なければならない（22 条１項）。なお、転出をする者は、あらかじめ、その氏名、転出先および転出の予定年月日を市町村長に届け出なければならない（24 条）。

4　**妥当である**　基礎　『合格基本書』p. 676

そのとおり。転居（一の市町村の区域内において住所を変更することをいう。）をした者は、転居をした日から 14 日以内に、「氏名」「住所」「転居をした年月日」「従前の住所」などの事項を市町村長に届け出なければならない（23 条）。

5　**妥当でない**　基礎　『合格基本書』p. 676

22 条１項（転入）および第 23 条（転居）の場合を除くほか、その属する世帯またはその世帯主に変更があった者（政令で定める者を除く。）は、その変更があった日から 14 日以内に、その氏名、変更があった事項および変更があった年月日を市町村長に届け出なければならない（25 条）。

ワンポイントアドバイス

【転出届】

転出をする者は、あらかじめ、その氏名、転出先および転出の予定年月日を市町村長に届け出なければなりません（24 条）。

問題	テーマ（分野）	正解	重要度	正答率
55	個人情報保護法（個人情報保護）	3	A	85%

ア　妥当でない 基礎　『合格基本書』p. 775

本人は、個人情報取扱事業者に対し、当該本人が識別される保有個人データを当該個人情報取扱事業者が利用する必要がなくなった場合、当該本人が識別される保有個人データに係る 26 条１項本文（＝ 漏えい等）に規定する事態が生じた場合その他当該本人が識別される保有個人データの取扱いにより当該本人の権利または正当な利益が害されるおそれがある場合には、当該保有個人データの利用停止等（＝ 利用の停止または消去）または第三者への提供の停止を請求することができる（35 条５項）。2020 年の個人情報保護法の改正により、利用停止等の請求に係る要件が緩和された。

イ　妥当である 基礎　『合格基本書』p. 775

そのとおり。本人は、個人情報取扱事業者に対し、当該本人が識別される保有個人データの内容が事実でないときは、当該保有個人データの内容の訂正、追加または削除（「訂正等」）を請求することができる（34 条１項）。

ウ　妥当でない 基礎　『合格基本書』p. 775

本人は、個人情報取扱事業者に対し、当該本人が識別される保有個人データが個人情報保護法 27 条１項（＝ 第三者提供の制限）または 28 条（＝ 外国にある第三者への提供の制限）の規定に違反して第三者に提供されているときは、当該保有個人データの第三者への提供の停止を請求することができる（35 条３項）。

エ　妥当である 基礎　『合格基本書』p. 775

そのとおり。本人は、個人情報取扱事業者に対し、当該本人が識別される保有個人データが 18 条（＝ 利用目的による制限）もしくは 19 条（＝ 不適正な利用の禁止）の規定に違反して取り扱われているとき、または 20 条（＝ 適正な取得）の規定に違反して取得されたものであるときは、当該保有個人データの利用の停止または消去（「利用停止等」）を請求することができる（35 条１項）。

オ　妥当でない 基礎　『合格基本書』p. 774

本人は、個人情報取扱事業者に対し、当該本人が識別される保有個人データの電磁的記録の提供による方法その他の個人情報保護委員会規則で定める方法による開示を請求することができる（33 条１項）。個人情報取扱事業者は、開示請求を受けたときは、一定の場合を除き、本人に対し、当該本人が請求した方法により、遅滞なく、当該保有個人データを開示しなければならない（33 条２項）。このように、本人は、開示の方法についても請求することができる。

以上より、妥当なものはイ・エであり、正解は肢３となる。

ワンポイントアドバイス

【利用目的による制限】

個人情報取扱事業者は、一定の場合を除き、あらかじめ本人の同意を得ないで、個人情報保護法 17 条の規定により特定された利用目的の達成に必要な範囲を超えて、個人情報を取り扱ってはなりません（18 条１項）。

問題	テーマ（分野）	正解
56	個人情報保護法（個人情報保護）	3

重要度	正答率
A	40%

『合格基本書』p. 769

1　妥当である

そのとおり。要配慮個人情報にいう「人種」とは、人種、世系または民族的もしくは種族的出身を広く意味する。これに対し、単純な国籍や「外国人」という情報は、法的地位であり、それだけでは「人種」には含まれない。

2　妥当である

そのとおり。要配慮個人情報にいう「信条」とは、個人の基本的なものの見方、考え方を意味し、思想と信仰の双方を含むものである。これに対し、宗教に関する書籍の購買や貸出しに関する情報は、本人の「信条」という要配慮個人情報を推知させる情報にすぎないから、それだけでは「信条」には該当しない。

3　妥当でない

要配慮個人情報にいう「社会的身分」とは、ある個人にその境遇として固着していて、一生の間、自らの力によって容易にそれから脱し得ないような地位（例えば「非嫡出子」であること）を意味する。これに対し、単なる職業的地位や学歴は、「社会的身分」には該当しない。

4　妥当である

そのとおり。要配慮個人情報にいう「病歴」とは、病気に罹患した経歴を意味するもので、特定の病歴を示した部分が該当する。

5　妥当である

そのとおり。要配慮個人情報にいう「犯罪の経歴」とは、前科、すなわち有罪の判決を受けこれが確定した事実が該当する。なお、「犯罪により害を被った事実」とは、身体的被害、精神的被害および金銭的被害の別を問わず、犯罪の被害を受けた事実を意味する。

ワンポイントアドバイス

【要配慮個人情報】

個人情報保護法において「要配慮個人情報」とは、本人の人種、信条、社会的身分、病歴、犯罪の経歴、犯罪により害を被った事実その他本人に対する不当な差別、偏見その他の不利益が生じないようにその取扱いに特に配慮を要するものとして政令で定める記述等が含まれる個人情報をいいます（２条３項）。

問題	テーマ（分野）	正解	重要度	正答率
57	行政機関情報公開法（個人情報保護）	4	B	85%

1　妥当でない　基礎　『合格基本書』p. 758

何人も、行政機関情報公開法の定めるところにより、行政機関の長に対し、当該行政機関の保有する行政文書の開示を請求することができる（３条）。よって、日本国籍を有しない者（外国人）も、開示を請求することができる。

2　妥当でない

行政機関の長は、開示請求に係る行政文書の一部に不開示情報が記録されている場合において、不開示情報が記録されている部分を容易に区分して除くことができるときは、開示請求者に対し、当該部分を除いた部分につき開示しなければならない（６条１項本文）。ただし、当該部分を除いた部分に有意の情報が記録されていないと認められるときは、この限りではない（６条１項ただし書）。

3　妥当でない

行政機関の長は、開示請求に係る行政文書に不開示情報（行政機関情報公開法５条１号の２に掲げる情報を除く。）が記録されている場合であっても、公益上特に必要があると認めるときは、開示請求者に対し、当該行政文書を開示することができる（７条）。

4　妥当である　基礎　『合格基本書』p. 759

そのとおり。開示請求に対し、当該開示請求に係る行政文書が存在しているか否かを答えるだけで、不開示情報を開示することとなるときは、行政機関の長は、当該行政文書の存否を明らかにしないで、当該開示請求を拒否することができる（８条）。

5　妥当でない

開示決定等は、原則として、適法な開示請求があった日から 30 日以内にしなければならない（10 条１項本文）。もっとも、行政機関の長は、事務処理上の困難その他正当な理由があるときは、その期間を 30 日以内に限り延長することができる（10 条２項前段）。

ワンポイントアドバイス

【行政文書】

行政機関情報公開法において「行政文書」とは、行政機関の職員が職務上作成し、または取得した文書、図画および電磁的記録であって、当該行政機関の職員が組織的に用いるものとして、当該行政機関が保有しているものをいいます（２条２項本文）。

問題	テーマ（分野）	正解	重要度	正答率
58	空欄補充（文章理解）	2	A	90%

Ⅰ の直前の文章は、「孔子が『君子は窮するか』と聞かれた時、『元より君子も窮する。小人は窮すれば濫す』と言った。」とし、肢イは「しかし君子はいくら窮しても自棄は起さず……」、肢ウは「小人は理性が弱いから……」としている。そこで、肢イ・肢ウは直前の文章の内容を受けており、これに続く文章であるとわかる。肢イは「しかし君子は……」としており、「小人は理性が弱い」ことを述べた肢ウに続けて、「小人」との比較の観点から「君子」について述べていると考えられる。したがって、肢ウが先にくることになり、Ⅰ には、「小人は理性が弱いから窮するとつい理性的でなくなり、自棄を起しやすい。」とする肢ウの文章が入る。Ⅱ には、「しかし君子はいくら窮しても自棄は起さず、理性を失わない。人間の尊厳を守ると言うのだ。」とする肢イの文章が入る。

次に、Ⅴ を検討すると、Ⅴ の後の文章は「そういう人は理性以下の人で、他人の制裁をうけてやっとどうにか悪いことをしない人間で……。」としている。したがって、Ⅴ には、理性がない人について述べた文章が入ると考えられるから、Ⅴ には、「世間が怖いとか、悪口を言われるのがいやだとか、誤解を恐れるとか、他人の思惑を恐れて、したいことも出来ない人間は理性的な人物とは言えない。」とする肢アが入る。

Ⅲ と Ⅳ には、残った肢エまたは肢オが入る。肢オは「しかし理性は無意味に本能を窒息させるものではない。又生命の活力を弱めるものではない。」とし、肢エは「むしろその活力を最も有効に生かす為に与えられているものだ。」としている。そこで、肢エは、肢オの「生命の活力を弱めるものではない。」を受けた文章であると考えられる。したがって、肢オが先にくることになり、Ⅲ には、「しかし理性は無意味に本能を窒息させるものではない。又生命の活力を弱めるものではない。」とする肢オが入る。Ⅳ には、「むしろその活力を最も有効に生かす為に与えられているものだ。」とする肢エが入る。

以上より、Ⅰにはウ、Ⅱにはイ、Ⅲにはオ、Ⅳにはエ、Ⅴにはアが入り、正解は肢２となる。

（出典　武者小路実篤「人生論・愛について」から）

問題	テーマ（分野）	正解	重要度	正答率
59	空欄補充（文章理解）	3	A	25%

1　適当でない

第４段落で、すべての先進国で伝統宗教やカルト宗教が栄えている理由として、（真理を）求める気持ちが、多くの人々の心の中にあることが示されている。本肢は筆者の主張と反対の内容になっており、空欄の内容として適当でない。

2　適当でない

宗教は、相対主義の考え方が浸透している成熟社会において、人々に唯一の真理を示してくれるのであるから、宗教を唯一、本物の真理として追求するとしているが、「いろんな考え方があるとはいっても、やはりどこかに本物の正しい考え方や、唯一の真理があるのではないか」という内なる声を、けっして甘く見てはいけない。そしてこの声こそが、哲学というものを立ち上げる巨大な原動力なのであるとしており、宗教とは離れた真理があることを筆者は主張しているから、本肢は本文の内容と合致しない。

3　適当である

筆者は、「これこそが正しい考え方だ」と声高に押しつけてくる人々をこそ、警戒しなければならないと主張する一方、相対主義のもと、「いろんな考え方があるとはいっても、やはりどこかに本物の正しい考え方や、唯一の真理があるのではないか」という内なる声を、けっして甘く見てはいけないと述べて、やはり、どこかに本物の正しい考え方や、唯一の真理があるのではないかと主張している。とすると、唯一の真理を押しつけてくる宗教からは徹底的に距離を取りつつも、「唯一の真理なんてないのさ」という成熟社会の相対主義に何度も何度も疑問を投げかけ、どうすれば唯一の真理に近づけるのかという内容は筆者の主張と一致するものであり、空欄の内容として適当である。

4　適当でない

本肢では、「相対主義の考え方からすれば、本物の正しさというものは、存在しないのであり」と述べているが、筆者はどこかに本物の正しい考え方や、唯一の真理があるのではないかと主張しているのであり、筆者の主張と矛盾する。

5　適当でない

宗教が教える本物の正しさや本物の真理を手がかりとして、自分の中の唯一の真理を模索することにあるとしているが、本肢のように、宗教が教えるものを手がかりとするとは本文では一切述べられていない。また、自分の中の唯一の真理を模索するとも筆者は述べていない。

（出典　森岡正博「33個めの石」から）

問題	テーマ（分野）	正解	重要度	正答率
60	並べ替え（文章理解）	4	A	60%

まず、空欄の前の第１段落では、自意識が持つ建設的・非建設的な役割を述べている。そして、第２段落で、自意識の形成原因となる、「社会的比較」の性質を述べている。そこで、並べ替えを行うと、２段落目の冒頭で「私たちには、もともと、人と自分を比較するという習性があります。」と筆者は主張している。ウに「これを『社会的比較』と呼んでいます。」とあり、「これ」は「比較する習性」を指すとわかるから空欄の冒頭には、ウがくることがわかる。ここで、人と自分を比較するという習性を「社会的比較」と意義付けしている。主張のあとは、その説明や根拠が続くはずであるから、続く内容のものを検討すると、その説明が続くことが予想される。そこで、肢の内容を検討すると、オの、自分と周囲にいる人たちとの間で比較するという内容が説明の冒頭として相応しいことがわかるであろう。したがって、ウのあとには、オがくる。オは自分と他人との比較をするという事実について述べており、その比較するという事実を前提に、「自分は走るのが得意なんだ」という認識を持つことになるというイの内容が続くことがわかる。さらに、エで初対面の人と友達が平気で話をしている様子を見て、「自分はこうはできないな」という認識を持つとされている。これは、他者との比較において、自己を認識するという内容が続くものであるから、イの後には、エが続くことがわかる。このようにして、他者との比較において自己認識をするのであり、走力にしても社交性にしても、絶対的基準があるわけではないという「まとめ」としてのアが続くことになる。

以上より、順序として妥当なものはウ→オ→イ→エ→アであり、正解は肢４となる。

（出典　大渕憲一「思春期のこころ」から）

＜付録＞
2024年度行政書士試験
解答・解説

＜付録＞ 2024年度行政書士試験　解答一覧

【法令等（５肢択一式／一問４点）】

問題	正解	問題	正解	問題	正解
1	4	15	4	29	4
2	3	16	5	30	3
3	5	17	2	31	2
4	2	18	4	32	5
5	3	19	3	33	5
6	1	20	1	34	3・5
7	4	21	3	35	2
8	5	22	1	36	2
9	2	23	5	37	4
10	4	24	4	38	4
11	5	25	3	39	3
12	2	26	2	40	1
13	1	27	1	合計	／160
14	5	28	1		

【法令等（多肢選択式／一問８点／各２点）】

41	ア	8	イ	2	ウ	4	エ	10
42	ア	13	イ	18	ウ	4	エ	10
43	ア	16	イ	7	ウ	13	エ	3
						合計		／24

【法令等（記述式／一問20点）】

44	国を被告として、免許処分又は拒否処分のいずれかに対する取消訴訟を提起できる。（38字）
45	Aは、動産売買の先取特権に基づき、一般債権者に優先して売買代金を確保することができる。（43字）
46	Aは、Bに対する登記請求権の保全のため、BのCに対する登記請求権を、Bに代位して行使する。（45字）
合計	／60

【基礎知識（５肢択一式／一問４点）】

問題	正解	問題	正解	問題	正解
47	5	52	1	57	4
48	5	53	5	58	2
49	2	54	1	59	4
50	2	55	2	60	1
51	3	56	4	合計	／56

合計	／300

問題	テーマ（分野）	正解
1	法の支配（基礎法学）	4

重要度	正答率
B	49%

本問は、碧海純一「新版　法哲学概論〔全訂第２版〕」を素材としたものである。

(ア)法治国と(イ)法の支配とは基本的に共通な発想に立脚する概念であるが、(ア)法治国が大陸的背景のもとで(ウ)議会立法の国政における優位を含意するのに対し、(イ)法の支配は、そのイギリス的伝統に対応して、(エ)判例法としての(オ)コモン・ローをまず前提している。

以上より、アには「法治国」、イには「法の支配」、ウには「議会立法」、エには「判例法」、オには「コモン・ロー」が入り、正解は肢４となる。

ワンポイントアドバイス

【コモン・ロー】

イギリスでは、裁判所の判例に先例としての拘束力を認めて、古来の慣習から発展した判例法（コモン・ロー）を主要な法源とする判例法主義が採られています。

問題	テーマ（分野）	正解	重要度	正答率
2	訴訟の手続の原則（基礎法学）	3	B	66%

1　妥当である

そのとおり。民事訴訟の手続において、裁判長は、口頭弁論の期日または期日外において、訴訟関係を明瞭にするため、事実上および法律上の事項に関し、当事者に対して問いを発し、または立証を促すことができる（民事訴訟法149条1項）。

2　妥当である

そのとおり。刑事訴訟の手続において、検察官は、犯人の性格、年齢および境遇、犯罪の軽重および情状ならびに犯罪後の情況により訴追を必要としないときは、公訴を提起しないことができる（起訴便宜主義／刑事訴訟法248条）。

3　妥当でない

非訟事件の手続は、公開しない（非訟事件手続法30条本文）。ただし、裁判所は、相当と認める者の傍聴を許すことができる（非訟事件手続法30条ただし書）。

4　妥当である

そのとおり。民事訴訟の手続において、裁判所は、判決をするに当たり、口頭弁論の全趣旨および証拠調べの結果をしん酌して、自由な心証により、事実についての主張を真実と認めるべきか否かを判断する（自由心証主義／民事訴訟法247条）。

5　妥当である

そのとおり。刑事訴訟の手続において、検察官は、起訴状には、裁判官に事件につき予断を生ぜしめるおそれのある書類その他の物を添附し、またはその内容を引用してはならない（起訴状一本主義／刑事訴訟法256条6項）。

問題	テーマ（分野）	正解	重要度	正答率
3	夫婦別姓訴訟（憲法）	5	A	52%

本問は、夫婦別姓訴訟（最大判平 27. 12. 16）を素材としたものである。

1　妥当である

そのとおり。判例は、「氏名は、社会的にみれば、個人を他人から識別し特定する機能を有するものであるが、同時に、その個人からみれば、人が個人として尊重される基礎であり、その個人の人格の象徴であって、人格権の一内容を構成するものというべきである」としている（最大判平 27. 12. 16）。

2　妥当である

そのとおり。判例は、「氏は、婚姻及び家族に関する法制度の一部として法律がその具体的な内容を規律しているものであるから、氏に関する上記人格権の内容も、憲法上一義的に捉えられるべきものではなく、憲法の趣旨を踏まえつつ定められる法制度をまって初めて具体的に捉えられるものである。」としている（最大判平 27. 12. 16）。

3　妥当である　基礎　『合格基本書』p. 27

そのとおり。判例は、「家族は社会の自然かつ基礎的な集団単位であるから、このように個人の呼称の一部である氏をその個人の属する集団を想起させるものとして一つに定めることにも合理性があるといえる。」としたうえで、「氏に、名とは切り離された存在として社会の構成要素である家族の呼称としての意義があることからすれば、氏が、親子関係など一定の身分関係を反映し、婚姻を含めた身分関係の変動に伴って改められることがあり得ることは、その性質上予定されているといえる。」としている（最大判平 27. 12. 16）。

4　妥当である　基礎　『合格基本書』p. 27

そのとおり。判例は、「以上のような現行の法制度の下における氏の性質等に鑑みると、婚姻の際に『氏の変更を強制されない自由』が憲法上の権利として保障される人格権の一内容であるとはいえない。」としている（最大判平 27. 12. 16）。

5　妥当でない

判例は、「これらの婚姻前に築いた個人の信用、評価、名誉感情等を婚姻後も維持する利益等は、憲法上の権利として保障される人格権の一内容であるとまではいえないものの、後記のとおり、氏を含めた婚姻及び家族に関する法制度の在り方を検討するに当たって考慮すべき人格的利益であるとはいえるのであり、憲法 24 条の認める立法裁量の範囲を超えるものであるか否かの検討に当たって考慮すべき事項であると考えられる。」としている（最大判平 27. 12. 16）。

ワンポイントアドバイス

【夫婦別姓訴訟】

判例は、民法 750 条の定める「夫婦同氏制それ自体に男女間の形式的な不平等が存在するわけではない」としています（夫婦別姓訴訟／最大判平 27. 12. 16）。

2021 年 6 月、最高裁判所の大法廷は、「平成 27 年大法廷判決以降にみられる女性の有業率の上昇、管理職に占める女性の割合の増加その他の社会の変化や、いわゆる選択的夫婦別氏制の導入に賛成する者の割合の増加その他の国民の意識の変化といった……諸事情等を踏まえても、平成 27 年大法廷判決の判断を変更すべきものとは認められない。」としています（最大決令 3. 6. 23）。

問題	テーマ（分野）	正解	重要度	正答率
4	グーグル検索結果削除請求事件（憲法）	2	A	72%

本問は、グーグル検索結果削除請求事件（最決平 29.1.31）を素材としたものである。

1　妥当である

そのとおり。判例は、「個人のプライバシーに属する事実をみだりに公表されない利益は、法的保護の対象となるというべきである」として、過去の逮捕歴もこれに含まれるとしている（最決平 29.1.31）。

2　妥当でない　基礎　『合格基本書』p.37

判例は、「この情報の収集、整理及び提供はプログラムにより自動的に行われるものの、同プログラムは検索結果の提供に関する検索事業者の方針に沿った結果を得ることができるように作成されたものであるから、検索結果の提供は検索事業者自身による表現行為という側面を有する。」としている（最決平 29.1.31）。

3　妥当である

そのとおり。判例は、「検索事業者による検索結果の提供は、公衆が、インターネット上に情報を発信したり、インターネット上の膨大な量の情報の中から必要なものを入手したりすることを支援するものであり、現代社会においてインターネット上の情報流通の基盤として大きな役割を果たしている。」としている（最決平 29.1.31）。

4　妥当である　基礎　『合格基本書』p.37

そのとおり。判例は、「検索事業者が、ある者に関する条件による検索の求めに応じ、その者のプライバシーに属する事実を含む記事等が掲載されたウェブサイトのＵＲＬ等情報を検索結果の一部として提供する行為が違法となるか否かは、当該事実の性質及び内容、当該ＵＲＬ等情報が提供されることによってその者のプライバシーに属する事実が伝達される範囲とその者が被る具体的被害の程度、その者の社会的地位や影響力、上記記事等の目的や意義、上記記事等が掲載された時の社会的状況とその後の変化、上記記事等において当該事実を記載する必要性など、当該事実を公表されない法的利益と当該ＵＲＬ等情報を検索結果として提供する理由に関する諸事情を比較衡量して判断すべきもので、その結果、当該事実を公表されない法的利益が優越することが明らかな場合には、検索事業者に対し、当該ＵＲＬ等情報を検索結果から削除することを求めることができるものと解するのが相当である。」としている（最決平 29.1.31）。

5　妥当である

そのとおり。判例は、「児童買春をしたとの被疑事実に基づき逮捕されたという本件事実は、他人にみだりに知られたくない抗告人のプライバシーに属する事実であるものではあるが、児童買春が児童に対する性的搾取及び性的虐待と位置付けられており、社会的に強い非難の対象とされ、罰則をもって禁止されていることに照らし、今なお公共の利害に関する事項であるといえる。」としている（最決平 29.1.31）。

問題	テーマ（分野）	正解	重要度	正答率
5	教育（憲法）	3	A	74%

1　妥当である　基礎　『合格基本書』p. 67

そのとおり。判例は、憲法26条2項後段の「無償とは授業料不徴収の意味と解するのが相当である。」としたうえで、「授業料のほかに、教科書、学用品その他教育に必要な一切の費用まで無償としなければならないことを定めたものと解することはできない。」としている（教科書代金負担金請求事件／最大判昭 39. 2. 26）。

2　妥当である

そのとおり。判例は、「教科書は、教科課程の構成に応じて組織排列された教科の主たる教材として、普通教育の場において使用される児童、生徒用の図書であって（……）、学術研究の結果の発表を目的とするものではなく、本件検定は、申請図書に記述された研究結果が、たとい執筆者が正当と信ずるものであったとしても、いまだ学界において支持を得ていなかったり、あるいは当該学校、当該教科、当該科目、当該学年の児童、生徒の教育として取り上げるにふさわしい内容と認められないときなど旧検定基準の各条件に違反する場合に、教科書の形態における研究結果の発表を制限するにすぎない。このような本件検定が学問の自由を保障した憲法23条の規定に違反しないことは、……明らかである。」としている（第1次家永教科書事件／最判平 5. 3. 16）。

3　妥当でない　基礎　『合格基本書』p. 66・p. 67

判例は、このような見解は、「極端かつ一方的であり、……全面的に採用することはできないと考える」としたうえで、「一般に社会公共的な問題について国民全体の意思を組織的に決定、実現すべき立場にある国は、国政の一部として広く適切な教育政策を樹立、実施すべく、また、しうる者として、憲法上は、あるいは子ども自身の利益の擁護のため、あるいは子どもの成長に対する社会公共の利益と関心にこたえるため、必要かつ相当と認められる範囲において、教育内容についてもこれを決定する権能を有する」としている（旭川学テ事件／最大判昭 51. 5. 21）。

4　妥当である

そのとおり。判例は、憲法26条の「規定の背後には、国民各自が、一個の人間として、また、一市民として、成長、発達し、自己の人格を完成、実現するために必要な学習をする固有の権利を有すること、特に、みずから学習することのできない子どもは、その学習要求を充足するための教育を自己に施すことを大人一般に対して要求する権利を有するとの観念が存在していると考えられる。」としている（旭川学テ事件／最大判昭 51. 5. 21）。

5　妥当である　基礎　『合格基本書』p. 46

そのとおり。判例は、「大学教育の場合には、学生が一応教授内容を批判する能力を備えていると考えられるのに対し、普通教育においては、児童生徒にこのような能力がなく、教師が児童生徒に対して強い影響力、支配力を有することを考え、また、普通教育においては、子どもの側に学校や教師を選択する余地が乏しく、教育の機会均等をはかる上からも全国的に一定の水準を確保すべき強い要請があること等に思いをいたすときは、普通教育における教師に完全な教授の自由を認めることは、とうてい許されないところといわなければならない。」としている（旭川学テ事件／最大判昭 51. 5. 21）。

問題	テーマ（分野）	正解	重要度	正答率
6	選挙制度の形成に関する国会の裁量（憲法）	1	A	45%

1　妥当でない

判例は、「人口の都市部への集中による都道府県間の人口較差の拡大が続き、総定数を増やす方法を採ることにも制約がある中で、このような都道府県を各選挙区の単位とする仕組みを維持しながら投票価値の平等の実現を図るという要求に応えていくことは、もはや著しく困難な状況に至っているものというべきである。」としている（最大判平24.10.17）。

2　妥当である

そのとおり。判例は、「小選挙区制の下においては死票を多く生む可能性があることは否定し難いが、死票はいかなる制度でも生ずるものであり、当選人は原則として相対多数を得ることをもって足りる点及び当選人の得票数の和よりその余の票数（死票数）の方が多いことがあり得る点において中選挙区制と異なるところはなく、各選挙区における最高得票者をもって当選人とすることが選挙人の総意を示したものではないとはいえないから、この点をもって憲法の要請に反するということはできない。このように、小選挙区制は、選挙を通じて国民の総意を議席に反映させる一つの合理的方法ということができ、これによって選出された議員が全国民の代表であるという性格と矛盾抵触するものではないと考えられる」としている（最大判平11.11.10）。

3　妥当である　基礎　『合格基本書』p. 63

そのとおり。判例は、「選挙制度の仕組みを具体的に決定することは国会の広い裁量にゆだねられているところ、同時に行われる二つの選挙に同一の候補者が重複して立候補することを認めるか否かは、右の仕組みの一つとして、国会が裁量により決定することができる事項であるといわざるを得ない。」としたうえで、「重複立候補制を採用したこと自体が憲法前文、43条1項、14条1項、15条3項、44条に違反するとはいえない。」としている（最大判平11.11.10）。

4　妥当である

そのとおり。判例は、「国会が、参議院議員の選挙制度の仕組みを決定するに当たり、政党の……国政上の重要な役割にかんがみて、政党を媒体として国民の政治意思を国政に反映させる名簿式比例代表制を採用することは、その裁量の範囲に属することが明らかであるといわなければならない。そして、名簿式比例代表制は、政党の選択という意味を持たない投票を認めない制度であるから、本件非拘束名簿式比例代表制の下において、参議院名簿登載者個人には投票したいが、その者の所属する参議院名簿届出政党等には投票したくないという投票意思が認められないことをもって、国民の選挙権を侵害し、憲法15条に違反するものとまでいうことはできない。」としている（最大判平16.1.14）。

5　妥当である

そのとおり。判例は、「本件改正後の参議院（比例代表選出）議員の選挙制度は、政党等にあらかじめ候補者の氏名及び特定枠の候補者を定める場合にはその氏名等を記載した名簿を届け出させた上、選挙人が名簿登載者又は政党等を選択して投票を行い、各政党等の得票数（当該政党等に係る各参議院名簿登載者の得票数を含む。）に基づきその当選人数を決定した上、各政党等の名簿に記載された特定枠の順位及び各候補者の得票数の多寡に応じて当選人を決定する選挙制度であるから、投票の結果すなわち選挙人の総意により当選人が決定される点において、選挙人が候補者個人を直接選択して投票する方式と異なるところはない。そうすると、本件改正後の参議院（比例代表選出）議員の選挙に関する公職選挙法の規定は憲法43条1項等の憲法の規定に違反するものではな(い)」としている（最判令2.10.23）。

問題	テーマ（分野）	正解	重要度	正答率
7	国会議員の地位・特権（憲法）	4	A	57%

1　妥当でない 基礎　『合格基本書』p. 84
両議院の議員は、法律の定めるところにより、国庫から相当額の歳費を受ける（49条）。この歳費について、減額を行うことは禁止されていない。

2　妥当でない 基礎　『合格基本書』p. 84
両議院の議員は、法律の定める場合を除いては、国会の会期中逮捕されず、会期前に逮捕された議員は、その議院の要求があれば、会期中これを釈放しなければならない（50条）。これに対し、議院の同意がなければ訴追されないという特権は保障されていない。

3　妥当でない 基礎　『合格基本書』p. 84
両議院の議員は、議院で行った演説、討論または表決について、院外で責任を問われない（51条）。議場外の行為についても、議員の職務として行ったものであれば「議院で行った」ものとして免責の対象となる。

4　妥当である
そのとおり。衆議院が解散されたときは、参議院は、同時に閉会となる（54条2項本文）。ただし、内閣は、国に緊急の必要があるときは、参議院の緊急集会を求めることができる（54条2項但書）。参議院の緊急集会の際にも、議員に不逮捕特権（国会法100条1項）や免責特権（憲法51条）の保障が及ぶ。

5　妥当でない 基礎　『合格基本書』p. 94
議院の所属議員に対する除名についても、司法審査は及ばないと解されている。

ワンポイントアドバイス

【参議院の緊急集会中の不逮捕特権】

国会法100条1項は、「参議院の緊急集会中、参議院の議員は、院外における現行犯罪の場合を除いては、参議院の許諾がなければ逮捕されない。」としています。

問題	テーマ（分野）	正解	重要度	正答率
8	行政行為（行政法総論）	5	A	59%

1　妥当でない

処分に瑕疵があることを理由とする処分の取消しは、取消訴訟における判決・不服申立てにおける裁決または決定による取消し（争訟取消し）のほかに、行政庁の職権による取消し（職権取消し）によってすることができる。

2　妥当でない　基礎　『合格基本書』p. 388

判例は、「行政処分が違法であることを理由として国家賠償の請求をするについては、あらかじめ右行政処分につき取消又は無効確認の判決を得なければならないものではない」としている（最判昭36.4.21）。また、判例は、「このことは、当該行政処分が金銭を納付させることを直接の目的としており、その違法を理由とする国家賠償請求を認容したとすれば、結果的に当該行政処分を取り消した場合と同様の経済的効果が得られるという場合であっても異ならない」としている（冷凍倉庫事件／最判平22.6.3）。

3　妥当でない　基礎　『合格基本書』p. 474

処分の無効を争うための「現在の法律関係に関する訴え」（行政事件訴訟法36条参照）として、当該処分の無効を前提とする当事者訴訟または民事訴訟（争点訴訟）を提起することが許されている。

4　妥当でない　基礎　『合格基本書』p. 389

このような、いわゆる違法性の承継が認められる場合には、後行の処分（B）の取消訴訟において先行の処分（A）の違法を主張することが許される（東京都建築安全条例事件／最判平21.12.17）。

5　妥当である　基礎　『合格基本書』p. 392

そのとおり。判例は、「一般に、課税処分が課税庁と被課税者との間にのみ存するもので、処分の存在を信頼する第三者の保護を考慮する必要のないこと等を勘案すれば、当該処分における内容上の過誤が課税要件の根幹についてのそれであつて、徴税行政の安定とその円滑な運営の要請を斟酌してもなお、不服申立期間の徒過による不可争的効果の発生を理由として被課税者に右処分による不利益を甘受させることが、著しく不当と認められるような例外的な事情のある場合には、前記の過誤による瑕疵は、当該処分を当然無効ならしめるものと解するのが相当である。」としている（譲渡所得課税処分無効事件／最判昭48.4.26）。このように、処分の存在を信頼する第三者の保護を考慮する必要のないときは、瑕疵の存在が明白なものであるとまでは認められなくても、無効とされる場合がある。

ワンポイントアドバイス

【違法性の承継】

判例は、建築安全条例に基づく安全認定（A）とそれに続く建築確認（B）について、異なる機関がそれぞれの権限に基づき行うものとされているが、もともとは一体的に行われていたものであり、同一の目的を達成するために行われ、両者が結合して初めて効果を発揮すること、安全認定の適否を争うための手続的保障が十分に与えられていないことなどから、「安全認定（A）が行われた上で建築確認（B）がされている場合、安全認定が取り消されていなくても、建築確認（B）の取消訴訟において、安全認定（A）が違法であるために本件条例4条1項所定の接道義務の違反があると主張することは許されると解するのが相当である。」としています（東京都建築安全条例事件／最判平21.12.17）。

問題	テーマ（分野）	正解
9	行政立法（行政法総論）	2

重要度	正答率
A	58%

1　妥当でない　基礎　『合格基本書』p. 411・p. 432

意見公募手続の対象となる「命令等」とは、内閣または行政機関が定める、① 法律に基づく命令または規則、② 審査基準、③ 処分基準、④ 行政指導指針をいう（行政手続法２条８号)。①は法規命令に分類されるのに対し、②～④は行政規則に分類される。このように、行政規則も意見公募手続の対象となる。

2　妥当である　基礎　『合格基本書』p. 89・p. 384

そのとおり。内閣は、憲法および法律の規定を実施するために、政令を制定する（憲法73 条６号本文)。ただし、政令には、特にその法律の委任がある場合を除いては、罰則を設けることができない（憲法 73 条６号但書)。

3　妥当でない　基礎　『合格基本書』p. 385

法律による委任の範囲を逸脱して定められた違法な委任命令は、無効なものとして取り扱われる（医薬品ネット販売事件／最判平 25. 1. 11)。

4　妥当でない

判例は、「現行法上行政訴訟において取消の訴の対象となりうるものは、国民の権利義務、法律上の地位に直接具体的に法律上の影響を及ぼすような行政処分等でなければならないのであるから、本件通達中所論の趣旨部分の取消を求める本件訴は許されないものとして却下すべきものである。」としている（墓地埋葬通達事件／最判昭 43. 12. 24)。

5　妥当でない

判例は、「処分基準において、先行の処分を受けたことを理由として後行の処分に係る量定を加重する旨の不利益な取扱いの定めがある場合に、当該行政庁が後行の処分につき当該処分基準の定めと異なる取扱いをするならば、裁量権の行使における公正かつ平等な取扱いの要請や基準の内容に係る相手方の信頼の保護等の観点から、当該処分基準の定めと異なる取扱いをすることを相当と認めるべき特段の事情がない限り、そのような取扱いは裁量権の範囲の逸脱又はその濫用に当たることとなるものと解され（る)」としている（パチンコ店営業停止処分取消請求事件／最判平 27. 3. 3)。

問題	テーマ（分野）	正解
10	行政法における一般原則（行政法総論）	4

重要度	正答率
A	84%

1　妥当でない　基礎　『合格基本書』p. 391

判例は、個室付浴場業の開業を阻止することを主たる目的としてなされた都道府県知事の「児童遊園設置認可処分は行政権の著しい濫用によるものとして違法であ（る）」としている（個室付浴場事件／最判昭 53. 5. 26）。

2　妥当でない

判例は、町としては、事業者の「地位を不当に害することのないよう配慮すべき義務があったものというべきであって、本件処分がそのような義務に違反してされたものである場合には、本件処分は違法となるといわざるを得ない。」としている（最判平 16. 12. 24）。

3　妥当でない

判例は、「租税法規に適合する課税処分について、法の一般原理である信義則の法理の適用により、右課税処分を違法なものとして取り消すことができる場合があるとしても、法律による行政の原理なかんずく租税法律主義の原則が貫かれるべき租税法律関係においては、右法理の適用については慎重でなければならず、租税法規の適用における納税者間の平等、公平という要請を犠牲にしてもなお当該課税処分に係る課税を免れしめて納税者の信頼を保護しなければ正義に反するといえるような特別の事情が存する場合に、初めて右法理の適用の是非を考えるべきものである。」としている（青色申告承認申請懈怠事件／最判昭 62. 10. 30）。

4　妥当である　基礎　『合格基本書』p. 403

そのとおり。判例は、「地方公共団体のような行政主体が一定内容の将来にわたつて継続すべき施策を決定した場合でも、右施策が社会情勢の変動等に伴つて変更されることがあることはもとより当然であ（る）」が、当該地方公共団体の勧告ないし勧誘に動機付けられて施策の継続を前提とした活動に入った者が「その信頼に反して所期の活動を妨げられ、社会観念上看過することのできない程度の積極的損害を被る場合に、地方公共団体において右損害を補償するなどの代償的措置を講ずることなく施策を変更することは、それがやむをえない客観的事情によるのでない限り、当事者間に形成された信頼関係を不当に破壊するものとして違法性を帯び、地方公共団体の不法行為責任を生ぜしめるものといわなければならない。」としている（宜野座村工場誘致政策変更事件／最判昭 56. 1. 27）。

5　妥当でない

判例は、地方公共団体の「消滅時効の主張は、402 号通達が発出されているにもかかわらず、当該被爆者については同通達に基づく失権の取扱いに対し訴訟を提起するなどして自己の権利を行使することが合理的に期待できる事情があったなどの特段の事情のない限り、信義則に反し許されないものと解するのが相当である。」としている（在ブラジル被爆者健康管理手当等請求事件／最判平 19. 2. 6）。

問題	テーマ（分野）	正解	重要度	正答率
11	総合（行政手続法）	5	A	65%

1　**妥当でない**　**基礎**　『合格基本書』p. 420

本件処分は、２条４号の「不利益処分」に当たる。

2　**妥当でない**　**基礎**　『合格基本書』p. 412

本件処分は、３条１項５号の「刑事事件に関する法令に基づいて検察官、検察事務官又は司法警察職員がする処分及び行政指導」ではないから、行政手続法の規定が適用される。

3　**妥当でない**　**基礎**　『合格基本書』p. 412

本件処分は、３条３項の「地方公共団体の機関がする処分（その根拠となる規定が条例又は規則に置かれているものに限る。）」ではないから、行政手続法の規定が適用される。

4　**妥当でない**　**基礎**　『合格基本書』p. 420

本件処分は、２条４号の「不利益処分」に当たるから、行政庁は、処分基準を定め、かつ、これを公にしておくよう努めなければならない（12条１項）。行政庁は、処分基準を定めるに当たっては、不利益処分の性質に照らしてできる限り具体的なものとしなければならない（12条２項）。

5　**妥当である**　**基礎**　『合格基本書』p. 422

そのとおり。本件処分は、13条２項２号の「法令上必要とされる資格がなかったこと又は失われるに至ったことが判明した場合に必ずすることとされている不利益処分であって、その資格の不存在又は喪失の事実が裁判所の判決書又は決定書、一定の職に就いたことを証する当該任命権者の書類その他の客観的な資料により直接証明されたもの」に当たるから、聴聞の手続をとる必要はない。

ワンポイントアドバイス

【不利益処分】

「不利益処分」とは、行政庁が、法令に基づき、特定の者を名あて人として、直接に、これに義務を課し、またはその権利を制限する処分をいいます（２条４号本文）。

問題	テーマ（分野）	正解	重要度	正答率
12	行政指導（行政手続法）	2	A	89%

ア　妥当である 基礎　『合格基本書』p. 429

そのとおり。行政指導に携わる者は、当該行政指導をする際に、行政機関が許認可等をする権限または許認可等に基づく処分をする権限を行使し得る旨を示すときは、その相手方に対して、①「当該権限を行使し得る根拠となる法令の条項」、②「前号（①）の条項に規定する要件」、③「当該権限の行使が前号（②）の要件に適合する理由」を示さなければならない（35条2項）。

イ　妥当でない 基礎　『合格基本書』p. 412

地方公共団体の機関がする行政指導については、その根拠となる規定がどこに置かれているかにかかわらず、行政指導に関する行政手続法の規定は適用されない（3条3項）。

ウ　妥当である 基礎　『合格基本書』p. 430

そのとおり。法令に違反する行為の是正を求める行政指導（その根拠となる規定が法律に置かれているものに限る。）の相手方は、当該行政指導が当該法律に規定する要件に適合しないと思料するときは、当該行政指導をした行政機関に対し、その旨を申し出て、当該行政指導の中止その他必要な措置をとることを求めることができる（行政指導の中止等の求め／36条の2第1項本文）。

エ　妥当でない 基礎　『合格基本書』p. 432

意見公募手続の対象となる「命令等」とは、内閣または行政機関が定める、① 法律に基づく命令または規則、② 審査基準、③ 処分基準、④ 行政指導指針をいう（2条8号）。このように、行政指導に関する指針（④）も含まれる。

以上より、妥当なものはア・ウであり、正解は肢2となる。

ワンポイントアドバイス

【行政指導指針】

「行政指導指針」とは、同一の行政目的を実現するため一定の条件に該当する複数の者に対し行政指導をしようとするときにこれらの行政指導に共通してその内容となるべき事項をいいます（2条8号ニ）。

問題	テーマ（分野）	正解
13	審査基準・処分基準（行政手続法）	1

重要度	正答率
A	71%

1　妥当である 基礎　『合格基本書』p. 414

そのとおり。行政庁は、行政上特別の支障があるときを除き、法令により申請の提出先とされている機関の事務所における備付けその他の適当な方法により審査基準を公にしておかなければならない（5条3項）。よって、行政上特別の支障があるときは、審査基準を公にしなかったとしても違法とはならない。

2　妥当でない 基礎　『合格基本書』p. 420

行政庁は、処分基準を定め、かつ、これを公にしておくよう努めなければならない（12条1項）。

3　妥当でない 基礎　『合格基本書』p. 414

行政庁は、審査基準を定めるものとする（5条1項）。行政庁は、行政上特別の支障があるときを除き、法令により申請の提出先とされている機関の事務所における備付けその他の適当な方法により審査基準を公にしておかなければならない（5条3項）。これらは法的義務であるから、行政上特別の支障があるときを除き、審査基準を公にしないことは違法となる。

4　妥当でない 基礎　『合格基本書』p. 414

行政庁は、行政上特別の支障があるときを除き、法令により申請の提出先とされている機関の事務所における備付けその他の適当な方法により審査基準を公にしておかなければならない（5条3項）。

5　妥当でない 基礎　『合格基本書』p. 420

行政庁は、処分基準を定め、かつ、これを公にしておくよう努めなければならない（12条1項）。処分基準を公にしておくことも、努力義務である。

ワンポイントアドバイス

【審査基準・処分基準】

行政庁は、審査基準を定めるに当たっては、許認可等の性質に照らしてできる限り具体的なものとしなければなりません（5条2項）。

行政庁は、処分基準を定めるに当たっては、不利益処分の性質に照らしてできる限り具体的なものとしなければなりません（12条2項）。

問題	テーマ（分野）	正解	重要度	正答率
14	審査請求（行政不服審査法）	5	A	89%

1　妥当でない　基礎　『合格基本書』p. 444

審査請求は、代理人によってすることができる（12条1項）。

2　妥当でない

利害関係人（審査請求人以外の者であって審査請求に係る処分または不作為に係る処分の根拠となる法令に照らし当該処分につき利害関係を有するものと認められる者をいう。）は、審理員の許可を得て、当該審査請求に参加することができる（13条1項）。参加人は、審査請求に係る事件に関する意見を記載した書面（意見書）を提出することができる（30条2項前段）。

3　妥当でない　基礎　『合格基本書』p. 444

多数人が共同して審査請求をしようとするときは、3人を超えない総代を互選することができる（11条1項）。

4　妥当でない

審査請求人が死亡したときは、相続人その他法令により審査請求の目的である処分に係る権利を承継した者は、審査請求人の地位を承継する（15条1項）。

5　妥当である　基礎　『合格基本書』p. 440

そのとおり。法人でない社団または財団で代表者または管理人の定めがあるものは、その名で審査請求をすることができる（10条）。

ワンポイントアドバイス

【参加人】

利害関係人は、審理員の許可を得て、当該審査請求に参加することができます（13条1項）。審理員は、必要があると認める場合には、利害関係人に対し、当該審査請求に参加することを求めることができます（13条2項）。

審査請求への参加は、代理人によってすることができます（13条3項）。その代理人は、各自、参加人のために、当該審査請求への参加に関する一切の行為をすることができます（13条4項本文）。ただし、審査請求への参加の取下げは、特別の委任を受けた場合に限り、することができます（13条4項ただし書）。

問題	テーマ（分野）	正解	重要度	正答率
15	総合（行政不服審査法）	4	A	61%

1　妥当でない

行政不服審査法では、このようなことは定められていない（行政手続法13条２項４号参照）。

2　妥当でない　基礎　『合格基本書』p. 435

「行政庁の不作為」とは、法令に基づく申請に対して何らの処分をもしないことをいう（３条）。

3　妥当でない

行政不服審査法では、このようなことは定められていない（行政手続法３条３項参照）。

4　妥当である　基礎　『合格基本書』p. 439

そのとおり。国の機関または地方公共団体その他の公共団体もしくはその機関に対する処分で、これらの機関または団体がその固有の資格において当該処分の相手方となるものおよびその不作為については、行政不服審査法の規定は適用されない（７条２項）。

5　妥当でない

行政不服審査法では、このようなことは定められていない（行政事件訴訟法５条参照）。

ワンポイントアドバイス

【固有の資格】

判例は、行政不服審査法７条２項にいう「固有の資格」とは、「国の機関等であるからこそ立ち得る特有の立場、すなわち、一般私人（国及び国の機関等を除く者をいう。……）が立ち得ないような立場をいうものと解するのが相当である。」としたうえで、「特定の事務又は事業を実施するために受けるべき処分について、国の機関等が上記立場において相手方となるものであるか否かは、当該事務又は事業の実施主体が国の機関等に限られているか否か、また、限られていないとすれば、当該事務又は事業を実施し得る地位の取得について、国の機関等が一般私人に優先するなど特別に取り扱われているか否か等を考慮して判断すべきである。」としています（最判令2.3.26）。

問題	テーマ（分野）	正解
16	総合（行政不服審査法・行政事件訴訟法）	5

重要度	正答率
B	74%

ア　妥当でない　基礎　『合格基本書』p. 441・p. 465

行政事件訴訟法は、出訴期間の制限について「ただし、正当な理由があるときは、この限りでない」という規定（行政事件訴訟法14条1項ただし書など）を置いている。行政不服審査法も、審査請求期間の制限について「ただし、正当な理由があるときは、この限りでない」という規定（行政不服審査法18条1項ただし書など）を置いている。

イ　妥当でない　基礎　『合格基本書』p. 452・p. 484

行政不服審査法は、教示に関する規定（行政不服審査法82条1項）を置いている。行政事件訴訟法も、教示に関する規定（行政事件訴訟46条1項）を置いている。

ウ　妥当である　基礎　『合格基本書』p. 451・p. 473

そのとおり。行政事件訴訟法は、判決の拘束力に関する規定（行政事件訴訟法33条1項）を置いている。行政不服審査法は、裁決の拘束力に関する規定（行政不服審査法52条1項）を置いている。

エ　妥当でない　基礎　『合格基本書』p. 448・p. 471

行政事件訴訟法は、取消訴訟について執行停止の規定（行政事件訴訟法25条以下）を置くとともに、執行停止に対する内閣総理大臣の異議の規定（行政事件訴訟法27条）を置いている。行政不服審査法は、審査請求について執行停止の規定（行政不服審査法25条以下）を置いているが、執行停止に対する内閣総理大臣の異議の規定を置いていない。

オ　妥当である　基礎　『合格基本書』p. 480

そのとおり。行政事件訴訟法は、「差止めの訴え」（行政事件訴訟法3条7項）を設けている。行政不服審査法は、処分の差止めを求める不服申立てについて明文の規定を置いていない。

以上より、妥当なものはウ・オであり、正解は肢5となる。

問題	テーマ（分野）	正解	重要度	正答率
17	訴えの利益（行政事件訴訟法）	2	A	92%

1　妥当でない　基礎　『合格基本書』p. 464

判例は、「公務員が公職の選挙に立候補したときは、公職選挙法 90 条の規定によりその届出の日に当該公務員の職を辞したものとみなされることになつている」が、「公務員免職の行政処分は、それが取り消されない限り、免職処分の効力を保有し、当該公務員は、違法な免職処分さえなければ公務員として有するはずであつた給料請求権その他の権利、利益につき裁判所に救済を求めることができなくなるのであるから、本件免職処分の効力を排除する判決を求めることは、右の権利、利益を回復するための必要な手段である」として、免職処分の取消しを求める訴えの利益は失われないとしている（名古屋郵便局職員免職処分取消請求事件／最判昭 40. 4. 28）。

2　妥当である　基礎　『合格基本書』p. 464

そのとおり。判例は、「いわゆる代替施設の設置によつて右の洪水や渇水の危険が解消され、その防止上からは本件保安林の存続の必要性がなくなつたと認められるに至つたときは、もはや……上告人らにおいて右指定解除処分の取消しを求める訴えの利益は失われるに至つたものといわざるをえないのである。」としている（長沼ナイキ訴訟／最判昭 57. 9. 9）。

3　妥当でない　基礎　『合格基本書』p. 464

判例は、県の公文書公開条例所定の「公開請求権者は、本件条例に基づき公文書の公開を請求して、所定の手続により請求に係る公文書を閲覧し、又は写しの交付を受けることを求める法律上の利益を有するというべきであるから、請求に係る公文書の非公開決定の取消訴訟において当該公文書が書証として提出されたとしても、当該公文書の非公開決定の取消しを求める訴えの利益は消滅するものではないと解するのが相当である。」としている（愛知県知事交際費事件／最判平 14. 2. 28）。

4　妥当でない　基礎　『合格基本書』p. 464

判例は、自動車運転免許の効力停止処分を受けた者は、免許の効力停止期間を経過し、かつ、処分の日から無違反・無処分で１年を経過したときは、処分の取消によって回復すべき法律上の利益を有しないとしたうえで、「本件原処分の記載のある免許証を所持することにより警察官に本件原処分の存した事実を覚知され、名誉、感情、信用等を損なう可能性」について、「このような可能性の存在が認められるとしても、それは本件原処分がもたらす事実上の効果にすぎないものであり、これをもつて……本件裁決取消の訴によって回復すべき法律上の利益を有することの根拠とするのは相当でない。」としている（運転免許停止処分取消事件／最判昭 55. 11. 25）。

5　妥当でない　基礎　『合格基本書』p. 464

判例は、特定の市立保育所において保育を受けている児童および保護者が、当該保育所を廃止する条例の制定行為の取消しを求める訴えについて、「保育の実施期間がすべて満了していることが明らかであるから、本件改正条例の制定行為の取消しを求める訴えの利益は失われたものというべきである」としている（横浜市保育所廃止条例事件／最判平 21. 11. 26）。

問題	テーマ（分野）	正解	重要度	正答率
18	判決（行政事件訴訟法）	4	A	77%

ア　正

そのとおり。裁判所は、相当と認めるときは、終局判決前に、判決をもって、処分または裁決が違法であることを宣言することができる（31 条 2 項）。

イ　誤　基礎　『合格基本書』p. 473

申請を拒否（却下・棄却）した処分が判決により取り消されたときは、その処分をした行政庁は、判決の趣旨に従い、改めて申請に対する処分をしなければならない（33 条 2 項）。判決の趣旨に従い、適法かつ十分な理由を付して処分をやり直すことになるが、同一の結論に至れば、再び申請を拒否（却下・棄却）することもできる。

ウ　正　基礎　『合格基本書』p. 473

そのとおり。処分または裁決を取り消す判決により権利を害された第三者で、自己の責めに帰することができない理由により訴訟に参加することができなかったため判決に影響を及ぼすべき攻撃または防御の方法を提出することができなかったものは、これを理由として、確定の終局判決に対し、再審の訴えをもって、不服の申立てをすることができる（34 条 1 項）。

エ　正　基礎　『合格基本書』p. 477

そのとおり。直接型（非申請型）の義務付けの訴えが訴訟要件に該当する場合において、その義務付けの訴えに係る処分につき、行政庁がその処分をすべきであることがその処分の根拠となる法令の規定から明らかであると認められまたは行政庁がその処分をしないことがその裁量権の範囲を超えもしくはその濫用となると認められるときは、裁判所は、行政庁がその処分をすべき旨を命ずる判決をする（37 条の 2 第 5 項）。

オ　誤

処分または裁決を取り消す判決は、その事件について、処分または裁決をした行政庁その他の関係行政庁を拘束する（33 条 1 項）。この規定は、取消訴訟以外の抗告訴訟について準用される（38 条 1 項）。

以上より、誤っているものはイ・オであり、正解は肢 4 となる。

問題	テーマ（分野）	正解	重要度	正答率
19	民衆訴訟・機関訴訟（行政事件訴訟法）	3	A	40%

1　誤　基礎　『合格基本書』p. 483

機関訴訟とは、国または公共団体の機関相互間における権限の存否またはその行使に関する紛争についての訴訟をいう（6条）。民衆訴訟および機関訴訟は、法律に定める場合において、法律に定める者に限り、提起することができる（42 条）。

2　誤　基礎　『合格基本書』p. 483

民衆訴訟とは、国または公共団体の機関の法規に適合しない行為の是正を求める訴訟で、選挙人たる資格その他自己の法律上の利益にかかわらない資格で提起するものをいう（5条）。民衆訴訟および機関訴訟は、法律に定める場合において、法律に定める者に限り、提起することができる（42 条）。

3　正

そのとおり。民衆訴訟または機関訴訟で、処分または裁決の取消しを求めるものについては、行政事件訴訟法 9 条および 10 条 1 項の規定を除き、取消訴訟に関する規定が準用される（43 条 1 項）。

4　誤　基礎　『合格基本書』p. 483

公職選挙法 203 条に基づく地方公共団体の議会の議員および長の選挙の効力に関する訴訟は、民衆訴訟（5条）の一例である。

5　誤

行政事件訴訟に関し、行政事件訴訟法に定めがない事項については、民事訴訟の例による（7条）。これについて、民衆訴訟および機関訴訟を除くとする限定は付されていない。

ワンポイントアドバイス

【民衆訴訟・機関訴訟】

民衆訴訟または機関訴訟のうち、① 処分または裁決の取消しを求めるものについては、9 条および 10 条 1 項の規定を除き、取消訴訟に関する規定が準用されます（43 条 1 項）。② 処分または裁決の無効の確認を求めるものについては、36 条の規定を除き、無効等確認の訴えに関する規定が準用されます（43 条 2 項）。③ それ以外のものについては、39 条および 40 条 1 項の規定を除き、当事者訴訟に関する規定が準用されます（43 条 3 項）。

問題	テーマ（分野）	正解	重要度	正答率
20	総合（国家賠償）	1	A	82%

ア　誤

判例は、「合否の判定、条件付合格の条件の付与等についての教科用図書検定調査審議会の判断の過程（検定意見の付与を含む）に、原稿の記述内容又は欠陥の指摘の根拠となるべき検定当時の学説状況、教育状況についての認識や、旧検定基準に違反するとの評価等に看過し難い過誤があって、文部大臣の判断がこれに依拠してされたと認められる場合には、右判断は、裁量権の範囲を逸脱したものとして、国家賠償法上違法となると解するのが相当である。」としている（最判平 5. 3. 16）。

イ　誤

判例は、「各目標を調和的に実現するために政府においてその時々における内外の情勢のもとで具体的にいかなる措置をとるべきかは、事の性質上専ら政府の裁量的な政策判断に委ねられている事柄とみるべきものであつて、仮に政府においてその判断を誤り、ないしはその措置に適切を欠いたため右目標を達成することができず、又はこれに反する結果を招いたとしても、これについて政府の政治的責任が問われることがあるのは格別、法律上の義務違反ないし違法行為として国家賠償法上の損害賠償責任の問題を生ずるものとすることはできない。」としている（最判昭 57. 7. 15）。

ウ　正

そのとおり。判例は、町立中学校の生徒が、放課後に課外のクラブ活動中の運動部員から顔面を殴打されたことにより失明した場合において、当該事故の発生する危険性を具体的に予見することが可能であるような特段の事情のない限り、顧問の教諭が当該クラブ活動に立ち会っていなかったとしても、当該事故の発生につき当該教諭に過失があるとはいえないとしている（最判昭 58. 2. 18）。

エ　正　基礎　『合格基本書』p. 492

そのとおり。市内の河川について市が法律上の管理権をもたない場合でも、当該市が地域住民の要望にこたえて都市排水路の機能の維持および都市水害の防止など地方公共の目的を達成するために河川の改修工事をして、これを事実上管理することになったときは、当該市は、当該河川の管理につき、国家賠償法２条１項の責任を負う公共団体に当たる（最判昭 59. 11. 29）。

以上より、正解は肢１となる。

ワンポイントアドバイス

【公の営造物の設置・管理】

判例は、「国家賠償法２条にいう公の営造物の管理者は、必ずしも当該営造物について法律上の管理権ないしは所有権、賃借権等の権原を有している者に限られるものではなく、事実上の管理をしているにすぎない国又は公共団体も同条にいう管理者に含まれる」としています（最判昭 59. 11. 29）。

また、判例は、「国家賠償法２条１項にいう営造物の設置又は管理に瑕疵があつたとみられるかどうかは、当該営造物の構造、用法、場所的環境及び利用状況等諸般の事情を総合考慮して具体的個別的に判断すべきものである」としています（最判昭 53. 7. 4）。

問題	テーマ（分野）	正解	重要度	正答率
21	国家賠償法１条（国家賠償）	3	A	92%

1　妥当でない

判例は、「指定確認検査機関の確認に係る建築物について確認をする権限を有する建築主事が置かれた地方公共団体は、指定確認検査機関の当該確認につき行政事件訴訟法21 条１項所定の『当該処分又は裁決に係る事務の帰属する国又は公共団体』に当たる」としている（東京建築検査確認機構事件／最決平 17. 6. 24）。

2　妥当でない　基礎　『合格基本書』p. 494

判例は、国家賠償法１条１項による国家賠償の請求については、「国または公共団体が賠償の責に任ずるのであつて、公務員が行政機関としての地位において賠償の責任を負うものではなく、また公務員個人もその責任を負うものではない」としている（最判昭30. 4. 19）。なお、国家賠償法１条１項の場合において、公務員に故意または重大な過失があったときは、国または公共団体は、その公務員に対して求償権を有する（国家賠償法１条２項）。

3　妥当である　基礎　『合格基本書』p. 487

そのとおり。判例は、「国又は公共団体の公権力の行使に当たる複数の公務員が、その職務を行うについて、共同して故意によって違法に他人に加えた損害につき、国又は公共団体がこれを賠償した場合においては、当該公務員らは、国又は公共団体に対し、連帯して国家賠償法１条２項による求償債務を負うものと解すべきである。」としている（最判令 2. 7. 14）。

4　妥当でない　基礎　『合格基本書』p. 488・p. 490

判例は、国家賠償法１条１項の「職務を行うについて」に関して、「公務員が主観的に権限行使の意思をもつてする場合にかぎらず自己の利をはかる意図をもつてする場合でも、客観的に職務執行の外形をそなえる行為をしてこれによつて、他人に損害を加えた場合には、国又は公共団体に損害賠償の責を負わしめて、ひろく国民の権益を擁護することをもつて、その立法の趣旨とするものと解すべきである」としている（川崎駅前非番警察官強盗殺人事件／最判昭 31. 11. 30）。

5　妥当でない

判例は、「都道府県警察の警察官がいわゆる交通犯罪の捜査を行うにつき故意又は過失によつて違法に他人に損害を加えた場合において国家賠償法１条１項によりその損害の賠償の責めに任ずるのは、原則として当該都道府県であり、国は原則としてその責めを負うものではない、と解するのが相当である。けだし、警察法及び地方自治法は、都道府県に都道府県警察を置き、警察の管理及び運営に関することを都道府県の処理すべき事務と定めている……ものと解されるから、都道府県警察の警察官が警察の責務の範囲に属する交通犯罪の捜査を行うこと……は、検察官が自ら行う犯罪の捜査の補助に係るものであるとき……のような例外的な場合を除いて、当該都道府県の公権力の行使にほかならないものとみるべきであるからである。」としている（最判昭 54. 7. 10）。

問題	テーマ（分野）	正解	重要度	正答率
22	普通地方公共団体の事務（地方自治法）	1	A	69%

1　妥当である　基礎　『合格基本書』p. 502

そのとおり。普通地方公共団体は、①「地域における事務」および ②「その他の事務で法律又はこれに基づく政令により処理することとされるもの」を処理する（2条2項）。

2　妥当でない　基礎　『合格基本書』p. 503

「法定受託事務」とは、①「法律又はこれに基づく政令により都道府県、市町村又は特別区が処理することとされる事務のうち、国が本来果たすべき役割に係るものであつて、国においてその適正な処理を特に確保する必要があるものとして法律又はこれに基づく政令に特に定めるもの」（第1号法定受託事務）および ②「法律又はこれに基づく政令により市町村又は特別区が処理することとされる事務のうち、都道府県が本来果たすべき役割に係るものであつて、都道府県においてその適正な処理を特に確保する必要があるものとして法律又はこれに基づく政令に特に定めるもの」（第2号法定受託事務）をいう（2条9項）。都道府県の法定受託事務は、都道府県知事が「国の機関」として処理するものではない。

3　妥当でない　基礎　『合格基本書』p. 532

普通地方公共団体（都道府県・市町村）は、法令に違反しない限りにおいて2条2項の事務に関し、条例を制定することができる（14条1項）。2条2項の「地域における事務」には、自治事務（2条8項）と法定受託事務（2条9項）が含まれる。よって、市町村は、法定受託事務についても条例を定めることができる。

4　妥当でない　基礎　『合格基本書』p. 503

「自治事務」とは、地方公共団体が処理する事務のうち、法定受託事務以外のものをいう（2条8項）。

5　妥当でない　基礎　『合格基本書』p. 502・p. 503

地方公共団体が処理する事務は、自治事務（2条8項）と法定受託事務（2条9項）である。

問題	テーマ（分野）	正解	重要度	正答率
23	住民監査請求・住民訴訟（地方自治法）	5	A	65%

1　妥当である　基礎　『合格基本書』p. 526

そのとおり。住民監査請求は、普通地方公共団体の住民が当該普通地方公共団体の監査委員に対して行う（242条1項）。

2　妥当である　基礎　『合格基本書』p. 528

そのとおり。住民訴訟は、あらかじめ、住民監査請求をしていなければ、適法に提起することができない（住民監査請求前置主義／242条の2第1項柱書）。

3　妥当である　基礎　『合格基本書』p. 526・p. 528

そのとおり。住民訴訟で争うことができる事項は、住民監査請求の対象となるもの（財務会計行為または怠る事実）に限定される（242条の2第1項、242条1項）。

4　妥当である　基礎　『合格基本書』p. 528

そのとおり。住民訴訟において原告住民がすることができる請求は、地方自治法が列挙するものに限定される（242条の2第1項各号）。

5　妥当でない　基礎　『合格基本書』p. 528

住民訴訟においては、「当該職員又は当該行為若しくは怠る事実に係る相手方に損害賠償又は不当利得返還の請求をすることを当該普通地方公共団体の執行機関又は職員に対して求める請求」をすることができる（242条の2第1項4号本文）。この規定による訴訟（4号請求訴訟）について、損害賠償または不当利得返還の請求を命ずる判決が確定した場合においては、普通地方公共団体の長は、当該判決が確定した日から60日以内の日を期限として、当該請求に係る損害賠償金または不当利得の返還金の支払を請求しなければならない（242条の3第1項）。原告住民に対して賠償金が支払われるわけではない（原告住民による代位訴訟ではない）。

問題	テーマ（分野）	正解	重要度	正答率
24	条例・規則（地方自治法）	4	A	70%

1　妥当でない　基礎　『合格基本書』p. 533

普通地方公共団体の長は、法令に違反しない限りにおいて、その権限に属する事務に関し、規則を制定することができる（15条1項）。これについて、法律または条例による個別の委任は不要である。

2　妥当でない　基礎　『合格基本書』p. 532

普通地方公共団体は、法令に違反しない限りにおいて2条2項の事務に関し、条例を制定することができる（14条1項）。普通地方公共団体は、法令に特別の定めがあるものを除くほか、その条例中に、条例に違反した者に対し、2年以下の懲役もしくは禁錮、100 万円以下の罰金、拘留、科料もしくは没収の刑または5万円以下の過料を科する旨の規定を設けることができる（14条3項）。罰則を定めることについて、法令による個別の委任は不要である。

3　妥当でない　基礎　『合格基本書』p. 535

普通地方公共団体は、当該普通地方公共団体の事務で特定の者のためにするものにつき、手数料を徴収することができる（227条）。分担金、使用料、加入金および手数料に関する事項については、条例でこれを定めなければならない（228条1項前段）。

4　妥当である

そのとおり。普通地方公共団体の委員会は、法律の定めるところにより、法令または普通地方公共団体の条例もしくは規則に違反しない限りにおいて、その権限に属する事務に関し、規則その他の規程を定めることができる（138条の4第2項）。

5　妥当でない　基礎　『合格基本書』p. 532

普通地方公共団体は、法令に特別の定めがあるものを除くほか、その条例中に、条例に違反した者に対し、2年以下の懲役もしくは禁錮、100 万円以下の罰金、拘留、科料もしくは没収の刑または5万円以下の過料を科する旨の規定を設けることができる（14条3項）。このように、過料を科する旨の規定についても、条例で設けることができる。

問題	テーマ（分野）	正解	重要度	正答率
25	公立学校（行政法）	3	A	71%

ア　妥当でない　基礎　『合格基本書』p. 43

判例は、「高等専門学校の校長が学生に対し原級留置処分又は退学処分を行うかどうかの判断は、校長の合理的な教育的裁量にゆだねられるべきものであり、裁判所がその処分の適否を審査するに当たっては、校長と同一の立場に立って当該処分をすべきであったかどうか等について判断し、その結果と当該処分とを比較してその適否、軽重等を論ずべきものではなく、校長の裁量権の行使としての処分が、全く事実の基礎を欠くか又は社会観念上著しく妥当を欠き、裁量権の範囲を超え又は裁量権を濫用してされたと認められる場合に限り、違法であると判断すべきものである」としている（エホバの証人剣道実技拒否事件／最判平8.3.8）。

イ　妥当である

そのとおり。判例は、教育委員会が、公立学校の教頭で勧奨退職に応じた者を校長に任命した上で同日退職を承認する処分をした場合において、当該処分が著しく合理性を欠きそのためこれに予算執行の適正確保の見地から看過し得ない瑕疵が存するものといえないときは、校長としての退職手当の支出決定は財務会計法規上の義務に違反する違法なものには当たらないとしている（一日校長事件／最判平4.12.15）。

ウ　妥当である　基礎　『合格基本書』p. 391

そのとおり。判例は、公立学校の「学校施設の目的外使用を許可するか否かは、原則として、管理者の裁量にゆだねられているものと解するのが相当である。すなわち、学校教育上支障があれば使用を許可することができないことは明らかであるが、そのような支障がないからといって当然に許可しなくてはならないものではなく、行政財産である学校施設の目的及び用途と目的外使用の目的、態様等との関係に配慮した合理的な裁量判断により使用許可をしないこともできるものである」としている（呉市学校施設使用不許可事件／最判平18.2.7）。

エ　妥当でない

判例は、「本件通達を踏まえて懲戒処分が反復継続的かつ累積加重的にされる危険が現に存在する状況の下では、事案の性質等のために取消訴訟等の判決確定に至るまでに相応の期間を要している間に、毎年度２回以上の各式典を契機として上記のように懲戒処分が反復継続的かつ累積加重的にされていくと事後的な損害の回復が著しく困難になることを考慮すると、本件通達を踏まえた本件職務命令の違反を理由として一連の累次の懲戒処分がされることにより生ずる損害は、処分がされた後に取消訴訟等を提起して執行停止の決定を受けることなどにより容易に救済を受けることができるものであるとはいえず、処分がされる前に差止めを命ずる方法によるのでなければ救済を受けることが困難なものであるということができ、その回復の困難の程度等に鑑み、本件差止めの訴えについては上記『重大な損害を生ずるおそれ』があると認められるというべきである」としている（東京都教職員国旗国歌訴訟／最判平24.2.9）。

オ　妥当でない

判例は、「本件転任処分は、……同一市内の他の中学校教諭に補する旨配置換えを命じたものにすぎず、……身分、俸給等に異動を生ぜしめるものでないことはもとより、客観的また実際的見地からみても、……勤務場所、勤務内容等においてなんらの不利益を伴うものでないことは、原判決の判示するとおりであると認められる。したがつて、他に特段の事情の認められない本件においては、……本件転任処分の取消しを求める法律上の利益を肯認することはできないものといわなければならない」としている（最判昭61.10.23）。

以上より、妥当なものはイ・ウであり、正解は肢３となる。

問題	テーマ（分野）	正解	重要度	正答率
26	公文書管理法（行政法）	2	B	53%

1　正

そのとおり。公文書管理法において「行政文書」とは、行政機関の職員が職務上作成し、または取得した文書であって、当該行政機関の職員が組織的に用いるものとして、当該行政機関が保有しているものをいう（2条4項本文）。ただし、①「官報、白書、新聞、雑誌、書籍その他不特定多数の者に販売することを目的として発行されるもの」、②「特定歴史公文書等」、③「政令で定める研究所その他の施設において、政令で定めるところにより、歴史的若しくは文化的な資料又は学術研究用の資料として特別の管理がされているもの」を除く（2条4項ただし書）。

2　誤

行政機関の職員は、公文書管理法1条の目的の達成に資するため、当該行政機関における経緯も含めた意思決定に至る過程ならびに当該行政機関の事務および事業の実績を合理的に跡付け、または検証することができるよう、処理に係る事案が軽微なものである場合を除き、4条1号～5号に掲げる事項その他の事項について、文書を作成しなければならない（4条）。もっとも、文書作成義務に違反した職員に対する罰則は定めていない。

3　正

そのとおり。行政機関の職員が行政文書を作成し、または取得したときは、当該行政機関の長は、政令で定めるところにより、当該行政文書について分類し、名称を付するとともに、保存期間および保存期間の満了する日を設定しなければならない（5条1項）。

4　正

そのとおり。行政機関の長は、行政文書の管理が4条から9条までの規定に基づき適正に行われることを確保するため、行政文書の管理に関する定め（行政文書管理規則）を設けなければならない（10条1条）。

5　正

そのとおり。行政機関の長は、行政文書ファイル管理簿の記載状況その他の行政文書の管理の状況について、毎年度、内閣総理大臣に報告しなければならない（9条1項）。

問題	テーマ（分野）	正解	重要度	正答率
27	失踪の宣告（民法）	1	A	82%

1　妥当である 基礎　『合格基本書』p.136

そのとおり。不在者の生死が7年間明らかでないときは、家庭裁判所は、利害関係人の請求により、失踪の宣告をすることができる（30条1項）。30条1項の規定により失踪（普通失踪）の宣告を受けた者は、30条1項の期間（7年間の失踪期間）が満了した時に、死亡したものとみなされる（31条）。

2　妥当でない 基礎　『合格基本書』p.137

失踪の宣告は、失踪者が生存していた場合の権利能力を消滅させるものではない。よって、失踪の宣告が取り消されなくても、損害賠償請求権が発生する。

3　妥当でない 基礎　『合格基本書』p.137

失踪者が生存することまたは31条に規定する時と異なる時に死亡したことの証明があったときは、家庭裁判所は、本人または利害関係人の請求により、失踪の宣告を取り消さなければならない（32条1項前段）。

4　妥当でない 基礎　『合格基本書』p.137

失踪の宣告によって財産を得た者は、その取消しによって権利を失う（32条2項本文）。ただし、現に利益を受けている限度においてのみ、その財産を返還する義務を負う（32条2項ただし書）。

5　妥当でない 基礎　『合格基本書』p.137

失踪の宣告の取消しは、失踪の宣告後その取消し前に善意でした行為の効力に影響を及ぼさない（32条1項後段）。ここにいう「善意でした行為」については、当事者の双方が善意であったことが必要である（大判昭13.2.7）。よって、当事者の一方（第三者）が悪意であったときは、甲土地の売買契約による所有権移転は、失踪の宣告の取消しによって無効となる。

問題	テーマ（分野）	正解	重要度	正答率
28	無効・取消し（民法）	1	A	71%

1　誤

無効な行為に基づく債務の履行として給付を受けた者は、相手方を原状に復させる義務を負う（121条の2第1項）。もっとも、無効な無償行為に基づく債務の履行として給付を受けた者は、給付を受けた当時その行為が無効であることを知らなかったときは、その行為によって現に利益を受けている限度において、返還の義務を負う（121条の2第2項）。よって、贈与契約が無効である場合の受贈者は、贈与契約が無効であることを知らなかったときは、受け取った目的物について現存利益を返還すれば足りる。

2　正　基礎　『合格基本書』p. 129

そのとおり。無効な行為に基づく債務の履行として給付を受けた者は、相手方を原状に復させる義務を負う（121条の2第1項）。売買契約が無効である場合の売主は、善意であったとしても、受け取った金銭の全額について返還の義務を負う。

3　正　基礎　『合格基本書』p. 359

そのとおり。秘密証書による遺言は、970条に定める方式に欠けるものがあっても、968条に定める方式を具備しているときは、自筆証書による遺言としてその効力を有する（971条）。

4　正　基礎　『合格基本書』p. 131

そのとおり。未成年者が法定代理人の同意を要する法律行為をその同意を得ないでしたときは、その法律行為は、取り消すことができる（5条2項）。行為能力の制限によって取り消すことができる行為は、制限行為能力者またはその代理人、承継人もしくは同意をすることができる者に限り、取り消すことができる（120条1項）。未成年者（制限行為能力者）も単独で法律行為を取り消すことができるから、その取消しについて親権者（法定代理人）の同意を得る必要はない。

5　正　基礎　『合格基本書』p. 149

そのとおり。追認をすることができる時以後に、取り消すことができる行為について①「全部又は一部の履行」、②「履行の請求」、③「更改」、④「担保の供与」、⑤「取り消すことができる行為によって取得した権利の全部又は一部の譲渡」、⑥「強制執行」の事実があったときは、追認をしたものとみなされる（法定追認／125条本文）。ただし、異議をとどめたときは、この限りでない（125条ただし書）。取り消すことができる行為は、120条に規定する者（取消権者）が追認したときは、以後、取り消すことができない（122条）。

問題	テーマ（分野）	正解	重要度	正答率
29	相続と登記（民法）	4	A	82%

1　妥当である

そのとおり。相続財産に属する不動産につき、遺産分割前に共同相続人の１人（B）が他の共同相続人（C）に無断で単独所有名義の登記をして第三者（D）に譲渡した場合に、他の共同相続人（C）は自己の法定相続分について登記なくして第三者（D）に所有権を対抗することができる（899条の２第１項参照）。

2　妥当である　基礎　『合格基本書』p. 184

そのとおり。相続による権利の承継は、遺産の分割によるものかどうかにかかわらず、法定相続分を超える部分については、登記、登録その他の対抗要件を備えなければ、第三者に対抗することができない（899条の２第１項）。よって、Cは、自己の法定相続分を超える部分（Eの持分権）が自己に帰属する旨を、登記なくしてEに対して主張することができない。

3　妥当である

そのとおり。判例は、「遺贈の場合においても不動産の二重譲渡等における場合と同様、登記をもつて物権変動の対抗要件とするものと解すべきである。」としている（最判昭39. 3. 6）。よって、受遺者Cは、Fの持分権が自己に帰属する旨を、登記なくしてFに対して主張することができない。

4　妥当でない　基礎　『合格基本書』p. 185

判例は、相続放棄の「効力は絶対的で、何人に対しても、登記等なくしてその効力を生ずる」としている（最判昭42. 1. 20）。よって、Cは、Bの相続放棄による本件差押えの無効を、登記なくしてGに対して主張することができる。

5　妥当である　基礎　『合格基本書』p. 185

そのとおり。相続による権利の承継は、遺産の分割によるものかどうかにかかわらず、法定相続分を超える部分については、登記、登録その他の対抗要件を備えなければ、第三者に対抗することができない（899条の２第１項）。よって、Cは、自己の法定相続分を超える部分（Hの持分権）が自己に帰属する旨を、登記なくしてHに対して主張することができない。

問題	テーマ（分野）	正解	重要度	正答率
30	抵当権（民法）	3	A	67%

1　妥当でない　基礎　『合格基本書』p. 213

判例は、「抵当権設定登記後に抵当不動産の所有者（A）から占有権原の設定を受けてこれを占有する者（C）についても、その占有権原の設定に抵当権の実行としての競売手続を妨害する目的が認められ、その占有により抵当不動産の交換価値の実現が妨げられて抵当権者（B）の優先弁済請求権の行使が困難となるような状態があるときは、抵当権者（B）は、当該占有者（C）に対し、抵当権に基づく妨害排除請求として、上記状態の排除を求めることができるものというべきである。」としている（最判平17. 3. 10）。

2　妥当でない　基礎　『合格基本書』p. 217

抵当権者（B）に対抗することができない賃貸借により抵当権の目的である建物の使用または収益をする者であって、競売手続の開始前から使用または収益をする者（C）は、その建物の競売における買受人（D）の買受けの時から6カ月を経過するまでは、その建物を買受人（D）に引き渡すことを要しない（395条1項1号）。

3　妥当である

そのとおり。判例は、「民法304条1項の……『払渡又ハ引渡』には債権譲渡は含まれず、抵当権者（B）は、物上代位の目的債権が譲渡され第三者に対する対抗要件が備えられた後においても、自ら目的債権を差し押さえて物上代位権を行使することができる」としている（最判平10. 1. 30）。よって、Cは、Bの物上代位権の行使としての賃料支払請求を拒むことができない。

4　妥当でない　基礎　『合格基本書』p. 213

判例は、「抵当権に基づく妨害排除請求権の行使に当たり、抵当不動産の所有者（A）において抵当権に対する侵害が生じないように抵当不動産を適切に維持管理することが期待できない場合には、抵当権者（B）は、占有者（C）に対し、直接自己への抵当不動産の明渡しを求めることができる」としている（最判平17. 3. 10）。

5　妥当でない

判例は、「抵当権者（B）は、抵当不動産の賃借人（C）を所有者と同視することを相当とする場合を除き、右賃借人（C）が取得すべき転貸賃料債権について物上代位権を行使することができない」としている（最決平12. 4. 14）。

問題	テーマ（分野）	正解	重要度	正答率
31	保証（民法）	2	A	49%

1　正

そのとおり。債務者が保証人を立てる義務を負う場合には、その保証人は、①「行為能力者であること」、②「弁済をする資力を有すること」という要件を具備する者でなければならない（450 条１項）。保証人が ②「弁済をする資力を有すること」の要件を欠くに至ったときは、債権者は、①・②の要件を具備する者をもってこれに代えることを請求することができる（450 条２項）。もっとも、これらの規定は、債権者が保証人を指名した場合には、適用されない（450 条３項）。よって、債権者Ｂが保証人Ｃを指名したときは、保証人Ｃが弁済をする資力を有しなくなったときでも、Ｂは、主たる債務者Ａに対し、Ｃに代えて資力を有する保証人を立てることを請求することはできない。

2　誤

債務者が保証人を立てる義務を負う場合には、その保証人は、①「行為能力者であること」、②「弁済をする資力を有すること」という要件を具備する者でなければならない（450 条１項）。もっとも、この規定は、債権者が保証人を指名した場合には、適用されない（450 条３項）。よって、債権者Ｂが保証人Ｃを指名するときは、保証人Ｃは、行為能力者であることを要しない。

3　正

そのとおり。主たる債務者（Ａ）に対する履行の請求その他の事由による時効の完成猶予および更新は、保証人（Ｃ）に対しても、その効力を生ずる（457 条１項）。

4　正　基礎　『合格基本書』p. 251

そのとおり。（Ｃの）保証債務は、（Ａの）主たる債務に関する利息、違約金、損害賠償その他その債務に従たるすべてのものを包含する（447 条１項）。

5　正　基礎　『合格基本書』p. 251

そのとおり。保証人（Ｃ）は、その保証債務についてのみ、違約金または損害賠償の額を約定することができる（447 条２項）。

問題	テーマ（分野）	正解	重要度	正答率
32	売買（民法）	5	B	43%

1　**妥当でない**　基礎　『合格基本書』p. 280

他人（A）の権利を売買の目的としたときは、売主（B）は、その権利を取得して買主（C）に移転する義務を負う（561条）。判例は、「他人（A）の物の売買にあつては、その目的物の所有者（A）が売買成立当時からその物を他に譲渡する意思がなく、従つて売主（B）においてこれを取得し買主（C）に移転することができないような場合であつてもなおその売買契約は有効に成立するものといわなければならない」としている（最判昭25.10.26）。

2　**妥当でない**

判例は、他人（A）の権利の売主（B）をその権利者（A）が相続して、売主としての履行義務を承継した場合でも、その権利者（A）は、「相続前と同様その権利の移転につき諾否の自由を保有し、信義則に反すると認められるような特別の事情のないかぎり、右売買契約上の売主としての履行義務を拒否することができるものと解するのが、相当である。」としている（最判昭49.9.4）。なお、売主としての損害賠償義務を免れることはできない。

3　**妥当でない**　基礎　『合格基本書』p. 189

即時取得の対象となるのは、有効な取引行為によって動産の占有を始めた場合である（192条参照）。BがAの代理人であると偽ってCとの間で行った取引行為は、無権代理行為であって、有効なものではないから、即時取得は成立しない。

4　**妥当でない**　基礎　『合格基本書』p. 155

他人の代理人として契約をした者（B）は、自己の代理権を証明したとき、または本人（A）の追認を得たときを除き、相手方（C）の選択に従い、相手方（C）に対して履行または損害賠償の責任を負う（無権代理人の責任／117条1項）。もっとも、無権代理人（B）が代理権を有しないことを相手方（C）が過失によって知らなかったときは、無権代理人の責任を負わない（117条2項2号本文）。ただし、無権代理人（B）が自己に代理権がないことを知っていたときは、この限りでない（117条2項2号ただし書）。無権代理人BがB自身をAの代理人と偽っていることから、相手方Cが過失によって知らなかったときでも、無権代理人の責任を負う。

5　**妥当である**

そのとおり。判例は、「第三者（C）が右にいう善意であるとはいえない場合であつても、第三者（C）において、理事（B）が当該具体的行為につき理事会の決議等を得て適法に漁業協同組合（A）を代表する権限を有するものと信じ、かつ、このように信じるにつき正当の理由があるときには、民法110条を類推適用し、漁業協同組合（A）は右行為につき責任を負うものと解するのが相当である。」としている（最判昭60.11.29）。

問題	テーマ（分野）	正解	重要度	正答率
33	組合（民法）	5	B	31%

組合契約は、各当事者が出資をして共同の事業を営むことを約することによって、その効力を生ずる（667 条１項）。

1　誤　基礎　『合格基本書』p. 308

組合の業務の決定および執行は、組合契約の定めるところにより、一人または数人の組合員または第三者に委任することができる（670 条２項）。

2　誤　基礎　『合格基本書』p. 308

組合の業務の決定および執行は、組合契約の定めるところにより、一人または数人の組合員または第三者に委任することができる（670 条２項）。

3　誤　基礎　『合格基本書』p. 309

各組合員の出資その他の組合財産は、総組合員の共有に属する（668 条）。組合員は、清算前に組合財産の分割を求めることができない（676 条３項）。

4　誤　基礎　『合格基本書』p. 309

① 組合契約で組合の存続期間を定めなかったとき、またはある組合員の終身の間組合が存続すべきことを定めたときは、各組合員は、いつでも脱退することができる（678 条１項本文）。ただし、やむを得ない事由がある場合を除き、組合に不利な時期に脱退することができない（678 条１項ただし書）。② 組合の存続期間を定めた場合であっても、各組合員は、やむを得ない事由があるときは、脱退することができる（678 条２項）。

5　正

そのとおり。組合契約の定めるところにより一人または数人の組合員に業務の決定および執行を委任したときは、その組合員は、正当な事由がある場合に限り、他の組合員の一致によって解任することができる（672 条２項）。

問題	テーマ（分野）	正解	重要度	正答率
34	不法行為（民法）	3・5	B	—

一般財団法人行政書士試験研究センターより、本問については「妥当なものを一つ選ばせる形式でありましたが、選択肢３と選択肢５が妥当なものであり、正答肢が二つあることが判明いたしました。つきましては、受験者全員の解答を正解として採点することといたしました。」と発表されました。

1　妥当でない　基礎　『合格基本書』p. 317

他人の生命を侵害した者は、被害者の父母、配偶者および子に対しては、その財産権が侵害されなかった場合においても、損害の賠償をしなければならない（711 条）。判例は、「不法行為による生命侵害があつた場合、被害者の父母、配偶者及び子が加害者に対し直接に固有の慰藉料を請求しうることは、民法 711 条が明文をもつて認めるところであるが、右規定はこれを限定的に解すべきものでなく、文言上同条に該当しない者であつても、被害者との間に同条所定の者と実質的に同視しうべき身分関係が存し、被害者の死亡により甚大な精神的苦痛を受けた者は、同条の類推適用により、加害者に対し直接に固有の慰藉料を請求しうる」としている（最判昭 49. 12. 17）。

2　妥当でない

判例は、「法人の名誉権侵害の場合は金銭評価の可能な無形の損害の発生すること必ずしも絶無ではなく、そのような損害は加害者をして金銭でもつて賠償させるのを社会観念上至当とすべきであ（る）」としている（最判昭 39. 1. 28）。

3　妥当である

そのとおり。判例は、交通事故による被害者が、いわゆる個人会社の唯一の代表取締役であり、被害者には当該会社の機関としての代替性がなく、被害者と当該会社とが経済的に一体をなす等の事情の下では、当該会社は、加害者に対し、被害者の負傷のため営業利益を逸失したことによる損害の賠償を請求することができるとしている（最判昭 43. 11. 15）。

4　妥当でない

判例は、「交通事故の被害者が事故に起因する後遺障害による逸失利益について定期金による賠償を求めている場合において、……相当と認められるときは、同逸失利益は、定期金による賠償の対象となるものと解される。」としている（最判令 2. 7. 9）。

5　妥当である

そのとおり。交通事故の被害者が事故に起因する傷害のために身体的機能の一部を喪失し、労働能力の一部を喪失した場合において、逸失利益の算定に当たっては、その後に被害者が（別の原因により）死亡したとしても、交通事故の時点で、その死亡の原因となる具体的事由が存在し、近い将来における死亡が客観的に予測されていたなどの特段の事情がない限り、死亡の事実は就労可能期間の認定上考慮すべきものではないと解するのが相当である（最判平 8. 4. 25、最判平 11. 12. 20）。

問題	テーマ（分野）	正解
35	遺産分割（民法）	2

重要度	正答率
A	35%

1　妥当でない　**基礎**　『合格基本書』p. 355

判例は、「共同相続人間において遺産分割協議が成立した場合に、相続人の１人が他の相続人に対して右協議において負担した債務を履行しないときであつても、他の相続人は民法 541 条によつて右遺産分割協議を解除することができない」としている（最判平元. 2. 9）。

2　妥当である　**基礎**　『合格基本書』p. 355

そのとおり。相続による権利の承継は、遺産の分割によるものかどうかにかかわらず、法定相続分を超える部分については、登記、登録その他の対抗要件を備えなければ、第三者に対抗することができない（899 条の２第１項）。よって、共同相続人の１人が承継した預金債権の価額が当該相続人の法定相続分の価額を超えるときには、当該預金債権の承継に関する債権譲渡の対抗要件を備えなければ、当該預金債権の承継を第三者に対抗できない。

3　妥当でない　**基礎**　『合格基本書』p. 355

遺産の分割前に遺産に属する財産が処分された場合であっても、共同相続人は、その全員の同意により、当該処分された財産が遺産の分割時に遺産として存在するものとみなすことができる（906 条の２第１項）。なお、共同相続人の１人または数人により当該財産が処分されたときは、当該共同相続人については、同意を得ることを要しない（906 条の２第２項）。

4　妥当でない　**基礎**　『合格基本書』p. 354

遺産の分割について、共同相続人間に協議が調わないとき、または協議をすることができないときは、各共同相続人は、その全部または一部の分割を家庭裁判所に請求することができる（907 条２項本文）。相続開始から 10 年以上放置されていた遺産の分割についても請求することができる。

5　妥当でない　**基礎**　『合格基本書』p. 352

各共同相続人は、遺産に属する預貯金債権のうち相続開始の時の債権額の３分の１に 900 条および 901 条の規定により算定した当該共同相続人の相続分（＝ 法定相続分）を乗じた額（標準的な当面の必要生計費、平均的な葬式の費用の額その他の事情を勘案して預貯金債権の債務者ごとに法務省令で定める額を限度とする。）については、単独でその権利を行使する（払戻しを求める）ことができる（909 条の２前段）。

問題	テーマ（分野）	正解	重要度	正答率
36	匿名組合（商法）	2	B	41%

匿名組合契約は、当事者の一方（匿名組合員）が相手方（営業者）の営業のために出資をし、その営業から生ずる利益を分配することを約することによって、その効力を生ずる（535条）。

1　正　基礎　『合格基本書』p. 568

そのとおり。匿名組合員の出資は、営業者の財産に属する（536条1項）。

2　誤　基礎　『合格基本書』p. 568

商法では、このようなことは定められていない。なお、匿名組合員は、自己の氏もしくは氏名を営業者の商号中に用いることまたは自己の商号を営業者の商号として使用することを許諾したときは、その使用以後に生じた債務については、営業者と連帯してこれを弁済する責任を負う（537条）。

3　正

そのとおり。出資が損失によって減少したときは、その損失をてん補した後でなければ、匿名組合員は、利益の配当を請求することができない（538条）。

4　正

そのとおり。匿名組合員は、営業年度の終了時において、営業者の営業時間内に、営業者の業務および財産の状況を検査することができる（539条1項）。

5　正

そのとおり。匿名組合契約は、① 匿名組合の目的である事業の成功またはその成功の不能、② 営業者の死亡または営業者が後見開始の審判を受けたこと、③ 営業者または匿名組合員が破産手続開始の決定を受けたことによって終了する（541条）。

問題	テーマ（分野）	正解	重要度	正答率
37	株主総会（会社法）	4	A	53%

ア　誤　**基礎**　『合格基本書』p. 583

株主に「剰余金の配当を受ける権利」および「残余財産の分配を受ける権利」の全部を与えない旨の定款の定めは、その効力を有しない（105条2項）。これに対し、株主に「株主総会における議決権」の全部を与えない旨の定款の定めは、その効力を生ずる。

イ　正　**基礎**　『合格基本書』p. 593

そのとおり。株式会社は、自己株式については、議決権を有しない（308条2項）。

ウ　誤

株主が、みずからの取締役選任に関する株主総会の決議について議決権を行使することは禁止されていない。

エ　誤　**基礎**　『合格基本書』p. 597

① 監査役は、株主総会の普通決議によって選任する（329条1項、309条1項）。② 監査役を解任する場合は、株主総会の特別決議によらなければならない（339条1項、309条2項7号）。

オ　正　**基礎**　『合格基本書』p. 613

そのとおり。役員等は、その任務を怠ったときは、株式会社に対し、これによって生じた損害を賠償する責任を負う（423条1項）。役員等の株式会社に対する損害賠償責任は、総株主の同意がなければ、免除することができない（424条）。

以上より、正しいものはイ・オであり、正解は肢4となる。

ワンポイントアドバイス

【株主総会】

株主（株式会社がその総株主の議決権の4分の1以上を有することその他の事由を通じて株式会社がその経営を実質的に支配することが可能な関係にあるものとして法務省令で定める株主を除く。）は、株主総会において、その有する株式1株につき1個の議決権を有します（308条1項本文）。ただし、単元株式数を定款で定めている場合には、1単元の株式につき1個の議決権を有します（308条1項ただし書）。

問題	テーマ（分野）	正解	重要度	正答率
38	監査等委員会設置会社（会社法）	4	A	57%

1　正　基礎　『合格基本書』p. 609

そのとおり。監査等委員会設置会社においては、361 条1項各号に掲げる事項は、監査等委員である取締役とそれ以外の取締役とを区別して定めなければならない（361 条2項）。

2　正　基礎　『合格基本書』p. 609

そのとおり。監査等委員である取締役は、株主総会において、監査等委員である取締役の報酬等について意見を述べることができる（361 条5項）。

3　正　基礎　『合格基本書』p. 609

そのとおり。監査等委員会が選定する監査等委員は、株主総会において、監査等委員である取締役以外の取締役の報酬等について監査等委員会の意見を述べることができる（361 条6項）。

4　誤

監査等委員である各取締役の報酬等について定款の定めまたは株主総会の決議がないときは、当該報酬等は、361 条1項の報酬等の範囲内において、監査等委員である取締役の協議によって定める（361 条3項）。この協議について、多数決によるものとは定められていない。

5　正

そのとおり。監査等委員会設置会社の取締役会は、取締役（監査等委員である取締役を除く。）の報酬等の内容として定款または株主総会の決議による 361 条1項各号に掲げる事項についての定めがある場合には、取締役の個人の報酬等の内容が定款または株主総会の決議により定められているときを除き、当該定めに基づく取締役の個人別の報酬等の内容についての決定に関する方針として法務省令で定める事項を決定しなければならない（361 条7項2号）。

問題	テーマ（分野）	正解	重要度	正答率
39	株式交換（会社法）	3	B	42%

1　誤　基礎　『合格基本書』p. 636・p. 637

株式交換とは、株式会社（完全子会社となる会社）がその発行済株式の全部を他の株式会社または合同会社（完全親会社となる会社）に取得させることをいう（2条31号）。このように、株式交換完全親会社は、株式会社または合同会社である。

2　誤　基礎　『合格基本書』p. 637

株式交換完全親株式会社は、効力発生日に、株式交換完全子会社の発行済株式（株式交換完全親株式会社の有する株式交換完全子会社の株式を除く。）の全部を取得する（769条1項）。

3　正

そのとおり。株式交換完全親会社は、株式交換完全子会社の株主に対し、当該株式交換完全親会社の株式に代わる金銭等を交付することができる（768条1項2号）。

4　誤　基礎　『合格基本書』p. 637

株式交換をする場合には、反対株主は、株式交換完全親会社に対し、自己の有する株式を公正な価格で買い取ることを請求することができる（797条1項本文）。

5　誤

株式交換契約新株予約権が新株予約権付社債に付された新株予約権である場合には、当該新株予約権付社債についての社債権者は、株式交換完全子会社に対し、株式交換について異議を述べることができる（789条1項3号）。

ワンポイントアドバイス

【株式交換】

株式会社（完全子会社となる会社）は、株式交換をすることができます（767条前段）。この場合においては、当該株式会社の発行済株式の全部を取得する株式会社または合同会社（完全親会社となる会社）との間で、株式交換契約を締結しなければなりません（767条後段）。

問題	テーマ（分野）	正解	重要度	正答率
40	会社訴訟（会社法）	1	B	20%

1　誤　基礎　『合格基本書』p. 595

株主総会等の決議については、決議の内容が法令に違反することを理由として、決議が無効であることの確認を、訴えをもって請求することができる（830 条 2 項）。決議の無効確認の訴えについては、出訴期間の制限は定められていない。

2　正　基礎　『合格基本書』p. 577

そのとおり。会社の設立の無効は、会社の成立の日から 2 年以内に、訴えをもってのみ主張することができる（828 条 1 項 1 号）。

3　正　基礎　『合格基本書』p. 619

そのとおり。新株発行の無効の訴え（834 条 2 号）に係る請求を認容する判決が確定したときは、当該判決において無効とされた行為は、将来に向かってその効力を失う（839 条）。

4　正　基礎　『合格基本書』p. 614

そのとおり。6 カ月前から引き続き株式を有する株主は、公開会社に対し、役員等の責任を追及する訴えの提起を請求することができる（847 条 1 項）。

5　正

そのとおり。株式会社の役員の解任の訴えについては、当該株式会社および当該解任を請求された役員を被告とする（855 条）。

ワンポイントアドバイス

【決議の取消しの訴え】

①「株主総会等の招集の手続又は決議の方法が法令若しくは定款に違反し、又は著しく不公正なとき」、②「株主総会等の決議の内容が定款に違反するとき」、③「株主総会等の決議について特別の利害関係を有する者が議決権を行使したことによって、著しく不当な決議がされたとき」には、株主等は、株主総会等の決議の日から 3 カ月以内に、訴えをもって当該決議の取消しを請求することができます（831 条 1 項前段）。

問題	テーマ（分野）	重要度	正答率
41	非嫡出子法定相続分違憲決定（憲法・多肢）	A	50%

『合格基本書』p. 26

ア	8（先例）	イ	2（事実上の拘束性）
ウ	4（法的安定性）	エ	10（確定的）

本問は、非嫡出子法定相続分違憲決定（最大決平 25. 9. 4）を素材としたものである。

「本件規定は、国民生活や身分関係の基本法である民法の一部を構成し、相続という日常的な現象を規律する規定であって、平成 13 年 7 月から既に約 12 年もの期間が経過していることからすると、その間に、本件規定の合憲性を前提として、多くの遺産の分割が行われ、更にそれを基に新たな権利関係が形成される事態が広く生じてきていることが容易に推察される。取り分け、本決定の違憲判断は、長期にわたる社会状況の変化に照らし、本件規定がその合理性を失ったことを理由として、その違憲性を当裁判所として初めて明らかにするものである。それにもかかわらず、本決定の違憲判断が、(ア) 先例としての (イ) 事実上の拘束性という形で既に行われた遺産の分割等の効力にも影響し、いわば解決済みの事案にも効果が及ぶとすることは、著しく (ウ) 法的安定性を害することになる。(ウ) 法的安定性は法に内在する普遍的な要請であり、当裁判所の違憲判断も、その (ア) 先例としての (イ) 事実上の拘束性を限定し、(ウ) 法的安定性の確保との調和を図ることが求められているといわなければならず、このことは、裁判において本件規定を違憲と判断することの適否という点からも問題となり得るところといえる（……）。

以上の観点からすると、既に関係者間において裁判、合意等により (エ) 確定的なものとなったといえる法律関係までをも現時点で覆すことは相当ではないが、関係者間の法律関係がそのような段階に至っていない事案であれば、本決定により違憲無効とされた本件規定の適用を排除した上で法律関係を (エ) 確定的なものとするのが相当であるといえる。」

以上より、アには８＝「先例」、イには２＝「事実上の拘束性」、ウには４＝「法的安定性」、エには 10＝「確定的」が入る。

ワンポイントアドバイス

【非嫡出子法定相続分違憲決定】

平成 13 年 7 月 1 日から平成 25 年 9 月 4 日（本決定の日）までの間に開始した相続のうち、① 平成 25 年 9 月 4 日（本決定の日）までに遺産の分割の協議や裁判が終了しているなど「確定的なものとなった法律関係」には、本決定の影響は及びません。② 平成 25 年 9 月 4 日（本決定の日）の後に遺産の分割をする場合には、本決定に従って「嫡出子」と「嫡出でない子」の相続分を同等のものとして扱います。

問題	テーマ（分野）	重要度	正答率
42	土地収用（行政法・多肢）	A	64%

ア	13（公用収用）	イ	18（通常受ける）
ウ	4（財産的）	エ	10（市場価格）

本問は、土地収用法に関する最高裁判決（福原輪中堤事件／最判昭 63. 1. 21）を素材としたものである。

特定の公益事業の用に供するために、私人の特定の財産権を強制的に取得し、または消滅させることを、(ア) 公用収用といい、これについて定めた代表的な法律として土地収用法が存在する。

土地収用法は、土地収用の手続および補償について定めるが、補償の要否および範囲をめぐって訴訟が提起されることがある。同法 88 条は、他の条文で規定する損失に加えて、その他土地を収用し、または使用することによって発生する土地所有者または関係人の「(イ) 通常受ける損失」を補償する旨定めているが、この規定をめぐって、いわゆる輪中堤の文化財的価値が損失補償の対象となるか否かが争われた事案がある。

昭和 63 年 1 月 21 日の最高裁判決は、同条にいう「(イ) 通常受ける損失」とは、「客観的社会的にみて収用に基づき被収用者が当然に受けるであろうと考えられる経済的・(ウ) 財産的な損失をいうと解するのが相当であつて、経済的価値でない特殊な価値についてまで補償の対象とする趣旨ではないというべきである。もとより、由緒ある書画、刀剣、工芸品等のように、その美術性・歴史性などのいわゆる文化財的価値なるものが、当該物件の取引価格に反映し、その (エ) 市場価格を形成する一要素となる場合があることは否定できず、この場合には、かかる文化財的価値を反映した (エ) 市場価格がその物件の補償されるべき相当な価格となることはいうまでもないが、これに対し、例えば、貝塚、古戦場、関跡などにみられるような、主としてそれによつて国の歴史を理解し往時の生活・文化等を知り得るという意味での歴史的・学術的な価値は、特段の事情のない限り、当該土地の不動産としての経済的・(ウ) 財産的価値を何ら高めるものではなく、その (エ) 市場価格の形成に影響を与えることはないというべきであつて、このような意味での文化財的価値なるものは、それ自体経済的評価になじまないものとして、右土地収用法上損失補償の対象とはなり得ないと解するのが相当である。」と判示し、輪中堤の文化財的価値に対する損失補償を否定した（福原輪中堤事件／最判昭 63. 1. 21）。

以上より、アには 13＝「公用収用」、イには 18＝「通常受ける」、ウには 4 ＝「財産的」、エには 10＝「市場価格」が入る。

ワンポイントアドバイス

【土地収用】

土地収用法 88 条は、「第 71 条、第 72 条、第 74 条、第 75 条、第 77 条、第 80 条及び第 80 条の 2 に規定する損失の補償の外、離作料、営業上の損失、建物の移転による賃貸料の損失その他土地を収用し、又は使用することに因つて土地所有者又は関係人が通常受ける損失は、補償しなければならない。」としています。

問題	テーマ（分野）	重要度	正答率
43	臨時会召集要求（行政法・多肢）	A	35%

『合格基本書』p. 483

ア	16（公法上の法律関係）	イ	7（法律上の争訟）
ウ	13（現実の危険）	エ	3（確認の利益）

本問は、憲法53条後段の規定により国会の臨時会の召集を決定することの要求をした国会議員が、内閣による上記の決定の遅滞を理由として、国家賠償請求をした事案に関する最高裁判決（最判令5.9.12）を素材としたものである。

「参議院の総議員の４分の１以上である72名の議員は、平成29年６月22日、憲法53条後段の規定により、内閣に対し、国会の臨時会の召集を決定すること（以下「臨時会召集決定」という。）を要求した。

内閣は、同年９月22日、臨時会（第194回国会）を同月28日に召集することを決定した。同日、第194回国会が召集されたが、その冒頭で衆議院が解散され、参議院は同時に閉会となった。

本件は、上記……の要求をした参議院議員の一人である上告人が、被上告人に対し、①主位的に、上告人が次に参議院の総議員の４分の１以上の議員の一人として国会法３条所定の手続により臨時会召集決定の要求（以下「臨時会召集要求」という。）をした場合に、内閣において、20日以内に臨時会が召集されるよう臨時会召集決定をする義務を負うことの確認を、予備的に、上記場合に、上告人が20日以内に臨時会の召集を受けられる地位を有することの確認を求める（以下、これらの請求に係る訴えを「本件各確認の訴え」という。）とともに、②内閣が上記……の要求から92日後まで臨時会召集決定をしなかったことが違憲、違法であり、これにより、上告人が自らの国会議員としての権利を行使することができなかったなどとして、国家賠償法１条１項に基づく損害賠償を求める（以下、この請求を「本件損害賠償請求」という。）事案である。……

本件各確認の訴えは、上告人が、個々の国会議員が臨時会召集要求に係る権利を有するという憲法53条後段の解釈を前提に、(ア) 公法上の法律関係に関する確認の訴えとして、上告人を含む参議院議員が同条後段の規定により上記権利を行使した場合に被上告人が上告人に対して負う法的義務又は上告人が被上告人との間で有する法律上の地位の確認を求める訴えであると解されるから、当事者間の具体的な権利義務又は法律関係の存否に関する紛争であって、法令の適用によって終局的に解決することができるものであるということができる。そうすると、本件各確認の訴えは、(イ) 法律上の争訟に当たるというべきであり、これと異なる原審の判断には、法令の解釈適用を誤った違法があるといわざるを得ない。

もっとも、本件各確認の訴えは、将来、上告人を含む参議院議員が憲法53条後段の規定により臨時会召集要求をした場合における臨時会召集決定の遅滞によって上告人自身に生ずる不利益を防止することを目的とする訴えであると解されるところ、将来、上告人を含む参議院の総議員の４分の１以上により臨時会召集要求がされるか否かや、それがされた場合に臨時会召集決定がいつされるかは現時点では明らかでないといわざるを得ない。

そうすると、上告人に上記不利益が生ずる (ウ) 現実の危険があるとはいえず、本件各確認の訴えは、(エ) 確認の利益を欠き、不適法であるというべきであるから、これを却下すべきものとした原審の判断は、結論において是認することができる。論旨は、原判決の結論に影響を及ぼさない事項についての違憲、違法をいうものにすぎず、採用することができない。」

以上より、アには16＝「公法上の法律関係」、イには７＝「法律上の争訟」、ウには13＝「現実の危険」、エには３＝「確認の利益」が入る。

問題	テーマ（分野）	重要度	正答率
44	取消訴訟（行政法・記述）	A	—

『合格基本書』p. 462・p. 465

≪行政書士試験研究センターによる正解例≫

国を被告として、免許処分又は拒否処分のいずれかに対する取消訴訟を提起できる。

（38 字）

本問は、行政事件訴訟法に基づく処分の取消しの訴えに関する知識を問うものである。

判例は、一つの許認可を複数の者が申請するような競願関係にある場合において、Xの免許申請が拒否され、Aに免許が付与されたときは、Xは、Aに対する免許処分の取消訴訟を提起することができるほか、自己に対する拒否処分のみの取消訴訟を提起することができるとしている（最判昭 43. 12. 24）。

処分をした行政庁が国または公共団体に所属する場合には、処分の取消しの訴えは、当該処分をした行政庁の所属する国または公共団体を被告として提起しなければならない（行政事件訴訟法 11 条１項１号）。よって、総務大臣Ｙがした処分についての取消しの訴えは、国を被告として提起しなければならない。

以上より、解答にあたっては、正解例のように記述すべきである。

ワンポイントアドバイス

【採点の目安】

①	国を被告として	８点
②	免許処分又は拒否処分のいずれかに対する取消訴訟	12 点

問題	テーマ（分野）	重要度	正答率
45	先取特権（民法・記述）	A	—

『合格基本書』p. 204

≪行政書士試験研究センターによる正解例≫

Aは、動産売買の先取特権に基づき、一般債権者に優先して売買代金を確保することができる。

（43字）

本問は、先取特権に関する知識を問うものである。

先取特権者は、民法その他の法律の規定に従い、その債務者の財産について、他の債権者に先立って自己の債権の弁済を受ける権利を有する（303条）。

動産の売買の先取特権は、動産の代価およびその利息に関し、その動産について存在する（311条5号、321条）。

以上より、解答にあたっては、正解例のように記述すべきである。

ワンポイントアドバイス

【採点の目安】

①	動産売買の先取特権に基づき	12点
②	一般債権者に優先して	8点

問題	テーマ（分野）	重要度	正答率
46	債権者代位権（民法・記述）	A	—

『合格基本書』p. 239

≪行政書士試験研究センターによる正解例≫

Ａは、Ｂに対する登記請求権の保全のため、ＢのＣに対する登記請求権を、Ｂに代位して行使する。

（45字）

本問は、債権者代位権に関する知識を問うものである。

登記をしなければ権利の得喪および変更を第三者に対抗することができない財産を譲り受けた者（A）は、その譲渡人（B）が第三者（C）に対して有する登記手続をすべきことを請求する権利を行使しないときは、その権利を行使することができる（423条の7前段）。なお、この場合には、債務者（B）が無資力であることを要しない。

よって、Ａは、Ｂに対する移転登記請求権を保全するために、ＢのＣに対する移転登記請求権を代位行使することができる。

以上より、解答にあたっては、正解例のように記述すべきである。

ワンポイントアドバイス

【採点の目安】

①（Ａの）**Ｂに対する登記請求権の保全のため** …………	**８点**
②　**ＢのＣに対する登記請求権を、Ｂに代位して行使する** …………	**12点**

問題	テーマ（分野）	正解	重要度	正答率
47	総合（政治）	5	A	86%

1　妥当である 基礎 『合格基本書』p. 693

そのとおり。政党助成法は、① 衆議院または参議院に一定数（５人）以上の議席を有するか、② 議席を有して一定の国政選挙で有効投票総数の一定割合（２%）以上の得票があった政党に対して、政党交付金による助成を行う旨を規定している（政党助成法２条）。

2　妥当である

そのとおり。マス・メディアなどの情報に対して、主体的に世論を形成するためなどに、それらを批判的に読み解く能力は、メディア・リテラシーと呼ばれる。

3　妥当である 基礎 『合格基本書』p. 693

そのとおり。政治資金規正法は、「議会制民主政治の下における政党その他の政治団体の機能の重要性及び公職の候補者の責務の重要性にかんがみ、政治団体及び公職の候補者により行われる政治活動が国民の不断の監視と批判の下に行われるようにするため、政治団体の届出、政治団体に係る政治資金の収支の公開並びに政治団体及び公職の候補者に係る政治資金の授受の規正その他の措置を講ずることにより、政治活動の公明と公正を確保し、もつて民主政治の健全な発達に寄与すること」を目的とする（政治資金規正法１条）。

4　妥当である

そのとおり。有権者のうち、特定の支持政党を持たない層は、無党派層と呼ばれる。

5　妥当でない

性差に起因して起こる女性に対する差別や不平等に反対し、それらの権利を男性と同等にして女性の能力や役割の発展を目指す主張や運動は、フェミニズムと呼ばれる。

問題	テーマ（分野）	正解	重要度	正答率
48	中東・パレスチナ（政治）	5	C	86%

1　妥当である

そのとおり。1947 年に、国際連合総会において、パレスチナをアラブ人国家とユダヤ人国家と国際管理地区とに分割する決議（パレスチナ分割決議）が採択された。

2　妥当である

そのとおり。1948 年に、イスラエルの建国が宣言されると、これに反発したアラブ諸国との間で第一次中東戦争が勃発した。

3　妥当である

そのとおり。1987 年に、イスラエルの占領地で始まり、大規模な民衆蜂起に発展したパレスチナ人による抵抗運動を、第一次インティファーダ（民衆蜂起）という。

4　妥当である

そのとおり。1993 年に、パレスチナ解放機構（ＰＬＯ）とイスラエルとの間で暫定自治協定が結ばれ、（ヨルダン川）西岸地区・ガザ地区でパレスチナの先行自治が始まった。

5　妥当でない

2020 年に、アメリカ合衆国が仲介して、イスラエルとアラブ首長国連邦（ＵＡＥ）が、国交の正常化に合意した。

問題	テーマ（分野）	正解	重要度	正答率
49	外国為替（経済）	2	B	37%

1　妥当でない

1931年に、犬養毅内閣は、金の輸出を許可制として、事実上禁止した。

2　妥当である

そのとおり。1949年に1ドル＝360円の単一為替レートが設定されたが、ニクソンショックを受けて、1971年には1ドル＝308円に変更された。

3　妥当でない

変動相場制においては、為替レートは、市場における需要と供給のバランスによって決まる。

4　妥当でない　基礎　『合格基本書』p. 714

1985年のいわゆるプラザ合意により、合意直前の1ドル＝240円から、数年後には1ドル＝120円へと、円高ドル安が起きた。

5　妥当でない

ワシントン・コンセンサスとは、1980年代末以降に、アメリカの財界や財務省の新自由主義の考え方に世界銀行とIMFが共同歩調をとったことをいう。2014年の為替レートの平均は、1ドル＝105.94円であった。

問題	テーマ（分野）	正解	重要度	正答率
50	外国人（社会）	2	B	82%

ア　妥当である

そのとおり。外国籍の生徒も、全国高等学校体育連盟や日本高等学校野球連盟が主催する大会に参加することができる。

イ　妥当でない

在留資格「特定技能1号」には「介護」などが含まれているが、医師は含まれていない。

ウ　妥当でない　基礎　『合格基本書』p. 14

判例は、「地方公務員のうち、住民の権利義務を直接形成し、その範囲を確定するなどの公権力の行使に当たる行為を行い、若しくは普通地方公共団体の重要な施策に関する決定を行い、又はこれらに参画することを職務とするもの（以下「公権力行使等地方公務員」という。）については、……原則として日本の国籍を有する者が公権力行使等地方公務員に就任することが想定されている」としている（東京都保健婦管理職選考受験資格確認等請求事件／最大判平 17. 1. 26）。

エ　妥当である

そのとおり。名古屋出入国在留管理局の施設に収容されていたスリランカ人女性が2021年に死亡し、その遺族が国家賠償請求訴訟を行った。

オ　妥当でない

2007年11月20日から、特別永住者や16歳未満の者等を除き、外国人の入国審査時（再入国を含む。）に個人識別情報（指紋および顔写真）の提供が義務付けられている。

以上より、妥当なものはア・エであり、正解は肢2となる。

問題	テーマ（分野）	正解	重要度	正答率
51	ジェンダー（社会）	3	B	78%

1　妥当でない

世界経済フォーラムが毎年発表しているジェンダーギャップ指数（ＧＧＩ）において、日本は、80位（2006年）から125位（2023年）までの間で推移している。

2　妥当でない

フェムテック（Femtech）は、Female（女性）とTechnology（技術）を掛け合わせた造語で、女性の健康課題をテクノロジーで解決する製品やサービスである。

3　妥当である

そのとおり。レインボーフラッグは、性の多様性を尊重するシンボルとして用いられている。

4　妥当でない

複数の大学の医学部の入学試験で、性別を理由に女性の受験生が不当に減点されていたことが2018年に明らかになり、訴訟となった例もある。

5　妥当でない

働く女性が妊娠・出産を理由に解雇・雇止めをされることや、妊娠・出産にあたって職場で受ける精神的・肉体的ハラスメントを、マタニティ・ハラスメントという。これに対し、カスタマー・ハラスメントとは、顧客等からの暴行、脅迫、ひどい暴言、不当な要求等の著しい迷惑行為をいう。

問題	テーマ（分野）	正解	重要度	正答率
52	総合（行政書士法）	1	A	94%

1　妥当である　基礎　『合格基本書』p. 666

そのとおり。行政書士（使用人である行政書士等を除く。）は、その事務所の見やすい場所に、その業務に関し受ける報酬の額を掲示しなければならない（10条の2第1項）。

2　妥当でない　基礎　『合格基本書』p. 663

行政書士は、他人の依頼を受け報酬を得て、行政書士が作成した官公署に提出する書類に係る許認可等に関する審査請求、再調査の請求、再審査請求等行政庁に対する不服申立ての手続について代理し、およびその手続について官公署に提出する書類を作成することを業とすることができる（1条の3第1項2号）。当該業務は、当該業務について日本行政書士会連合会がその会則で定めるところにより実施する研修の課程を修了した行政書士（「特定行政書士」）に限り、行うことができる（1条の3第2項）。

3　妥当でない　基礎　『合格基本書』p. 664

国または地方公共団体の公務員として行政事務を担当した期間および行政執行法人または特定地方独立行政法人の役員または職員として行政事務に相当する事務を担当した期間が通算して20年以上（学校教育法による高等学校を卒業した者その他同法90条に規定する者にあっては17年以上）になる者は、行政書士となる資格を有する（2条6号）。

4　妥当でない　基礎　『合格基本書』p. 664

破産手続開始の決定を受けて復権を得ない者は、行政書士となる資格を有しない（2条の2第2号）。

5　妥当でない　基礎　『合格基本書』p. 664

公務員（行政執行法人または特定地方独立行政法人の役員または職員を含む。）で懲戒免職の処分を受け、当該処分の日から3年を経過しない者は、行政書士となる資格を有しない（2条の2第4号）。

問題	テーマ（分野）	正解	重要度	正答率
53	住民票（住民基本台帳法）	5	A	98%

『合格基本書』p. 674

本問は、住民基本台帳法に明示されている住民票の記載事項に関する知識を問うものである。

住民票には、次に掲げる事項について記載・記録をする（7条）。なお、外国人住民に係る住民票には、国籍等について記載・記録をする（30 条の 45）。

1	氏名
2	出生の年月日
3	男女の別
4	**世帯主についてはその旨、世帯主でない者については世帯主の氏名および世帯主との続柄**
5	戸籍の表示。ただし、本籍のない者および本籍の明らかでない者については、その旨
6	住民となった年月日
7	住所および一の市町村の区域内において新たに住所を変更した者については、その住所を定めた年月日
8	新たに市町村の区域内に住所を定めた者については、その住所を定めた旨の届出の年月日（職権で住民票の記載をした者については、その年月日）および従前の住所
8の2	個人番号
9	選挙人名簿に登録された者については、その旨
10	国民健康保険の被保険者である者については、その資格に関する事項で政令で定めるもの
10の2	後期高齢者医療の被保険者である者については、その資格に関する事項で政令で定めるもの
10の3	介護保険の被保険者である者については、その資格に関する事項で政令で定めるもの
11	国民年金の被保険者である者については、その資格に関する事項で政令で定めるもの
11の2	児童手当の支給を受けている者については、その受給資格に関する事項で政令で定めるもの
12	米穀の配給を受ける者については、その米穀の配給に関する事項で政令で定めるもの
13	住民票コード
14	そのほか、政令で定める事項

「世帯主についてはその旨、世帯主でない者については世帯主の氏名及び世帯主との続柄」は、住民票の記載事項である（7条4号）。

以上より、正解は肢５となる。

問題	テーマ（分野）	正解	重要度	正答率
54	情報流通（情報・通信）	1	A	41%

1　**妥当でない**　基礎　『合格基本書』p. 765

生成ＡＩが、利用者からの質問を受けて、誤った情報をあたかも真実であるかのように回答する現象を、ハルシネーションという。これに対し、アノテーションとは、データに注釈を付けることをいう。

2　**妥当である**

そのとおり。情報が大量に流通する環境の中で、人々が費やせるアテンション（関心）や消費時間が希少になり、それらが経済的価値を持つようになることを、アテンションエコノミー（関心経済）という。

3　**妥当である**

そのとおり。ＳＮＳなどを運営する事業者が、違法コンテンツや利用規約違反コンテンツを削除することなどを、コンテンツモデレーション（投稿監視）という。

4　**妥当である**

そのとおり。ＳＮＳなどで流通する情報について、第三者がその真偽を検証して結果を公表するなどの活動を、ファクトチェックという。

5　**妥当である**　基礎　『合格基本書』p. 761

そのとおり。ＳＮＳなどのアルゴリズムにより、自分の興味のある情報だけに囲まれてしまう状況を、フィルターバブルという。

問題	テーマ（分野）	正解	重要度	正答率
55	欧米の情報通信法制（情報・通信）	2	C	10%

1　妥当である

そのとおり。ＥＵのデジタルサービス法（ＤＳＡ）は、ＳＮＳなどのプラットフォーム事業者に対して、事業者の規模などに応じた利用者保護のための義務を課している。

2　妥当でない

2019年に公布されたＥＵ著作権指令（デジタル単一市場指令）は、ＳＮＳなどのプラットフォーム事業者に対して、著作権侵害コンテンツへの対策を義務付けている。

3　妥当である

そのとおり。ＥＵの一般データ保護規則（ＧＤＰＲ）では、個人データによるプロファイリングに異議を唱える権利や、データポータビリティの権利が個人に付与されている。

4　妥当である

そのとおり。米国では、児童オンラインプライバシー保護など分野ごとに様々な個人情報保護関連の連邦法が存在する。

5　妥当である

そのとおり。米国では、包括的な個人情報保護を定めた州法が存在する州（カリフォルニア州）がある。

問題	テーマ（分野）	正解	重要度	正答率
56	デジタル庁（情報・通信）	4	B	55%

1　妥当でない　基礎　『合格基本書』p. 752

内閣に、デジタル庁を置く（デジタル庁設置法２条）。

2　妥当でない　基礎　『合格基本書』p. 784

2023 年９月 20 日、デジタル庁は、個人情報保護委員会から、デジタル庁の個人情報保護に係る通知（行政指導）を受けた。

3　妥当でない　基礎　『合格基本書』p. 752

サイバーセキュリティに関する施策を総合的かつ効果的に推進するため、内閣に、サイバーセキュリティ戦略本部を置く（サイバーセキュリティ基本法 25 条）。

4　妥当である

そのとおり。デジタル庁は、官民データ活用推進基本計画の作成および推進に関する事務をつかさどる（デジタル庁設置法４条２項２号）。

5　妥当でない

デジタル庁は、個人番号、個人番号カードおよび法人番号の利用ならびに情報提供ネットワークシステムの設置および管理に関する事務をつかさどる（デジタル庁設置法４条２項４号）。

問題	テーマ（分野）	正解	重要度	正答率
57	個人情報保護法（個人情報保護）	4	A	61%

1　妥当である　基礎　『合格基本書』p. 772

そのとおり。個人情報取扱事業者は、その取り扱う個人データの漏えい、滅失、毀損その他の個人データの安全の確保に係る事態であって個人の権利利益を害するおそれが大きいものとして個人情報保護委員会規則で定めるものが生じたときは、個人情報保護委員会規則で定めるところにより、当該事態が生じた旨を個人情報保護委員会に報告しなければならない（26条1項本文）。

2　妥当である　基礎　『合格基本書』p. 771

そのとおり。個人情報取扱事業者は、違法または不当な行為を助長し、または誘発するおそれがある方法により個人情報を利用してはならない（19条）。

3　妥当である　基礎　『合格基本書』p. 773

そのとおり。個人情報取扱事業者は、個人データを第三者に提供したときは、個人情報保護委員会規則で定めるところにより、当該個人データを提供した年月日、当該第三者の氏名または名称その他の個人情報保護委員会規則で定める事項に関する記録を作成しなければならない（29条1項本文）。

4　妥当でない　基礎　『合格基本書』p. 786

2021年の個人情報保護法の改正により、学術研究に係る適用除外規定について、一律の適用除外ではなく、義務ごとの例外規定として精緻化した（18条3項5号参照）。よって、学術研究機関が学術研究目的で個人情報を取り扱う場合にも、個人情報取扱業者の義務に関する規定が適用されることがある。

5　妥当である　基礎　『合格基本書』p. 766

そのとおり。国の行政機関や地方公共団体の機関にも、個人情報保護法の規定は適用される（61条以下）。

問題	テーマ（分野）	正解	重要度	正答率
58	空欄補充（文章理解）	2	A	94%

Ⅰを含む文章は「三月に入ると何のために税を納めなくてはならないのかと、［Ⅰ］してしまう。」としているので、Ⅰには、自分に問いかけて自分で答えることを意味する「自問自答」が入る。

Ⅱを含む文章は「子どもの頃、よく鬼ごっこの遊びの最中、鬼に追っかけられて［Ⅱ］きわまったところでタイムをかける。」としているので、Ⅱには、進むことも退くこともできない状態を意味する「進退」が入る。

Ⅲを含む文章とその段落のはじめの文章は「子どもの頃、よく鬼ごっこの遊びの最中……テンマと大声をあげれば、鬼も［Ⅲ］を止めざるを得ない。」としているので、Ⅲには、追いかけせまることを意味する「追及」が入る。

Ⅳを含む文章とその前の２つの文章は「よく古い地名に……明らかに免租の対象となっていた土地なのである。もともと……。神に供える神酒であったから『［Ⅳ］』とされていたのだが、戦後課税の対象になってしまった。」としているので、Ⅳには、税金等の免除が公然と認められていることを意味する「天下御免」が入る。

Ⅴを含む文章とその前の文章は「部族社会の中には、無税だとかえって困り、税を納めたいと盛んに申し出るという事例もあるという。税には何ともいえない［Ⅴ］な力が働いているのである。」としているので、Ⅴには、考えてもよくわからないことを意味する「不可思議」が入る。

以上より、Ⅰには「自問自答」、Ⅱには「進退」、Ⅲには「追及」、Ⅳには「天下御免」、Ⅴには「不可思議」が入り、正解は肢２となる。

（出典　宮田登「民俗学への招待」から）

問題	テーマ（分野）	正解	重要度	正答率
59	並べ替え（文章理解）	4	A	97%

空欄の前の文章は「試験の成績がわかると……いろいろなことを思うのがふつうだ。」とし、エは「たとえば、『……なぜこんな成績だったのだろう』というふうな疑問が湧くかも知れない。」としている。エは、成績がわかったときの思いの具体例を挙げているので、空欄の先頭にはエがくる。

エは「たとえば、『……なぜこんな成績だったのだろう』……」とし、イは「そして、ではそんな成績だったのは、自分がダメな人間だからかとか、先生が点数をつけ間違えたのではないか……」としている。イは、エの疑問に答えているので、エ→イとなる。

イは「……原因を究明するかも知れない。」とし、アは「また、原因がはっきりしたら……」としている。アは、イの原因究明後のことを述べているので、イ→アとなる。

ウは「……なぜなのだろうと自分に問いかけることが多いのではないだろうか。」とし、空欄の後の文章は「実際に……調査したところによると、……なぜそういう成績だったのかを自問することだった。」としている。空欄の後の文章は、ウで述べたことを受けて、これを調査結果で補強しているので、空欄の最後にはウがくる。

以上より、順序として妥当なものはエ→イ→ア→ウであり、正解は肢４となる。

（出典　安西祐一郎「問題解決の心理学」から）

問題	テーマ（分野）	正解	重要度	正答率
60	空欄補充（文章理解）	1	A	97%

空欄の前の文章は「体験を言葉にして伝えることで、それを体験していない人にも『その体験がどのようであるか』が伝わるのだ。」とし、空欄を含む文章は「たとえば……」としている。

そこで、空欄には、体験した人が、体験をしていない人に対して体験を言葉で伝えることで、その体験をしていない人でも、その体験内容を知ることができる具体例を述べた文章が入る。

よって、空欄には「他人から『あそこに新しくできたラーメン屋は味噌ラーメン専門店だったよ』と聞けば、実際に行かなくても、その店に行けば味噌ラーメンが食べられる、豚骨ラーメンや醤油ラーメンは食べられない、と知ることができる。」とする肢１の文章が入る。

以上より、正解は肢１となる。

（出典　源河亨『「美味（おい）しい」とは何か』から）

出る順行政書士シリーズ
2025年版 出る順行政書士 当たる！直前予想模試

1998年6月30日 第1版 第1刷発行
2025年4月25日 第27版 第1刷発行
編著者●株式会社 東京リーガルマインド
LEC総合研究所 行政書士試験部

発行所●株式会社 東京リーガルマインド
〒164-0001 東京都中野区中野4-11-10
アーバンネット中野ビル
LECコールセンター 0570-064-464
受付時間 平日9：30〜19：30/土・日・祝10：00〜18：00
※このナビダイヤルは通話料お客様ご負担となります。
書店様専用受注センター TEL 048-999-7581 / FAX 048-999-7591
受付時間 平日9：00〜17：00/土・日・祝休み
www.lec-jp.com/

印刷・製本●情報印刷株式会社

ISBN978-4-8449-5878-9

1st. STEP

基礎知識
修得期

INPUT

S式合格講座

2nd. STEP

応用力
養成期

INPUT

OUTPUT

記述式対策

記述式対策講座

過去問対策

過去問演習講座

択一式対策

2000問択一 Web問題集

3rd. STEP

実践力
養成期

OUTPUT

直前対策

業界最大規模の模擬試験
ファイナル模試

行政書士試験

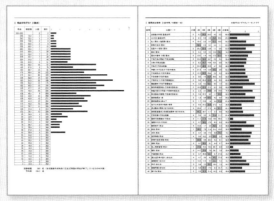

LEC Webサイト ▷▷ www.lec-jp.com/

情報盛りだくさん！

資格を選ぶときも，
講座を選ぶときも，
最新情報でサポートします！

最新情報

各試験の試験日程や法改正情報，対策講座，模擬試験の最新情報を日々更新しています。

資料請求

講座案内など無料でお届けいたします。

受講・受験相談

メールでのご質問を随時受付けております。

よくある質問

LECのシステムから，資格試験についてまで，よくある質問をまとめました。疑問を今すぐ解決したいなら，まずチェック！

書籍・問題集（LEC書籍部）

LECが出版している書籍・問題集・レジュメをこちらで紹介しています。

充実の動画コンテンツ！

ガイダンスや講演会動画，
講義の無料試聴まで
Webで今すぐCheck！

動画視聴OK

パンフレットやWebサイトを見てもわかりづらいところを動画で説明。いつでもすぐに問題解決！

Web無料試聴

講座の第1回目を動画で無料試聴！気になる講義内容をすぐに確認できます。

スマートフォン・タブレットから簡単アクセス！ ▷▷

自慢の メールマガジン 配信中！（登録無料）

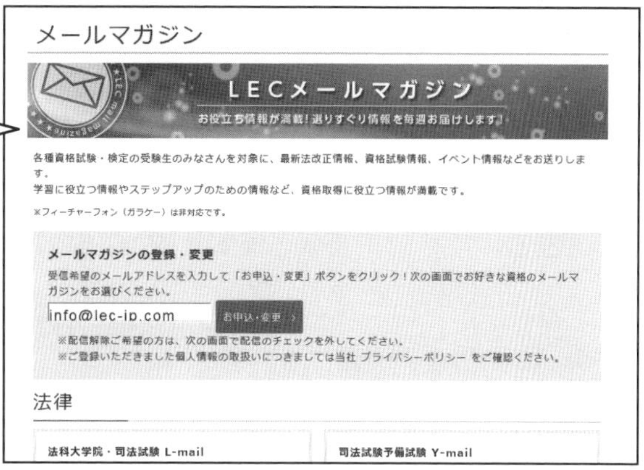

LEC講師陣が毎週配信！　最新情報やワンポイントアドバイス，改正ポイントなど合格に必要な知識をメールにて毎週配信。

www.lec-jp.com/mailmaga/

LEC オンラインショップ

充実のラインナップ！　LECの書籍・問題集や講座などのご注文がいつでも可能です。また，割引クーポンや各種お支払い方法をご用意しております。

online.lec-jp.com/

LEC 電子書籍シリーズ

LECの書籍が電子書籍に！　お使いのスマートフォンやタブレットで，いつでもどこでも学習できます。

※動作環境・機能につきましては，各電子書籍ストアにてご確認ください。

www.lec-jp.com/ebook/

LEC書籍・問題集・レジュメの紹介サイト **LEC書籍部** www.lec-jp.com/system/book/

- LECが出版している書籍・問題集・レジュメをご紹介
- 当サイトから書籍などの直接購入が可能(＊)
- 書籍の内容を確認できる「チラ読み」サービス
- 発行後に判明した誤字等の訂正情報を公開

＊商品をご購入いただく際は，事前に会員登録（無料）が必要です。
＊購入金額の合計・発送する地域によって，別途送料がかかる場合がございます。

※資格試験によっては実施していないサービスがありますので，ご了承ください。

LEC全国学校案内

＊講座のお問合せ，受講相談は最寄りのLEC各校へ

LEC本校

北海道・東北

札　幌本校　☎011(210)5002
〒060-0004 北海道札幌市中央区北4条西5-1　アスティ45ビル

仙　台本校　☎022(380)7001
〒980-0022 宮城県仙台市青葉区五橋1-1-10　第二河北ビル

関東

渋谷駅前本校　☎03(3464)5001
〒150-0043 東京都渋谷区道玄坂2-6-17　渋東シネタワー

池　袋本校　☎03(3984)5001
〒171-0022 東京都豊島区南池袋1-25-11　第15野萩ビル

水道橋本校　☎03(3265)5001
〒101-0061 東京都千代田区神田三崎町2-2-15　Daiwa三崎町ビル

新宿エルタワー本校　☎03(5325)6001
〒163-1518 東京都新宿区西新宿1-6-1　新宿エルタワー

早稲田本校　☎03(5155)5501
〒162-0045 東京都新宿区馬場下町62　三朝庵ビル

中　野本校　☎03(5913)6005
〒164-0001 東京都中野区中野4-11-10　アーバンネット中野ビル

立　川本校　☎042(524)5001
〒190-0012 東京都立川市曙町1-14-13　立川MKビル

町　田本校　☎042(709)0581
〒194-0013 東京都町田市原町田4-5-8　MIキューブ町田イースト

横　浜本校　☎045(311)5001
〒220-0004 神奈川県横浜市西区北幸2-4-3　北幸GM21ビル

千　葉本校　☎043(222)5009
〒260-0015 千葉県千葉市中央区富士見2-3-1　塚本大千葉ビル

大　宮本校　☎048(740)5501
〒330-0802 埼玉県さいたま市大宮区宮町1-24　大宮GSビル

東海

名古屋駅前本校　☎052(586)5001
〒450-0002 愛知県名古屋市中村区名駅4-6-23　第三堀内ビル

静　岡本校　☎054(255)5001
〒420-0857 静岡県静岡市葵区御幸町3-21　ペガサート

北陸

富　山本校　☎076(443)5810
〒930-0002 富山県富山市新富町2-4-25　カーニープレイス富山

関西

梅田駅前本校　☎06(6374)5001
〒530-0013 大阪府大阪市北区茶屋町1-27　ABC-MART梅田ビル

難波駅前本校　☎06(6646)6911
〒556−0017 大阪府大阪市浪速区湊町1-4-1
大阪シティエアターミナルビル

京都駅前本校　☎075(353)9531
〒600-8216 京都府京都市下京区東洞院通七条下ル2丁目
東塩小路町680-2　木村食品ビル

四条烏丸本校　☎075(353)2531
〒600-8413　京都府京都市下京区烏丸通仏光寺下ル
大政所町680-1　第八長谷ビル

神　戸本校　☎078(325)0511
〒650-0021 兵庫県神戸市中央区三宮町1-1-2　三宮セントラルビル

中国・四国

岡　山本校　☎086(227)5001
〒700-0901 岡山県岡山市北区本町10-22　本町ビル

広　島本校　☎082(511)7001
〒730-0011 広島県広島市中区基町11-13　合人社広島紙屋町アネクス

山　口本校　☎083(921)8911
〒753-0814 山口県山口市吉敷下東 3-4-7　リアライズⅢ

高　松本校　☎087(851)3411
〒760-0023 香川県高松市寿町2-4-20　高松センタービル

松　山本校　☎089(961)1333
〒790-0003 愛媛県松山市三番町7-13-13　ミツネビルディング

九州・沖縄

福　岡本校　☎092(715)5001
〒810-0001 福岡県福岡市中央区天神4-4-11
天神ショッパーズ福岡

那　覇本校　☎098(867)5001
〒902-0067 沖縄県那覇市安里2-9-10　丸姫産業第2ビル

EYE関西

EYE 大阪本校　☎06(7222)3655
〒530-0013　大阪府大阪市北区茶屋町1-27　ABC-MART梅田ビル

EYE 京都本校　☎075(353)2531
〒600-8413　京都府京都市下京区烏丸通仏光寺下ル
大政所町680-1　第八長谷ビル

LEC提携校

＊提携校はLECとは別の経営母体が運営をしております。
＊提携校は実施講座およびサービスにおいてLECと異なる部分がございます。

北海道・東北

八戸中央校【提携校】 ☎0178(47)5011
〒031-0035 青森県八戸市寺横町13 第1朋友ビル
新教育センター内

弘前校【提携校】 ☎0172(55)8831
〒036-8093 青森県弘前市城東中央1-5-2
まなびの森 弘前城東予備校内

秋田校【提携校】 ☎018(863)9341
〒010-0964 秋田県秋田市八橋鯲沼町1-60
株式会社アキタシステムマネジメント内

関東

水戸校【提携校】 ☎029(297)6611
〒310-0912 茨城県水戸市見川2-3079-5

所沢校【提携校】 ☎050(6865)6996
〒359-0037 埼玉県所沢市くすのき台3-18-4 所沢K・Sビル
合同会社LPエデュケーション内

日本橋校【提携校】 ☎03(6661)1188
〒103-0025 東京都中央区日本橋茅場町2-5-6 日本橋大江戸ビル
株式会社大江戸コンサルタント内

北陸

新潟校【提携校】 ☎025(240)7781
〒950-0901 新潟県新潟市中央区弁天3-2-20 弁天501ビル
株式会社大江戸コンサルタント内

金沢校【提携校】 ☎076(237)3925
〒920-8217 石川県金沢市近岡町845-1
株式会社アイ・アイ・ピー金沢内

福井南校【提携校】 ☎0776(35)8230
〒918-8114 福井県福井市羽水2-701
株式会社ヒューマン・デザイン内

中国・四国

松江殿町校【提携校】 ☎0852(31)1661
〒690-0887 島根県松江市殿町517 アルファステイツ殿町
山路イングリッシュスクール内

岩国駅前校【提携校】 ☎0827(23)7424
〒740-0018 山口県岩国市麻里布町1-3-3 岡村ビル 英光学院内

新居浜駅前校【提携校】 ☎0897(32)5356
〒792-0812 愛媛県新居浜市坂井町2-3-8
パルティフジ新居浜駅前店内

九州・沖縄

佐世保駅前校【提携校】 ☎0956(22)8623
〒857-0862 長崎県佐世保市白南風町5-15 智翔館内

日野校【提携校】 ☎0956(48)2239
〒858-0925 長崎県佐世保市椎木町336-1 智翔館日野校内

長崎駅前校【提携校】 ☎095(895)5917
〒850-0057 長崎県長崎市大黒町10-10 KoKoRoビル
minatoコワーキングスペース内

高原校【提携校】 ☎098(989)8009
〒904-2163 沖縄県沖縄市大里2-24-1
有限会社スキップヒューマンワーク内

※上記は2025年3月1日現在のものです。

書籍の訂正情報について

このたびは，弊社発行書籍をご購入いただき，誠にありがとうございます。
万が一誤りの箇所がございましたら，以下の方法にてご確認ください。

1 訂正情報の確認方法

書籍発行後に判明した訂正情報を順次掲載しております。
下記Webサイトよりご確認ください。

www.lec-jp.com/system/correct/

2 ご連絡方法

上記Webサイトに訂正情報の掲載がない場合は，下記Webサイトの入力フォームよりご連絡ください。

lec.jp/system/soudan/web.html

フォームのご入力にあたりましては，「Web教材・サービスのご利用について」の最下部の「ご質問内容」に下記事項をご記載ください。

- 対象書籍名（○○年版，第○版の記載がある書籍は併せてご記載ください）
- ご指摘箇所（具体的にページ数と内容の記載をお願いいたします）

ご連絡期限は，次の改訂版の発行日までとさせていただきます。
また，改訂版を発行しない書籍は，販売終了日までとさせていただきます。

※上記「2ご連絡方法」のフォームをご利用になれない場合は，①書籍名，②発行年月日，③ご指摘箇所，を記載の上，郵送にて下記送付先にご送付ください。確認した上で，内容理解の妨げとなる誤りについては，訂正情報として掲載させていただきます。なお，郵送でご連絡いただいた場合は個別に返信しておりません。

送付先：〒164-0001 東京都中野区中野4-11-10 アーバンネット中野ビル
株式会社東京リーガルマインド 出版部 訂正情報係

- 誤りの箇所のご連絡以外の書籍の内容に関する質問は受け付けておりません。
  また，書籍の内容に関する解説，受験指導等は一切行っておりませんので，あらかじめご了承ください。
- お電話でのお問合せは受け付けておりません。